Reiner Weidmann

Rituale im Krankenhaus

Eine ethnopsychoanalytische Studie zum
Leben in einer Institution

Reiner Weidmann

Rituale im Krankenhaus

**Eine ethnopsychoanalytische Studie
zum Leben in einer Institution**

DUV **Deutscher Universitäts Verlag**
GABLER · VIEWEG · WESTDEUTSCHER VERLAG

CIP-Titelaufnahme der Deutschen Bibliothek

Weidmann, Reiner:
Rituale im Krankenhaus : eine ethnopsychoanalytische Studie
zum Leben in einer Institution / Reiner Weidmann. —
Wiesbaden : Dt. Univ.-Verl., 1990
    (DUV : Sozialwissenschaft)
    Zugl.: Bremen, Univ., Diss., 1989
    ISBN 3-8244-4051-2

Die Studie wurde in einer erweiterten Fassung mit
dem Titel "Last und Lust im Krankenhaus. Eine
ethnopsychoanalytische Studie zum Leben in einer
Institution" bei der Universität Bremen als Dis-
sertation eingereicht. Das Kolloqium zur Erlangung
des Grades eines Doktors der Philosophie fand am
9.2.1989 statt.

Die Gutachter waren
Prof. Dr. Thomas Leithäuser und
Prof. Dr. Rolf Vogt

Der Deutsche Universitäts-Verlag ist ein Unternehmen der
Verlagsgruppe Bertelsmann International.

© Deutscher Universitäts-Verlag GmbH, Wiesbaden 1990

Druck und Buchbinder: difo-druck Bamberg
Printed in Germany

ISBN 3-8244-4051-2

INHALT

I. DAS NACHZUTRAGENDE VORANGESTELLT

1. EINLEITUNG

Das vorliegende Buch beschäftigt sich mit der Verknüpfung von objektiven und subjektiven Strukturen im Allgemeinkrankenhaus, wobei ich anfänglich von der Idee ausging, daß Institutionen als psychische Abwehrmechanismen wirken. Wie sich jedoch bald zeigte, können mit dieser Perspektive lediglich erste Orientierungspunkte gefunden werden. Schnell wurde deutlich, daß das Geschehen besser zu begreifen ist, wenn ich komplexere Praxisfiguren in den Mittelpunkt der Betrachtung stelle, wobei sich in der ethnopsychoanalytischen Beschäftigung mit Ritualen die aus der Freudschen Psychoanalyse und dem historischen Materialismus entwickelten Sichtweisen auf die gesellschaftliche Realität unserer Allgemeinkrankenhäuser treffen. Dabei wird die Subjektivität des Personals und der Patienten niemals außerhalb der praktischen Dialektik der gesellschaftlichen Auseinandersetzung der Menschen mit ihrer inneren und der ihnen äußerlichen Natur betrachtet. Alle am Leben im Krankenhaus Beteiligten werden in der Verflechtung gesehen mit der eigenen Subjektivität, mit der der anderen und mit den objektiven Verhältnissen, die allesamt die sozialen und psychischen Strukturen ausmachen und das Alltagshandeln konstituieren.

Nicht verschweigen möchte ich, daß meine Arbeit an der Studie nicht nur von einem theoretischen, eher akademischen Interesse sondern auch von vielen persönlichen Bezügen zum Krankenhausalltag getragen wurde. Immer wieder gelangte ich in die Lage, in Kliniken Eindrücke zu sammeln, die sich als notwendige VorUrteile darstellten. Zunächst einmal war für mich als Sohn eines Krankenhausarztes die Krankenstation von früh auf die mir vertraute väterliche Werkstätte, in der es immer wieder Bewegendes zu erleben gab. Später habe ich als Patient viele Monate im Krankenhaus verbracht, bin mehrere Jahre in einer Klinik für psychisch Kranke tätig gewesen und habe Mitarbeiter aus Allgemeinkrankenhäusern supervidiert. In langen Gesprächen mit Freunden über ihre Probleme am Arbeitsplatz Krankenhaus erhielt ich schließlich den letzten Anstoß für die Untersuchung.

In unserer wissenschaftlichen Kultur gilt die Regel, daß nur ganz bestimmte Personen als Autoren öffentlich in Erscheinung treten, welche allein Anerkennung, Kritik oder Mißachtung treffen, obwohl jeder Insider genau weiß, daß ein Buch wie dieses kaum ohne ein direktes oder indirektes Dazutun anderer entstehen kann. Der gesellschaftlich vorgezeichnete Weg hinaus aus diesem Mißverhältnis ist die Praxisfigur einer Danksagung, die, und hier zeigt sich schon die Schlüssigkeit von Ritualen, das herrschaftsbestimmte Gefälle fortschreibt, indem die anderen zwar in Achtung erhöht, dennoch aber gleichzeitig auf eine Zuträgerrolle festgeschrieben werden. Die kleine Analyse vorausschickend, weiß ich zwar nicht den kulturellen Rahmen zu verlassen, aber hoffe ich auf diesem Wege die Verzerrung etwas zu entschärfen, um am Ende doch noch meine unzweideutig freudige Verbundenheit mit denjenigen Ausdruck verleihen zu können, die wichtige Teile der zu leistenden Arbeit getragen haben.

In zahllosen Besprechungen mit dem Ethnosoziologen Gerd Heide konnte für die vorliegende Studie eine erste Perspektivenfestlegung vorgenommen werden, wofür ich dem Freund und Kollegen herzlich danke. Ein ganz besonderer Dank richtet sich an Anneli Thömmes, die mir eine unersetzbare Hilfe in mancher schwieriger Stunde war, in der es galt, mit der theoretischen Abhandlung auch ein Stück der eigenen Lebensgeschichte zu bearbeiten. Auch konnte sie mit ihrem "kriminalistischen Spürsinn" manchen Irrweg in der Betrachtung des Krankenhauses entdecken. Gleichfalls sollen Thomas Leithäuser und Rolf Vogt nicht unerwähnt bleiben, die mit verschiedenen Hinweisen und einer zurückhaltenden Begleitung vor allem ein weiteres Stück des emotionalen Terrains bereitet haben, auf dem eine solche Studie gedeihen kann.

Ein Dank gilt auch den sechs Krankenhaus – Insidern, die sich zu den Interviews bereitgefunden haben. Der Leser darf davon ausgehen, daß meine Interviewpartnerinnen und – partner den psychosozialen Bedürfnissen von Patienten und Mitarbeitern relativ aufgeschlossen gegenüberstehen – relativ zu allen den Mitarbeitern, in deren Augen bereits ein erster Gedankenaustausch zu entsprechenden Themen vergeudete Zeit ist. Wenn in den Auswertungen der Gespräche trotzdem Frustrierungen oder Ignorierungen innerhalb der Krankenhausinteraktionen deutlich werden, so wäre es inhaltlich falsch, diese meinen Gesprächspartnern als allein verantwortlichen Personen anzulasten. Die

Studie zeigt in ihrer Gesamtheit die gesellschaftliche Struktur auf, innerhalb der die Subjekte entsprechende Interaktionsformen entwickeln. Eine Verurteilung der Falschen an der falschen Stelle kann nicht dem Verstehen einer sozialen Situation dienlich sein und ist lediglich geeignet, den Blick für mögliche solidarische Bindungen zu verstellen.

Wenn die Studie an einigen Stellen von der Phantasie lebt, ist diese selbstverständlich die eines Mannes, was besonders dort deutlich werden mag, wo es um triebtheorretische Aspekte geht. Wenn ich von männlichen oder weiblichen Eigenschaften spreche, meine ich die, die in unserer Gesellschaft der Rolle des einen oder des anderen Geschlechts zugeschrieben werden. In Übereinstimmung mit Nadig bin ich der Meinung, "daß es keineswegs klar ist, was genau 'ein Mann' und 'eine Frau' sind" (Nadig 1986, S. 197). Alle Bestimmungen sind "ideologische Konstrukte, abhängig von der jeweiligen Epoche und Kultur, in der sie gebraucht werden" (ebd.). Aus stilistischen Gründen verzichte ich darauf, bei den Personen bezeichnenden Begriffen sowohl die männliche als auch die weibliche Form zu nennen. Ich hoffe, daß die Leserinnen mir dies verzeihen werden.

Zwei weitere Anmerkungen zur Sprachregelung im Text seien noch hinzugefügt. Wenn ich verallgemeinernd von "dem" Krankenhaus spreche, sind grundsätzliche Aspekte gemeint, die meines Erachtens (m. E.) in vielen Häusern zu finden sind. Wie jede Verallgemeinerung bringt auch diese so manche Unschärfe mit sich. Sie ist jedoch unvermeidbar, wenn alle Erfahrungen aus den verschiedenen Häusern berücksichtigt werden sollen. Jedoch beziehen sich die Ausführungen zur Situation der Mitarbeiter ausschließlich auf die "weltlichen" Angestellten. Die Lage derjenigen, die aufgrund einer Zugehörigkeit zu einem religiösen Orden o. ä. im Krankenhaus tätig sind, bleibt unberücksichtigt.

Indem ich diejenigen, die im Krankenhaus arbeiten, "Mitarbeiter" nenne, verwende ich einen Begriff, der auf die Zugehörigkeit zur lohnabhängig arbeitenden Klasse verweist, ohne eine Differenzierung zwischen Arbeiter/inne/n (z. B. Raumpflegerinnen) und Angestellten vorzunehmen. Auf die ideologische Komponente, die ein zusammengehöriges Miteinander – Arbeiten und Miteinander – Entscheiden suggeriert, sei an dieser Stelle aufmerksam gemacht.

Manche Gedanken, die ich in dieser Arbeit verfolge, mögen dem Leser, insbesondere dem Praktiker, auf den ersten Blick abstrus erscheinen. Ich hoffe jedoch, daß es gelingt, meine Vorstellungen so nachvollziehbar und plausibel darzulegen, daß sie nicht zu einem "Glauben" verkommen. Anderenfalls nämlich würde die Gefahr bestehen, wie ein Religionsphilosoph "die Bedeutung von Worten [zu überdehnen], bis diese kaum etwas von ihrem ursprünglichen Sinn übrigbehalten" (Freud 1980e, S. 166).

2. GEWUSST WIE

Forschungsparadigma

Immer wieder hat es in der Geschichte der Wissenschaften grundle –
gende Differenzen darüber gegeben, wie gültige Forschungsergebnisse zu
erzielen seien. Diese Auseinandersetzungen sind z. B. verbunden mit
den Begriffspaaren Historismus – Positivismus, Verstehen – Erklären
(vgl. Riedel 1978, S. 11f) und in jüngerer Zeit mit den Vokabeln
normatives und interpretatives Paradigma. Die Fragen nach der ge –
eigneten wissenschaftlichen Methode hängt ursächlich mit dem Reali –
tätsverständnis zusammen.

Mein Vorgehen ist dem interpretativen Paradigma zuzuordnen. In
Abgrenzung zum normativen Paradigma wird hier

a) abgelehnt, die Realität durch Theorie bereits zu Beginn der Unter –
suchung festzulegen (vgl. Witzel 1982, S. 15). Nach Opp heißt "eine
Theorie eine Menge von Gesetzen, aus denen mindestens ein anderes
Gesetz abgeleitet wurde" (Opp 1976, S. 78);

b) gefordert, eine "Innenperspektive" einzunehmen (Witzel 1982, S.
15f);

c) für wichtig erachtet, die eigenen Relevanzsysteme offenzulegen und
die eigenen Vor – Urteile zu nennen (vgl. ebd.);

d) das theoretische Konzept als sensitizing Concept verstanden im Ge –
gensatz zum definitive Concept (vgl. ebd. S. 16) und

e) die Induktion bevorzugt (vgl. ebd. S. 17).

Was im normativen Paradigma die "Kriterien zur Sicherung der
objektiven Erkenntnis" sind (Leithäuser/Volmerg 1981, S. 127), sind im
interpretativen Paradigma die "Interpretationskriterien" (ebd.):

a) Realitätshaltigkeit wird durch "'externe Validität'" hergestellt (ebd.
S. 128): Das idealtypische der Alltagssituation muß begreifbar gegeben
sein (vgl. ebd., S. 130)

b) Statt Situationsunabhängigkeit wird Kontextabhängigkeit gefordert,
die durch "'interne Validität'" (ebd. S. 128) abgesichert wird: Eine
möglichst intensive praktische Teilhabe des Forschers führt zu einer
guten Innenperspektive (vgl. ebd. S. 131)

c) Die Intersubjektivität ist gekennzeichnet durch
– Nachvollziehbarkeit der Daten (statt Reproduzierbarkeit)

- Feststellung von Strukturübereinstimmungen bei Untersuchungs- und Alltagssituationen (statt Standardisierbarkeit)
- Konsensbildung unter den Forschungssubjekten über die Stimmigkeit der Interpretation (statt Meßbarkeit) (vgl. ebd. S. 132f).

"Gute" Daten, Beschreibungen o. ä. liegen dann vor, wenn die oben aus dem Gesellschaftsverständnis abgeleiteten fünf Schlußfolgerungen berücksichtigt wurden (vgl. Witzel 1982, S. 17).

Am Ende wird nicht wie in der nomologischen Wissenschaft ein "unproblematisches bzw. entproblematisiertes Abbild der Naturvorgänge" angestrebt (Lorenzer 1976, S. 47). Dagegen "befindet sich der Gegenstand des hermeneutischen Vorgehens stets auf der Ebene der Symbole"(ebd.). Der Forschungsgegenstand ist "niemals unmittelbareindeutig"(ebd.). Statt entsprechend dem normativen Paradigma "Zusammenhangsregeln von Vorgängen" verbindlich zu formulieren, wird "das Bedeutungsproblem voll und ganz in den Mittelpunkt" gestellt (ebd.).

Hermeneutischer Zirkel

Anliegen dieser Studie ist es, sich den Verknüpfungen von Organisationsstrukturen und menschlichen Bedürfnissen schrittweise zu nähern. Dabei wird in einem hermeneutischen Zirkel gearbeitet: Zu Beginn wird der "Sachverhalt", der sich in Form von persönlichen Erfahrungen, Interviews, wissenschaftlichen Publikationen etc. darstellt, nur vorläufig festgelegt. Bei der Sichtung der Literatur beispielsweise ist meine Wahrnehmung durch die Begriffe und Konzepte, die ich verinnerlicht habe, geprägt. Während der Zusammenstellung der publizierten Gedanken wird die Wahrnehmung weiter sensibilisiert, bis verschiedene Erscheinungen mit differenzierteren Begriffen benannt werden können. Mit der differenzierteren Sprache kann differenzierter wahrgenommen werden (im Sinne des Konzepts).

Der Weg, der hier beschritten wird, ist keiner in Richtung Reduktion auf Gesetzmäßigkeiten, wie dies nach dem normativen Paradigma sein müßte. Es wird eine Weiterentwicklung durch Ausdifferenzierung angestrebt. Dabei werden "neue" Erkenntnisse entdeckt, die vorher verdeckt waren (vgl. Maraldo 1974, S. 11). Einen eindeutigen Endpunkt gibt es

im hermeneutischen Zirkel so wenig wie einen klar definierten An –
fangspunkt.

Im Unterschied zum normativen Paradigma, das sich auf die Formel:
Tatsachen – Hypothese/Erklärung – Theorie bringen läßt (vgl. Lo –
renzer 1976, S. 42), kann das hermeneutische Verfahren so dargestellt
werden: "Tatsachen bzw. Sachverhalte – Vorannahmen – System der
Begriffe der Lebenspraxis – Lebenspraxis" (ebd. S. 43).

Das Begreifen eines Textes, einer Handlung usw. ist zumindest in der
"wissenschaftlichen Hermeneutik" abhängig von dem "Begriff konkreter,
gesellschaftlich bestimmter Praxis" (Lorenzer 1976, 46), der für den
Forscher Gültigkeit hat. Die "Theorie – Tatsachen – Konfrontation"(ebd.),
zu der es m. E. ebenso bei einer Interpretation vor dem Hintergrund
einer im Alltagsbewußtsein eingelagerten Theorie kommt, *"ist ideolo –
gieanfällig"* (ebd.). "Eben weil es [bei der Konfrontation] nicht um ex –
emplarisch ausgestanzte, sondern um *direkte Praxis* geht, wird [sie] ...
immer von den allgemeinen Deformationen dieser Praxis eingeholt und
durchsetzt" (ebd.).

Abgesehen von der Sprache als dem "zentralen Regelsystem" zur
Vermittlung gesamtgesellschaftlicher Praxis (vgl. Lorenzer 1977, S. 71)
wird die Wahrnehmung auch beeinflußt von dem erkenntnisleitenden
Interesse und den Wertbeziehungen. Dem Betrachter fallen die Phä –
nomene besonders ins Auge, die für ihn in seiner spezifischen Situation
einen Sinn ergeben bzw. einen Wert haben (vgl. Helle 1977, S. 31).

Ethno – Hermeneutik

Die Ethno – Hermeneutik, die von Bosse entwickelt wurde (vgl. Bosse
1984a S. 10) "folgt den Traditionen in der Soziologie, Anthropologie
und Psychoanalyse", wobei die "stärksten Anregungen ... aus der
Ethno – Psychoanalyse" kommen (ebd.).

Charakteristisch für die Ethnopsychoanalyse ist, daß sie die Menschen
immer als Teil einer kulturellen Gemeinschaft betrachtet. Dabei schreibt
sie einerseits "den Triebenergien ... die Bedeutung zu, die ihnen die
Psychoanalyse gibt" (Parin 1983a, S. 56). Andererseits werden gesell –
schaftliche Ursachen für die "Evolution der Kulturen" (ebd.) angenom –
men, die bis in die "Psyche hinein wirksam sind"(ebd.). Dabei wird u. a.
die in der Psychoanalyse verbreitete Unterscheidung von psychisch Ge –

sunden und Kranken fallengelassen (vgl. Parin 1986c, S. 294), die An –
nahme biologischer Ursachen von Verhalten verworfen (vgl. ebd. S.
146) und die Menschen zugleich als "'Subjekt' und 'subjektiver Faktor'"
betrachtet (ebd. S. 147).

"Die Ethno – Hermeneutik untersucht die subjektive Seite ..., nachdem
sie dessen objektive Seite ... soziologisch erfaßt hat." (Bosse 1984a, S.
15). Dabei wird einer individualistischen Perspektive eine Absage erteilt.
Es geht um ein lebensgeschichtliches Verständnis anstatt um "Messung
einzelner Persönlichkeitsvariablen" (ebd. S. 24). Der Ansatz wendet sich
aber auch gegen das Postulat einer "Universalität der psychischen
Struktur und der Mechanismen der Konfliktverarbeitung" (ebd. S. 33).
Stattdessen nimmt Bosse eine "kollektive psychische Struktur eines
Verbandes" an (ebd.), von der Verarbeitung und Veränderung abhängen
(vgl. ebd.). Jedoch soll nicht einfach die Struktur der Familie auf an –
dere gesellschaftliche Strukturen übertragen werden. Bosse wendet sich
ausdrücklich gegen den "Familismus der Ethno – Psychoanalyse" aus der
Zeit vor Devereux (ebd. S. 37).

Die politische Dimension der Ethno – Hermeneutik liegt "nicht in
Empfehlungen" (ebd. S. 26). Sie "ist vielmehr politisch, weil sie Gren –
zen, die die Realität ... setzt, zuerst in der Phantasie ein Stück weit
verrückt; weil sie die strukturelle Gewalt, der sie begegnet, nicht in
ihrem eigenen Denken auch noch gelten lassen will und weil sie
schließlich dieser Grenzverschiebung politische Folgen zutraut: für die
Erkenntnis anderer und für die veränderte Praxis in den Institutionen"
(ebd.).

Hermeutischer Tradition folgend werden auch die eigenen Begriffe
kritisiert, wobei sich die "Ethno – Hermeneutik ... nicht gegen die Ein –
sicht [sperrt], daß auch ihr kritischer Umgang mit dem eigenen Denken
der Ideologiehaftigkeit anheimfällt" (ebd. S. 25).

In der vorliegenden Arbeit wird das Krankenhaus als ein Territorium
verstanden, auf dem sich eine Ethnie bewegt. Diese Sichtweise ist ur –
sprünglich vorbehalten gewesen für Vertreter der "zivilisierten Welt", die
sich mit ihnen fremden Kulturen, d. h. Normen und Institutionen (vgl.
ebd. S. 39), beschäftigen. Die ethnologische Perspektive eignet sich aber
auch für die Untersuchung der eigenen Kultur (vgl. z. B. Parin 1983a,
S. 8ff; 1986c und 1985).

Für mein Vorhaben bietet die Ethnopsychoanalyse zwei Vorteile.
Erstens bin ich selbst kein "Angehöriger" eines Krankenhauses. Es be –

steht daher eine soziale Distanz zu dem untersuchten Feld. Ein ethno –
logisch orientiertes Vorgehen trägt der Distanz Rechnung anstatt sie zu
verschleiern.

Ein unverblümter Abstand ermöglicht zweitens, daß Alltäglichkeiten
als Besonderheiten erscheinen. Bei der Betrachtung einer anderen Kul –
tur ist uns so etwas vertraut. Für unsere Kultur hat auch die Ethno –
methodologie zeigen können, wie fruchtbar es sein kann, die die soziale
Situation strukturierenden Alltäglichkeiten besonders zu beleuchten.

Gespräche mit Insidern

Die Gespräche, die ich mit Mitarbeitern von Krankenhäusern geführt
habe, weisen Ähnlichkeiten mit einem psychoanalytischen Erstinterview
(vgl. Argelander 1970) auf. Hier wie dort will man in kurzer Zeit einen
Eindruck von den wichtigen Themen, Problematiken und Verarbei –
tungsmodalitäten des zu Interviewenden auf unbewußter Ebene be –
kommen. Geht es in der Psychoanalyse in der Hauptsache um die
einzelne Person, so geht es hier um das Subjekt in seiner interaktiven
Verflechtung am Arbeitsplatz. Die möglichst abstinente und weitmög –
lichst aufnehmende Haltung des Interviewers ist allerdings weitgehend
identisch. Die Gespräche sind inhaltlich lediglich durch die Festlegung
von fünf thematischen Feldern vorstrukturiert, die die allgemeine Ein –
schätzung des eigenen Arbeitsalltags, das Erleben im interpersonalen
Beziehungsgefüge, das aseptische Drama, das Erscheinungsritual und
alltagsrelevante Mythologien betreffen.

Die Gesprächspartner/innen[1] sind

– die Krankenpflege – Schülerin Carla, die sich im ersten Ausbildungs –
jahr befindet und 30 Jahre alt ist;
– die examinierte Krankenschwester (Sr.) Pia von 32 Jahren; sie
arbeitet seit vier Jahren auf der jetzigen Stelle, und zwar immer nur
in der Frühschicht;
– der Stationsleiter Herr Nau (Krankenpfleger mit Zusatz – Qualifika –
tion); er ist 28 Jahre alt und leitet eine internistische Männer – Sta –
tion seit mehreren Jahren;

---

1 Die Namen sind geändert.

- der Assistenz – Arzt Dr. med. Uhl von 39 Jahren, der gerade seine Facharzt – Prüfung als Urologe (operatives Gebiet) abgelegt hat; er arbeitet seit ca. zwei Jahren in demselben Haus;
- der 36jähriger Assistenzarzt Dr. med. Harms, der seit mehreren Jahren in der inneren Medizin tätig ist und als Stationsarzt eine Krankenstation "versorgt";
- der 49jährige Chefarzt Prof. Dr. med. Sahr; er ist seit ca. 20 Jahren im Beruf und leitet seit etwa 10 Jahren in der jetzigen Position eine gynäkologische Abteilung.

Die ersten vier Gesprächspartner/innen habe ich in ihren Wohnungen aufgesucht. Mit den zwei letztgenannten Ärzten habe ich in ihren Arztzimmern gesprochen.

Bei der Wiedergabe der Gespräche sind Redepausen durch (...) im fortlaufenden Text gekennzeichnet. Textauslassungen beim Zitieren sind innerhalb eines Redebeitrags im Text mit ... markiert. Wird mindestens ein ganzer Redebeitrag ausgelassen, so erscheint ... am linken Rand.

Alle Sätze und Worte, die in den Kapiteln der Interview – Auswer – tung in Anführungsstriche gesetzt sind, sind Zitate aus den Insiderge – sprächen.

Szenisches Verstehen

Während mein Gesprächspartner bzw. meine Gesprächspartnerin von einer Begebenheit o. ä. erzählt, setzt er das Erzählte im Hier und Jetzt in Szene. Er benutzt die alten Interaktionsformen, die auch in der berichteten Situation aktiviert wurden. Er weist in der Übertragung dem Gegenüber eine Rolle zu (z. B. die des väterlich Fordernden), legt mit dem Thema einen Horizont fest, innerhalb dessen z. B. eine dritte Person wichtig ist und manövriert sich selbst in eine bestimmte Rolle (z. B. die des hungrigen und vernachlässigten Kindes). Argelander be – tont, "daß sich in einem ersten Gespräch bereits Prozesse dieser Art abspielen" (Argelander 1970, S. 62).

Wie der Psychoanalytiker nimmt der Interviewer "'mittels einer funktionalen Regression an der Lebenspraxis des Patienten [hier des Insiders] teil'" (Lorenzer[2] zit. in: Argelander 1970, S. 60). Durch "'die

---

2 Lorenzer, A.: "Symbol und Verstehen im psychoanalytischen Prozeß", S. 245 ff.; unveröffentl. Manuskript

in Übertragung und Gegenübertragung gewonnene Teilhabe"' (Lorenzer ebd.) wird ein "szenisches Verstehen" ermöglicht. So ist "'die Präzisie – rung der Bedeutung und die Verankerung von Verstehen im Faktisch – Realen"' (Lorenzer ebd. S. 61) möglich. Die "Szene ist eine Schlüsse – linformation zur Erfassung fremdseelischen Geschehens" (Argelander 1970, S. 63).

Das szenische Verstehen ist Teil eines interaktiven Prozesses zweier Subjekte. Es gilt nicht, einen Tatbestand zu "beweisen" und soziale Begebenheiten wie Mitmenschen "in den Griff" zu bekommen. Vielmehr gehe ich mit meinen Gesprächspartnern einen gemeinsamen Weg. Auch wenn ich mich um weitgehende Abstinenz bemühe, habe ich doch z.B. Interessen wie etwa das Forschungsinteresse. Die Gespräche sind von einer vergleichbaren Dialektik geprägt wie die psycho – analytische Be – gegnung, welche Morgenthaler so beschreibt: "Als Analytiker lasse ich mich nicht in den analytischen Prozess ein, um etwas zu beweisen. Ich lasse mich auch nicht ein, um nichts zu beweisen. Ich gehe mit meinen Analysanden einen Weg." (Morgenthaler 1986, S. 147). Bei der Erfas – sung und Auswertung ist beabsichtigt, die Teilstrecken des gemeinsam beschrittenen Pfades nachzuzeichnen, die nach Kenntnis aller Interviews von besonderer Bedeutung sind. Die Selektion ist trotz Forscherdiskurs selbstverständlich ein subjektiver Prozess. Er hängt z.B. ab von theore – tischen Konzepten, persönlichen Erfahrungen, bisherigen Einschätzungen. Auf dem mit den Insidern eingeschlagenen Weg werden alle diese Vor – Urteile überarbeitet, und neue oder erweiterte Relevanzbereiche eröffnet.

Jeweils das erste Gespräch wird mit einer psychoanalytisch vorgebil – deten Supervisorin nachbereitet. Auch hier steht die Erfassung der ak – tuellen Szene im Mittelpunkt. Zur Erfassung des unbewußten Themas und dessen Ausgestaltung werden die reaktivierten Interaktionsformen im Hier und Jetzt aufgespürt und mit der Szene im Interview in Be – ziehung gesetzt. Das auf diese Weise Erfahrene wird in Verbindung gebracht mit den Inszenierungen im Krankenhaus, die durch das Thema auf bewußter Ebene angesprochen wurden. Am Ende wird die Frage nach einer eventuellen "Überreaktion" des Insiders gestellt, die weniger ein Ausdruck einer Rollenidentifikation im Krankenhauswesen, als vielmehr eines anderen Bereichs der Person sein könnte.

Die Tonbandaufzeichnungen werden einer tiefenhermeneutischen und an Kernsätzen orientierten Auswertung unterzogen. Dabei wird jeder methodische Schritt vom Forscherdiskurs begleitet.

Tiefenhermeneutik

Bei der Auswertung der Insidergespräche kommt dem von Witt – genstein geprägten Begriff des Sprachspiels eine besondere Bedeutung zu. Der sprachliche Umgang in einem gesellschaftlichen Kontext ist immer auch von bestimmten Spielregeln geprägt. So gibt es niemals "private Sprachspiele, sondern nur öffentliche" (Leithäuser/Volmerg 1979, S. 151), die, über Wittgenstein hinausgehend, als gesellschaftliche zu betrachten sind (vgl. Lorenzer 1977b, S. 32). In diesem Sinne ver – steht Lorenzer den "Sprachspielkomplex ... als 'dialektische Einheit von Sprachgebrauch, Lebenspraxis und Weltverständnis'" (ebd. S. 30). Der "Sprachspielbegriff" faßt "als Strukturbegriff ... die Grundelemente von Sprache *und* Handeln, beide als Niederschlag konkreter Interaktionen (als symbolische Interaktionsform)" (ebd. S. 34).

Dabei folgt ein Mitspieler "einer Regel nicht nur im Sprechen, son – dern gleichermaßen in ... [seinen] Mienen und Gesten und vor allem mit ... [seinem] Handeln" (Leithäuser/Volmerg 1979, S. 151), so daß der Interview – Text aufs engste mit den thematisierten Ritualen verknüpft ist. Das Handeln im Ritual und der im Ritual übliche Sprachgebrauch sind in ähnlicher Weise von subjektiven wie objektiven Bildungsprozes – sen durchdrungen und symbolisieren die gleichen Sinnzusammenhänge. Denn "das Sprachspiel ist Sozialisationsagentur von Sprachgebrauch *und* von geregeltem Handeln." (ebd. S. 152).

Insgesamt "sind die Sprachspiele aufgrund ihrer unbewußten gesell – schaftlichen Struktur eigentümlich gebrochen. Ihnen kann daher kein kontinuierlicher Situationskontext unterstellt werden" (ebd. S. 150). Hier setzt "ein Metasprachspiel" (ebd.) ein, das nach alltagspragmatischen oder wissenschaftlichen Kriterien zum "hermeneutischen Sprachspiel" werden kann (ebd. S. 154). Im Gegensatz zum eher routinehaften Ab – lauf "alltäglicher Sprachspiele" (ebd.) gilt "im wissenschaftlich ab – geleiteten Sprachspiel ... die Regel, zu problematisieren, zu interpretie – ren und zu explizieren" (ebd. S. 155). Dabei wird "von partikularen le – benspraktischen Zielen und Problemen abstrahiert" (ebd.), um z.B. die

in die konkrete Praxis eingearbeiteten Desymbolisationen und Aus –
schlüsse von Interaktionsformen erkennen zu können.

Die Tiefenhermeneutik nach Leithäuser/Volmerg entwickelt folgende
regelgeleitet und aus der Psychoanalyse entwickelten "hermeneutischen
Operationen" (ebd. S. 165).

a) Zunächst wird der manifeste Inhalt einer Sprachfigur auf der
Ebene eines logischen Verstehens erfaßt (vgl. ebd. S. 165 ff.). Die
"Sinnerschließungsfrage" lautet: "Worüber wird gesprochen (Volmerg u.a.
1986, S. 276). "Inkonsistenzen des Textes als besondere Bedeutungsträ –
ger" werden "sichtbar" (Leithäuser/Volmerg 1979, S. 166).

b) Auf der Ebene des "psychologischen Verstehens" richtet sich die
"Textinterpretation ... auf die sprachlichen Ausdrucksweisen des
Erlebniszusammenhangs" unter Einbezug der "Gesten und Expressionen
des Sprechers" (ebd. S. 168). Der "metakommunikative Gehalt der Rede
und des Textes" (ebd. S. 169) wird mit der Sinnerschließungsfrage "Wie
wird miteinander gesprochen" (Volmerg u.a. 1985, S. 276) erfaßt.

c) Der "soziale Verstehensmodus" entspricht dem der Wichtigkeit
halber bereits ausgeführten szenischen Verstehen in der Psychoanalyse
(vgl. Leithäuser/Volmerg 1979, S. 172 ff.). Diesem Modus sind die zwei
vorhergehenden Verstehensprozesse untergeordnet. Daher lautet die
"Sinnerschließungsfrage": "Wie wird worüber gesprochen" (Volmerg u.a.
1985, S. 279).

d) "Das szenische Verstehen geht in tiefenhermeneutisches Verstehen
über, wenn nicht nur der Sinn einer Szene entfaltet, sondern auch die
Szene selbst nach ihrem Sinn innerhalb des Kontextes ... befragt wird"
(Leithäuser/Volmerg 1979, S. 179). Der "gesamte dramatische Entwurf
(ebd.) offenbart mit dem im Text enthaltenen Thema "in erster Linie
einen gesellschaftlichen Sachverhalt" (ebd. S. 181). Es gilt " den Sinn
der Verdrängung und des Verdrängten" zu entschlüsseln und als eine
"gesellschaftliche Praxis" zu verstehen. Die "Sinnerschließungsfrage lautet:
"Warum wird wie worüber gesprochen" (Volmerg u.a. 1986, S. 276).

Orientierung an Kernsätzen

In der Auswertung der Insidergespräche orientiere ich mich an den
von Leithäuser u.a. (1986) vorgestellten "Methode der Kernsatzfindung"
(Volmerg u.a. 1986, S. 269). Folgende Schritte sind zu gehen:

1. Mit Blick auf "Kernsätze", in denen sich die im Gespräch genannten "Erfahrungen zu einer lebens – und praxisnahen Begrifflich – keit" "verdichten" (ebd., S. 271), werden thematische Fragmente, auf logischer Ebene erfaßt (z.B. Man macht sich die Hände kaputt).

Dabei kann ein Gesprächsabschnitt von z.b. fünf Minuten eine Viel – zahl von Themen enthalten, die jeweils in einer kurzen Sequenz be – sonders deutlich zum Ausdruck gebracht und in einem Kernsatz oder einem markanten Begriff verdichtet sind. Darüberhinaus kann die An – einanderreihung von mehreren thematischen Fragmenten einen weiteren Sinnzusammenhang herstellen, der ebenfalls in einem Kernsatz konzen – triert vermittelt wird.

2. Die Fragmente werden einigen thematischen Feldern zugeordnet wie z.B. Visite, Hygiene, Halbgott, Entfremdung. Die neu abgesteckten Felder weichen zum Teil von den im Interview – Leitfaden anvisierten ab.

Ein thematisches Feld wird als bedeutsam erachtet, wenn
– die emotionale Beteiligung im Gespräch hoch ist und
– die Wichtigkeit für die Strukturierung des Gesprächsverlaufs er – kennbar ist und
– sich Überschneidung mit Inhalten anderer Insidergespräche ergeben.

Die thematischen Fragmente werden einem thematischen Feld zuge – ordnet, wenn
– die Gesprächssequenz innerhalb einer längeren Textpassage liegt, die dem entsprechenden Feld zuzuordnen ist (z.B. wird in den letzten Minuten über Hygiene gesprochen) oder
– sich ein Interaktionsteilnehmer in dem Fragment ausdrücklich auf das Feld bezieht (z.B. wird die Visite genannt).

3. Innerhalb eines thematischen Feldes werden die kernsatzorientier – ten Fragmente zu Bündeln zusammengefaßt (z.B. Bündel "Kontrolle").

4. Zu jedem Bündel werden die gesamten Gesprächssequenzen der thematischen Fragmente zusammengestellt und in Beziehung gesetzt. Der Kernsatz, der im Hinblick auf die relevanten Fragmente die höchste thematische Dichte aufweist, wird ausgewählt. In der vorlie – genden Arbeit werden die Sequenzen zitiert und interpretiert, die die Inhalte des Kernsatzes explizieren.

II. ANSICHTEN EINER KLINIKKULTUR

3. "... WESSEN WELT IST DIE WELT?"

Gesellschaftliche Verhältnisse

An dieser Stelle sollen wenige grundlegende Erläuterungen zu ge-
sellschaftstheoretischen Aspekten gegeben werden, die für das Verständnis der vorliegenden Arbeit wichtig sind. Orientierungspunkte geben zunächt die Gedanken von K. Marx und Fr. Engels: Die gesellschaftlichen Verhältnisse sind, so Marx, die Gesamtheit der Produktionsverhältnisse (vgl. Marx 1972, S. 36). Ihre geschichtliche Entwick-
lungsstufe wird von der Weiterentwicklung der Produktivkräfte bestimmt.
In der bürgerlichen Gesellschaft, unter kapitalistischen Produktionsverhältnissen ist auch die Arbeitskraft zur Ware geworden (vgl. ebd. S.
23). Sie wird "gegen andere Waren ausgetauscht" (ebd. S. 24). Als
"Repräsentanten von Ware" (Marx 1986, S. 100) treten die Arbeiter
zwangsläufig in Tauschverhältnisse und Konkurrenzbeziehungen ein. Die
in dem Kontext der Produktion systemimmanent notwendigen Verkehrsformen bestimmen das gesamte gesellschaftliche Leben (vgl.
Marx/Engels 1983, S. 36; Lorenzer 1977; Mollenhauer u.a. 1975). So
produzieren die Arbeiter nicht nur Waren, sondern auch sich selbst als
produzierende Wesen. Sie tun dies "als gesellschaftliche Arbeiter" (Marx
1986, S. 353) in der Arbeitszeit. Doch im "Arbeitsprozeß haben sie
bereits aufgehört, sich selbst zu gehören" (ebd. S. 352).

Zweifellos stellt die moderne Klinik keine Fabrik dar, in der z. B.
der Maschinenpark "selbst das Subjekt [ist], und die Arbeiter ... der
zentralen Bewegungskraft untergeordnet", also Objekte sind (ebd. S.
442). Was den Kapitaleinsatz betrifft, so ist das Krankenhaus jedoch mit
der "hochtechnisierten Industrie" vergleichbar (v. Ferber 1978, 93). So
zeigen sich selbst im kleinen Krankenhaus die Prinzipien der kapitalistischen Produktion, die Marx im "Prinzip des Maschinenbetriebes"
verdeutlicht (Marx 1986, S. 485): Der "Produktionsprozeß [wird] in seine
konstituierenden Phasen" analytisch zerlegt, "und die sich so ergebnen
Probleme [werden] durch Anwendung der ... Naturwissenschaften zu
lösen" versucht (ebd.).

Gemäß des Prinzips der Kapitalakkumulation wird zunehmend spezialisiert, der Technisierungsgrad erhöht und unter dem Begriff der Kostendämpfung das Personal rationell eingesetzt. Nach Maßgabe der naturwisssenschaftlichen Medizin werden die Patienten entsprechend ei – nem analytisch lokalisierten Leiden sortiert und auf spezialisierte Ab – teilungen verteilt. Die diagnostizierte Krankheit wird in noch einmal spezialisierteren "Funktionsabteilungen" untersucht und behandelt. Hier ist der Technisierungsgrad z. T. sehr weit fortgeschritten.

In vielen Labors ist "die Leistungsfähigkeit des Werkzeugs ... emanzipiert von den persönlichen Schranken menschlicher Arbeitskraft" (ebd. S. 442), wie Marx es für die Fabrik beschreibt. Wie in den Ma – nufakturen der letzten Jahrhunderte "drängt sich [die Maschinerie] ... bald für diesen, bald für jenen Teilprozeß in" den Betrieb (ebd. S. 485). Um den Bedarf des Marktes zu decken, muß mit immer mehr Kapitaleinsatz produziert werden.

Wo die Arbeit nicht direkt von der Technik bestimmt ist wie z. B. "auf Station", ist die Tätigkeit nach analytischen Kriterien rationalisiert. Z. B. wird in einem allmorgendlichen Ritual erst allen Patienten Fie – berthermometer unter die Achseln gesteckt, in einem zweiten Durch – gang abgelesen, in einem weiteren Blutdruck gemessen, Stuhlgang abgefragt, gewaschen usw. Durch Pflegeanamnesen und die Katalogi – sierung aller Maßnahmen werden ineffektive Arbeiten bzw. Frei – Zeiten aufgespürt.

Der Mensch als Subjekt

Wie bei der Betrachtung eines Produktionsbetriebes schnell einsichtig wird, muß das menschliche Wesen als ein gesellschaftliches verstanden werden, daß Marx "das Ensemble der gesellschaftlichen Verhältnisse" nennt (Marx 1983, S. 534). Menschliche Bedürfnisse, so Marx und En – gels, werden durch "die Aktion der Befriedigung [eines anderen Be – dürfnisses] und [durch] das schon erworbene Instrument der Befriedi – gung" entwickelt, "und diese Erzeugung neuer Bedürfnisse ist die erste geschichtliche Tat" (Marx/Engels 1983, S. 28).

In diesem Sinne muß jenes Gebilde, das wir als "Persönlichkeit" zu nennen gewohnt sind, als das Zwischenergebnis eines Sozialisationspro – zesses aufgefaßt werden, dessen theoretische Erfassung sich als "Kern –

problem die Dialektik von 'Natur', die die Subjekte sind, und ge –
sellschaftlicher Praxis" stellt (Lorenzer 1973, S. 16).

So erkennnt Lorenzer die Triebe, die alles Erleben bestimmen, als
"verwurzelt in bewußtlosen Körperbedürfnissen, die wiederum in
genetischem Zusammenhang stehen mit einem organismischen Bedarf"
(ebd. S. 41). Da jeder Ausdruck des Körperbedarf sich bereits im
Kontakt mit der Umwelt realisiert, "bereits ein Produkt praktischer
Dialektik" ist (Lorenzer 1973, S. 105), "können wir ihn nicht ausma –
chen" (ebd. S. 102).

"Trieb ist e definitione: Körperbedürfnis in – Beziehung – zu" (Loren –
zer 1977a, S. 17). "Die Triebregulation im Wechselspiel von
Trieberfüllung und Triebversagung" (ebd. S. 27) "ist zugleich Ansatz von
Objektbeziehungen" (ebd. S. 28), wobei "die Einigung auf ein befriedi –
gendes Wechselverhältnis nicht nur ein einseitiger Anpassungsvorgang
ist", sondern (hier in der Mutter – Kind – Dyade) "die Mutter ihrerseits
sich an die Anforderungen des Kindes adaptieren muß" (ebd. S. 31).

In einem Prozeß von konkreten Störungen und spezifischen Formen
der Störungsbeseitigung festigt sich "in realer Interaktion ... [ein] ei –
genartiges Profil der Beziehung zwischen Mutter und Kind", das Lo –
renzer als "das Profil der spezifischen 'Interaktionsformen' der Mutter –
Kind – Dyade" bezeichnet (ebd. S. 44f).

Die in die Interaktionsform eingegossene Einigungssituation wird bei
Einführung von Sprache mit einem Lautkomplex verbunden. "Die Be –
handlung des Wortes ... hängt am Sinn der dort real gegebenen Situa –
tion" (Lorenzer 1977a, S. 64) und enthält eine Handlungsanweisung.
"Das Wort Messer z. B. vermittelt uns nicht nur das Bild des Gegen –
standes, sondern auch eine Handlungsanweisung, wie wir damit umzu –
gehen haben" (ebd. S. 57).

Wird wie z.B. in der Reinlichkeitserziehung eine "Negation der Ver –
einbarung" (ebd. S. 130) erzwungen, verliert "die Interaktionsform ...
ihre Symbolqualität ... und wird zum Klischee" (ebd. S. 132f). Die
Sprachsymbole werden zu "Zeichen", "in denen ... die Verge –
genständlichung der Subjekt – bzw. Objektrepräsentanzen ... zur
intertaktionsblinden Verdinglichung" gerinnt (ebd. S. 134).

Generelle "Bewußtseins – und Praxiseinschränkungen" (Leithäu –
ser/Volmerg 1981, S. 78) erfolgen auf zweierlei, ineinander verschränkte
Weisen. Erstens werden "die Grenzen möglicher gesellschaftlicher Er –
fahrung [abgesteckt] durch die innerhalb einer bestimmten Gesell –

schaftsform gegebenen allgemeinen Regeln des Verstehens und Herstellens von Sinn" (ebd.). Die gesellschaftliche "Situation", in der wahrgenommen oder gelebt wird, und die sich aus einem Zusammen – treffen von Begierden, Bedürfnissen oder Interessen entwickelt (vgl. ebd. S. 23), stellt auch "einen Standort dar ..., der die Möglichkeit des Se – hens beschränkt" (Gadamer[3] zit. in: ebd. S. 47) und somit einen Ho – rizont festlegt, sodaß von einem Thema – Horizint – Schema gesprochen werden kann. Eine "den Bewußtseinshorizont charakterisierende 'Wert – aura' entscheidet ... darüber, ob ein zukünftiges, am Horizont gewis – sermaßen heraufziehendes, unheilvolles Ereignis Thema werden, d. h. als Erlebnis bewußt verarbeitet werden kann" (ebd. S. 49). Es sind nur die Themen relevant, die innerhalb des Horizontes liegen, und nicht mit Routinen verbunden sind. Berger und Luckman (1982) sprechen in diesem Zusammenhang von "Plausibilitätsstrukturen" (ebd. S. 165).

Zur dauerhaften Verfestigung gesellschaftlicher Verhältnisse im Sub – jekt kommt es durch die Etablierung von besonderen Anpassungs – mechanismen wie z.B. die "Identifikation mit der Rolle" (Parin 1983a, S. 96). Gemeint sind Ich – Mechanismen als "Stabilisatoren für die Ich – Organisation" (ebd. S. 85), die u. a. "narziptische Befriedigung" forcie – ren, "die Flexibilität des Ichs" einschränken und "ökonomisch vorteilhaft" sind (ebd.). "Sie ... bleiben zeitlebens sozialen Kräften unterworfen" (ebd. S. 86). Indem, so Lorenzer, die "gesellschaftlichen Widersprüche unmittelbar in [die] ... Einigung" auf Interaktionsformen eingehen und "mithin die subjektiven Strukturen" "bestimmen" (Lorenzer 1973, S. 104), "kann man ... nicht davon sprechen, gesellschaftliche Normen würden 'internalisiert', sie sind vielmehr als vermittelte Praxis vorweg konstitutiv fürs Subjektive" (ebd. S. 105). Die Ideologie einer Rolle ist als identi – fikatorisches "Objekt" Teil einer solchen Praxis. Es werden institutionell vermittelte Einigungs – und Interaktionsformen immer wieder aufs neue etabliert, die auch die subjektiven Strukturen ausmachen. So sind ge – sellschaftliche Antagonismen im Ich enthalten. "Das Ich ... ist selbst schon korrumpiert" (Parin 1983a, S. 117). Doch lassen Sie uns die Vertiefung dieser Theorien zurückstellen und zur Lage des Kranken – hauses zurückkehren.

---

3 Gadamer, H.G.: "Wahrheit und Methode", Tübingen 1965, S. 286

Medizinische Wissenschaft

Entsprechend dem naturwissenschaftlich – medizinischen Paradigma als ideologischen Überbau zu der Gesundheitsproduktion gelten nur "phy – siologische Funktionen und deren pathologische Abweichungen, soweit sie für die Genesung" als "notwendig" "anerkannt und wahrgenommen werden", als "wirklich" (Jürgens – Becker 1987, S. 19). Die an dem ökonomisch relevanten Kriterium der physischen "Genesung" orientierte "Wirklichkeit" fordert geradezu eine Depersonalisation, d. h. eine "Par – zellierung und Ausblendung großer Anteile" des Subjekts (ebd.). Aus dem Patienten Egon Müller wird das "Ulcus duodeni" von Zimmer 8.

Für den technologisch fortgeschrittenen und stark rationalisierten Arbeitsablauf im Krankenhaus sind die im lebensgeschichtlichen Zu – sammenhang erworbenen Erfahrungen im Umgang mit Leidenden wenig gefragt (z. B. Hausmedizin, fürsorgliches Kümmern). Auch die Erfah – rung, die z. B. ein junger Arzt sammelt, ist "nur die Instruktion, die der Meister seinem Schüler gibt. Sie ist ... selber keine Erfahrung, sondern das Konzentrat einer früheren Erfahrung" (Foucault 1985, S. 76).

Wenn eine Krankenschwester beispielsweise die Angst eines Pateinten spürt, fühlt sie sich nach ihrer außerhalb der Berufstätigkeit erworbenen Erfahrung vielleicht intendiert, sich an das Krankenbett zu setzen. Die Organisation der Arbeit lehrt sie jedoch, daß so etwas nicht wirklich der Heilung diene. Über den auch noch in der Krankenpflege – Schule vermittelten caritativen Berufsethos der Fürsorge wird sichergestellt, daß die notwendige emotionale Beziehung zum Patienten nicht ganz abreißt. Der Arbeitsvollzug führt zu einer Erschütterung und "einem subjektiven Zwang zur Abweisung unverzerrter gesellschaftlicher Erfahrung" (Leit – häuser/Volmerg 1979, S. 79; s. o.).

Gleichzeitig begegnet der Mitarbeiter "einem Erfahrungsbegriff der Naturwissenschaft, der ... reale Funktion und Suggestivkraft besitzt. Diese ... technisch programmierte naturwissenschaftliche Erfahrungsmasse wird er für die Form von gesicherter Erfahrung überhaupt halten; er wird an ihr 'verstehen'", wie wenig er mit "'Erfahrung'" anfangen kann (Negt/Kluge 1973, S. 25).

Der Zwang zur Unterordnung unter das "Prinzip der Arbeitsorganisation" (v. Ferber 1978, 92) trifft nicht nur das Personal, sondern auch die Leidenden. Damit die Produktion reibungslos verlau – fen kann, müssen sie auf somatisch gravierende Krankheitszeichen fixiert werden (vgl. ebd. S. 95). Indem sie die naturwissenschaftliche Medizin akzeptieren, erscheinen ihnen selbst ihre subjektiven nicht – somatischen Anteile im Sinne der Naturwissenschaft als Störvariablen im Gene – sungsprozeß.

Während der Laie in seiner "Patientenlaufbahn" beim ersten Kontakt mit einem Mediziner noch "Mißempfindungen" anbietet (v. Ferber 1978, S. 116) und vom niedergelassenen Arzt eine die Behandlung legitimie – rende "'Rechtfertigungs'–Diagnose" erhält (ebd. S. 85), wird der Lei – dende im Krankenhaus als "krank" erklärt, wenn er "einen krankhaften Befund im Rahmen medizinisch – wissenschaftlicher Diagnostik zeigt" (ebd.). Der Patient muß eine naturwissenschaftlich begründete "technisch weit vorangetriebene Diagnostik" durchlaufen (ebd.), die er unmöglich verstehen kann. Die ihm gegenübertretende Definitionsmacht muß die Wertschätzung seiner eigenen Erfahrung erschüttern. Die Krankenhaus – Organisation, die das persönliche Gespräch weitgehend unterbindet, bekräftigt die Desymbolisierung konflikthafter Interaktionen.

Abwehr – Aspekt

Die unterschiedliche Definition dessen, was Leiden bzw. Krankheit sei, ist nicht nur ursächlich verknüpft mit dem Zwang zur Unterordnung von Krankenhauspersonal und Leidenden unter die Verkehrsformen der kapitalistischen Produktion. Der Blick auf die Zeichen einer Krankheit bietet sich darüber hinaus dem Mitarbeiter an als ein Schutzwall gegen die Identifikation mit dem Leidenden und somit gegen die Objektbe – ziehung und die psychische Komponente des Leidens selbst.

Der Schutzwall wird unter den gegebenen Arbeitsbedingungen psy – chologisch zur Überlebensfrage. Eine große Anzahl von leidenden Pa – tienten stehen jeweils einem einzelnen Mitarbeiter gegenüber, der nicht auf die Stützung einer emotional gefestigten Gruppe vertrauen kann. Die Mitarbeiter sind durch die Hierarchie als Mittel der Herr –

schaftsausübung und – absicherung, Konkurrenz usw. von einander ge –
trennt. Die Bildung einer solidarischen Gruppe mit den Patienten wird
nicht nur durch die Rollenverteilung unmöglich, sondern auch durch die
genannte Leid – Abwehrstrategie selbst. Ein Durchbrechen des Teufels –
kreises führt zu einem Verlust der Rolle: Der Patient wird zum Lei –
denden, der Arzt zum Pfarrer.

Hierzu ein Ausschnitt aus dem ersten Gespräch mit dem Stationsarzt
der Inneren Medizin, Dr. Harms:

Weid. *Ist diese Trennung von Persönlichem und Fachlichem auch im*
Patientenkontakt so zu spüren?

Harms *Ich bemühe mich darum, das ganze in einer relativen Distanz zu*
machen, wobei der Patient aber nicht den Eindruck haben soll,
daß ich ihn nur als Sache sehe, ne.

Weid. *Also hier steht diese Sache schon im Vordergrund*

Harms *schon distanziert, krankheitsorientiert, aber trotzdem auch ein*
persönliches Wort nur das ganz bewußt, mh, am Ende und auch
relativ kurz. Ich habe es mal eine Zeit lang anders gemacht, um
das auszuprobieren, wie es ist, wenn man so einen etwas
persönlicheren Kontakt zu den Patienten hat und habe also
festgestellt, daß das berühmte, der berühmte Effekt wird: gibst du
ihm den kleinen Finger, er nimmt die ganze Hand.

Weid. *Mh. Hat das etwas Verschlingendes?*

Harms *Ja, die Patienten kommen dann wirklich mit allen möglichen*
Sorgen an, und dann kommt man sich eigentlich mehr wie ein
Pfarrer als wie ein Arzt vor. Dann kommt bei den Patienten
häufig dabei heraus, das diese ganzen Erkrankungen, die sie
haben, für sie gar nicht so wichtig sind, sondern mehr die
familiären und persönlichen Belange. Und, äh (lacht betroffen),
sehen sie, daß, wir haben hier auf der Station offiziell 21, zu –
meist 25 Patienten. Wenn Sie das machen wollen, wenn Sie den
Patienten ein bißchen entgegen zu kommen, kommen sie mit der
Arbeit nicht mehr zurande. Das, das entartet in Chaos.

Harms *Aber da kommt eben meine Grundtendenz raus, ... wo ich gesagt*
habe, ich werde einfach mit diesen Sorgen, Nöten und Proble –
men nicht fertig, und ich sehe auch nicht ein, die zu meinen zu
machen. Und, äh, das gehört sicherlich dazu, ab und zu sich
hinzusetzen und zuzuhören, zweifelsohne; mache ich auch. Aber

> *begrenzt – und wenn man das nicht macht, ich glaube dann geht man als seelischer Krüppel nachhause.*
>
> *Weid.*   *Das wird dann zu belastend*
>
> *Harms*   *Ja! Man muß einfach irgendwo einen bestimmten Schutzwall und eine bestimmte Mauer aufbauen.*

Rolle der Patienten

So wechselt der Kranke in der instiutionellen Interaktion von der Rolle des Leidenden zu der des Patienten, von der Siegrist im Hinblick auf die Anforderungen der betrieblichen Organisation folgendes Bild zeichnet:

- Das Handeln der Patienten ist durch "oktroyierte Ordnungen" (Siegrist 1978, S. 6) "in beträchtlichem Umfang reglementiert (ebd. S. 5). Das Ausmaß der Reglementierung korreliere positiv mit der Größe der Organisation und negativ mit der Höhe des Status.
- Es bestehen enorme "Eingriffsmöglichkeiten in den [individuellen] Dispositionsspielraum" von Patienten (ebd. S. 6), wofür die Weck – und Essenszeiten) ein Beispiel sind.
- Patienten halten sich "als Leistungsempfänger ... stets ... auf Abruf bereit" (ebd.).
- Alle "Interaktionsmodalitäten [sind] auf die Krankheit zentriert" (ebd.).

Die Definitionsmacht ist bei der Aushandlung der Patientenrolle äußerst ungleich verteilt. Das Rollenmuster wird auf zweifache Weise durchgesetzt. Zum einen sind hier organisatorische Maßnahmen wie z. B. der abrupte Rollenwechsel bei "Einlieferung" und die Kontaktbe – grenzung durch Besuchszeiten etc. zu nennen (vgl. ebd. S. 7f). Zum anderen drängen herrschende Kontaktmuster zur Übernahme der Patientenrolle. Siegrist nennt hier die Informationsbegrenzung, die Un – persönlichkeit der Beziehungsformen und das hohe, ungeregelte Sank – tionspotential, das von dem Vorenthalten von selbstverständlichen Ge – fälligkeiten bis zur Entlassung aus disziplinarischen Gründen reicht (vgl. ebd.). Goffman spricht von einem demütigenden "Privilegiensystem", dem der Patient unterworfen ist (vgl. Goffman 1973, S. 54ff).

Diese schwierige Lage der Patienten macht innerhalb des organisatorischen Systems einen nachvollziehbaren Sinn, wenn man die

Annahme, das Krankenhaus sei allein für das Wohl der Kranken, die im Zentrum allen Bemühens stünden, geschaffen, als Ideologie erkennt. Tatsächlich ist die Lage der Patienten ist organisatorisch peripher. D. h., die Organisation ist nicht um den Patienten herum aufgebaut, sondern die Rolle des Patienten ist so konzipiert, daß sie sich in den betrieblichen Ablauf einfügt (vgl. Siegrist 1978, S. 4ff).

Routine

Die Produktion erfordert eine Rollenverteilung, die die Patienten als Werkstück disponibel hält und die Mitarbeiter auf die Ausführung von Teilarbeiten orientiert. Interaktionsformen, die die einen und die ande – ren als ganze Menschen fordern, müssen gegen die Routine durchge – setzt werden (vgl. auch ebd. S. 12), welche ihrerseits durch objektive und subjektive Momente gestützt wird. Erstere sind vornehmlich in dem Faktum der Arbeitsleistung innerhalb der Produktion und der geho – benen Arbeitseffektivität durch die Verrichtung repetetiver Teilarbeiten zu finden. Auf subjektiver Ebene wird die psychische Tendenz zur kli – scheehaften Wiederherstellung alter Interaktionsformen wirksam.

"Der ... Wiederholungszwang ist das innerpsychische Korrelat und als solche die psychische Voraussetzung für die spätere Befähigung, 'repetitive Teilarbeit' ableisten zu können" (Leithäuser 1981b, S. 113). "Wiederholungshandlungen werden ... mit Triebimpulsen besetzt" (ebd. S. 117).

Verbunden mit der Chance zur Triebbefriedigung "werden die eintönigen Prozesse ... als Entlastung erlebt" (ebd.). Im Sinne eines "sekundären Krankheitsgewinns" kann es sogar zu einem lustvollen Er – leben kommen (vgl. ebd. S. 113 bzw. Anm. 17 S. 122). Durch die Verknüpfung von Wiederholungszwang und Arbeitsvollzug suchen die Mitarbeiter auch selbst einfachste, von Wiederholungen bestimmte Ar – beiten. Auch kann die Wiederholung z. B. nach einem intensiven Kontakt mit Patienten als Abwehrmechanismus des Ungeschehenma – chens eingesetzt werden.

Hierzu ein Beispiel aus einem Insidergespräch. Die examinierte Krankenschwester Pia sucht sich nach einem intensiven Kontakt mit einem Patienten gerne einfachste Arbeiten wie z. B. das Desinfizieren von Betten. Möglicherweise hat der Patientenkontakt tabuisierte libidi –

nöse oder aggressiv – sadistische Regungen wachgerufen. Sie können durch magisches "Ungeschehenmachen" mit einer Art Sühnehandlung (vgl. Fenichel 1983a, S. 220ff) abgewehrt werden: Das eigene Tun muß dafür ohne die zu verdammenden Triebregungen wiederholt werden. Die Krankenhausorganisation bietet die routinemäßige Desinfektion an. Die Schwester wiederholt den Patientenkontakt, indem sie sich ausgiebig mit den Spuren eines Patienten in Form von Mikroorganismen beschäftigt.

"Wenn sich nun infolge der fortgeschrittenen Wirksamkeit des Ver – drängten irgend ein Teil der ursprünglichen Triebregung in die Wie – derholung einschleicht ..., kann eine dritte, vierte oder fünfte Wieder – holung der betreffenden Handlung notwendig werden" (ebd. S. 220).

Praktisch – inertes Feld

Die Wiederholungshandlungen zumindest am Arbeitsplatz sind eingebunden in eine praktisch – inerte Praxis. "Das Alltägliche besteht aus den monotonen Wiederholungen in den unmittelbaren Interaktio – nen" (Leithäuser 1981b, S. 115). Dabei können die durch Arbeitsteilung mechanisch zusammengeführten und "vereinzelten Individuen [Lebenssituationen] immer weniger von sich aus mit Sinn ausstatten" (ebd.). Diese Lage übt einen Regressionsdruck aus. Die Erfahrungen werden durch Übertragung, d. h. Wiederholung von infantilen "Denk –, Wahrnehmungs – und Interaktionsfiguren" (ebd.) strukturiert.

Alltägliche Ereignisse sind einer neuen Verarbeitung nicht mehr zu – gänglich. Sie "werden routinemäßig 'erledigt'" (Leithäuser u. a. 1981, S. 49). Durch "einen Akt der Nicht – Wahrnehmung, Nichtbeachtung, Ab – wehr" (ebd.) werden "besondere reflektorische Verarbeitungsprozeduren" umgangen (ebd.). "Die routinisierte Wahrnehmung setzt sich ... auch gegenüber ihr offen widersprechenden Informationen durch" (ebd. S. 50).

Mit dem zentral eingebauten Wiederholungszwang kommt es zu einer objektiven Fixierung auf die Vergangenheit (vgl. ebd. S. 119). "So ver – liert das Alltagsleben sowohl seine integrative als auch seine innovative Kraft" (Leithäuser 1981b, S. 115). Das Erleben der Situationsanteile, die in die Richtung auf eine lebendige Gruppenpraxis mit personalen, nicht – funktionalen Beziehungen weisen, wird nicht integriert. Z.B. wird die Wahrnehmung des Chefarztes als ein Mensch mit einem Bedürfnis nach emotionalem stützenden Kontakt in der Regel abgespalten. Jedoch ist "die sozialisatorische Verbindung des intrapsychischen Wiederholungszwangs mit den objektiven gesellschaftlichen Wiederho – lungsanforderungen des Alltagslebens ... labil" (ebd. S. 118). Immer wieder entstehen tiefe Kontakte, Freundschaften usw., die die Routine zumindest für Momente unmöglich machen. Damit sich eine lebendige Gruppenpraxis durchsetzen kann, ist es notwendig, daß die Routine "aus den psychologischen Abwehr – und Verdrängungssystemen der Indivi – duen entlassen werden" (ebd.) und soziale wie psychische Wiederho – lungen lediglich eine flexible Kontinuität des Bewußtseins und der so – zialen Lebenswelt absichern (vgl. Leithäuser u. a. 1981, S. 62ff).

4. "WER SCHAFFEN WILL, MUSS FRÖHLICH SEIN"

Ebenen der Entfremdung

Entsprechend den gesellschaftlichen Verhältnissen, in denen wir leben, ist auch die "soziale" Arbeit im Krankenhaus tendentiell eine
entfremdete. Der Entfremdungsprozeß verläuft auf drei Ebenen. Einmal
ist der Arbeiter von der Sache, die er produziert, entfremdet (vgl. Marx
1985c, S. 511ff). Die Stellung des Arbeiters zum Produkt (vgl. Volmerg
1978, S. 50f) ist abhängig von den eigenen Dispositionschancen während
der Arbeit (vgl. ebd. S. 60f).

Zum zweiten kommt es zu einer "Selbstentfremdung" (Marx 1985c, S.
15) durch den "Akt der Produktion" (ebd. S. 514). Das "Verhältnis des
Arbeiters zu seiner Arbeitskraft" (Volmerg 1978, S. 53) ist abhängig von
der "Chance, erworbene Qualifikationen in die Arbeit einzubringen"
(ebd. S. 60f).

Drittens entreißt die Arbeit dem Arbeiter "sein Gattungsleben" (Marx
1985c, S. 517). Die Folge ist die "Entfremdung des Menschen von dem
Menschen" (ebd.). Wie weit die Entfremdung auf dieser Ebene voran-
schreitet, ist abhängig von den "Interaktionschancen, die durch die Arbeit gegeben sind" (Volmerg 1978, S.60ff).

4.1. Grenzen der Dispositionschancen

Entfremdung vom Produkt

Die Entfremdung des Arbeiters von seinem Produkt ist dadurch bestimmt, daß "die Arbeit ... nicht nur Waren [produziert]; sie produziert
sich selbst und den Arbeiter als eine Ware" (Marx 1985c, S. 511).

Das Produkt der Arbeit ist die Vergegenständlichung der Arbeit.
"Der Arbeiter legt sein Leben in den Gegenstand; aber nun gehört es
nicht mehr ihm, sondern dem Gegenstand" (ebd. S. 512). Der produ-
zierte Gegenstand "verwandelt sich ... fortwährend ... in Kapital" (Marx

1986, S. 596). Wie das Kapital im allgemeinen erscheint ihm das Pro-dukt im besonderen als eine fremde, mächtige und feindliche Macht. "Dies Verhältnis ist zugleich das Verhältnis zur sinnlichen Außenwelt, zu den Naturgegenständen als einer fremden, ihm feindlich gegenüber-stehenden Welt" (ebd. S. 515). Im Sinne einer formellen Subsumtion der Arbeit unter das Kapital (vgl. Marx 1974, S. 51f u. 60f; Leithäuser 1981a S. 165ff; Volmerg 1978, S. 44ff) ist auch der Mitarbeiter des Krankenhauses von seinen Pro-dukten prinzipiell entfremdet. Es kann hier nur um die Frage gehen, wie die Entfremdung ausgestaltet ist, d. h., inwieweit sie als eine reelle Subsumtion vorangeschritten ist.

Kurz sei angemerkt, daß die Entfremdung von dem Produkt Ge-sundheit immer auch eine Fremdheit zu dem Gesundenden, d.h. zu dem Patienten impliziert. Der Leidende, der auf einen Teilmenschen bzw. auf ein funktionsuntüchtiges Organ reduziert und mit einem Krankheitszeichen belegt ist, erscheint dem Mitarbeiter in einer ver-dinglichten Form, nämlich als "Arbeitsgegenstand" (Marx 1986, S. 193). Ein Arzt etwa bearbeitet diesen mit den zur Verfügung stehenden "Arbeitsmitteln" (ebd. S. 194) wie z.B. Medikamenten.

Zeitperspektive

Der Umgang mit der Zeit weist darauf hin, daß Arbeitskraft als Ware für die Produktion vom Unternehmen erworben wird. Die Ver-dinglichung des Mitarbeiters wird sichtbar. Die Dienstzeiten werden nicht nach den Bedürfnissen und Wünschen einzelner Mitarbeiter oder einzelner Patienten festgelegt. Sie werden zentral so festgesetzt, daß mit möglichst wenig finanziellem Aufwand viele Patienten versorgt werden. Zwar ist es jedem Mitarbeiter klar, daß z.B. bei Urlaub eines Kol-legen zusätzliche Schichten übernommen werden müssen. In die kon-krete Entscheidung über die häufigen Sonderschichten ist das Pflege-personal zum großen Teil nicht einbezogen. Die Mitarbeiter haben hier im Regelfall wenig Dispositionsspielraum. Stattdessen stehen sie selbst zur Disposition. Jederzeit können ihnen veränderte Dienste angeordnet werden. Das Privatleben wird teilweise zerstört. Der Dienst wird als etwas empfunden, was die Mitarbeiter auffrißt.

Der Zusammenhang von Arbeitsbedingungen, unbefriedigenden sozialen Beziehungen und dem Gefühl, gefressen zu werden, wird in einer Gesprächssequenz mit der examinierten Krankenschwester Pia angesprochen.

Pia   *... es sind oft 40 – und 50jährige Leute, die sehr lange und sehr elend ja zugrunde gehen, kann man sagen. Und da geht man da eben auch teilweise so als Pflegepersonal ähm frist einen das; und das frist einen deswegen, weil das Krankenhaussystem eben so ist, daß das weder dem Patienten noch dem Pflegepersonal den Raum läßt, wirklich anständige Arbeit zu machen oder 'ne anständige Beziehung zueinander aufzubauen.*

Die mangelnde Einflußnahme auf die eigene Zeit, das rational – kal – kulatorische Zerlegen der Arbeit und die Ausrichtung der Arbeitslei – stungen nach Quantitäten (Anzahl von Betten, Untersuchungen usw.) statt nach Qualitäten (zufriedene Patienten) erschweren es, eine "indi – viduelle Zeitperspektive" (Vinnai 1978, S. 54) aufzubauen. Für den In – dustriebetrieb sagt Vinnai, Arbeitszeit sei tendenziell "nur leere, in – haltslose Zeit ..., aus der die Dimension der Zukunft getilgt ist" (ebd. S. 53f).

Die Dienstplanregelung demonstriert, wie uninteressant die individu – elle Zukunftsperspektive zu sein hat: Hat sich ein Mitarbeiter etwas für sein freies Wochenende vorgenommen, muß die Zukunftsvorstellung fallen gelassen werden, wenn ein Wochenend – Dienst angeordnet wird.

Innerhalb der Arbeitszeit oder der Arbeit hat das Pflegepersonal wenig Zukunft. Ärzte können einen großen Teil ihrer Erfahrungen bzw. die angeeigneten Erfahrungen anderer in ihre Arbeit einfließen lassen und Karriere machen. Das Pflegepersonal kann nur sehr begrenzt auf – steigen. Was sie sich im Alltag z. B. an medizinischen Erkenntnissen aneignen, dürfen sie nicht vollständig anwenden. Grenzen der Rolle können im Regelfall nicht überschritten werden.

Die wenigen Karriere – Chancen nennt der Stationsleiter in Verbin – dung mit kontinuierlicher Arbeit auf Station:

Nau   *... es ist ... relativ wenig Aufstiegsmöglichkeit gegeben, wenn man da schon eine gewisse Kontinuität drin sein kann [in der Arbeit* *auf der Station] einfach weil Beförderungen da nicht an der Tagesordnung sind.*

Ohne ein Zeit – Verständnis ist die gesellschaftliche Totalität und damit die eigene (Klassen –)Lage nicht zu erkennen. Die Anwendung der Regel des Alltagsbewußtsein "Verräumlichung der Zeiterfahrung" (Leithäuser/Volmerg 1981, S. 113) wird begünstigt. Ohnmachtsgefühlen wird m. E. Vorschub geleistet.

Divergierende Interessen

Die Dienstplanregelungen demonstrieren die Verdinglichung der Mitarbeiter. In Anlehnung an Müller (1979) kann hier davon ausge – gangen werden, daß die Bedürfnisse der Mitarbeiter als Warenbesitzer nicht primär die Gesundung bzw. Wiederherstellung der Arbeitsfähigkeit der Patienten ist, sondern die Schonung der eigenen Arbeitskraft (Müller 1979, S. 149).

Das Schicksal der Patienten als Arbeitsgegenstände steht in keiner Verbindung mit dem Schicksal und der Zukunft der Mitarbeiter (vgl. ebd.). Die Patienten gehören nicht zu dem sozialen Feld der Mitarbei – ter, in dem sie als ganzheitliche Menschen mit eigenen Wünschen und Bedürfnissen integriert sind (z. B. Familie). Sie reproduzieren nicht die ganzheitliche Lebensfähigkeit der ihnen emotional nahestehenden Gruppe.

Wenn die Patienten entlassen werden, wird dies unmittelbar spürbar. Wie ein böser Geist werden die unsichtbaren Spuren des ehemaligen Patienten mit übelriechenden Flüssigkeiten vertrieben.

Leben gegen Tod

Die Marxsche Annahme, das feindselige Verhältnis zum Produkt werde auf die Beziehung zu allen "Naturgegenständen" generalisiert (Marx 1986, S. 515; s. o.), scheint auch für das Krankenhaus zu gelten. Der gesellschaftliche Widerspruch zwischen Kapital und Arbeit spiegelt sich in dem Verhältnis von Leben und Tod, Gesundheit und Krankheit wider. Die Antagonismen erscheinen nicht vorrangig als Teile eines naturhaften Zyklus, sondern als zwei sich feindselig gegenüberstehende Kontrahenten.

Es entsteht der Eindruck, die Natur als Ganzes werde zu etwas Feindlichem, das eleminiert werden soll. Selbst ein 100jähriger stirbt nicht, weil natürliche Ressourcen aufgebraucht sind, sondern durch einen der Natur innewohnenden Feind wie Viren etc. (vgl. Richter 1986, S. 152f).

Die "Lehrbuchmedizin" verfolgt ein Paradox. Die Gesundheit soll erzielt werden, indem alles Naturhafte eleminiert wird: Die Medizin ist ständig auf der Suche nach Krankheitserregern, um sie auszuschalten. Medikamente fördern nicht natürliches Widerstands – oder Genesungs – potential, sondern machen sie überflüssig (vgl. ebd. S. 151ff).

Gleichzeitig wird der Tod als Teil unserer Existenz verleugnet. "Unsere Endlichkeit ... [ist als] eine 'einzigartige Chance', die uns vom Leben geboten wird" nicht mehr verfügbar (Ziegler 1977, S. 185). "Aufgrund dieser Grenze versucht der Mensch fast alles ... . Doch die ungeheure Kraft des Menschen wird nur wirksam, weil sie begrenzt ist" (ebd. S. 189). Wird der Tod negiert, wird der Mensch "seiner Endlich – keit beraubt, hört [er] ... gleichzeitig auf, Gegenstand jeder Art von Geschichte zu sein" (ebd. S. 62f). Es ist unmöglich, eine subjektive Zeitperspektive zu entwickeln. Man kann sich weder als Teil einer hi – storischen Bewegung erkennen, noch können Ziele für das eigene Le – ben abgesteckt werden. Der Mensch erlangt einen Objekt – Status, der beim Sterbenden seine extremste Form erreicht. Für die Mitarbeiter ist der Tod zu einer Routineangelegenheit geworden. Als solche läuft das Sterberitual in den Bahnen ökonomischer Effizienz über den Patienten ab, er hat keine Chance, seinen Willen durchzusetzen.

Rollen des Personals

Für die kapitalistische Produktion ist die Teilung der Arbeit notwendig. Die Tätigkeit des einzelnen Mitarbeiters ist auf eine Teil – funktion reduziert. Durch den Mechanismus der Routine und die Übernahme von Rollen werden Dispositionsspielräume eingeschränkt, so daß sich die Subjektivität des Mitarbeiters nur sehr begrenzt in dem Produkt niederschlagen kann.

Die Übernahme einer Rolle als Charaktermaske schreibt die Orientierung auf bestimmte Tätigkeiten fest. Andere Verhaltensweisen werden
ausgeschlossen. "Solange ... die eigene Tat des Menschen ihm zu einer
fremden, gegenüberstehenden Macht wird, die ihn unterjocht ... hat jeder einen bestimmten ausschließlichen Kreis der Tätigkeit, der ihm
aufgedrängt wird, aus dem er nicht heraus kann" (Marx/Engels 1983, S.
33). Die Rollen des Personals sollen daher an dieser Stelle skizziert
werden.

Parsons nennt vier Kriterien für die Rolle des Arztes (vgl. Parsons
1970, S. 14f). Rhode übernimmt sie für die Rollenbeschreibung der
Krankenschwester bzw. des Pflegers (vgl. Rhode 1974, S. 296ff). Die
vier Erwartungen lauten:
- Universalismus, d. h. das Bezugsfeld soll alle Mitglieder der Gesellschaft umfassen, alle werden medizinisch versorgt.
- Kollektivorientierung, d. h., es gilt "die 'Ideologie', ...das 'Wohl der
  Patienten' über seine eigenen Interessen zu stellen" (Parsons 1970, S.
  15).
- "Emotionale Neutralität" (ebd.), d. h. eine durch die Naturwissenschaft begründete Objektivität und Unpersönlichkeit.
- funktionale Spezifität (vgl. ebd.), d. h. für das Pflegepersonal Durchführung der Grund- und Behandlungspflege, Hygiene und Verwal-
  tungsaufgaben, für den Arzt Diagnose und Therapie.
Betrachtet man die Rollenerwartung aus der skizzierten gesellschafts-
theoretischen Perspektive, fällt eine besondere Implikation auf. Die ersten drei Punkte fordern ein Ignorieren der in der privaten Sozietät
(Familie, Freunde) entwickelten Bedürfnisse. Der vierte Punkt bezieht
sich auf das, was der funktionale Mensch tun soll. Die Kriterien lassen
sich übersetzen als die Forderung nach
- permanenter Einsatzbereitschaft,
- Zurückstellung oder Abspaltung subjektiver Interessen,
- Unterordnung unter den Erfahrungsbegriff der naturwissenschaftlichen
  Medizin,
- Akzeptanz der Reduktion der eigenen Person auf Teilfunktionen.

Für das Pflegepersonal entsteht ein Intra-Rollenkonflikt. In der
Schule wird gefordert, den Patienten als ganzen Menschen zu sehen.
Corwin spricht von der durch die Schule vertretenen caritativen Kon-
zeption der Pflegerolle (Corwin 1972, S. 92). Die Krankenhaus-Orga-
nisation fordert dagegen nur medizinisch-technische Fertigkeiten, d. h.

die Krankenpflege als Profession (vgl. ebd. S. 91) und die Erfüllung von bürokratischen Tätigkeiten, die Krankenpflege als Amt (vgl. ebd.).

Einengung des Handlungsspielraums

Die von der funktionalen Spezifität geprägte Praxis der Kranken-pflege grenzt zwei Tätigkeitsbereiche aus.

- Psychosozial orientierte Tätigkeiten; z. B.: Der Allgemeine Patien-tenverband (apv) listet in 40 Punkten detailliert die "Aufgaben des Krankenpflegepersonals" auf, die sie einem "Europäischen Überein-kommen vom 25.10.1967 über die ... Ausbildung" von Pflegepersonal entnommen haben (apv 1986, S. 134; vgl. ebd. S. 134ff). In keinem Punkt wird z. B. erwähnt, daß man sich mit den Patienten unter-halten könne. "Interaktive Leistungen [werden] nicht als Bestandteil professioneller Identität betrachtet" (Siegrist 1978, S. 13).

- Medizinische Tätigkeiten. Nach herrschender Rechtslage dürfen vom Pflegepersonal medizinische Tätigkeiten nicht eigenverantwortlich übernommen werden, und dies völlig unabhängig von den subjektiven Fähigkeiten.

Der Handlungsspielraum des Arztes ist im wesentlichen durch die naturwissenschaftliche Medizin vorgegeben und wird während der beruflichen Karriere gefestigt. Wenn sich der junge Arzt mit der Rol-lenideologie identifiziert, akzeptiert er die Hierarchie, um eine Desin-tegration zu vermeiden. Der Stationsarzt aus der Inneren Medizin schließt seinen Bericht über die Famulatur (Praktikum während des Hochschulstudiums) so ab:

Harms   ... *sodaß man damit einen kleinen Einblick hat, was man ma-chen muß, und wie das so abläuft, wie das aufgebaut ist, damit man ja nicht aus der Bahn fällt.*

Weid.   *Dafür ist gesorgt*

Harms   *Ja (lacht), von vorneherein. Wenn ich jetzt mal nach hinten ge-hen darf, ich glaube schon, daß man das Ganze nicht anders aufbauen kann. Diese Versuche, die ja in Herdecke [einem an-throposophischen Haus] laufen, wo jeder mitredet, werden von den Patienten, so was man so hört, eigentlich ganz positiv beurteilt, von den Ärzten aber als Chaos abgetan, sofern sie nicht Anthroposophen sind.*

Deutlich wird m. E. der Druck zur Eingliederung in die Hierarchie. Als nicht – anthroposophischer Arzt reiht sich mein Gesprächspartner in die Riege derer ein, die bei Mitbestimmung Chaos vermuten.

Seine Haltung ist allerdings ambivalent. Die Mitbestimmung werde "abgetan", wie unter einem Vorwand. Die feste Einbindung ist nicht nur diktierte einengende Vorgabe, sondern auch ein angenehmer Schutz. Es wird für ihn gesorgt.

Der Chefarzt ist der Hauptvertreter der Medizin. Er muß eine "Kapazität" sein. Außerdem verkörpert er die Klinik – Organisation (vgl. Rhode 1972, 352). Mit ihm, so sagt der Stationsleiter Herr Nau in einem Gespräch mit mir, "steht und fällt" "das Niveau von der Klinik". Auch meint der Pfleger:

Nau   *Also, für das Arbeitsklima in einer Klinik, egal in welcher, ist es wichtig, daß der Chef ein guter Mann ist. Der muß souverän sein, der muß viel Ahnung von der Medizin haben, der muß ... als Chef akzeptiert werden. ... Wenn die Assistenten mehr wissen als der Chef, soll es ja geben, dann wird halt eben das Arbeitsklima beschissen.*

Für den Stationsarzt aus der Inneren Medizin hat der "Chef" "alle Macht in der Hand". Von dieser Position aus werden nicht nur Arbeitsschwerpunkte, sondern auch der Tagesablauf festgeschrieben. Dieser ist, so der Stationsarzt

Harms   *Chef – abhängig, nicht. Das kann ja jeder Chef so machen wie es ihm in den Kram paßt.*

Auch liegt es am Chefarzt, ob z. B. Todkranken die Diagnose mitgeteilt wird. Sr. Pia hat dies eindrücklich geschildert. Ebenfalls vom Chefarzt ist abhängig, wieviel Zeit der Stationsarzt für "Papierkram" aufwenden muß. Der Assistenzarzt aus der Urologie erzählt über den Umfang seiner Bürotätigkeit:

Uhl   *Im Endeffekt ... legt der Chefarzt das fest. Wenn du dann also immer wieder Briefe /an den Hausarzt usw./, die du geschrieben hast, zurück kriegst, und sagt, zu kurz oder so, daß müssen Sie auch noch erwähnen, dann wirst du die Briefe mit der Zeit länger schreiben.*

Nicht – medizinische Tätigkeiten werden ausgeschlossen, da sie alle – samt mit einem immensen Verlust an Prestige verbunden sind (vgl. Richter 1976b, S. 173). Die Nähe zur therapeutischen Verrichtung ist das wichtigste Kriterium für den Status der Mitarbeiter (vgl. Pflanz 1972, S. 207). So wird z. B. ein pflegerisches Praktikum, das der Stu – dent zu absolvieren hat, auch "Töpfe – schwingen" genannt.

Dr. Harms sagt, daß er

Harms   *... ein Jahr lang eben Pötte geschwungen hatte, das berühmte, was also im Grunde hier die Pfleger machen, die entweder noch nicht ihr Examen haben oder gerade ihr Examen haben.*

Durch die Diskriminierung wird die pflegerische Tätigkeit von der eigenen medizinischen abgegrenzt.

4.2. Einbringen von Qualifikationen

Entfremdung von der Produktion

"Wenn ... das Produkt der Arbeit die Entäußerung ist, so muß die Produktion selbst die tätige Entäußerung ... sein" (Marx 1985c, S. 514). Die "Selbstentfremdung" (ebd. S. 515) geschieht auf zweifache Weise.

Zum einen ist das Arbeiten "nicht die Befriedigung eines Bedürfnis – ses, sondern sie ist nur ein *Mittel*, um Bedürfnisse außer ihr zu be – friedigen" (ebd.). Es wird für einen Tauschwert gearbeitet, der sich für den Arbeiter im Gehalt niederschlägt. Der Arbeiter produziert ge – zwungenermaßen, um seinen Lebensunterhalt (Konsumtion) sicherzu –

stellen. "Der Arbeiter fühlt sich daher erst außer der Arbeit bei sich und in der Arbeit außer sich" (ebd.).

Zum anderen hat der Arbeiter seine Arbeitskraft für die Zeit des Produzierens verkauft. Daher ist die Arbeit "nicht sein eigen" (ebd.). "Sie gehört einem anderen, sie ist der Verlust seiner selbst" (ebd.). Auch im Krankenhaus kann die Arbeit als eine formell unter das Kapital subsumierte nicht an den Bedürfnissen der Mitarbeiter orientiert sein. Die Frage ist hier demnach nur, wie subjektiv der konkrete Pro-duktionsprozeß noch ist.

Subjektive Erfahrung

Dabei ist wesentlich, welche Erfahrungen in den Prozeß eingehen. In meinen Insider-Kontakten war die "Erfahrung" ein wichtiger Begriff. Das Wort desjenigen, dem Erfahrung zugeschrieben wird, hat Gewicht. Diese Orientierung dient in Gesprächen mit einem "Fremden" m. E. der Absicherung der Plausibilitätsstruktur. Sollte ich nonkonforme Fra-gen oder gar Aussagen formulieren, Tabus verletzen, so habe ich keine Erfahrung, meine Worte kein Gewicht.

Anfänglich kann der Eindruck entstehen, durch die Betonung der Erfahrung sei sichergestellt, daß das in der gesamten Geschichte des Subjektes erworbene Wissen in die Arbeit einfließt und diese subjektiv gestaltet. Jedoch ist die Berufserfahrung gemeint. Sie ist in vielen Be-reichen nicht direkt mit den in der Ausbildung oder gar im Privatleben erworbenen Fähigkeiten und Sichtweisen vereinbar.

So lernen die Schwesternschülerinnen z. B. sehr viel über Anatomie, Krankheitsbilder usw.. Im Berufsalltag zeigt sich, daß die erworbenen Qualifikationen nicht angewendet werden dürfen. Sie gehören in den medizinischen Bereich und sind nach herrschender Rollenverteilung Bestandteil der funktionalen Spezifität des Arztes. In der Rivalität zwi-schen der Stationsleitung und dem Stationsarzt, die m. E. immer wieder entsteht, kommt dies zum Ausdruck.

Die einzigen Erfahrungen, die wenig systematische Brüche aufweisen, sind die handwerklichen. Das Pflegepersonal lernt, geschickt Patienten zu waschen, zu betten etc.. Ärzte eignen sich handwerkliches Geschick z. B. beim Operieren an. Dies alles wird vornehmlich in einer Mei-ster-Lehrling-Relation vermittelt. Jedoch ist diese Erfahrung genau

genommen keine wirklich selbst gemachte, sondern eine Erfahrung an –
derer, die in eben dieser Relation schlicht vermittelt wird (vgl. Foucault
1985; siehe oben).

Unter einer anderen Perspektive betrachtet ergibt sich jedoch eine
wenn auch traurige Kontinuität. In der Schule wird vermittelt, welche
überragende Bedeutung die medizinische Wissenschaft und Technik hat.
Dagegen erscheinen die bisherigen Erfahrungen mit Leiden (Hausmittel,
psychosoziale Determinierung etc.) immer nebensächlicher. Bereits im
Unterricht wird gezeigt, wie nichtig im Krankenhaus lebensgeschichtlich
erworbene Qualifikationen sind. So wird den Pflegeschülern und Medi –
zinstudenten bereits während der Ausbildung die Irrelevanz bisheriger
Erfahrungen verdeutlicht.

Objektivierte Erfahrung

Die geistigen Potenzen sind weitgehend objektiviert in der medizini –
schen Technologie und in der medizinischen Wissenschaft. Im Kran –
kenhausbetrieb ist die Technik in den verwendeten Apparaturen mate –
rialisiert, die Wissenschaft in der Aura des Chefarztes idealisiert.

Die begrenzten und somit möglichst ausgelasteten Kapazitäten ein –
zelner hochtechnologischer Geräte geben Eckdaten für die Organisation
des Tagesablaufs.

Von der medizinischen Wissenschaft ist eine "rationale Perspektive"
der Institution (Goffman 1973, S. 86) abgeleitet: Sie beinhaltet "die
anerkannten Ziele" (ebd.), in diesem Fall die "medizinische ... Behand –
lung" (ebd.) und regelt die wesentlichen Schritte im Produktionsprozeß.
"Nach dieser Perspektive werden ... alle ... Arten von Entscheidungen
getroffen, z.B. zu welchen Stunden die Krankenhaus – Mahlzeiten aus –
gegeben werden oder wie die Bettwäsche der Klinik gefaltet werden
muß" (ebd. S. 87).

Diese Perspektive legt auch das Interpretationsschema der Institution
fest (vgl. ebd.). Ein Aspekt dieses Schemas ist die "Theorie vom Wesen
des Menschen" (ebd. S. 92). Sie "unterstützt stereotype Vorstellungen"
(vgl. ebd. S. 90), rechtfertigt das eigene Tun und hilft, sozialen Abstand
zu halten (vgl. ebd.).

Psychosoziale Fähigkeiten

Auffallend ist im Krankenhausbereich die Abspaltung psychosozialer, in der eigenen primären Sozialisation bereits angelegter Fähigkeiten. "Zuwendung" und "Einfühlung" ist ein Produktionsmittel (Schmidbauer 1981, S. 12). Jedoch ist es eines, das in den "durchaus phantasievollen, mit Abwechselung und Variationen ausgestatteten Arbeitsprozeß des mittelalterlichen Handwerkers" (Leithäuser 1981b, S. 100) gehört.

Ebenso wenig wie in der familialen Sozialisation läßt sich im Kontakt mit Patienten z.B. ein "Unbehagen ... schematisch" beantworten (Schmidbauer 1981, S. 13), wie es ein repetitives Arbeiten verlangt. "Einfühlung als Produktionsmittel widerspricht der herrschenden wirt-schaftlichen Produktionsweise" (ebd.). Es ist unvereinbar mit "der am Tauschwert orientierten Produktion, die gleichgültig gegenüber beson-derer individueller Bedürfnisbefriedigung ist" (Leithäuser 1981b, S. 111). Wie es Vinnai für die angestellten Verkäufer u. ä. beschreibt, werden auch im Krankenhaus "Eigenschaften wie Hilfsbereitschaft und Freund-lichkeit ... zu völlig unpersönlichen Berufserfordernissen" (Vinnai 1978, S. 63). Sie treiben die Selbstentfremdung voran.

Dies alles gilt nicht nur für den Kontakt des Personals mit den Pa-tienten, sondern auch für den zwischen den Mitarbeitern. Einfühlung hat nach meiner Erfahrung auch hier keinen Platz. Ein gegenseitiges emotionales Stützen ist so kaum möglich. Die "Gefühlsarbeit" (Müller 1979, S. 146) gehört nicht zum Dienstvertrag. Wie es Müller für die Jugendarbeit schreibt, so fällt es auch hier schwer "das 'Verkraften' der eigenen Gefühle, Wünsche, Hoffnungen, Enttäuschungen, die die 'anderen' in mir auslösen ... nicht als Privatangelegenheit ... zu begrei-fen" (ebd.).

In einigen Fällen wird versucht, über Gesprächsführungskurse die Zuwendung als *Technik* wiedereinzuführen. Dabei habe ich es immer wieder erlebt, daß die Mitarbeiter durch ihre entsprechende Rolleni-deologie die Bearbeitung von Zwischenmenschlichem mittels Technik heftig einfordern. Werden keine Gesprächs- oder Konfliktlösungs-schemata angeboten und können diese von den Gruppenteilnehmern nicht rasch entwickelt werden, entsteht häufig große Angst. Nur ganz langsam kann in einer Fortbildungs- oder Supervisionsgruppe eine hohe emotionale Dichte zugelassen werden. Der Weg geht nach meiner

Erfahrung dann über ein zwischenzeitliches Verlassen der beruflichen Rolle.

4.3. Interaktionschancen

Verhältnis des Mitarbeiters zum Produzenten

In unserer Gesellschaft produzieren die Menschen gemeinsam. Die Produktivkraft Arbeit ist die Leistungsfähigkeit des kombinierten gesellschaftlichen Gesamtarbeiters (vgl. Marx 1986, S. 442).

"Das produktive Leben ist ... das Gattungsleben" (Marx 1985c, S. 516). So wie das Produkt, die Ware, die Vergegenständlichung der Ar – beit ist (vgl. ebd. S. 511f), so ist es auch "die Vergegenständlichung des Gattungslebens des Menschen" (ebd. S. 516).

Indem der Mensch von dem Produkt seiner Arbeit und dem Akt des Produzierens entäußert ist, ist er auch seinem Leben in einer Gemein – schaft entfremdet. Das gemeinschaftliche Leben als ein produktives ge – schieht nur noch zur Verfolgung eines individuell motivierten Zwecks. "Die Lebenstätigkeit ... selbst" "erscheint dem Menschen ... nur als ein Mittel zur Befriedigung des Bedürfnisses der Erhaltung der physischen Existenz" (ebd. S. 516).

Die Arbeit unter kapitalistischen Bedingungen
– entfremdet dem Menschen "sein menschliches Wesen" (ebd. S. 517), das ein Gattungswesen ist, und führt als Konsequenz davon zur
– "Entfremdung des Menschen von dem Menschen" (ebd.).

Interaktion im Team

Auch im Krankenhaus gehen die Mitarbeiter eine Beziehung mit dem "Arbeitgeber", ein "Dienstverhältnis" ein. Sie werden nach den Bedürfnissen des Betriebs mit anderen Kollegen mechanisch zusammengebracht. "Die Kooperation der Lohnarbeiter ist ... bloße Wirkung des Kapitals, das sie gleichzeitig anwendet" (Marx 1986, S.

351). Die Mitarbeiter schließen sich nicht an ihren Bedürfnissen orientiert als selbständige Subjekte zusammen, sondern "ihre Kooperation
beginnt erst im Arbeitsprozeß, aber im Arbeitsprozeß haben sie bereits
aufgehört, sich selbst zu gehören" (ebd. S. 352).

Die Mitarbeiter erscheinen zum einen als Kooperationspartner, zum
anderen müssen sie "als Träger der Arbeitskraft als Ware ... in feindliche Konkurrenzbeziehungen zueinander treten" (Vinnai 1978, S. 52). Es
ist eine praktisch-inerte Praxis entstanden, in der der einzelne relativ
unbeteiligt "die alltäglich zu wiederholende ... Tätigkeit" ausführt (Leithäuser u. a. 1981, S. 144). Sie steht einer "lebendigen Praxis der
Gruppe" gegenüber (ebd.).

So kann es nicht verwundern, daß z.B. das Verhältnis zwischen Arzt
und Schwester als distanziert bezeichnet wird (vgl. Pflanz 1972, 204). Es
ist undialogisch und von Konkurrenzkämpfen geprägt. Ärzte lassen bei
der Ausdehnung ihres Kompetenzbereichs den Schwestern wenig Raum
für selbstverantwortliches Handeln, das das Prestige erhöhen kann (vgl.
ebd. S. 204 u. 206). Es besteht eine enorme Statusdifferenz zwischen
dem pflegerischen und ärztlichen Bereich (vgl. Seidl/Walter 1979, S.
72). Auch in der Beziehung zwischen den Schwestern spiegelt sich die
Hierarchie wider (vgl. ebd. S. 73).

Nach meiner Erfahrung sind zumindest im Pflegebereich auch unbe-
friedigte Versorgungswünsche bedeutsam. Sie werden an den "Arbeitgeber" als Institution und an Vorgesetzte in sehr hohen Positionen
gerichtet.

Es ist auffallend, wie wenig in der von mir gesichteten Literatur über
die Interaktionen innerhalb des Personals geschrieben wurde. Scheinbar
ist für die mit dem Krankenhauswesen befaßten Wissenschaft dieses
Thema so unwichtig wie es für den Produktionsprozeß irrelevant ist. So
waren selbst meine Gesprächspartner/innen z. T. irritiert, daß ich mich
für ihr Verhältnis zu den Kollegen und weniger für die Beziehung zu
den Patienten interessierte.

Intimität der Tätigkeit

Die Vereinzelung der Mitarbeiter erscheint besonders im Verhältnis
zur Intimität der Tätigkeit gravierend. Die Krankenversorgung erfolgt
unter nicht kapitalistischen Bedingungen in einem engen Interaktions-

gefüge z.B. der Großfamilie oder einer Ordensgemeinschaft. Die Sozi –
alstruktur war dort in der Lage, tiefe Emotionen wie Trauer und Angst
zu verarbeiten. Die Bewältigung geschah häufig kollektiv z.b. in
Trauer – und Bestattungsritualen oder in Gebetsritualen zur Unter –
stützung der Heilung.

Die Vereinzelung der Mitarbeiter "als unabhängige Personen" (Marx
1986, S. 352) und das mechanisierte Zusammensein während der Arbeit
haben dazu geführt, daß die emotionale Arbeitsbelastung von jedem
allein verkraftet werden muß. Eine kollektive emotionale Stützung einer
lebendigen Gruppe fehlt nach meinen Erfahrungen fast vollständig.

Trennungsdrohungen

Die prinzipielle Unsicherheit des Arbeitsverhältnisses und die Orien –
tierung auf den "Arbeitgeber" als Versorger kann aufgrund der man –
gelhaften Interaktion im Team nicht aufgefangen werden. Stattdessen
wird die objektiv gegebene permanente Trennungsdrohung möglicher –
weise "durch abhängige Partner zu bannen versucht" (Richter 1976b, S.
56). Mittels der Hierarchie können "die jeweils Mächtigeren die Ver –
einsamungsfurcht der jeweils Schwächeren laufend zur Stabilisierung der
eigenen Sicherheit ausnutzen" (ebd.). Dabei führt der zumindest infor –
mell Vorgesetzte den anderen "an einer unsichtbaren Leine", wie es
nach Richter die angstneurotische Mutter mit ihrem Kind macht (ebd.
S. 54).

Die Art des Umgangs zerstört noch weiter Ansätze einer solidari –
schen Gruppenpraxis. So wird Trennung (Entlassung, Versetzung) noch
eher möglich. Es entsteht ein circulus vitiosus.

Personal – Patient – Beziehung

Interaktionschancen bestehen im Krankenhaus für Mitarbeiter nicht
nur mit anderen Produzenten, sondern ebenfalls mit dem zu behan –
delnden "Patientengut", wie die Gesamtheit der Leidenden im Kran –
kenhaus von Insidern oft genannt wird. Auch für die Personal – Pati –
ent – Beziehung gilt, daß die Beteiligten nicht als Subjekte mit speziel –
len Bedürfnissen und einer gemeinsamen sozialen Anbindung zueinander

gefunden haben, sondern im besten Fall eine Warenbeziehung einge –
gangen sind.

Falls Patienten überhaupt Einfluß auf die Wahl des Krankenhauses
nehmen, dürfte der Ruf des Hauses oder höchstens der des Chefarztes
ausschlaggebend sein. Patienten wie Mitarbeiter treten vor allem in eine
Beziehung mit der Organisation und nicht mit den Menschen "auf Sta –
tion".

Von dieser Warte aus betrachtet ist verständlich, daß Ärzte mit Pa –
tienten kaum über nicht – medizinische Belange sprechen (vgl. Siegrist
1978, S. 117ff). Die Person des Patienten wird als eine Störvariable
gesehen. Es herrscht ein Menschenbild vor, nachdem der '"Laie' ... in
der Regel dumm, uneinsichtig, unberechenbar und begehrlich" ist (v.
Ferber 1978, S. 96). Das Bild erinnert an Taylors Vorstellung vom
Arbeiter (vgl. Steinmann u. a. 1976, S. 19). Sie war mit ihrem mecha –
nistischen Menschenbild Legitimation für eine Optimierung der Aus –
beutung menschlicher Arbeitskraft.

Der Wunsch der Patienten nach persönlicher Zuwendung wird m. E.
aufgrund der Tauschbeziehung zu einem Leistungsanspruch (vgl. Siegrist
1978, S. 14). Dementsprechend versucht das Personal mit "präventiven
Reduktionsstrategien" zu verhindern, daß der Patient überhaupt
interaktive Forderungen stellt. Oder es verhindert, daß der Patient sich
mit seinem Bedürfnis durchsetzt ("reaktive Reduktionsstrategien") (vgl.
ebd.).

Patienten, die sich unglücklich fühlen, unzufrieden sind oder Kritik
äußern, sind zumindest beim Pflegepersonal unbeliebt (vgl. Prochazka
1978, 134). Vermutlich wird das Verhalten dieser Patienten als offene
oder versteckte Aufforderung zur intensiveren Interaktion verstanden. So
nimmt sich das Pflegepersonal für jene Patienten weniger Zeit, gestaltet
die Beziehung unpersönlicher und ist weniger tolerant bzw. freizügig als
bei beliebten Patienten (vgl. ebd.).

Generell, so Prochazka, "korreliert" "das Ausmaß an Zeit, das man
für das Patientengespräch hat, ... mit psychischem und physischem Streß,
mit der Fähigkeit, abschalten und seinen Haushaltsverpflichtungen und
Freizeitbedürfnissen nachgehen zu können" (ebd. S. 11). M. E. ist in
diesem Zusammenhang wichtig, inwieweit den Mitarbeitern Raum bleibt,
in dem sie Subjekte sind und sich selbst gehören. Dies gilt sowohl für
ihr Privatleben, das Prochazka anspricht, als auch für selbstbestimmte

Elemente im Arbeitsleben. Von dort bringen die Mitarbeiter m. E. Kraft und Fähigkeit zur einfühlenden Interaktion mit (siehe Kap. 6.2.).

Besucher

Die Interaktionen zwischen dem Personal und den Besuchern spielt in der Literatur kaum eine Rolle. Lediglich Goffman weist auf ein Problem hin, das kritisierende Verwandte darstellen. Da ihr Verhalten kaum sanktioniert werden kann, "überrollen sie das Personal mit For-derungen, die der Insasse nicht wagen würde zu stellen" (Goffman 1973, S. 81). Die Angehörigen werden bereits durch Besuchszeitregelungen aus dem Krankenhausalltag ausgegrenzt. So werden familiale Interakti-onsmuster ferngehalten.

In meinen Insidergesprächen tauchen die Besucher lediglich ab und zu als Informanten oder als ein ungefährlicher Adressat für Ag-gressionen auf. Die Randständigkeit der Betrachtung von Interaktionen mit Angehörigen der Patienten spiegelt die durchgängige Abspaltung der alltagspraktischen Realität der Leidenden wider.

5. VON DER WEISHEIT DER BRÄUCHE

5.1. Merkmale von Ritualen

Begrifflichkeit

Im Bereich ritueller Phänomene werden in der von mir gesichteten Literatur unterschiedliche Begriffe gebraucht, die meist gar nicht oder nur unscharf von anderen abgegrenzt werden. Was z. B. Parin aus der ethnologischen Perspektive als Ritual be – zeichnet, nennt Freud etwa "Tabuzeremoniell" (Freud 1980c, S. 326) oder einfach "Zeremoniell" (ebd. S. 319). Es werden Komplexe von Handlungen genannt, die häufig besondere Situationen beschreiben (Feste, Wahl von Herrschern etc.). In solchen Fällen spricht Goffman (1961/1973) für den Bereich der totalen Institutionen in unserer Kultur von "institutionellen Zeremonien" oder "institutionellen Ritualen" (Goffman 1973, S. 97). Dagegen spricht er später (1967/1975) bei der Behandlung von Alltäglichkeiten von "Interaktionsritualen" (Goffman 1975). Gluckman dagegen bezeichnet entsprechende Handlungskomplexe allgemein als Zeremonien, während sich ein Ritual immer auf einen mystischen Kontext bezieht (vgl. Gluckman 1962, S. 22). Durkheim, der sich mit Ritualen innerhalb seiner Religionssoziologie beschäftigt, spricht von "Riten" gewissermaßen als den Bausteinen eines Kultes (vgl. Durkheim 1981, S. 405 ff). Sie "sollen" "dazu dienen ..., bestimmte Geisteszustände ... [der am Ritus beteiligten] Gruppen aufrechtzuerhal – ten oder wiederherzustellen" (ebd. S. 28). Wieder anders verwendet Merton die Begrifflichkeit, wenn er im Rahmen seiner Anomietheorie von "Ritualisten" spricht, die auf die sozialen Verhältnisse reagieren, indem sie wie etwa nicht – gläubige Hochzeitspaare die kulturellen Ziele ablehnen, dennoch aber mit den institutionalisierten Mitteln (kirchliche Heirat) operieren (vgl. Merton 1968, S. 238 ff).

Andere Autoren wie z. B. Mollenhauer u. a. verwenden sporadisch die Begriffe Ritual, Ritus oder Zeremonie, ohne eine Klärung vorzu – nehmen (vgl. z. B. Mollenhauer u. a. 1975, S. 192).

Charakteristika

In folgender Weise möchte ich Rituale charakterisieren, wobei ich mich vorwiegend an Strecker (1969) orientiere.

a) Rituale haben einen *Handlungscharakter*, der sich dadurch kenn – zeichnet, daß das Ritual "sowohl 'Aussage' als auch 'Handlung' ist" (Strecker 1969, S. 42).

b) Rituale haben einen *dramaturgischen Charakter*. Sie "stellen in hohem Maße definierte soziale Situationen dar" (ebd.).

c) Rituale unterliegen einer *Standardisierung*. Die ritualisierte Hand – lung wird abgegrenzt von denen, die "sich gerade durch ihre Flüssigkeit und Variabilität auszeichnen" (ebd. S. 43).

Strecker, der fremde Gesellschaften ins Auge faßt (vgl. ebd. S. 7), nimmt einen hohen Grad an Standardisierung an: Das Ritual "zeigt ... explizite, standardisierte Handlungen und festgelegte Rollenverteilungen" (ebd. S. 43). Dagegen sagt Goffman, daß bei Interaktionsritualen in unserer Kultur lediglich einige Verhaltensformen "sozial gebilligt sind, andere nicht" (Goffman 1975, S. 126). Er nennt beispielhaft ein ganzes Geflecht von gebilligten oder weniger gebilligten Handlungsalternativen.

Die unterschiedliche Einschätzung der Standardisierung kann m. E. zwei Gründe haben. Einmal ist denkbar, daß in unserer Gesellschaft die Rituale tatsächlich permissiver sind als in traditionellen Gesellschaften. Parin behauptet dies z.B. für die Rollen (vgl. Parin 1985). Bei genauem Hinsehen fällt allerdings auf, daß z.B. bei dem hoch standardisierten Heilungsritual "Orakel von Yosso" bei den Agni (vgl. Parin u. a. 1978, S. 309ff) durchaus Handlungsalternativen zur Verfügung stehen (extati – sches Handeln ist kaum kontrollierbar, Gäste können spontan integriert werden etc.). Festgelegt ist ein Rahmen, den Goffman (1973, 1975) auch für unsere Gesellschaft nachweist.

Wahrscheinlicher ist m. E., daß sich der Unterschied in punkto Standardisierung aus dem Beobachtungsstandpunkt ergibt. Strecker bringt die "stilisierten Handlungen" in Verbindung damit, daß Rituale "auf seine formellen Elemente hin leicht beobachtet" werden können (Strecker 1969, S. 43). Sicherlich sind formelle Aspekte für uns in einer fremden Kultur eher auszumachen als in der eigenen. Unser alltägliches Handeln ist uns nur allzu selbstverständlich. Wie standardisiert unsere Interaktionskomplexe sind, zeigt sich an der Wortwahl von

Rechtfertigungen wie z.B. "Das war doch schon immer so." oder "Wie soll es denn anders gehen?".

d) Für Rituale ist die *Wiederholung* charakteristisch. Die Interaktionen werden "nach regelmäßigen Zeitabständen oder in Begleitung mit bestimmten Ereignissen in ... nahezu gleicher Form ... durchgeführt" (Strecker 1969, S. 44).

e) Die Verwendung und Einhaltung der Rituale wird über eine *"metaphysische Sanktionierung"* sichergestellt (vgl. ebd.). Hierunter verstehe ich nicht unbedingt eine göttliche Sanktionierung, sondern allgemein eine, die "überempirisch, jede mögliche Erfahrung überschreitend" ist (Duden 5 1974, S. 460) und somit phantasiert wird. Jede Problematisierung des Handelns auf der Basis von eigenen Erfahrungen untergräbt diese Sanktionierung und durchbricht somit die Grenzen des Rituals. Im übrigen hat bereits Freud die "religiösen Lehren ... in ihrer psychologischen Natur als Illusion erkannt" (Freud 1980d, S. 167), die das Produkt einer Phantasietätigkeit ist.

f) Rituale sind m. E. *Symbolisierungen*. Ausgedrückt wird "nicht so sehr das, was ist, als vielmehr das, was sein soll" (Strecker 1969, S. 49); nach meiner Einschätzung aber auch, was heimlich sein darf. Die Symbolbildung und das symbolische Handeln ermöglicht eine symbolische Triebbefriedigung.

Nach Douglas ist es "instruktiv, Rituale als restringierte Codes zu betrachten" (Douglas 1986, S. 79). Diese sind unter anderem "ökonomische Instrumente ... der Stabilisierung bestimmter Sozialstrukturen, Kommunikations- und Kontrollsysteme" (ebd. S. 81). In diesem Sinne haben Rituale eine "solidaritätsstiftende Funktion" (ebd.). Sie tragen "dazu bei, ein bestimmtes Wertesystem ... durchzusetzen" (ebd. S. 79). "Sprache und Ritual" können als "Medien der Kontrolle" gelten (ebd. S. 83.)

Die Rituale sind in eine "zeremonielle Ordnung" (Goffman 1975, S. 126) eingebunden. Sie sind in jedermann bekannten informellen Alltäglichkeiten wie z. B. einfachen Gesprächen zu finden (vgl. Goffman 1975). Aber auch formalisierte Handlungsvollzüge in Organisationen wie z. B. einem Krankenhaus können als Rituale betrachtet werden (vgl. Goffman 1973).

Mythos und Ritual

Immer wieder werden "Rituale" in einem engen Zusammenhang mit Mythen betrachtet. Zunächst wurde vom Cambridger Kreis eine funk - tionalistische Vorstellung über die Beziehung von Mythos und Ritual entwickelt. William R. Smith z.b. hatte 1889 angenommen, daß das Ritual "zumindest teilweise genetische Priorität den Mythen gegenüber" besitzt (Graf 1985, S. 44). Und für James Frazer war es in vielen Fäl - len selbstverständlich, die "rituelle Praxis zum Ausgangspunkt eines Mythos zu nehmen" (ebd.). Später, inspiriert von einer Arbeit des So - ziologen Emile Durkheim, erklärt Jane Harrison 1912 "den Mythos als Darstellung kollektiven Rituals" (ebd. S. 45). Es war jedoch " nicht schwer, Mythen ohne Riten" zu finden (ebd.), was eine funktionalisti - sche Verknüpfung ausschließt.

Auch der Mythos von Asklepios oder dem "Halbgott in Weiß" exi - stiert nicht nur dort, wo medizinische Rituale zelebriert werden. Entsprechende Fernsehsendungen und Arztromane richten sich an Per - sonen, die nicht unbedingt in solche Riten einbezogen sind. Sie treffen eine lange vorgeprägte subjektive Struktur zur Verarbeitung von Leiden und Tod, forcieren allerdings in diesem Zusammenhang auch die Fest - schreibung der psychischen und sozialen Bearbeitung mittels des ver - deckt religiösen Helden – Mythos.

Die subjektive Struktur, die für die ärztliche Heldenvorstellung empfänglich macht, ist in größeren gesellschaftlichen Zusammenhängen zu suchen als in einem einzelnen Ritual wie das der Visite. Der Rückgriff auf eine "übermenschliche" Instanz ist mit der unmittelbaren und alltäglichen Lebenserfahrung der meisten Menschen bei uns in Beziehung zu setzen. Der "Normalbürger" gewinnt leicht den Eindruck, daß er im Arbeitsleben, in der Lokalpolitik usw. mit seiner Kraft und mit seinen Erkenntnissen wenig Entscheidungsprozesse beeinflussen kann. Das gesellschaftliche Schicksal steht ihm wie eine Naturgewalt gegenüber. In gesellschaftlichen Herrschaftsverhältnissen wie einer Krankenhaushierarchie wird z.B. der Vorgesetzte ersatzhaft als eine wohlwollende, übergroße Figur angeboten.

Das Erscheinungsritual hat in bezug auf den Mythos m. E. eine Art Aufforderungscharakter. Die Handlung knüpft in ihrem Symbolgehalt unbewußt an andere alltägliche Erfahrungen an, an die tiefe Emotionen gebunden sind. Mobilisiert werden zum Teil frühe Interaktionsformen

mit ihren zum Teil fixierten libidinösen Besetzungen und allen dazu –
gehörigen Desymbolisationen.

Anale Struktur

Im interkulturellen Vergleich stellt Parin für die Menschen in unserer
Gesellschaft eine anale Struktur fest, die er gegen die orale der Dogen
(Mali) abgrenzt (vgl. Parin 1978, S. 148ff). Die Autonomie, die wir er –
reichen, sei "überwiegend 'anal' konstituiert" (ebd. S. 151). Aus wenigen
Andeutungen läßt sich entnehmen, daß er damit u. a. folgendes an –
spricht:
– Der Wunsch nach einem Liebesobjekt wird als einem Verlangen nach
  einem Besitz formuliert, der nicht geteilt werden soll (vgl. ebd. S.
  150).
– In den Objektbeziehungen spielt die Ambivalenz von raschem Weg –
  stoßen oder Verlassen und hartnäckigem Festhalten eine Rolle (vgl.
  ebd.).
– Das Ich ist weniger flexibel als bei einer oralen Struktur (vgl. ebd. S.
  151f). Ersatz für Verlorenes (Besitz, Objekte) ist nur mit Mühe zu
  finden (vgl. ebd. S. 150). Das Bewährte bekommt so einen hohen
  Stellenwert.
– Triebbedürfnisse werden aufgestaut und die Befriedigung wird "zu
  einem (analen) Zwang" (ebd. S. 151).
Die Psychoanalyse hat zeigen können, daß die Ritualisierung Über –
schneidungen mit Triebabwehrformen analer Zwangsstrukturen aufweist
(vgl. Freud 1980b, S. 318ff). Die genannten Eigenarten sind m. E. be –
reits in ihrer "normalen" Ausprägung geeignet, sich mit gesellschaftlichen
Tendenzen wie z.B. der zur Routine zu verbinden und Rituale auszu –
gestalten.

Bearbeitung von Natur

Ich möchte in einem Schema umreißen, wie sich mir die Entstehung
und Bedeutung von Ritualen im gesamtgesellschaftlichen Kontext dar –
stellt. Die Verdeutlichung bringt eine Vereinfachung komplexer Zu –
sammenhänge mit sich. So ist z. B. das vom Alltagsbewußtsein be –
stimmte Denken als Probehandeln immer auch alltägliche Praxis.

Ausgangspunkt ist die dem Menschen äußere und innere Natur. Die den Mitarbeitern äußere Natur wird von einer Sozietät produktiv bear-beitet. Dabei werden geeignete Verkehrsformen entwickelt und ver-wendet. Die Verkehrsformen prägen die aus Menschen als gesellschaft-liche Wesen bestehenden Sozietäten. Diese produzieren in einer syste-matisch gebrochenen Praxis während einer lebenslangen Sozialisation durch die Auseinandersetzung mit der inneren Natur die gesellschaftli-chen Wesen.

Die vergesellschafteten Menschen entwickeln ein Alltagsbewußtsein und eine alltägliche Praxis, die mit den Verkehrsformen korrespondie-ren. Das Alltagsbewußtsein wirkt auf die Sozialisation zurück. Die all-tägliche Praxis ist eine Gruppenpraxis. Der Begriff ist auch ein Über-begriff, der die Produktion incl. Sozialisation einschließt. Die Rituale werden gebildet gemäß den Reduktions- und Abwehrregeln des All-tagsbewußtseins und aus den von herrschenden Verkehrsformen abge-leiteten Interaktionsmuster. Die Rituale wirken wiederum festigend auf Alltagsbewußtsein und alltägliche Praxis zurück.

Die thematische Orientierung des Alltagsbewußtseins und problematisierende Interaktionsformen der alltäglichen Praxis bilden eine lebendige Gruppenpraxis. Sie wirkt ihrerseits in kreativer Weise und Freiräume schaffend auf Bewußtsein und Praxis.

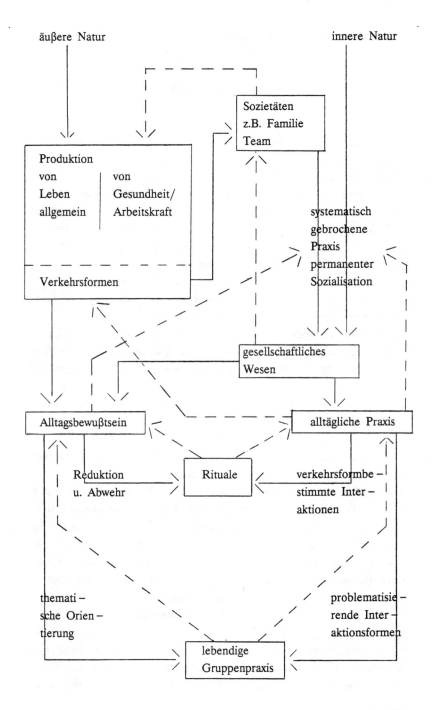

5.2. Exkurs: Ritual der Heilung

Besuch am Schrein

Wenn wir aus einer ethnologischen Perspektive Verhaltenskomplexe in anderen Kulturen betrachten, fällt es leicht, die Merkmale eines Rituals wiederzuerkennen. Die distanzierende Fremdheit des Geschehens, die fehlende Selbstverständlichkeit der Begründungszu – sammenhänge und die mangelhafte Übereinstimmung der Symbol – Be – deutungen zwischen Betrachter und Akteuren lassen die Dramaturgie und die metaphysische Sanktionierung ins Auge springen. So fällt es nicht schwer, das Geschehen am Schrein eines Fetischpriesters der Agni in Ghana als ein Heilungsritual zu erkennen.

Der Fetischpriester ist wie bei uns der Kassenarzt die erste Anlauf – stelle für Leidende. An beide werden Sorgen herangetragen, die durch körperliche, seelische oder soziale Umstände entstanden sind. Ein Un – terschied besteht jedoch darin, daß die eine Behandlung wünschenden Agni bereits auf einen spirituellen Begründungszusammenhang, die Pa – tienten westlicher Kulturen auf einen naturwissenschaftlich – physischen orientiert sind.

Um dem Leser einen Eindruck von einem Heilungsritual zu vermit – teln, gebe ich die Beschreibung eines Besuchs am Schrein wieder, die ich der ethnosoziologischen Studie von Heide (1984) entnehme.

Der Fetischpriester "Okomfo Boatiy [kommt] zum Schrein, begrüßt einige der Besucher und zieht sich in den Altarraum zurück, um sich auf die Ankunft der Gottheit vorzubereiten. ... Wenige Minuten später ruft der Priester eine Schülerin, die ihm Sandalen und Gewand ab – nimmt und auf den Thron in der Empfangshalle legt. Das Läuten einer kleinen Glocke gibt das Zeichen für die unmittelbar bevorstehende Ankunft der Gottheit. ... Alle Besucher im Innenhof erheben sich von ihren Plätzen, bis sie durch das 'Te na se' des Priesters aufgefordert werden, sich zu setzen. ... Nach einigen Minuten – der Priester, be – kleidet mit einem weißen Gewand, hat hinter dem Altar Platz ge – nommen – werden vom Linguisten die ersten Besucher hereingerufen, neben dem Priester sitzen seine Frau, der Sekretär und später der Linguist. ... Auf dem Altar liegt eine Bibel, daneben stehen eine Fla – sche Wasser und zwei Dosen mit Puder; direkt vor dem Priester eine

Schale mit weißem Puder. ... Eine junge Frau wird aufgefordert, auf dem Stuhl vor dem Altar Platz zu nehmen.

Okomfo Boatiy ergreift ihre Hand und hält sie mit der Handfläche nach unten über die mit Puder gefüllte Schale, wobei er in einem für die Anwesenden nur schwer verständlichen Dialekt des Twis [traditionelle Landessprache] mit der Gottheit kommuniziert. Die junge Frau wird vom Okomfo nach den Gründen ihres Kommens gefragt, worauf sie erzählt, daß sie keine Kinder bekommen könnte. Sie wird daraufhin vom Okomfo aufgefordert, den Unterleib für eine Untersu – chung frei zu machen. Mit einem messerähnlichen Gegenstand berührt der Priester den Bauch der jungen Frau. Nachdem er in die mit Puder gefüllte Schale blickend mit der Gottheit gesprochen hat, beauftragt er einen Schüler, Pflanzen für die Frau zu holen" (Heide 1984, S. 118f).

Unsere "Rationalität"

Eine augenfällige Ähnlichkeit zu dem Geschehen in Arztpraxen bei uns ist, daß die Besucher zu dem Mann im "weißen Gewand" kommen, dieser aber bis auf die kurzen Momente der eigentlichen Behandlung ganz von ihnen abgeschirmt ist. Die Äußerungen des westlichen Arztes im "Medizinerlatein" sind für viele Patienten sicherlich nicht besser zu verstehen wie der Dialekt des Twis, in dem der Fetischpriester mit der Gottheit kommuniziert. Beide bedürfen einer Übersetzung, die des Arztes durch die Sprechstundenhilfe, die des Fetischpriesters durch den Linguisten (vgl. Heide 1984, S. 127). Der Arzt hält m. E. über seine Sprache den Kontakt zur Sozietät der medizinischen Fakultät, in der sein "Geist der Wissenschaft" beheimatet ist.

Vielleicht möchte mancher kritischer Leser einwenden, daß bei uns doch rationale Erwägungen bestimmend seien. Wenn der Arzt zügig und damit kostensparend arbeiten will, müssen Tätigkeiten wie Anmel – dung usw. durch anderes Personal erledigt werden. Und ohne die Verwendung von Fachausdrücken sei eine Verständigung über spezielle medizinische Fragen gar nicht mehr denkbar, die Unverständlichkeit für Laien eine bedauerliche Nebenerscheinung.

Diese Einwände entsprechen sicherlich unserer Logik und beein – drucken auch mich. Doch sind die Figuren der Logik bestimmt durch die Praxis mit ihren stetigen Wiederholungen (vgl. Leithäuser 1981b, S.

113). Das Argument des Kritikers ist einsichtig, weil es unserer alltäglichen Praxis entspricht. Zügigkeit und Spezialisierung werden wie
Axiome behandelt. Sie sind bei uns anerkannte Werte. In einer anderen
Kultur mit einer anderen Praxis würde die Argumentation des Kritikers
vielleicht ebenso metaphysisch klingen, wie für uns die eines Fetischpriesters.

Auch wenn "unser Gott [Logos] ... vielleicht nicht sehr allmächtig [ist,
und] ... nur einen kleinen Teil von dem erfüllen [kann], was seine
Vorgänger versprochen haben" (Freud 1980d, S. 187), glaube selbstverständlich auch ich daran, daß Logos, die "'Vernunft'" (ebd.) unsere
Leiden lindern hilft, auch auf medizinischem Gebiet.

Trotzdem meine ich, daß unsere medizinische Versorgung sich aus
einer Vielzahl von rituellen Handlungen zusammensetzt, die mit metaphysischen Gedanken oder Gefühlen verbunden sind, so wie wir es in
anderen Kulturen beobachten. Die Rituale sind nicht nur Handlung,
koordinieren nicht nur technische Maßnahmen zur Genesung, sondern
sind auch Aussage, weisen auf Normen hin und bieten Beziehungsmuster in einem objektiven gesellschaftlichen Kontext an. Ihre Sanktionierung erfolgt über eine Angst, deren Ursprung dem Akteur unbewußt
sein dürfte. Sie rührt sicherlich aus einer Übertragungbeziehung.

Abendländisches Heilungsritual

Die Gesamtheit all dessen, was im Rahmen unserer medizinischen
Versorgung geschieht, verstehe ich als ein Ritual der Heilung. Aus der
Sicht des leidenden Menschen hat es einen Verlauf mit verschiedenen
Etappen.

In Anlehnung an die verschiedenen Definitionsinstanzen (vgl. v. Ferber 1978, S. 85) betrachte ich als erste Station die Alltagssituation der
medizinischen Laien, in der das Leiden in einem sozialen Kontext entsteht und am Ende durch die Antizipation des Kontaktes zur institutionalisierten Versorgung in ein Körpersymptom übersetzt wird. Die
zweite Station ist die kassenärztliche Praxis und die dritte das Krankenhaus bzw. die Klinik.

Auf jeder Etappe können verschiedene Rituale zur Anwendung
kommen. Z. B. hat der Leidende im Krankenhaus zunächst ein Ein-
gangsritual zu durchlaufen, die "Stripping-cure". Der Stationsalltag be-

ginnt mit einer Prozedur, bei der Patienten in aller Frühe geweckt werden, Temperatur gemessen, gewaschen, frisch gebettet, Stuhlgang abgefragt und gefrühstückt wird. Ich bezeichne dies zusammenfassend als Morgenritual. Anschließend läuft die Visite als Erscheinungsritual an, zu dem ich alle Vorbereitungen wie Informationssammlung und Nach – bereitung zähle, die z. B. von der Stationsleitung auszuführen sind. Ein weiteres Ritual ist das des Mittagessens, zu dem m. E. auch die Es – sensverteilung oder das Abfragen der Patientenwünsche beim "Tablett – System" hinzuzuzählen ist. Daneben wird das aseptische Drama insze – niert, in dem ich die Maßnahmen der Hygiene zusammengefaßt sehe.

Sicherlich läuft auch so manche medizinische Untersuchung "auf Station" und in den Funktionsabteilungen als Ritual ab. Operationen sind ebenfalls in ein Ritual eingebunden, das spätestens bei der Rasur der zukünftigen Schnittstelle viele Stunden bzw. einen Tag zuvor be – ginnt. Gestorben wird im Krankenhaus in einer vorgesehenen Weise, so daß der Begriff des Sterberituals sicher angemessen ist. Das Ritual der Entlassung umfaßt nach meinem Verständnis neben der Verabschiedung unter anderem auch die Erstellung des Arztbriefes.

Erlebnisse eines Schlossers

Bisher habe ich Rituale aus der Außenperspektive betrachtet. Ich möchte nun Ausschnitte aus dem großen Ritual der Heilung bei uns aus einer Innenperspektive beschreiben. Dabei soll der emotionale Ge – halt bei einem Akteur deutlicher hervortreten. Trotzdem werden einige geläufige Begriffe ersetzt oder umschrieben, um wie in der Ethnologie das Gewöhnliche besser in den Blick zu bekommen.

Die fiktive Geschichte, die sich mit Teilen aus einem ganz gewöhn – lichen Ablauf befaßt, soll nichts beweisen oder erklären. Sie kann je – doch den Leser ermuntern, einen kleinen Teil unserer Kultur aus einer "beseelten" Perspektive zu betrachten, die wohl allgemein den Makel der Unwissenschaftlichkeit trägt. Wie jedes Tabu begrenzt auch das hiesige den Blick; eine punktuelle Tabuverletzung kann helfen, Teile der Realität, die der Konvention anheimgefallen sind, zu problematisieren. Für das Verstehen der Arbeit erscheint mir ein Ein – nehmen dieser Perspektive als unabdingbar.

Nehmen wir an, Herr Kowalski, einem Mann von 45 Jahren, Schlosser, verheiratet, zwei Kinder von 14 und 16 tut der Bauch weh. Seit einiger Zeit gibt es Ärger im Betrieb. Es wird "reorganisiert", heißt es. Zwei Abteilungen wurden zusammengelegt. Der Ton ist schärfer geworden, der neue Meister zehn Jahre jünger und "ein eingebildetes Großmaul". "Was willste machen, die Wut mußte schlucken". Zuhause darf ihm nichts mehr quer kommen. Mit der 14jährigen kommt er einigermaßen klar, der 16jährige hat einen Haufen eigener Pläne. Dann wird Kowalski hart, schroff, manchmal wie versteinert. Seine Frau, die stundenweise putzen geht, will vermitteln. Sie haßt Streit in der Familie. Er haut dann ab, in den Keller aufräumen oder in den "Linden-Krug".

Als die beiden wie jeden Sonntag Nachmittag im Auto sitzen und zu seiner Mutter fahren, sagt sie in das Schweigen: "Haste gehört, der Schüßler von gegenüber, dem die Frau letztes Jahr gestorben ist, hat Krebs ... sagt der Arzt."

Seine Bauchschmerzen haben seit drei Wochen nicht mehr aufgehört.

Mit leerem Magen steht Kowalski in einem Flur. Weiß bekittelte Frauen eilen geschäftig über den Korridor, rufen sich unverständliche Dinge zu und verschwinden hinter Türen. Vor ihm steht ein Möbel, das dem kleinen Mann neben ihm bis an die Brustwarzen reicht. Oben darauf steht eine Dose mit Schreibwerkzeug. Die Frau dahinter mustert Kowalski flüchtig und fragt mit fester Stimme nach einem besonderen Stück Papier, als sei es etwas sehr Bedeutsames. Willig legt er es auf das Möbel, schreibt seinen Namen darauf. Die weiße Frau ist zufrieden und schickt ihn nach nebenan.

Mit einer flüchtigen Geste begrüßt er die Anwesenden, setzt sich auf einen Stuhl – verstohlene Blicke von allen Seiten. Zögernd greift er nach einem Stoß Zeitungen, beginnt zu blättern. Jedesmal, wenn der Lautsprecher über der Tür krächst, wirft jemand seine Zeitschrift weg und läuft hinaus. Auf ein Knarren, das ihn an seinen Namen erinnert, macht er es den anderen nach.

Ein ganz in Weiß gekleideter Mann streckt ihm seine Hand entgegen. Als er sie zur Begrüßung ergreift, wird er schon in die Richtung eines Stuhls gezogen, der für Besucher bereit steht. Der "Weiße" läßt sich in einem großen Sessel hinter einem gewaltigen Tisch nieder.

Als er das letzte Mal vor einem solchen Tisch saß, hieß es: "Also Herr Kowalski, diesmal können wir sie noch in eine neue Abteilung übernehmen." Das "diesmal" hat ihn drei Tage nicht mehr losgelassen. Am Ende haben die doch sowieso immer recht. "Was kann ich für Sie tun?" Das Unbehagen mischt sich für einen Moment mit einem warmen Gefühl des Aufgehobenseins. "Ja Herr Dr., ich habe manchmal Schmerzen, hier so. Ich weiß nicht, ob, ich dachte ..." "In der Magen – gegend oder tiefer?" "Tja ..." "Schon länger?" "Seit ... Ja wissen Sie, vor ein paar Wochen, als ich ..." "Da fing es an, ja? – Und sonst? Pro – bleme beim Essen, regelmäßig Stuhlgang usw.?" Bevor Kowalski richtig antworten kann, reißt der "Weiße" eine Tür auf, schiebt ihn hinein und fordert ihn auf, sich "freizumachen".

Der Raum ist völlig steril. Neben ihm steht eine Pritsche, die mit Papier abgedeckt ist, auf der anderen Seite Schränke, die ihn an eine Einbauküche erinnern. Doch überall sieht er beeindruckend glitzernde metallene Wannen, gläserne Röhrchen, verschiedenerlei Geräte mit Schläuchen und Kabeln, die von hohem medizinischen Sachverstand zeugen. Zwischen Irritation und Respekt mischt sich das Gefühl, in si – cheren Händen zu sein. Nach einigem Zögern entschließt er sich, sich auszuziehen; Unterhose und Socken behält er an.

Der "Weiße" kommt rein; "bitte setzen", "drehen", "atmen", "tiefer", "noch tiefer" usw.. Es wird gedrückt, gehorcht, geklopft und noch einmal gedrückt. "Wir machen mal eine ..." Kowalski versteht kein Wort, wagt auch nicht mehr zu fragen. Der wird schon wissen, was richtig ist. Eine schmierige Paste, die ihm mit Schwung auf den Bauch gerieben wird, ist so kalt, daß er unweigerlich zuckt. Es wird dunkel. Murmelnd fährt ihm der weiße Mann mit einem sonderbaren Gerät über den Bauch – wieder und wieder. Als das Licht angeht, bespricht er sich mit einer der geschäftigen Frauen von draußen. Es geht offensichtlich um ihn. Die Lage scheint ernst zu sein. Sonst begreift er nichts. "Sie müssen ins Krankenhaus, möglichst bald, aber – Kopf hoch. Auf Wiedersehen und alles Gute, Herr Kowalski." Die Tür fällt hinter dem "Weißen" ins Schloß. Immer noch in Unterhose und Socken steht er da. "Kommen Sie bitte nach vorn, ich mache Ihnen die Unterlagen fertig" hört er die Frau wie durch einen Nebel sagen.

Marienhospital – Städtisches Klinikum – Akademisches Lehrkran – kenhaus. Mit einem Köfferchen steht Kowalski vor dem mächtigen Schild. Ein kleiner Lautsprecher, in eine Glasscheibe montiert, weist ihm den Weg.

"Guten Morgen!" schallt es durch den Raum. Erschrocken blinzelt Kowalski aus verquollenen Augen in die grelle Deckenlampe. Er fingert nach seiner Armbanduhr – 6 Uhr! Gestern abend sind seine Gedan – ken gekreist wie auf einem rasenden Karussel – Schüßler, Betrieb, Kinder, seine Frau, Bauchschmerzen und Was soll werden? Was soll bloß werden? – Er hat Wut gehabt auf die ganze Welt. Darauf, daß gerade er hier liegen soll, auf den Mann gegenüber, der immer stöhnt, wenn er fast eingeschlafen ist, auf die "Weißen", die so viel wissen und nichts sagen. Um Mitternacht hat er dann doch das gepreßte Pulver genommen, das ihm am Abend hingestellt wurde.

"Unter die Zunge, bitte!" Ein kaltes gläsernes Röhrchen wird ihm in den Mund geschoben. Dann ist alles still.

"Zeigen Sie mal her." Ein fremder Mann in weißem Gewand läßt ihn wieder hochschrecken und zieht ihm das Röhrchen aus dem Mund, kritzelt etwas auf ein Papier. "Stuhlgang? ...Ob Sie gestern auf dem Klo waren?!" Benommen schüttelt Kowalski den Kopf. "Also nein." "Das muß wohl so sein, das gehört nun mal dazu" denkt Kowalski. Sie sollen ihm ja schließlich helfen.

Wieder ist Ruhe und wieder kommt der weiße Mann voller Elan herein. "Stehen Sie doch bitte mal auf." Fröstelnd und elend lehnt Kowalski gegen seinen Nachttisch, während Laken, Kopfkissen und Decke geordnet werden. "Darf ich da mal dran?" Mit einer übel rie – chenden Flüssigkeit wird jeder Krümel von der Tischplatte entfernt. "Hauptsache, sie werden nicht sauer und kümmern sich richtig um meinen Bauch." Als er endlich wieder liegt, wird an seinem Nachbarn mit Wasser und Tüchern hantiert, von gelegentlichen Seufzern begleitet.

Zerschlagen und innerlich gereizt stiert Kowalski an die Zimmer – decke. Der Kopf ist wie leer. Da kommt zum fünften Mal jemand herein. "Frühstück!" Beim Anblick von Zwieback und Tee steigt eine Wut in ihm hoch und läßt ihn aufrecht sitzen. Das hat er seit 25 Jah – ren nicht mehr essen müssen, seit er von seinen Eltern ausgezogen ist! Aber schon der nächste Gedanke läßt ihn wieder zusammenfahren: "Die müssen doch was Ernstes gefunden haben!" Sein Hals ist wie zuge – schnürt und unter seiner Decke wird er immer kleiner und ängstlicher. Die Wut ist ganz verschwunden.

5.3. Alltagspraktische Bedeutung von Ritualen

Verkehrsformen

Wie bereits erläutert sind Rituale Handlung und Aussage, wobei die Handlung Normen unterstreicht und verdeutlicht. In eine marxistische Terminologie übersetzt bedeutet dies, so meine ich, daß Rituale sich innerhalb der Verkehrsformen bewegen und diese unterstreichen. Sie stellen z. B. klar, daß die Menschen sich als Warenbesitzer in einem Tauschverhältnis gegenüberstehen.

Mollenhauer u. a. (1975) haben aus den abstrakten Verkehrsformen fünf Dimensionen von Interaktionsmustern abgeleitet, die in familialen Situationen bedeutsam sein können. Da die Produktion von Gesundheit stark vom zwischenmenschlichen Kontakt abhängt, halte ich es für sinnvoll, seine Gedanken auf das Krankenhaus zu übertragen. Dabei soll nicht die komplexe Organisation eines Krankenhauses mit einer Fami-lienorganisation gleichgesetzt werden.

Die Dimensionen sind so angelegt, daß mit den Merkmalen der Be-ziehungen von jeweils einem Pol "sich auch die [Merkmale] aus dem ökonomischen System resultierenden Formen des gesellschaftlichen Verkehrs beschreiben lassen" (Mollenhauer u. a. 1975, S. 197). Die von Mollenhauer u. a. angenommenen Dimensionen sind:

a) **"Personale versus funktionale Beziehungsdefinition"** (ebd. S. 179). Bei einer personalen Beziehungsdefinition werden z.B. "die körperlichen Merkmale ... [der anderen Person] einzig in der Beziehung zu ihr als einem sozialen, in Sinn- und Kommunikationszusammenhängen einge-betteten Partner" betrachtet (ebd.). Bei einer funktionalen Beziehungs-definition wird der "Körper [der Person] von ihrer sozialen Person" getrennt (ebd.). Dieses Beziehungsmerkmal ist im Kontakt der Mitar-beiter zum Patienten unübersehbar.

b) **"Inhaltlich bestimmte versus formal bestimmte Interaktion"** (ebd. S. 184). Bei einer inhaltlich bestimmten Interaktionsform ist die "Konstitution einer gemeinsamen gegenständlichen Welt in der Ausein-andersetzung mit der äußeren Natur" zentral (ebd. S. 185). Anderenfalls dominieren "formale Qualifikationen" wie z.B. "Selbständigkeit, Flexibi-lität, Leistungsmotivation usw" (ebd. S. 185f). Das Arbeitsleben wird von einem Privatleben abgespalten (vgl. ebd.).

c) **"Subjektive versus mechanische Zeitschemata"** (ebd. S. 188). "Das kleine Kind, das [als Subjekt] zunächst den Rhythmen seines Organis – mus folgt und das seine 'Leistungen' ganz nach dem Gleichgewicht von Bedürfnis und Befriedigung bemißt" (ebd.), wird über festgelegte Still – zeiten, Reinlichkeitsdressur usw. auf mechanische Zeitschemata festge – legt.

Im Krankenhaus haben sich die meisten Bedürfnisse wie z.b. die nach Schlaf oder Nahrung einem festen Zeitplan zu unterwerfen. Das mechanische Zeitschema wird z.b. durch das "Morgen – Ritual" zemen – tiert.

Die Zeitschemata sind Ableitungen des Zeitbegriffs der kapitalisti – schen Warenproduktion: Der Wert der Waren richtet sich nach der investierten Arbeitszeit (vgl. Negt/Kluge 1972, S. 44f). Für den Arbeiter werden "die Erfahrungen seines Lebens ... bloße Aufeinanderfolge ver – wertbarer Zeitstücke" (ebd. S. 45). Die Qualität der Behandlung im Krankenhaus wird bemessen nach der Quantität der Zeitabschnitte, in denen Mitarbeiter am Patienten arbeiten.

d) **"Gleichberechtigte versus herrschaftsbestimmte Beziehung"** (Mol – lenhauer u.a. 1975, S. 181). Hier ist die "Verteilung von Chancen [angesprochen], sich über wichtige Belange äußern zu können" (ebd. S. 183) und an Entscheidungen verantwortlich beteiligt zu sein.

In dem Erscheinungsritual wird die Herrschaftsbestimmtheit der Be – ziehungen deutlich: Der Arzt ordnet an, die Schwester notiert, die Mitarbeiter verfügen durch die "Kurve" in ihren Händen über einen machtvollen Wissensvorsprung gegenüber dem Patienten.

e) **"Problematisierende versus konventionalistische Interaktionsmuster"** (ebd. S. 191). Konventionalistische Interaktionsmuster basieren "auf ei – nem eingespielten Bestand an Umgangsmuster, Wertentscheidungen und Deutungsschemata" (ebd.), wobei der "Spielraum für Deutungen, Situa – tionsdefinitionen, Handlungsalternativen" eingeschränkt ist (ebd. S. 192). Wie bei einem Ritual werden die "normativen Erwartungen wie Natur – tatsachen betrachtet" (ebd.). Nach meinem Dafürhalten gibt es hier kaum thematische Orientierung und eine rigide Plausibilitätsstruktur (vgl. Leithäuser u. a. 1981, S. 51). Diesem Interaktionsmuster stellen Mollenhauer u. a. (1975) eines entgegen, das z.B. "theoretische Pro – bleme im Diskurs zu lösen" vermag (ebd. S. 191).

Aufgrund der weitgehenden Überschneidung des konventionalistischen Interaktionsmusters mit der Definition des Rituals (siehe Standardisie –

rung und metaphysische Sanktionierung) ist, was diese Interaktionsdi –
mension betrifft, das Ritual per se verkehrsformbestimmt. Rituale sind
geeignet, als Komplexe konventionalistischer Interaktionsmuster im
Krankenhaus formale und funktionale Beziehungen als ein "Soll" zu
untermauern, die Beteiligten auf mechanische Zeitschemata zu
orientieren und die Herrschaftsbestimmtheit der Interaktionen
festzuschreiben.

Die Nähe von Produktion und Ritual ergibt sich bereits daraus, daß
"kaum eine Arbeit ... ohne die Hilfe von einigen ... Ritualisierungen"
denkbar ist (Parin 1983a, S. 83). Die Rückführung der am Ritual
beteiligten Patienten "in die ökonomisch definierten Funktionskreise"
(Parin u. a. 1978, S. 312) wird sogar bei einem Heilungsritual der Agni
festgestellt. Eine solche Rückführung setzt sicher eine entsprechende
Orientierung der Professionellen voraus.

Orientierung und Symbolisation

Die Korrespondenz der Formen des ökonomischen Verkehrs mit den
Ritualen ist nur eine Perspektive auf ihre alltagspraktische Bedeutung.
Goffman geht davon aus, daß unser Alltag eine "rituelle Ordnung" hat,
die "von Grund auf nach Anpassungsstrategien organisiert zu sein"
scheint (Goffman 1975, S. 50). Dabei geht es um die "Wiederherstel –
lung eines rituellen Gleichgewichts" (ebd. S. 25). Das Ritual ist ein
Mittel, die Mitglieder einer Gesellschaft "dazu [zu] bringen ... selbst –
regulierend an sozialen Begegnungen teilzunehmen" (ebd. S. 52), wobei
man sich freiwillig von Orten, Themen und Zeitpunkten fernhält, wo
man nicht erwünscht ist" (ebd. S. 51). Die Regulation geschieht über
Symbole.

Wie allgemein in Interaktionen drückt der eine dem anderen auch
innerhalb von Ritualen "über eine Vielzahl von Wörtern, Gesten,
Handlungen und anderen Mitteln" seine Einstellungen usw. "symbolisch"
aus (ebd. S. 125). Das Ritual als Institution bestimmt über die "Regeln
der Etikette" (ebd.) den als angemessen erachteten Gebrauch der
"Ausdrucksmomente" (ebd.). Es wirkt darüber hinaus "wie 'Markierun –
gen'" (Strecker 1969, S. 46), die dem Individuum angeben, welche Rolle
es zur Zeit spielen soll (vgl. ebd. S. 47). Bei einer Nicht – Beachtung
der Regeln droht ein Image – Verlust (vgl. Goffman 1975, S. 52).

Zusammenhalt

Das Ritual ist auch "ein Mittel, den Zusammenhalt aufrechtzuerhal-
ten" (Richter 1976b, S. 76). Dies geschieht besonders in einer
Gemeinschaft, "die in gefährlichem Maße in Insassen und Personal
aufgespalten ist" (Goffman 1973, S. 110) und dort, "wo die soziale
Struktur besonders ausgeprägte Widersprüche zeigt" (Strecker 1969, S.
46). Im Krankenhaus sind m. E. beide Kriterien zu finden. Durch die
Ausübung von Ritualen werden "Einigkeit, Solidarität und gemeinsames
Engagement für die Anstalt" ausgedrückt (Goffman 1973, S. 96).

Jedoch gilt es auch im Krankenhaus, bestimmte Distanzen zwischen
Personen und Personengruppen einzuhalten. Z.B. muß eine Krankenschwester einem Patienten körperlich berühren, darf aber keine Erotik
wahrnehmen; oder zwischen ihr und dem Chefarzt besteht eine formelle
Hochachtung vor der fachlichen Kapazität. Rituale wie das der Visite
unterstreichen die Distanz. Andere, wie z.B. die Kaffee-Pause oder
Feiern, führen zu einer zeitweiligen Rollenbefreiung und zur Lockerung
der sozialen Distanz (vgl. Goffman 1973, S. 95ff). Die Rituale legen
jedoch wiederum fest, wie weit und wie lange die herrschende Ordnung
durchbrochen werden darf.

Der Urologe Dr. Uhl spricht über die Rollenbefreiung beim mor-
gendlichen Kaffeetrinken:

Uhl   *die Zeit des Frühstücks ist da immer so mehr oder weniger so*
            interne Kommunikation

...

            wo man so Sachen ja auch sagen, äh, so Sachen bereden kann,
            so außerhalb des medizinischen Bereichs

...

            wo man auch so Interna erfährt, wer mit wem und wer warum
            nicht und so.

Und wenig später:

Uhl   *Wenn man da nachfragt [Urlaub etc.], dann ist das bestimmt*
            auch Interesse, daß man die nicht nur als Befehlsempfänger sieht
            oder als, weiß ich nicht, als Leute, mit denen man halt zu-

*sammen arbeiten muß, sondern daß man da auch eher einen
anderen Kontakt mal hat.*

Katharsis

In einigen Fällen kann auch von "ritueller Katharsis durch symboli –
sches Ausspielen sozialer Konflikte" gesprochen werden (Strecker 1969,
S. 46).

Z.B. wird in mehreren mir bekannten Krankenhäusern seit Jahren in
wiederkehrender Weise um das Essen für das Pflegepersonal gestritten.
Unter Trennungs – und Existenzdrohungen (fristlose Kündigung) wird
von der Pflegedienstleitung untersagt, auf Station Mahlzeiten einzu –
nehmen. Das Verbot wird damit begründet, die Mitarbeiter würden
sonst das für Patienten bestimmte Essen verzehren.

Diese Anweisung widerstrebt dem Arbeitsablauf, da beim Essen auf
Station die Mittagspause auf ein Minimum beschränkt werden kann,
falls es erforderlich ist. Schon deshalb kann das Verbot leicht ange –
prangert werden. Auch ist eine Mißachtung unkontrollierbar.

Das Pflegepersonal kann hier ihr Verlangen nach Versorgung auf
oraler Ebene kathartisch artikulieren und, wenn auch heimlich, befrie –
digen. Die Pflegedienstleitung macht deutlich, daß emotionale Unter –
stützung, Versorgung und Schutz keinem Mitarbeiter gewährt wird.

Gemessen an der Größe anderer organisatorischer Herausforderungen
im Krankenhaus wäre es sicher ein Leichtes, die Mitarbeiter mit
Großküchenessen auf Station zu versorgen.

Das Beispiel macht deutlich, wie sehr Rituale mit der Triebökonomie
in Zusammenhang stehen. Hierauf komme ich später zurück.

5.4. Verflechtung von Ritualen und Bewußtsein

Basis – Überbau

Das Bewußtsein kann nicht losgelöst von der Praxis betrachtet wer –
den, zumal das Denken als Probehandeln auch Praxis ist.
Wie gesagt ist das Ritual sowohl praktische Handlung als auch Aus –
sage. Als Aussage ist "das Ritual ... gewissermaßen *'ideology in action'*"
und damit ein Teil des '"Überbaus'" (Strecker 1969, S.
49), der wie –
derum in einem dialektischen Verhältnis mit der Basis steht.
"Die ökonomische Struktur der Gesellschaft [sei] die reale Basis ...,
worauf sich ein juristischer und politischer Überbau erhebe und welcher
bestimmte gesellschaftliche Bewußtseinsformen entsprächen" (Marx 1986,
S. 96). "Die Produktionsweise des materiellen Lebens [bedinge] den
sozialen, politischen und geistigen Lebensprozeß überhaupt" (ebd.). Die
"materielle Basis" (ebd. S. 392) wird wiederum von Menschen, die
selbstverständlich ein Bewußtsein haben, gemacht (vgl. ebd. S. 393).

Etablierung von Alltagstheorien

Die Ausübung von Ritualen lassen Alltagstheorien entstehen und fe –
stigen. Schmidbauer (1983) zeigt dies am "anatomischen Präparat" auf,
einem Initiationsritual innerhalb des Medizinstudiums. Es werden hier
Organe aus Leichen herausgetrennt.
"Eine 'Alltagstheorie' entsteht, wonach der Student von sich erwartet,
daß er auch emotional aufwühlende Situationen bewältigen kann, indem
er etwas tut. Das Vertrauen in die eigene Stärke wird an das eigene
Handeln, an die technische Bewältigung geknüpft" (Schmidbauer 1983,
S. 199).
Es handelt sich m. E. hier um die Einübung einer Affektabwehr mit
Hilfe einer pragmatischen Orientierung, einer Abwehrregel des Alltags –
bewußtseins (vgl. Leithäuser/Volmerg 1981, S. 113). Sie verbindet sich
mit einer "Verschleierung durch Sozialtechnik" (Richter 1986, S. 155),
einer Strategie der "Leidensflucht" (ebd.). Der belastende Kontakt mit
dem Körper, der einmal lebte wie der Student selbst, wird nach einem
"technischen Erledigungsmuster" (ebd. S. 173) bewältigt.

Nach Schmidbauer stellt der Student, indem er das Organ "von Fett und Bindegewebe befreit ... die Ordnung wiederher" (ebd. S. 200). Ich meine jedoch, daß der Student eine für ihn tendenziell *neue* Ordnung herstellt: Um den menschlichen Leib einigermaßen gelassen öffnen zu können, muß er die soziale Beziehung zwischen seiner leiblichen Exi‐ stenz und der des Körpers vor ihm tilgen. Das angebotene Hilfsmittel ist die Leugnung der Wesenheit des toten Menschen. Die alte sozio‐ emotionale Ordnung, die auf Beziehungen zwischen Menschen als Ganze basiert und in der primären Sozialisation als tendenziell vorka‐ pitalistischer Produktion gebildet wurde (vgl. Leithäuser 1981b, S. 110), zerfällt. Sie wird durch eine neue, der kapitalistischen Produktionsweise adäquate Ordnung ersetzt: Das nützliche, funktionale Organ der Leiche wird von dieser selbst getrennt und von allem momentan Unnützen, Überflüssigem befreit (Fett und Bindegewebe).

Der angehende Mediziner wird wohl kaum das Initiationsritual bewältigen, ohne die vor ihm liegenden Leiber und seine Beziehung zu ihnen zu verdinglichen, d. h. den Warencharakter herauszustreichen. Die aufgebaute Alltagstheorie hilft, Entlastungen zu schaffen. In der beruf‐ lichen Praxis verteidigen weitere Rituale die soziale Konstellation, hier von Arzt und Patient, "um komplexe – Belastungen schaffende, Entla‐ stungen aufhebende – Thematisierungen zu umgehen" (Leithäu‐ ser/Volmerg 1981, S. 52).

Festigung des Thema – Horizont – Schemas

Die Aufrechterhaltung der entlastenden Alltagstheorie läßt sich mit Leithäuser/Volmerg so zusammenfassen: "Durch Übertragung alltagspraktisch eingeübter Organisationsregeln" wird ein Thema – Horizont – Schema als Struktur des Bewußtseins ge‐ bildet (ebd. S. 62). "Der Übertragungsvorgang [bekundet sich] in der Anwendung von Abwehrregeln, Thematisierungsregeln und Reduktions‐ regeln" (ebd. S. 63). Zum erstgenannten Regelkomplex zählen z.B. Ni‐ vellierung, Homogenisierung und Exteritorialisierung (vgl. ebd. S. 54). Die Thematisierungsregeln strukturieren etwa das Austragen von Wi‐ dersprüchen oder die Kritik an industriell gefertigten Deutungsschemata (vgl. ebd. S. 118f). Entsprechend den Reduktionsregeln wird z.B. die Reflexion von Erlebtem auf die Verwendung vorgegebener Deutungsschemata reduziert (vgl. ebd. S. 112f). Die "rituelle Ordnung" (Goffman 1975) koordiniert die Übertragung (vgl. Leithäuser/Volmerg 1981, S. 67ff), wobei die Interaktionsrituale den übertragenen Regeln entspre – chen (vgl. ebd. S. 69).

Die Übertragung steht im Dienste der "praktischen Sicherstellung von Plausibilitätsstrukturen und Intersubjektivität" (ebd. S. 62). Das Ritual ruft "in den Handelnden das Bewußtsein für die wichtigsten sozialen Normen der Gruppe immer wieder wach" (Strecker 1969, S. 45). Dabei können "normative Erwartungen wie Naturtatsachen betrachtet werden" (Mollenhauer u. a. 1975, S. 192).

5.5. Triebtheoretische Aspekte

Tabu als Abwehr

"Die Psychoanalyse hat uns die Bildung von Zeremonien und Ri – tualen als Triebabwehrvorgänge verstehen gelehrt" (Fürstenau 1979b, S. 194). Die Abwehrmechanismen, die die einzelne Person anwendet, sind z.B. "die Isolierung von Zusammengehörigem" (ebd.), aber auch Verneinung und Formen der Reizdosierung (vgl. ebd.).

So wie das Ritual eine kollektive Erscheinung ist, so wird auch manche Abwehr eine kollektive sein. Dem Trieb stehen m. E. nicht nur die Vorschriften gegenüber, die während eines früheren Abschnittes der Sozialisation im Überich eingelagert worden sind, sondern auch aktuell sich manifestierende Normen z.B. in der Familie, am Arbeitsplatz oder in einem Kegelverein. Im Krankenhausalltag entstehen Tabus wie z.B. das Verbot von sexuellem Kontakt zwischen Patienten und Personal. Nach Freud ist "das Tabu ... ein uraltes Verbot, von außen (von einer Autorität) aufgedrängt und gegen die stärksten Gelüste der Menschen gerichtet" (Freud 1980c, S. 326). M. E. kommt es nicht darauf an, ob das Verbot tatsächlich "uralt" ist. Es ist nur wichtig, daß es gegen Thematisierung oder Problematisierung geschützt ist.

Was als äußere Autorität wahrgenommen wird, ist m. E. das häufig als Subjekt erscheinende kapitalistische System, das sich in der Institu –

tion eines Krankenhauses manifestiert. An diesem sind die den Verkehr regelnden Verbote orientiert.

Gleichzeitig kommt es zur Wiederbelebung kindlicher Szenen. "Kataloge von Verordnungen, Dienstanweisungen, Satzungen, Geschäftsordnungen schweben über dem Gruppengebilde wie eine Elternautorität, von dem man beschützt wird, so lange man sie nicht verletzt" (Richter 1976b, S. 76f). Der Geist der Eltern, das ElternImago, steckt als "eine höhere Weisheit" (ebd.) in den Reglementierungen. Offenbar kommt es zu etwas ähnlichem wie einer Vergottung der Elternfiguren, so wie Freud es für Religionen beschreibt (vgl. Freud 1980e, S. 153f). Auf diese Weise werden die Rituale metaphysisch sanktioniert.

Triebbefriedigung

Das "Tabuzeremoniell" (Freud z. B. 1980c, S. 326) oder Ritual führt wie andere Abwehrvorgänge sowohl zu einer Triebunterdrückung als auch zu einer Triebabfuhr (vgl. Fürstenau 1979b, S. 197). Die Zwangshandlung, die Freud mit dem Ritual vergleicht, "ist *angeblich* ein Schutz gegen die verbotene Handlung; wir möchten sagen, sie ist *eigentlich* die Wiederholung des Verbotenen" (Freud 1980c, S. 342).

Beispielsweise wird eine Berührungslust, etwa aggressiver Art, durch ein Tabu versagt, das sich der Ansteckungsgefahr bedient. Um diese mit dem klinischen Blick ausgemachte Gefahr abzuwenden, werden eine Reihe von Waschungen vollzogen. Auf der einen Seite stellen sie wie Zwangshandlungen "Buße, Sühne, Abwehrregeln und Reinigung" dar (ebd. S. 320). Auf der anderen Seite wird ständig der Körper des Patienten oder ein Gegenstand berührt, der von einer vorherigen Berührung durch den Patienten gekennzeichnet ist. Dabei werden häufig aggressive Chemikalien zum Einsatz gebracht.

Kanalisierung

Die Verflechtung von Triebökonomie und Ritualen führt zu einer kanalisierten Triebabwehr und befriedigung. Indem sich das Ich "mit Hilfe von Zeremonien und Ritualen ... vor den Trieben" "verschanzt" (Fürstenau 1979b, S. 194), steht die Abwehr in Korrespondenz mit der

73

im Ritual manifestierten Form des gesellschaftlichen Verkehrs. Die Triebbefriedigung erfolgt an der Stelle, die von der Sozietät vorgesehen ist. Fürstenau nennt für die Schule die Pedanterie als einen solchen Ort. Der aggressive Wunsch, "Schüler zu quälen", kann "unbemerkt" die Handlungen beherrschen und befriedigt werden (ebd. S. 196).

Im Krankenhaus bietet m. E. das Morgen – Ritual die Möglichkeit, über eine Funktionalisierung der Beziehung zum Patienten, nach Mol – lenhauer u. a. (1975) eine verkehrsformbestimmte Interaktion, z.b. Ag – gressionen abzuwehren und doch zu befriedigen. Unter Berufung auf nicht näher begründeten organisatorischen Notwendigkeiten werden Pa – tienten aus dem Schlaf gerissen, zum Arbeitsgegenstand degradiert und ihre '"persönliche Ökonomie des Handelns"' (Goffman 1973, S. 45) an – gegriffen.

Für andere Kulturen hat uns die Ethnopsychoanalyse längst mit die – ser Sichtweise vertraut gemacht. Z.B. beschreiben Parin u. a., wie in Tänzen von Agni – Magierinnen auf gesellschaftlich determinierte Weise regressive Vorgänge (Trance und phallische Handlungen) symbolisiert werden und zur identifikatorischen Befriedigung einladen (vgl. Parin u. a. 1978, S. 311). "Damit wird die ratsuchende Person und ihre Familie in die ökonomisch definierten Funktionskreise ... eingeordnet" (ebd. S. 312).

Anpassungsmechanismen

Nach Parin ist das Ritual ein einfacher oder primitiver Anpassungs – mechanismus (vgl. Parin 1983a, S. 83). Dieser sei eine andere Anpas – sungsleistung als die von ihm postulierten Anpassungsmechanismen. Die Abgrenzung wird nicht näher begründet (vgl. ebd.).

Bei der Bildung von Ritualen ist in besonderem Maße der Anpas – sungsmechanismus des Clangewissens beteiligt. Auf dem Wege der An – erkennung des Tabus werden "äußere Autoritäten oder Institutionen zeitweise ... an die Stelle eines verinnerlichten Überich" (ebd. S. 92) gesetzt, wie es für das Clangewissen typisch ist (vgl. ebd.). Die Exter – nalisierung des Überichs führt zu der ebenfalls charakteristischen nar – zißtischen Stützung (vgl. ebd. S. 94). Jemand ist ein guter Mitarbeiter, wenn er die richtigen Rituale in vorgesehener Weise ausführt.

Die Ausübung von Ritualen als kollektive Handlungen können möglicherweise Ausdruck der Aktivität eines Gruppen-Ichs sein. Es muß in
unserer analen Gesellschaft jedoch eine andere Form aufweisen als die,
die Parin in oralen Gesellschaften gefunden hat (vgl. z. B. ebd. S. 86ff).

Libido-Entwicklung

In den Ritualen werden allgemein "Äußerungen des Es" ausgedrückt
(Parin u. a. 1978, S. 31). Daß Rituale in unserer Gesellschaft sich besonders mit den Themen einer bestimmten Libido-Entwicklungsstufe
befassen, nehme ich nicht an. Obwohl in der Psychoanalyse Ritualisierungen leicht mit analen Problematiken in Zusammenhang gebracht
werden können, ist eine solche Beziehung auf kollektiver Ebene nicht
durchgängig festzustellen.

In der Literatur sind Hinweise auf verschiedene Inhalte zu finden.
Für den Bereich der Schule werden "triebhafte Bedürfnisse" insbesondere aggressiver Regungen genannt (Fürstenau 1979b, S. 195), die durch
eine Reaktivierung des Ödipuskonfliktes aktuell geworden sind (vgl. ebd.
S. 189). Sie werden über Verhaltensmuster wie der Pedanterie befriedigt, die analen Ursprungs sind (vgl. ebd. S. 196). Goffman stellt Rituale, wie z.B. das Weihnachtsfest, in einen Zusammenhang mit einem
Kontaktverbot, das ihn an ein Inzest-Tabu erinnert. Das Fest lockert
das Verbot (vgl. Goffman 1973, S. 95).

Parin u. a. nennen ein Ritual der Agni, bei dem es zur "Identifikation mit aktiv-phallischen Trieb-Modalitäten" kommt, um orale Regungen abzuwehren (Parin u. a. 1978, S. 309). Freud (1980c) nennt aus
verschiedenen Kulturen Rituale, die um eine verbotene Berührung
kreisen. Hier ist entweder die "sexuelle Bedeutung" angesprochen oder
"die allgemeinere des Angreifens, der Bemächtigung, des Geltendma-
chens der eigenen Person" (Freud 1980c, S. 362).

III. DAS ASEPTISCHE DRAMA

Eingrenzung

Im letzten Kapitel habe ich überblicksartig verschiedene Aspekte zum Ritual allgemein dargestellt. Nun soll an zwei Beispielen aus dem Krankenhausalltag, dem aseptischen Drama und dem Erscheinungsritual, das Verständnis vertieft werden. Bezüglich des ersten Exempels will ich die Komplexität der Praxisfigur im Wesentlichen auf die triebtheoreti – schen Aspekte reduzieren und hoffe, dem Leser so das einführende Verständnis zu erleichtern. Die späteren Darlegungen zum Erschei – nungsritual sollen dagegen die gesamte Vielfalt des Geschehens berücksichtigen, welche im Hinblick auf das aseptische Drama nicht geleugnet wird.

Hygiene

In unseren Krankenhäusern nimmt die Hygiene einen breiten Raum ein. Unter Hygiene wird heute "krankheitsverhütende Medizin" verstan – den (Juchli 1983, S. 255). Mit dem Verweis auf wissenschaftliche Er – kenntnisse werden Kleiderordnungen erlassen, Gebäude gestaltet und Maßnahmen angeordnet.

Mikroorganismen werden zu einem "'Außenfeind'" erklärt (Richter 1986, S. 151) und heftig bekämpft. Bei vielen "Krankheiten sind zwar Bakterien oder Viren mit im Spiel, aber nichts spricht dafür, diesen Erregern die Hauptschuld an der Verbreitung dieser Krankheiten zu – zuweisen" (ebd.).

Für diese kategorische Zuschreibung müssen andere Gründe mit eine Rolle spielen. Parin u. a. ordnen gängige Diagnosen, die "sich medizi – nisch nicht begründen" lassen, "dem magischen Bereich" zu (Parin u. a. 1978, S. 384).

Darüber hinaus werden durch die besondere Form der Erregerbe –
kämpfung neue Mikroorganismen gezüchtet und alte immunisiert (vgl.
Richter 1986, S. 150). Als eine Ursache für vermehrte Infektionen er –
achtet Junghannß die "Vermehrung und Ausbreitung antibiotikaresi –
stenter und fakultativ pathogener Keine, verbunden mit einer Wandlung
des Erregerspektrums durch unkritische beziehungsweise unkontrollierte
Antibiotika – Applikation" (Junghannß 1981, S. 7). Gerade die re –
sistenten Erreger werden zu einem großen Problem, weil ihnen mit
chemischen Mitteln nicht mehr beizukommen ist und die Hygiene den
Blick für eine alternative Krankheitsbewältigung, wie z. B. den geför –
derten Aufbau von Abwehrkräften, verstellt (vgl. Richter 1986, S. 150).
"Die Zahl der Fälle von infektuösen Hospitalismus ... schwankt in der
Literatur je nach medizinischer Fachdisziplin zwischen 1,5 und 21,3
Prozent" der Neuaufnahmen (Junghannß 1981, S. 6). Bei einer Quote
von 5 Prozent ergeben sich "für die Bundesrepublik Deutschland ...
circa 500.000 Hospitalinfektionen pro Jahr. Die Zahl der Todesfälle
wird auf ungefähr 5 Prozent dieser Fälle geschätzt" (ebd.) Ebenso
spricht auch Richter unter Berufung auf den Hygieniker Daschner[4] von
jährlich 25000 Patienten, die "durch eine in Krankenhäusern erzeugte
Ansteckung" sterben (Richter 1986, S. 150).

Ritualisierung

Das Feld der Hygiene ist stark ritualisiert. In den folgenden Ab –
schnitten soll dies deutlicher gemacht werden.
Das aseptische Drama hat *Handlungscharakter.* Die Handlungen sind
auch Aussage. Z. B. weisen sie permanent auf den Außenfeind hin.
Wie der folgende Exkurs zeigen wird, ist leicht ein *dramaturgischer
Charakter* feststellbar. Die einzelnen Handlungen unterliegen einer
Standardisierung. Bereits in der Krankenpflegeschule wird das Personal
darauf festgelegt. Antiseptischen Maßnahmen werden nur einen Sinn
zugeschrieben, wenn sie einer *Wiederholung* unterliegen.

---

4 Daschner, F.: zit. nach Medical Tribune 13, Nr. 29, 1978: "Mangel –
hafte Krankenhaushygiene fast immer vermeidbar – denn 25.000
sterben pro Jahr."

Die *metaphysische Sanktionierung* ist bereits darin zu erkennen, daß von einer ungeheuer mächtigen Instanz ein Übel erwartet wird, und diese phantasierte Sanktionierung überempirisch und jede mögliche Erfahrung überschreitend ist. Die Thematisierung aufgrund eigener Erfahrungen ist bereits untergraben. "Die Dämonen ... sind wie die Götter Schöpfungen der Seelenkräfte des Menschen" (Freud 1980c, S. 317) und sind aus Eltern – Imagines geformt (vgl. Freud 1980e). Ähnliches trifft m. E. für den "Geist der Wissenschaft" und den Chefarzt als "Halbgott in Weiß" zu.

Was das aseptische Drama als Ritual symbolisiert, welche verbotenen Handlungen doch vollzogen werden, beschreibe ich u.a. in Kap. 7.1. Anschliessend wird die psychosoziale Umsetzung der Symbolisation erläutert.

Exkurs: Die Vertreibung der Geister

Das aseptische Drama wird in unseren Krankenhäusern fortlaufend mit tiefem Ernst gespielt. Es ist so alltäglich und unterliegt durch die Verbindung mit der medizinischen Ideologie einem so starken Thematisierungsverbot, daß es als solches aus der Innenperspektive kaum wahrnehmbar ist. Ich beschreibe es hier in einer Sprache, die in der Ethnologie für die Darstellung fremder Kulturhandlungen verwendet wird. Sie orientiert den Betrachter auf eine Außenperspektive, die die Eigenarten des Alltäglichen hervortreten lassen.

Die Patienten sind durchdrungen und umgeben von Bakterien, Keimen und anderen Mikroorganismen. Sie sitzen auf ihrer Haut, in ihren Poren. Sie schwimmen im Blut, im Speichel und anderen Sekreten, in Urin und Kot. Durch Atmen, Schwitzen und sonstigen Ausscheidungen werden sie herausgeschleudert, ein Luftzug reißt sie von der Hautoberfläche und nach jeder Berührung haften Viren wie kleinste Kletten an Gegenständen und Mitmenschen. Sie erregen nicht nur Krankheiten, sondern auch die Gemüter.

Im Krankenhaus sind solche Menschen mit ihren Schwärmen von Mikroben in großer Zahl zusammen. Es gibt kaum einen Raum, kaum einen Fleck, wo nicht ein Patientenleib seine Spuren hinterlassen hat. Überall lassen sich die Satelliten der Kranken nieder und nisten sich ein. Jede Berührung, jeder Luftwirbel wird genutzt, um noch einen weiteren Körper zu befallen. Wenn man nichts unternimmt, krabbeln sie überall, nehmen alles unter Beschlag und zerstören es.

In einem großen Ritual wird den bösen, Leiden und Tod bringenden, allgegenwärtigen und doch mit bloßem Auge nicht sichtbaren Wesen der Kampf angesagt.

Wenn man ein Krankenhaus betritt, gelangt man in Flure, die bis Kopfhöhe mit glänzendem Keramik ausgekleidet sind, um Bakterien abzuweisen. Auf den Türen sind hinter riesigen Klinken Blechplatten angeschraubt, die den Schädlingen das Einnisten verbieten. Alles, was nicht aus blitzendem Metall ist, wurde weiß gefärbt. Die Wände, Betten und Schränke sind säuberlich gestrichen, lackiert oder beschichtet. Auch die Kleidung der Mitarbeiter ist strahlend weiß. Die Farbe markiert den unermüdlichen Willen, die aggressiven Tierchen zu bekämpfen.

Als Mittel zur Überwältigung der Mikroorganismen stehen eine Reihe, meist scharf riechender Flüssigkeiten zur Verfügung. Bereits am Morgen fahren Frauen in blauen Gewändern mit feuchten Lappen über die Böden und verbreiten den üblen Geruch von Phenol. Von anderen werden Tische, Fensterbänke usw. einer ähnlichen Prozedur unterzogen.

Wenn alles blitzt und strahlt und die ganze Krankenstation mit fri – schen Resten aggressiver Gerüche erfüllt ist, werden andere rituelle Tätigkeiten, wie das Erscheinungsritual, eingeleitet. Jedoch tauchen die Mikroben wie böse Geister überall wieder auf, wo die Wachsamkeit und das aseptische Bemühen nachläßt. Nach Berührungen mit Patienten unterbrechen alle, die in weiße Gewänder gehüllt sind, in gewissen Abständen ihre Arbeit. Aus einer besonderen, häufig mit einem großen Bügel versehenen Flasche, die in jedem Zimmer bereitgehalten wird, füllen sie sich die hohle Hand mit einer alkoholischen Flüssigkeit und verreiben sie sorgsam auf Hand und Unterarm. Wieder frei von dem Fluch einer Krankheit machen sie sich weiter an ihr Tageswerk.

Aber auch einzelne Arbeiten werden von Beschwörungen begleitet. Will jemand in den Körper eines Patienten mit dünnen, metallenen Röhrchen durch die Haut eindringen, so muß er sich nicht nur das weiße Gewand der Unbeflecktheit übergeworfen und die Hände gerei – nigt haben. Mit einer schnellen Bewegung läßt er ein abermals weißes, alkoholgetränktes Läppchen über die künftige Öffnung fahren. Danach darf der Einstich vollzogen werden.

Hat ein Patient die Station verlassen, werden alle Leid verheißenden Spuren beseitigt. Das Bett, das Nachtschränkchen usw. werden mit ei –

nem streng riechenden Tröpfchennebel aus einer Sprühflasche überzo – gen. Anschließend wird gewischt und geschrubbt. Bei Patienten, denen besonders aggressive Mikroorganismen anhingen, trifft die Behandlung das ganze Zimmer. Ein Angehöriger des Hauses, der vollständig in knisternden und quietschenden Kunststoff gehüllt ist, verschwindet mit einem gewaltigen Zersteuber in dem befallenen Raum. Drinnen breitet er alle vorhandenen Gegenstände aus und sprüht sie sorgsam ein. Dann legt er den ganzen Raum in einen ätzenden Dunst.

6. INSIDERGESPRÄCHE ZUR HYGIENE

Kontrolle

Bevor ich meine Gesprächspartner selbst zu Wort kommen lassen möchte, will ich wenige Anmerkungen zu Kernsatzkomplexen machen, die in diesem Buch unerwähnt bleiben. In fast allen Gesprächen gerate ich, sobald das Thema Hygiene angesprochen wird, in die Rolle eines Kontrollierenden, auf die meine Gesprächspartner und – partnerinnen sehr unterschiedlich reagieren. Der Assistenzarzt Dr. Uhl beispielsweise verweist in belehrendem Ton auf wissenschaftliche Erkenntnisse und der Stationsleiter Herr Nau auf eine aus Routine und kaum thematisierba – rer Selbstverständlichkeit abgeleitete Notwendigkeit, die "schon dem Dümmsten bekannt" sei. Rasch wird mit der Hygiene etwas Peinliches verbunden, das die examinierte Schwester in den Satz eines imaginären Gesetzeshüters faßt: "Es ist immer noch zu schmutzig". Der Asepsis steht etwa das Bedürfnis entgegen, "Kleinklinder in die Betten ihrer Väter und Mütter" zu lassen. Schnell werden im Gespräch Tendenzen zur Inszenierung eines Machtkampfes spürbar, an dessen Ende für die Krankenschwester die "Einheit" mit den männlichen Akademikern zer – bricht und die persönliche Abqualifizierung zum "Karbolmäuschen" droht.

6.1. "Die haben da ja Argusaugen"

Den Machtkampf zwischen Schwester und Arzt spicht auch Dr. Uhl an.

Uhl   *Das [die Maßnahmen der Hygiene] läuft automatisiert ab.*
        Schwierigkeiten gibt es, wo die Schwestern, die Schwestern sorgen
        ja dafür, die sind da ja, die haben da ja Argusaugen und sagen:
        Hier, das müssen Sie so und so, jetzt müssen Sie das und das
        machen und so.

Weid.   *Also wenn du bei einem Patienten gewesen bist daß sie dir*
Uhl   *oh ja!*

Weid.	*auch sagen*
Uhl	*mhm, mhm,*
Weid.	*waschen Sie sich mal die Hände, wenn Sie zum nächsten gehen?*
Uhl	*Ja, oder sie reichen sie mir da so'n, so'n Desinfektionsmittel, so'n Alkoholzeugs.*
Weid.	*Mm.*
Uhl	*Soll ich mir die Hände mit abwaschen oder so, ne. (ganz leise:) Das machen die schon.*
Weid.	*Wie ist das so, daß die da so drauf aufpaßt?*
Uhl	*Ja, da, an sich finde ich das so ganz gut, 'ne.*
Weid.	*Mm.*
Uhl	*Äh, weil ich es manchmal vergessen würde, muß ich ehrlich sa – gen, und, äh, wenn da zwei dran denken, ist es einfacher, ne?*
Weid.	*Mm.*
Uhl	*Die andere Seite ist natürlich, man kann das natürlich auf die Spitze treiben und, aber andere Sachen, die werden dann gar nicht beachtet. ...*

Als mein Gesprächspartner die "Schwierigkeiten" im Bereich der Hygiene anspricht, nennt er zunächst die "Schwestern". Sie sind für die Asepsis zuständig. Vorher hatte er schon deutlich gemacht, daß diese nicht in sein Ressort gehört. Die Schwester nun gibt ihm, dem Arzt, Anweisungen. Sie sagt ihm, daß er "das und das machen" müsse und zwar "so und so". Dr. Uhl fühlt sich sichtlich bevormundet.

Die Schwester hat ein Auge auf ihn geworfen, genauer: "Argusaugen". Mit scharfem, mißtrauischem Blick wacht sie über den Arzt.

Nach der griechischen Sage, auf die sich der sprachliche Ausdruck bezieht, ist Argos Panoptes ein hundertäugiges Wesen. Er wurde von der Göttermutter Hera eingesetzt, um zwei Liebende zu trennen. Denn ihr Gatte Zeus war es, der aufgrund eines Zaubers der Iynx in Liebe zu Heras Priesterin Io entbrannt war (vgl. Ranke – Graves 1986, S. 169). Argos hatte Io, von Hera in eine weiße Kuh verwandelt, an ei – nem heimlichen Ort zu bewachen. Die Kontrolle war so lückenlos, daß selbst der im Auftrage von Zeus handelnde, göttliche Hermes, der "der geschickteste aller Diebe war, wußte ..., daß er Io nicht stehlen könnte, ohne von einem der hundert Augen des Argos entdeckt zu werden" (ebd. S. 170).

Überträgt man versuchsweise den Gehalt des Mythos, auf den die vom Arzt verwendete Begrifflichkeit verweist, auf das Agieren im aseptischen Drama, so handelt aus der Perspektive des Mediziners die Krankenschwester in Vertretung einer großen Mutter. Unerbittlich wacht sie darüber, daß keine geschlechtlichen Verbindungen eingegangen werden können. Das Interesse an der körperlichen Kontaktaufnahme steht wie durch einen Zauber im Raum.

Eine Nähe oder Innigkeit darf zwischen dem Arzt und einem Pati-enten bzw. einer Patientin nicht entstehen. Jede Berührung muß sofort ungeschehen gemacht werden. Der Arzt muß sich reinwaschen und den Zustand wiederherstellen, der vor der Berührung geherrscht hat. Auf-grund der sexuellen Qualität kollidiert die Berührung oder der Berüh-rungswunsch mit dem Inzesttabu. In der Paarbeziehung zwischen Arzt und Krankenschwester wacht die Gattin eifersüchtig darüber, daß ihr Begleiter, der väterliche Arzt keine erotische Beziehung zu der Tochter bzw. dem Sohn im Krankenbett aufnimmt. Der Mythos zeigt aber auch an, daß das Verbot der geschlechtlichen Liebe nicht minder gültig ist, wenn die Begehrte zu einer Mutter (Symbol der Kuh) geworden ist. Das Berührungsverbot im Krankenhaus gilt unabhängig von dem Alter der Patienten. Der sexuelle Aspekt kommt später noch deutlicher zur Sprache.

Doch lassen Sie mich zunächst in der Durchsicht des hier zitierten Textes fortfahren. Die "Argusaugen" greifen mit ihren Anweisungen di-rekt in den Kontakt zwischen Patienten und meinem Gesprächspartner ein, sobald eine körperliche Berührung entstanden ist. Wenn er "bei einem Patienten gewesen" ist, soll Dr. Uhl sich "die Hände" "ab-waschen". Dafür hat er "so'n Desinfektionsmittel, so'n Alkoholzeugs" zu verwenden. Wie er dies ausspricht, habe ich den Eindruck, er bekommt die Bezeichnungen kaum über die Lippen. Die aggressiven Mittel scheinen ihn geradezu anzuwidern. Die erzwungene Handlung erhält eine bestrafende Qualität.

Sind es die Substanzen, die so fürchterlich sind, wie er es zu Beginn sagt? Oder sind es diejenigen, die die Argusaugen verwenden, die "das ... auf die Spitze treiben"? Oder sind es die Handlungen, die bevor-mundend sind? Ich habe den Eindruck, daß zunächst einmal etwas Aggressives in der Luft liegt, so wie auch die Gesprächsatmosphäre mit Beginn des Themas Hygiene etwas Aggressives enthält. Indem die In-teraktion eine solche emotionale Färbung bekommt, wird die Person, die Handlung sowie auch die Gegenstände mit der Destruktion in Verbindung gebracht.

Als sich mein Gesprächspartner beim Thema – Beginn gegen mich bzw. das Thema wehrt, geht er, eventuell in der Identifikation mit der Krankenschwester, gegen mich vor. Zu diesem Zeitpunkt sehe ich mich unangenehm durch seine Handlung bevormundet. Bei dieser Rollenver – teilung bleibt er trotzdem jemand, der mich mit Informationen versorgt.

Auch in der letztzitierten Gesprächssequenz sind die aggressiv han – delnden Schwestern Personen, die für etwas "sorgen". Dieses erlebt Dr. Uhl durchaus ambivalent. Daß die Schwester "da so drauf aufpaßt" findet er trotz allem Unangenehmen "so ganz gut". Die Schwester ist ihm eine Hilfe, ohne die er "manchmal vergessen würde", sich nach der Berührung eines Patienten die Hände zu desinfizieren. Die hygienische Maßnahme ist auch in seinem Interesse. Wenn Schwester und Arzt zusammenarbeiten, wenn "da zwei dran denken", dann wird "es", die antiseptische Maßnahme und alles, was damit verbunden sein mag, "leichter". Auf so eine Versorgung kann Dr. Uhl sich verlassen. "Das machen sie schon", sagt er ganz leise, als wenn er sich fast unmerklich bei etwas durchaus Angenehmen unterkriechen wollte. Seine Selbstkontrolle erfährt eine entlastende Stützung von außen, z.B. im Sinne eines psychosozialen Kompromisses.

Doch zu dieser Haltung gibt es noch "die andere Seite", die er nicht mag. Sie wird bedeutsam, wenn "das" " auf die Spitze" getrieben wird. Dann zerbricht die solidarische Bindung. So etwas kann "natürlich" ge – schehen. Wie ein Naturprozeß läuft es über ihn ab. Wenn die Schwe – ster die sorgende Maßregelung bis zum Äußersten treibt, fällt ihm auf, daß "andere Sachen" "dann gar nicht beachtet" werden. Das findet Dr. Uhl nicht richtig. Er zählt im Anschluß an die zitierte Sequenz auf, womit z.B. Bakterien übertragen werden. Da Dr. Uhl dort wohl kaum den bevormundenden Teil der Bewachung meint, dürfte der versorgende Aspekt im Mittelpunkt stehen. Das Sorgende der Schwester hat nicht die gewünschte Kontinuität. Die Schwester zeigt nun nicht mehr ihre sorgende Haltung. Die Unterstützung scheint doch brüchig zu sein. Es gibt Situationen im Alltag, wo er mit dem, was die körperliche Berüh – rung des Patienten ausmacht, alleine fertig werden muß.

In dem Gespräch mit Dr. Harms kommt ebenfalls etwas Unange – nehmes zum Ausdruck. Jedoch ist es für ihn quasi die Macht der Ge – gebenheiten, die ihn bewegen, scheinbar eigenständig gegen die eigenen

Interessen zu handeln. Was ihn zu seinem Tun bewegt, ist das Aus –
bleiben von etwas Ansteckendem. Die Kontrolle, die für Dr. Uhl die
"Argusaugen" übernehmen, übernimmt Dr. Harms selbst. Es soll ver –
hindert werden, daß die Patienten zu "Bekannten" werden bzw. daß
jemand merkt, daß der Arzt eine entsprechende Beziehung aufbaut.

Harms   *Sagen wir so. Es ist doch in jedem Fall unangenehm. Weil man*
            'ne ganze Menge an Mechanismen zusätzlich machen muß, die
            einem Zeit kosten.

Weid.   *Mm.*

Harms   *Das ist insofern auch unangenehm, weil man sich Handschuhe*
            anziehen muß, weil man sich die Hände desinfizieren muß, d.h.
            also, man selbst schüttet sich den Alkohol immer da drüber und
            man macht auf Dauer seine Haut damit kaputt.

Weid.   *Mm.*

Harms   *Also von der Seite ist das sicherlich 'ne unangenehme, aber wie*
            ich finde, absolut notwendige Sache.

Weid.   *Mhm.*

Harms   *Einfach aus der Erfahrung heraus, daß wenn man es anders*
            macht, eben die Infektionsrate doch enorm steigt.

Weid.   *Mm.*

Harms   *Nicht, also insofern finde ich, sollte man sich da gar keine Ge –*
            danken dadrüber machen. Es muß eben sein.

Weid.   *Mm.*

Harms   *Eine der Sachen sine qua non, 'ne (schmunzelt).*

Weid.   *(lacht) Mm.*

Dr. Harms zählt gemäß der ersten Oberflächenebene des logischen
Verstehensmodus zunächst unangenehme Handlungen im Bereich der
Asepsis auf, die er durchführen müsse. Solches hält er für notwendig,
um Infektionen zu vermeiden. Darüber nachzudenken sei unnötig, denn
die Vorkehrungen sind eine notwendige Bedingung für eine Infektions –
abwehr.

Zum hermeneutischen Feld I (vgl. Leithäuser/Volmerg 1981, S. 130f)
sei an dieser Stelle angemerkt, daß in den Gesprächen zwischen Dr.
Harms und mir relativ bald eine kollegiale und vertraute Atmosphäre
entsteht: Trotzdem wird immer wieder angetestet, ob der eine nicht
doch stärker ist als der andere. Wenn ich nicht mit Interventionen

(Fragen, feed – backs etc.) das Gespräch etwas strukturiere, entsteht eine große Spannung, der ich erst allmählich standhalten kann. Die Strukturierung hilft, eine Distanz zu wahren. Insbesondere wenn ich relativ offen auf Emotionen abziele, erhalte ich eine Antwort mit einer festgefügten Gliederung, z.B. eine Aufzählung. Ähnliches spielt sich auch in dem Gespräch über Hygiene ab, das sich am Ende unserer Zusammenkunft entwickelt. Als ich Dr. Harms vor der zitierten Ge – sprächssequenz nach der Bedeutung der Hygiene frage, die sie für ihn habe, gibt er mir eine Auflistung von Desinfektionsmaßnahmen zur Antwort. Ich frage ihn, ob diese eher angenehm oder lästig sind. Dar – aufhin betont er die Notwendigkeit. Als ich mit einer klärenden Absicht die von ihm installierte Gegensätzlichkeit von eigenem Wunsch und Notwendigkeit anspreche und somit signalisiere, daß ich seine Theorie nicht teile, wird er recht energisch.

"Sagen wir so", kontert er. Mit Bestimmtheit fordert er, was und wie wir beide über das "schwierige Feld" Hygiene sprechen mögen. Obwohl Dr. Harms einen Kompromiß anbietet, indem er zunächst über das Unangenehme (mein Anliegen) spricht und dann die Notwendigkeit (sein Anliegen) betont, habe ich den Eindruck, sehr machtvoll attackiert zu werden. Die Situation entspannt sich, als er schmunzelnd eine lateinische Redensart verwendet, worüber ich lachen muß. Ich verstehe seine Bemerkung als ein Angebot zur Verbrüderung von denen, die auf eine fundierte humanistische Bildung zurückgreifen können. Lachend nehme ich das Angebot an, das ich wie einen Zusammenschluß gegen einen Feind verstehe. Und tatsächlich verändert sich an dieser Stelle das Thema. Der Insider spricht nun über die "alltägliche Hygiene", die "es ja durchaus auch" gibt. Mit ihr ist es "was anderes". Hier herrscht nicht die eben gezeigte Strenge vor.

Warum schreibe ich so ausführlich über das, was während der aktu – ellen Szene des Gesprächs geschehen ist? Nun, ich meine, daß ich während dieser Passage in einer für das aseptische Drama bedeutsamen Rolle mitagiert habe. Der Zusammenschluß wie gegen einen Feind entspricht der Bildung eines "Trüppchen", wie mein Gesprächspartner die informell gebildeten Kleingruppen von Stationsärzten nennt. Die "Trüppchen" bilden sich zur Zeit der Gespräche verstärkt, um sich auf Kosten anderer gegen die steigende Arbeitsbelastung zu wehren. Der Gegner von uns beiden ist jemand, der gewöhnlich nicht über eine gymnasiale Bildung verfügt, die Krankenschwester bzw. die "Pflege –

schaft", wie sich Dr. Harms ausdrückt. Als diese Kontrahentin ausgemacht wird, läßt die Spannung zwischen Dr. Harms und mir nach. Wir
machen im aseptischen Drama eine Gegnerin aus, die als Sündenbock
fungiert. Nach dem Prinzip der "Trüppchen" werden die "Menge an
Mechanismen" "die einem Zeit kosten" in der Phantasie an die
Kontrahentin delegiert.

Dieses Geschehen deckt sich mit denen, die in den Gesprächen mit
Dr. Uhl und Sr. Pia zu sehen waren. Indem die zeitraubenden und
destruktiven Handlungen dem Pflegepersonal zugewiesen werden, bekommen sie auch die Verantwortung bzw. Kontrollfunktion zugeschrieben. Die Zuständigkeit für Hygiene ist in die Rollenideologie des
Pflegepersonals eingebunden. Um einer Verurteilung der ganzen Person
zu entgehen, muß zumindest nach außen hin auf die Einhaltung der
Normen der Hygiene bestanden werden. Die Übernahme der Kontrollfunktion beinhaltet aber auch die Chance, den ansonsten weisungsbefugten Ärzten selbst Vorschriften zu machen bzw. über sie zu wachen.

Die unterschiedlichen Positionen in der dargestellten Gesamtdynamik
schlägt sich im manifesten Gesprächsinhalt nieder. Der Ausgangsort des
Aggressiven wird von Dr. Harms nicht mit einer Rolle außerhalb seiner
Person in Zusammenhang gebracht, wie es Dr. Uhl macht. Während
letzterer die "Argusaugen" der "Schwestern" als treibende Kraft nennt,
liegt diese nach Dr. Harms in der eigenen Person. "Man selbst", sagt
er, "schüttet sich den Alkohol immer da drüber und macht ... seine
Haut ... kaputt." Was sich für den einen als Aggression von außen
darstellt, schildert der andere als autoaggressiven Akt. Der Ursprung
oder die Legitimation dafür liegt nach Dr. Harms in dem, was man
"machen muß", liegt darin, daß es sich um eine "absolut notwendige
Sache" handelt.

Die Spannung, die sich in der aktuellen Szene aufgebaut hat, ist eine,
die es innerhalb des Mediziners gibt. In der Art, in der ich die emotionale Seite des Geschehens beleuchten will und frage, ob "das was
Angenehmes" ist, "oder was "Lästiges?", mache ich zweierlei. Ich erinnere dran, daß er als Mensch nicht nur funktioniert, sondern auch Lust
bzw. Unlust empfindet und ich stelle einen engeren Kontakt zu ihm
her bzw. fordere von ihm, das er solches tut. Überträgt man diese
Aktion auf die Interaktion im Krankenhaus, so habe ich die Rolle
übernommen, die nach der Vorstellung von Dr. Harms die Patienten
übernehmen. Diese seien häufig mehr an Wünschen als an organisato-

rischen Notwendigkeiten interessiert und fordern von ihm immer wieder mehr Kontaktaufnahme als er es möchte. Die Patienten sind aber im Krankenhaus diejenigen, die im Sinne einer psychosozialen Kompromißbildung am ehesten geneigt sind, die Kontaktbedürfnisse al – ler Interaktionsteilnehmer zu artikulieren. Solches gilt zumindest im Rahmen des aseptischen Dramas, was sich z.B. daran zeigt, daß es im Krankenhaus als eine absurde Vorstellung gilt, der Kranke desinfiziere die Stelle, an der er vom Arzt berührt worden ist. Der hygienische Erfolg wäre der gleiche.

Somit habe ich ein Interesse meines Gesprächspartners artikuliert, das er bei sich nicht duldet und in aggressiver Weise sanktioniert. Dr. Harms stellt sich mir gegenüber als jemand dar, der gewissenhaft Mehrarbeit leistet und sich die "Haut ... kaputt" macht, um Infektionen zu vermeiden. Was ihn bewegt, ist sein Gewissen. Nach psychoanalyti – schem Sprachgebrauch hat sich im Gespräch ein Es – Überich – Konflikt abgebildet, indem ich Es – Anteile artikuliere und Dr. Harms den Überich – Part übernimmt:

Weid.   *Ist das was Angenehmes? Oder was Lästiges?*
Harms   *Ja, sagen wir mal, was Notwendiges, ne!* ...

Als Dr. Harms nach einem weiteren Einwurf von mir doch sein emotionales Befinden artikuliert (siehe die zuerst zitierte Gesprächsse – quenz), spricht er nicht etwa von Wünschen. Der Affekt, der bei ihm im Vordergrund steht, drückt sich in der Einschätzung aus, daß die Hygiene "unangenehm" sei, und zwar "in jedem Fall". Egal wie man es sieht, "es ist ... unangenehm". Die Gründe, die er dafür nennt, sind vielfältig. Zum einen bringt die Hygiene Mehrarbeit mit sich. Einiges muß er "zusätzlich machen", was "einem Zeit kostet". Und die ist im – mer knapp. Zum anderen besteht das Unangenehme in der Art der zu vollziehenden Handlung. "Handschuhe anziehen" und sicher auch sie zu tragen ist kein angenehmes Gefühl. "Sich die Hände" zu "desinfizieren" macht die Haut "kaputt". Wenn Dr. Harms mir etwas über seine Empfindungen mitteilt, so spricht er von denen, die durch einen Zwang bestimmt sind. Er "muß" Zusätzliches "machen", er "muß" etwas "anzie – hen" und er "muß" "desinfizieren".

In den bisherigen Interpretationen stellte sich heraus, daß meine Gesprächspartner befürchten, ich könnte sie kontrollieren. Dr. Harms übernimmt selbst diese Position. Dadurch wird mein Fragen nach dem Angenehmen oder Lästigen zur Artikulation von Wünschen. Im Gespräch mit Herrn Nau wurde eine ähnliche Äußerung als ein Indiz für Kontrolle gewertet.

Es drängt sich die Frage auf, ob ich auch im Kontakt mit Dr. Harms "Argusaugen" hätte entwickeln können, wenn er nicht so frühzeitig und nachhaltig die Durchführung hygienischer "Mechanismen" betont hätte, wenn er nicht die Überich-Position artikuliert und in der Identifikation der als Gegnerin ausgemachten Rollenträgerin Krankenschwester agiert hätte? Zur Beantwortung möchte ich die zitierte Sequenz weiter betrachten.

Nachdem Dr. Harms etwas von seinem Ärger artikuliert hat, stellt er sofort klar, daß, so "wie" er es "findet", die Hygiene eine "absolut notwendige Sache" ist. Als Grund nennt er ein statistisches Maß, "die Infektionsrate". Sie sei eine "Erfahrung". Eine solche Rate ist jedoch im Verständnis der Naturwissenschaft, der der Krankenhausarzt verpflichtet ist, niemals eine subjektive Erfahrung, sondern eine objektive. Indem Dr. Harms so spricht, wird deutlich, daß er sich mit etwas, welches außerhalb seiner Person steht identifiziert. Von dieser Position aus sind die Interessen, die nach etwas Angenehmen oder Lästigen fragen eine Gefahr, eine Infektionsgefahr. Sie könnten ansteckend wirken. "Insofern", von dieser Position aus, ist es besser, man macht "sich da gar keine Gedanken darüber".

Erst jetzt, als er seine Loyalität zu dieser Instanz, zu dieser Norm so eindeutig demonstriert hat, daß ich nicht mehr widerspreche oder hinterfrage, schmunzelt er. Ich akzeptiere mit meinem Lachen, daß er Hygienemaßnahmen für eine unbedingte "Sache" hält. Ohne dieses Akzeptieren von mir kann das andere, nämlich das Folgende, nicht eintreten, genauso wie es Dr. Harms auf Latein sagt.

Im Anschluß an diese Sequenz sagt er:

Harms	*Wenn ich also jetzt , sagen wir mal bei Visite bin, werde ich mir natürlich <u>nicht</u>, wenn ich dem Patient die Hand gegeben habe, jedes jedesmal meine Hände waschen.*
Weid.	*Mm.*
Harms	*Denn, da stehe ich auf dem Standpunkt, wenn ich draußen durch die Stadt gehe und treff' fünf Bekannte und geb' jedem*

die Hand, wasche ich mir ja auch nicht zwischendurch die Hand.

Nun, nachdem er in der demonstrativen Übernahme einer Norm das artikuliert hat, was im Alltag nach der Erfahrùng von Dr. Uhl die Krankenschwester sagt und er mich so behandelt hat, wie er sich möglicherweise behandelt fühlt bzw. in der spezifischen Identifikation selbst behandelt, und nachdem ich akzeptiere, daß er die Norm aner‐ kennt, kann er davon sprechen, wann und wo er die Desinfek‐ tionsmaßnahmen nicht durchführt. Dann wird ein Dem‐Patient‐die‐ Hand‐Geben zu etwas, welches mit einem Treffen von "fünf Bekann‐ ten" vergleichbar ist. Hier nun, ohne hygienische Maßnahmen, sind die Kontakte zum Patienten auch in gewisser Weise auf einer privaten Ebene möglich. Es sieht so aus, als wenn es gilt, diese Art von Kon‐ takt durch die Hygiene bzw. die "Argusaugen" zu verhindern.

Doch auch für Dr. Harms haben die "Argusaugen" wie für Dr. Uhl etwas Positives. Die weniger gebildeten Krankenschwestern, gegen die wir ein "Trüppchen" bilden, vertreten eine strenge Norm und die im Gespräch so sehr betonte Macht der "Notwendigkeit". Diese gibt den Kontakt mit Dritten, d.h. mit mir, eine Struktur vor, wie in dem Ge‐ spräch zu sehen ist. Im hermeneutischen Feld I wurde deutlich, daß eine Strukturierung den Kontakt zwischen ihm und mir dort begrenzt, wo eine weitgehende Nähe als unangenehm empfunden wird. Eine Pri‐ vatheit zwischen mir und ihm wird trotz aller Vertraulichkeit vermieden. Auf die Krankenhausinteraktionen übertragen verhindert die Struktu‐ rierung des Patientenkontaktes eine Ausdehnung der Beziehung. Ein entsprechendes Anliegen der Patienten muß Dr. Harms immer wieder abwehren. Dabei hilft ihm die Hygiene bzw. die kontrollierende Kran‐ kenschwester.

Doch auch wenn er in seiner ärztlichen Tätigkeit selbst aggressiv vorgehen muß, hilft ihm die von der Krankenschwester vertretene Norm, sich vor Verurteilungen zu schützen.

Harms   *... In dem Augenblick, wo ich irgendwelche Eingriffe mache beim Patienten, sagen wir mal, ich punktiere irgendwas*

Weid.   *mm*

Harms   *werde ich mich natürlich bemühen, möglichst sauber zu bleiben, nicht ...*

Nimmt man Dr. Harms beim Wort, so muß er bei "Eingriffen" nicht nur auf die weitgehende Keimfreiheit beim Patienten achten, sondern er muß sich "bemühen", selbst "sauber zu bleiben". Mit dieser Redewen – dung ist kein sich säubern bzw. desinfizieren angesprochen, sondern ein so bleiben, wie er ist.

Das Wort "sauber" wurde, historisch betrachtet "zuerst von sittlicher Reinheit gebraucht und dann auf die äußere übertragen" (Duden 1963, S. 589). Auch heute noch ist die Sauberkeit nicht vom Anstand ge – trennt, wendet sie sich gegen Sexualität und Aggression. Die alltags – sprachliche Aufforderung "bleib' sauber" bedeutet so viel wie "bleib' anständig", "laß' dir nichts zu Schulden kommen".

Bei Eingriffen bemüht sich mein Gesprächspartner, keine Schuld auf sich zu laden, obwohl er im juristischen Sinne eine Körperverletzung begeht. Die von der "Pflegeschaft" vertretene Hygiene hilft ihm dabei.

In der Ausbildung des Pflegepersonals gilt es, den Schülerinnen und Schülern diese Art der Kontrolle so nahezubringen, daß sie als Fremd – und Selbstregulierung eingesetzt wird. Die Schwesternschülerin Carla erlebt das aggressive Moment der "Argusaugen" deutlich:

Weid.   *Ich habe da noch etwas anderes, was mich noch interessieren*
        würde, und zwar ist das so das mit der Hygiene.
Carla   *Mm. Tödlich!*

Und als ich im zweiten Gespräch noch einmal die Hygiene themati – siere, sagt sie:

Carla   *... also der erste Gedanke ist Horror, ne. Horror alles was mit*
        Putzen und und diesen ganzen Säuberungsaktionen in Verbindung
        steht, ne.
Weid.   *Mm. Was wird da gesäubert? Oder von was?*
Carla   *Betten von Bakterien und Schmutz. Ich würde mein Bett nie*
        waschen (lacht). Auch bei Patienten, die wirklich keine anstek –
        kenden Sachen haben oder so, ne. Alles wird tip – top sauber
        gemacht.

Spontan äußert Carla, daß die Antisepsis für sie "Horror", ein Schrecken ist, der geradezu als "tödlich" empfunden wird. Schrecklich ist "alles", was mit "Säuberungsaktionen" in Verbindung steht. Auch wenn auf bewußter Ebene schlicht das Putzen und ähnliches gemeint ist, so ist es doch bemerkenswert, daß das Wort "Säuberungsaktionen" häufig in einem ganz anderen Zusammenhang gebraucht wird. In der Regel wird mit dem Begriff die Aktivität von mächtigen Personen oder In-stanzen verstanden, die darauf abzielen, abweichend denkende oder handelnde Menschen aus einem sozialen System auszuschließen oder zu liquidieren. Schwingt dieser Hintergrund auch im Verständnis einer Krankenpflegeschülerin von ihrer Sozialisation im aseptischen Drama mit? Spürt sie eine Gefahr, aus der Organisation Krankenhaus ausge-schlossen zu werden, wenn sie sich nicht den Mächtigen des Hauses unterwirft?

Carla ist die einzige meiner Gesprächspartner bzw. Gesprächspartne-rinnen, die bereitwillig über die Hygiene redet. Im Gegensatz zu den anderen fürchtet sie nicht, von mir kontrolliert zu werden. Sie sieht sich nahezu ausschließlich mit einer Forderung von außen konfrontiert, die sie nicht verinnerlicht hat. Es fällt ihr nicht schwer, über aseptische Maßnahmen zu sprechen, die ihr sinnlos erscheinen. Den Ärger, den sie empfindet, gibt sie in der Art, wie sie über Hygiene spricht, deutlich zu erkennen.

Dieses ist zu beachten, wenn sie sagt, gesäubert werden die "Betten". So etwas hält sie "bei Patienten, die wirklich keine ansteckenden Sa-chen haben", für überflüssig. Als Begründung und Maßstab dient ihr der Umgang mit dem eigenen Bett. Dieses würde sie "nie waschen".

In ihrem Thema-Horizont-Schema werden die Patienten und die eigene Person als so ähnlich betrachtet, daß sie gleichzeitig, d.h. ohne Thema-Wechsel, in den Blick bekommen werden können. Solches war Dr. Harms erst möglich, als er seine Loyalität zu hygienischen Normen demonstriert hat. Für Sr. Pia, die die Normen über die Rollenideologie in ihre Person integriert hat, löst die bloße Gleichzeitigkeit der Thematisierung von Hygiene beim Patienten und Hygiene bei sich selbst die Angst vor einer Verurteilung aus.

Die Gefahr der Verurteilung besteht auch für die Schülerin Carla, wenn man den "Horror" auf die "Säuberungsaktionen" im oben genannten Sinn versteht. Der Unterschied zu der längst beruflich sozialisierten Sr. Pia besteht darin, daß Carla ihre Persönlichkeit außerhalb der Rollenideologie definiert. Ein in punkto Hygiene Ge-maßregeltwerden stellt sich für sie als ein "richtig dazwischenfunken" dar, das ihr völlig ungerechtfertigt erscheint. Solche Erlebnisse könnten zwar ihre soziale Integrität in Frage stellen, aber nicht ihre persönliche. Der in der Entfremdung der Arbeit angelegte und durch die Rollen – ideologie vermittelte Widerspruch zwischen persönlicher und beruflicher Hygiene, zwischen Menschen als Patienten bzw. Infektionsherden und nicht – ansteckenden Menschen, zwischen dem Bedürfnis nach einer symmetrischen, gleichberechtigten Beziehung zu kranken Menschen und der in den Arbeitsbedingungen begründeten Unmöglichkeit solcher Kontakte, dieser Widerspruch ist bisher nicht in das Subjekt Carla eingegangen.

Der Groll, den die Schülerin über das Tip – top – sauber – Machen hegt, richtet sich gegen die Schwester, die sie befehligt.

Carla   *... dann kommt die eine [Schwester], die so dieses Hygiene sich auf die Fahne geschrieben hat, und kommt dann an und: Hier müssen Sie noch ein bißchen machen und da noch 'nen bißchen, ne, ...*

Die Schwester hat sich die Hygiene "auf die Fahne geschrieben". Sie hält die Norm mit der Fahne quasi hoch und zeigt diese, wie man eine Losung oder Symbole einer Ideologie zeigt. Unter dem Banner der Hygiene werden Anweisungen gegeben, deren Sinn Carla nicht einsehen kann. Die Anordnungen erscheinen ihr als etwas Verbietendes. In dem speziellen Fall wird die fröhliche Zusammenarbeit mit einer Kollegin unterbunden.

Diese Episode zeigt das psychosoziale Gegenstück zu der Haltung von Sr. Pia. Sie ist "relativ streng mit den Schülerinnen", "was so Sau – berkeit angeht". In der obigen Interpretation habe ich dieses Verhalten als den Versuch der Verkehrung von Rollen bezeichnet, um sich im Bereich des aseptischen Dramas gegen eine in der Kran – kenhaushierarchie auferlegte Erniedrigung zum "Karbolmäuschen" zu wehren.

6.2. "Der Aufwand ist für meinen persönlichen Schutz da"

Die Maßnahmen der Hygiene scheinen für meine Gesprächspartner auch eine Schutzfunktion zu haben. Die Verhinderung bzw. Zurück – nahme von Personalität in der Interaktion mit Patienten beinhaltet die Chance, bei "Eingriffen" z.b. Schuldgefühle zu vermeiden und sich der intensiven Konfrontation mit Leiden zu entziehen, nicht mit – leiden zu müssen. Ohne eine solche Abwehr würde eine Überforderung entstehen. Der Schutzaspekt taucht in den Gesprächen mit Dr. Harms und Dr. Uhl ebenso auf wie in denen mit Sr. Pia. Doch die konkrete Ausfor – mung des Themas variiert zwischen den eingreifenden Ärzten und der sorgenden Krankenschwester.

Durch Vorkehrungen im aseptischen Drama gelingt es, anständig zu bleiben. Das Ritual löst die Szene des Eingriffes aus der auch für den Arzt bedeutsamen Wertewelt heraus, in der die aggressive Annäherung an einen Fremden und die körperliche Verletzung als verwerflich gelten. Die Handlung, mit der Dr. Harms in einem anderen Zusam – menhang quasi seine saubere Weste beschmutzen würde, verliert durch die Einbettung in das aseptische Ritual die Bedrohung der sozialen Integrität. Das eigene Gewissen als subjektive Instanz der Selbstjustiz bleibt oder wird beruhigt. Schuldgefühle treten nicht auf oder können "desinfizierend", d.h. aktiv, angegangen werden.

Etwas Ähnliches klingt in meinem Gespräch mit Dr. Uhl an. In einer Sequenz über Standardisierung und Automatisierung werden auch Schutzfunktionen thematisiert.

Uhl   *... heute zieht man sich bis auf die Unterwäsche aus und zieht neue Sachen an, setzt 'ne Haube und 'nen Mundschutz auf, andere Schuhe an und wäscht sich, weiß nicht, 10 Min, ¼ Std. lang Hände und Unterarme, bis man dann sterile Handschuhe kriegt und anfängt zu operieren, ne.*

Weid.   *Mm.*

Uhl   *Das ist natürlich schon ein riesiger Aufwand, den man hier be – treibt, aber der ist zum einen ist der für meinen persönlichen Schutz da.*

Weid.   *Mm.*

Uhl   *Und zum anderen natürlich äh hauptsächlich für den Patienten da, ne.*

Dr. Uhl spricht von einem "riesigen Aufwand", den er betreibt, bevor er "anfängt zu operieren". Er hat sich nahezu vollständig einzukleiden mit "neuen Sachen", "Haube", "Mundschutz", "Schuhen" und schließlich "sterilen Handschuhen". Dr. Uhl spricht von einer äußerlichen Verän‐ derung, die bei genauer Betrachtung auch auf eine besondere subjektive Bedeutung hinweist. Ähnlich wie Dr. Harms, aber doch bei weitem plastischer, verläßt Dr. Uhl bei der Vorbereitung zur Operation eine Sphäre, in der der aggressive Körperkontakt streng sanktioniert ist.

Indem Dr. Uhl, begleitet von allen den genannten Handlungen, in den sterilen Operationssaal eintritt, wandelt sich etwas ganz Sichtbares und Bedeutsames an seiner Person. Seine äußere Erscheinung verändert sich, indem fast seine ganze Körperoberfläche bedeckt wird. Nur die Augen schauen noch ungehindert zwischen Gewebe, Zell‐ und Kunst‐ stoffen hindurch. Nur mit Mühe ist ein derart hergerichteter Mensch noch zu identifizieren.

Doch nicht nur die sichtbare Erscheinung unterliegt einer Wandlung. Neben der getragenen Kleidung ist auch alles andere von der Hautoberfläche der tätlich werdenden Körperteile entfernt worden. "10 Minuten, ¼ Std. lang" werden "Hände und Unterarme" einer Waschung unterzogen, um alle Spuren, alle Reste der unsterilen Sphäre zu besei‐ tigen.

Die Prozedur erinnert stark an die religiöse Vorbereitung für eine heilige Handlung. Bevor in der katholischen Kirche die Messe zelebriert wird, verschwinden Priester und Messdiener in der Sakristei. Dort ent‐ ledigen sie sich ihrer Straßenkleidung und legen in vielerlei Schichten die rituell festgeschriebenen Gewänder an. Dann erst betreten sie den Altarraum und beginnen für die Versammelten eine die Seele heilende Kraft wirksam werden zu lassen.

Aber nicht nur die Priester unserer Kultur zeigen mit dem Umklei‐ den die Vorbereitung auf die Annäherung an den Gott an. Auch in dem beschriebenen Heilungsritual in Ghana wird eine Station in der Vorbereitung auf die Empfängnis einer göttlichen Kraft durch Kleidung markiert: Während sich der Fetischpriester in den Altarraum zurückge‐ zogen hat um sich für die Ankunft der Gottheit vorzubereiten, werden ihm Sandalen und Gewand abgenommen und auf den Thron gelegt.

Erst danach kann die sakrale Handlung der Heilung eingeleitet werden (siehe Kap. 5.2.).

Die Waschung und das Umziehen, die Veränderung der Erscheinung, die an einem mystischen Akt erinnert, dieser "riesige Aufwand" "ist zum einen "für" den "persönlichen Schutz" des Arztes "da". Die rationale Begründung für den "Schutz" zielt in der Regel auf eine Infektionsge – fahr, die gebannt werden soll. Doch hört man genau hin, was Dr. Uhl sagt, so fällt auf, daß der Arzt von einer Prozedur spricht, die ihn nicht von eventuellen Krankheitserregern, die von einem Patienten stammen, befreien kann. Es sind die "eigenen" Mikroorganismen, die bekämpft und abgewaschen werden. Seine Haare sind es, die unter der "Haube" verschwinden und sein eigener Atem oder Speichel wird durch den "Mundschutz" zurückgehalten.

Unterstellt man Dr. Uhl nicht einfach, daß er sich lediglich unklar ausgedrückt hat, sondern versucht man, einen konsistenten Sinn in sei – nen Worten zu finden, so ist klar, daß mit dem "persönlichen Schutz" nicht einer auf biologischer Ebene gemeint sein kann. Bezieht man stattdessen den Schutz auf die psychische und soziale Person, wird der Text stimmig.

Der "riesige Aufwand" ist ein Schutz gegen die "persönlichen" Be – dürfnisse nach einem aggressiven Ausdruck. Würden sadistische Bestre – bungen die Oberhand gewinnen, wären die Folgen fatal. Auch eine Identifikation mit der zu operierenden Person würde zerstörerisch wir – ken. Der Arzt wäre kaum mehr in der Lage, mit sicherer Hand seine Arbeit zu vollenden.

Um operieren zu können ist der Arzt geradezu genötigt, ein Ritual zu zelebrieren, das ihm hilft, die subjektiven Bedürfnisse zu kanalisie – ren. Gleichzeitig schützt der zeremonielle Übergang in den sterilen Raum vor dem Verlust der sozialen Integrität. Der Arzt erhält nicht nur quasi den Auftrag, nun einen anderen zu verletzen, sondern es wird gleichzeitig von allen Beteiligten durch das Übergangszeremoniell be – kundet, daß sie das Tabugebot akzeptieren, nur im Operationssaal zu verletzen. Die Akteure wie Dr. Uhl machen deutlich, daß sie nach wie vor das Gebot von der Unversehrtheit der Menschen akzeptieren. Von diesem Gesichtspunkt aus betrachtet enthält der "riesige Aufwand, den man hier betreibt" auch eine Art Demutsbekundung vor den formellen und informellen Gesetzen der sozialen Gemeinschaft.

Nachdem Dr. Uhl von dem Schutz seiner eigenen Person gesprochen hat, nennt er den "für den Patienten". Dieser ist die "andere" Seite der großen Prozedur. Ein solcher Schutz ist geradezu selbstverständlich. Genauer gesagt, einen solchen als Begründung für den "riesigen Auf – wand" anzuführen ist selbstverständlich. Er erscheint sogar "natürlich". Doch indem Dr. Uhl den Patientenschutz als die "hauptsächliche" Be – gründung anführt, nimmt er den Gedanken des Selbstschutzes nicht zurück. Letzterer wird innerhalb seiner Theorie vom Arbeitsalltag lediglich auf den zweiten Platz verwiesen. Somit deckt sich die Haltung meines Gesprächspartners mit dem Begründungszusammenhang, den viele andere Mitarbeiter des Krankenhauswesens zumindest gegenüber Fremden herstellen.

Der Schutz der Patienten läßt sich jedoch nicht nur auf der biologi – schen Ebene ausmachen, wie es die verbreitete Alltagstheorie annimmt. Gesundheit und Leben des Patienten ist ebenso eng mit dem psychi – schen und sozialen Schutz der eingreifenden Mitarbeiter verwoben. Zum einen läuft der Verwundete vor allen anderen Gefahr, mit einer zusätzlichen Krankheit infiziert zu werden. Zum anderen ist er darauf angewiesen, daß das Mitarbeiterteam durch die Gestaltung der Ar – beitsbedingungen in der Lage ist, wohlüberlegt und sozial integrativ, d.h. hier kooperativ zu be – handeln.

Einen ganz anderer Aspekt des Schutzes thematisiert Sr. Pia, die nicht in der Rolle einer Eingreifenden, sondern eher in der einer Sor – genden agiert. Sie spricht von einer Überforderung, die sie abwenden möchte. Erst mit der Sicherheit eines Schutzes ist es für sie wie für den Arzt machbar, sich selbst und die Patienten zu berücksichtigen. Es wird ihr möglich, die Arbeitsbelastung zu verarbeiten und auf die kommunikativen Bedürfnisse der Patienten einzugehen.

Pia *Daß wir wirklich auch irgendwann mal so weit gekommen sind zu sagen, jeder hat das Recht von uns zu sagen, er kann jetzt mal heute an diesem Tag zu dem oder dem Patienten nicht reingehen. Er würde das jetzt einfach mal nicht aushalten. Und wollte lieber putzen oder sonst was machen. Und das geht.*

Weid. *Ist das wie so ein Schutz für eine Überforderung?*

Pia *Ja. Daß wir also sagen, lieber so, als daß jemand reingeht mit Widerwillen und überfordert ist und alles falsch macht, ne. Dann soll er lieber gar nicht reingehen.*

Sr. Pia spricht von einem Recht, das sich die Pflegekräfte gegenseitig einräumen. Es darf offen ausgesprochen werden, daß jemand den engen Kontakt zu einem Patienten "einfach mal nicht aushalten" kann. Dann wird nicht von den anderen nachgefragt, was die Schwester vielleicht bedrückt, so wie es in dem Gespräch mit mir geschehen könnte. Ein Nachfragen so zeigt die aktuelle Gesprächsszene sehr deutlich, wird immer auch zu einer Forderung, das Nicht – Gewünschte doch zu tun. Auf Station, so Sr. Pia, tritt niemand in dieser Weise auf. Der be – treffende Kollege baut allerdings auch vor, indem er eine Ersatzbe – schäftigung anbietet. Er sagt, er "wollte lieber putzen oder sonst was machen". Ein solches Verhalten wird akzeptiert, "das geht".

Das Putzen ist explizit eine Tätigkeit, auf die als ein "Schutz für eine Überforderung" zurückgegriffen werden kann und darf. Ein Sauberma – chen bietet die anerkannte Möglichkeit, nicht zum Patienten "reingehen" zu müssen und in eine in gewissem Maße personal geprägten Interak – tion zu treten, die von einem "Widerwillen" begleitet ist, die wider dem eigenen Willen steht. Unter dieser Voraussetzung ist verständlich, daß ein Putzen, welches in einem anderen Zusammenhang viel Ärger, Angst und Unterdrückung auslöst bzw. ausdrückt, auch lustvoll erlebt wird.

Pia   *Ich putze auch unheimlich gerne, zwischendurch. Weil, ähm, ja, weil das so'ne Fluchtmöglichkeit ist.*

"Zwischendurch" ist die Freude so groß, das sie nicht mehr heimlich, nicht verborgen bleiben kann. Die Begründung ist in der "Fluchtmög – lichkeit" zu suchen, die das Putzen bietet. Sr. Pia kann den intensiven Patientenkontakt unterbinden oder unterbrechen, der von ihr als Kran – kenschwester von Patienten ebenso wie von der eigenen Berufsethik gefordert wird. Die Art der Flucht wird durch die Institution angeboten. Ein eindrucksvolles Beispiel ist die Pflege einer schwerkranken Frau, die "im Grunde genommen" "eine Schwester" "am Tag" für sich alleine "braucht". Bei der Pflege der Patientin gibt es "aber immer Zeit" "da – zwischen". Da allerdings "noch genug Pisselarbeiten noch anstehen, Putzen und Nachtschränkchen saubermachen" usw., muß Sr. Pia nicht "noch 'nen anderen Patienten versorgen", was sehr anstrengend wäre. So kann sie vermeiden, daß sie "unter Zeitdruck" gerät.

Pia	*Ja, und dann gehe ich dann halt dahin und putz' mein Bett*
	oder was weiß ich, irgendwas, mach' da sauber und häng' halt
	so meinen Gedanken nach oder schalte einfach so ab und geh'
	so auch weg, ne, unter Umständen mit meinen Gedanken, auch
	von der Patientin. Dann kann ich also auch relativ gut gestärkt
	wieder zu der hingehen, ne.
Weid.	*Wo gehst du da so z.B. hin?*
Pia	*Och, weiß ich nicht. Manchmal konzentriere ich mich auch aufs*
	Putzen, glaube ich. Also so richtig so, daß ich das so mit der
	Bürste die Ecken schrubbe (lacht) und die Räder und dann mir
	Ata hole und irgendwelche Flecken abmache, die da schon jah –
	relang draufkleben.

Die Arbeiten der Hygiene bieten eine institutionell integrierte und anerkannte Möglichkeit "abzuschalten". Der Schwester gelingt es, sich nicht nur räumlich "von der Patientin" zu entfernen, sondern "unter Umständen" auch "mit" ihren "Gedanken". Die Maßnahmen der Asepsis ermöglichen, daß Sr. Pia "so" ihren "Gedanken" "nachhängen" kann. Um von der belastenden Situation wegzugehen, konzentriert sie sich "manchmal" "aufs Putzen". Am Ende fühlt sie sich "relativ gut gestärkt" für eine weitere Begegnung mit der Patientin.

Das Putzen bietet aber auch eine Möglichkeit zur Reflexion. Sr. Pia erzählt weiter:

Pia	*Ja manchmal, kommt ja einfach so, wenn du diese Gedanken*
	laufen läßt, kommt dir das ja einfach so. Wenn da was gelaufen
	ist, so mit der Frau, oder du hast, ja warst erfolglos, also das
	war jetzt auch sehr frustrierend mit der Patientin oder bis jetzt,
	weil die sich so zugemacht hat. Die hat nichts rausgelassen und.
	Dann fragst du dich halt auch, so, woher das kommt und wenn
	du dann irgend so eine andere Arbeit machst, dann kommen dir
	dann halt auch schon mal solche Gedanken, ne. Dann siehst du
	den Mann vor dir, und die Kinder, ne. Vergleichst das dann
	miteinander, ne.

Wenn Sr. Pia ihre "Gedanken laufen läßt", kommen die Erinnerungen und Überlegungen zu dem zuvor Erlebten "ja einfach so". Ausdrücklich gilt dies für "frustrierende" Situationen. In ihrer Phantasie tauchen die familiären Beziehungspersonen der Patientin auf und Sr. Pia vergleicht ihre eigenen Erfahrungen mit ihren Annahmen. Die Maßnahmen der Asepsis erlauben eine Thematisierung der gewachsenen sozialen Bezüge der Patientin quasi in einem inneren Dialog. Dabei stellt Sr. Pia eine Beziehung her zwischen den Szenen im Krankenhaus, in die sie selbst verwickelt ist und denen aus der Familie der Patientin. In begrenztem Maße kann es so zu einer phantasierten Integration des eigenen Sub-jekts in das familiale System derjenigen kommen, für die sie Mitleid empfindet. So hebt Sr. Pia die durch die Produktionsbedingungen ein-geführte Entfremdung des Menschen vom Menschen ein wenig auf und entwirft Fragmente eines Bildes von einer lebendigen Gruppenpraxis.

Doch der unternommene Versuch erweist sich als untauglich, das "Zumachen" der Patientin zu überwinden und die reale Distanz abzu-bauen. Aus realen Gesprächen mit Familienangehörigen schließt Sr. Pia, sie werde es nicht schaffen, "daß diese Frau so Vertrauen kriegt und sich öffnet".

Pia   *Da war nie 'ne Offenheit bei der Frau und nie 'ne Offenheit in der Familie, ne. Und da habe ich dann irgendwann einfach so, also auch ohne groß frustriert zu sein, ne, hab' ich einfach ge-dacht, hier kann ich nicht helfen, ne, fertig. Und das ist wahr-scheinlich auch richtig, ne.*

Am Ende der im aseptischen Drama eingeleiteten Auseinanderset-zung steht, daß Sr. Pia "nicht helfen" "kann". Die einfühlende Beschäf-tigung mit der Patientin wird abgeschlossen und ist "fertig". Die Schwester ändert ihre Haltung.

Pia   *Und ich da auch so 'nen anderen Standpunkt gewonnen hab' und auch anders nachfrage, einfach, und das macht das leichter.*

Die tatsächliche Erleichterung gelingt nicht, wie es anfänglich scheint durch eine intensivere Beziehungsaufnahme bzw. durch eine Personali-sierung der Beziehung, sondern durch eine weitergehende Distanzierung.

6.3. "Spaß darf auch nicht sein, eigentlich"

Die Freude im Zusammenhang mit der Asepsis, die in dem Gespräch mir Sr. Pia anklingt, wird von der Schülerin Carla deutlich her – vorgehoben. Es entsteht Spaß, wenn eine private Dimension zugelassen wird. Dabei läßt sich das "Private" als erotisch gefärbte Beziehung übersetzen. Doch dieser Lust darf nicht offen nachgegangen werden. Mit "Argusaugen" wird darüber scharf gewacht.

Eigentlich macht Carla die Hygienearbeiten sehr "ungern". Doch wenn sie sich nicht "darum drücken" kann, versucht sie, die Tätigkeit mög – lichst angenehm zu gestalten.

Carla   *... dann mache ich das mit Schülern oder Schwestern, wo man dann dabei Spaß kriegen kann und irgendwelche Sprüche ma – chen kann oder sonst was, wo also diese Arbeit sekundär ist, ne.*

Weid.   *Ja. Wo ihr das auch so ein Stück als Freiraum nutzen könnt?*

Carla   *Ja. Ja.*

Die Desinfektionsarbeiten bieten Carla die Möglichkeit, den Kontakt zu fröhlichen Kollegen und Kolleginnen zu suchen. Gelingt dies in der gewünschten Weise, "dann" "kann" sie bei der Arbeit "Spaß kriegen". Doch nicht nur Carla allein kann Freude empfinden, sondern "man" kann es. Sie spricht von einer Chance, die sich für eine unbestimmte und anonyme Gruppe ergibt. Auch andere erhalten die Möglichkeit, fröhlich zu sein. Damit steht Carla nicht isoliert da. Das heißt auch, daß die anderen, die nicht näher bestimmten lustigen Kollegen oder Kolleginnen, nach Carlas Erfahrung ein ähnliches Bedürfnis haben wie sie. Mit ihnen kann sie "irgendwelche Sprüche machen" und in eine freudige Kommunikation treten. Die Beteiligten schaffen sich eine Si – tuation, in der "diese Arbeit sekundär ist". Primär, so impliziert der Text, sind die lustbetonten Beziehungen zu den Mitarbeiterinnen. Die Hygienearbeiten können "ein Stück als Freiraum" genutzt werden.

Doch der "Freiraum" birgt gerade das Problem. Die Schwestern bleiben nicht ungestört. Sobald "privat" gesprochen wird, sollen sich die Gesprächspartner trennen. Mit weiteren Arbeitsaufgaben wird das "Ge – spräch unterbrochen". Spaß darf nicht aufkommen.

Weid.	*Da stört euch dann keiner?*
Carla	*Ja und das ist das Problem. Sobald du da anfängst, privat was zu quatschen, ne, gucken die schon ganz ungeliebt um die Ecke, ne und sehen es am liebsten, daß jeder an seinen eigenen Bett wäscht, ne, anstatt daß man's zusammen macht, ne.*
Weid.	*Mhm.*
Carla	*Also selbst stupide Arbeiten, äh, wo man wirklich mal so ein bißchen Späßchen haben kann, ne, werden dann teilweise wirklich von manchen Schwestern, dann kommt die eine, die so dieses "Hygiene" sich auf die Fahne geschrieben hat, und kommt dann an und : Hier müssen Sie noch ein bißchen machen und da noch 'nen bißchen, ne, wo dieses Gespräch unterbrochen wird, weil du dann die Räder noch besonders gut schrubben sollst oder so, ne.*
Weid.	*Ja, mm.*
Carla	*Die dann richtig dazwischen funken, ne.*
Weid.	*Mm (...) So als wenn, wenn so dieser Spaß nicht sein dürfte?*
Carla	*Ne. Der darf auch nicht sein, eigentlich.*

Sr. Carla spricht von einem "privat was ... quatschen", das während der hygienischen Arbeit möglich aber nicht gestattet ist. Doch was bedeutet die relativ vage gehaltene Formulierung von einem privaten Gespräch? Welche Interaktionsform ist gemeint, die gleichzeitig gewünscht und versagt wird?

Um die Frage zu beantworten möchte ich die Interpretation der gerade zitierten Gesprächssequenz zurückstellen und die Aufmerksamkeit einem anderen Abschnitt widmen, der die aktuelle Szene des Gesprächs verdeutlichen hilft. Dabei werde ich die Passage nicht im ganzen zitieren, sondern das Wesentliche zusammenfassend darstellen.

Nicht nur die putzenden Schwestern, sondern auch wir, Carla und ich, haben "was zu quatschen". Die Atmosphäre ist immer wieder erotisch gefärbt. Ganz stark wird die sexuelle Spannung, als ich unsere Begrüßung thematisiere. Sie war "etwas baff", daß ich "mit so'nem dicken Gerät" erschienen bin. Auf manifester Ebene meinte sie das Tonbandgerät. Sie hatte vorher angenommen, "das wäre so ein kleiner, den man nicht so sieht". Daß ich eine Verbindung von unserer Beziehung zu ihrer Alltagserfahrung herstelle, findet sie "scharf" und einen "tollen

Vergleich". Umso mehr Carla mich als einen ganz potenten Mann aufbaut, steigt die erotische Spannung.

Überträgt man die Szene auf ein Familienschema, so befindet sich
die Schwesternschülerin in der Rolle einer pubertierenden Tochter und
ich bin als der Potente in die Vaterrolle geraten: Die Merkmale, die
ich für sie angenommen habe, überschneiden sich mit der idealisierenden Beschreibung des Oberarztes, der "fast so ein väterlicher Typ" ist.

In der Beziehung zum Oberarzt ist es "also ziemlich schön", daß sie
bei einer Zusammenkunft "ein Gespräch führen, was so abhebt, vom
Stationsalltag". Angesprochen ist ein nicht-dienstliches und insofern
privates Gespräch. Auch das Gespräch mit mir, daß Carla außerhalb
der Dienstzeit, also privat führt, kann inhaltlich von dem gängigen Ar-
beitsverständnis abheben. Das "Gespräch" des Interviews ist in der
Übertragung eine Interaktion mit dem Vater, zu dem die Beziehung
immer wieder erotisch getönt ist.

Doch auch Patienten sind in eine erotische Beziehung eingebunden,
die im privaten Kontakt zum Tragen kommt. Nur "unter einem Deckmäntelchen" ist es Carla möglich, in die Zimmer hineinzukommen, in
denen sie "von den Patienten was kriegt" und die Beziehung auf eine
"persönliche Ebene" bekommt. Carla muß etwas verdecken, das sie an
eine Körperlichkeit festmachen und dort bemänteln kann. Ihr Wunsch
darf nicht gesehen werden.

Nimmt man an, daß das zu Bemäntelnde eine sexuelle Lust ist und
man es mit ödipalem Konfliktstoff zu tun hat, bekommen die Szenen
einen verbindenden Sinn. Carla erzählt zunächst, daß sie eine vorgesetzte Schwester so sehr verblüfft hat, daß sie ihr den Zugang zu einem
gewünschten Zimmer gewährt. Als ich ihr in der Vaterrolle indirekt
bestätige, daß ihr Anliegen richtig sei und das Versagende der Vorgesetzten nicht meine Billigung erfährt, spricht Carla darüber, daß sie sich
in kränkender Weise gezwungen sieht, ein von der vorgesetzten
Schwester errichtetes Verbot umgehen zu müssen, will sie den besagten
Kontaktwunsch nicht aufgeben. Wieder ist das Inzesttabu angesprochen.
Sexuelle Bedürfnisse dürfen nicht geäußert werden. Die Kontrollinstanz
für die Frau ist ihre Mutter, hier im Gewand der vorgesetzten, den
Patientenkontakt erschwerenden Schichtführerin.

Als ich wie oben erwähnt in einem Vergleich die aktuelle Szene
thematisiere und die erotische Spannung deutlich wird, habe ich ein
Tabu umgangen. Mein Phallussymbol als Zeichen meiner Kraft und

meines Interesses ist nicht verdeckt. Mein "Gerät" ist nicht so klein, daß man es "nicht so sieht". Das weitere Geschehen erinnert an ein Agieren einer Verführungsphantasie.

Während im Patientenkontakt Carla als die Aktive nicht in den besagten Kontakt treten darf, tritt nun mir etwas Kontrollierendes entgegen. Carla ist nun ebenso "baff" wie sie einmal ihre Vorgesetzte mit der Forderung nach einem Kontakt zu einem bestimmten Patienten verblüfft und überrumpelt hat. Als eine vaterähnliche Figur mache ich mich quasi gegenüber der ödipalen Mutterrepräsentanz von Carla stark und die erotische Spannung zwischen "Vater" und "Tochter" steigt. Doch ich beuge mich bald den Regeln des Inzesttabus bzw. denen des "forschenden Verkehrs" und breche die Situation ab, indem ich das Thema auf die Krankenhauserfahrungen zurückführe. Das "private" Gespräch ist beendet. Die "Arbeit" ist nicht mehr "sekundär", wie es Carla im Zusammenhang mit dem Spaß beim Desinfizieren formuliert.

Doch zurück zur letzten Gesprächssequenz! Hier nun, im aseptischen Drama, stellt Carla ebenfalls einen Kontakt zu Patienten her. Doch die Ebene ist eine andere. Im Vordergrund steht nicht mehr die private oder persönliche Beziehung, die verbotene erotische Gefühle auslöst, sondern das Hantieren mit dem von den Patienten produzierten Schmutz, der ansteckend ist. In der veränderten Interaktionsform hat auch die "Mutter" eine andere Qualität angenommen. Sie verbietet nicht die intensive Beschäftigung mit dem Patienten, sondern sie achtet auf Ordnung und Pflicht (siehe Zitat unten).

Doch der im Bewußtsein getilgte Wunsch kommt ein Stück wieder durch. Die fröhlichen Schwestern, die "privat was zu quatschen" haben, können beim Putzen und Desinfizieren "Spaß kriegen". Die ausgelassenen Kolleginnen machen etwas "zusammen", solidarisieren sich und unterlaufen so die von der mütterlichen Schwester vertretene Pflicht. So wird letztendlich die Beschäftigung mit dem Patienten in gewissem Rahmen lustvoll. Doch aus einer Mißachtung des vom Inzesttabu abgeleiteten Verbots, welches alle erotischen Empfindungen gegenüber Patienten untersagt, ist eine schlichte, bei weitem ungefährlichere Verletzung eines Ordnungsgebotes geworden.

"Sobald" die Schwestern und Schwesternschülerinnen anfangen, "privat was zu quatschen" und sich, wenn man das Familienschema noch einmal heranzieht, wie Pubertierende über Fragen der Liebe austauschen, dann "gucken die schon ganz ungeliebt um die Ecke". Schwestern wie jene, die sich "Hygiene" "auf die Fahne geschrieben hat", werfen ihre Blicke auf den Ort, an dem die Schülerinnen ungestört sein wollen. Wenn die verbietende Schwester hinter der Ecke steht, erscheint sie geradezu als jemand, der auf der Lauer liegt, um andere zu ertappen, sobald sie sich "zusammen" an ein und demselben "Bett" zuschaffen machen.

Diese Schwestern sind "ungeliebt". Sie sind unbeliebt, werden nicht gemocht. Doch die Wortwahl offenbart noch einen weiteren Sinn. Der Begriff wird z.B. verwendet, wenn ein Kind "ungeliebt" bleibt, d.h. von seinen Eltern oder Erziehern nicht geliebt wird. Wenn die Schwestern "ungeliebt" "gucken", so lieben sie ihre Zöglinge, die Schwesternschüle – rinnen, nicht. Die mit dem Wort symbolisierte Interaktion beinhaltet aber auch den Wunsch, von der elterlichen Schwester geliebt zu wer – den. Auch möge sie sich so verhalten, daß sie von Carla geliebt werden kann, d.h., daß sie als eine rundherum gute Mutter und nicht als eine stiefmütterliche Figur gelten kann.

Doch die "ungeliebte" Schwester trennt die fröhliche Gemeinschaft. Sie verhindert die Zusammenarbeit, die Kooperation und Solidarität. Jede soll bei "seinem eigenen Bett" bleiben. Die Alternative, der Wunsch ist, "daß man's zusammen macht". "Daß man's" in Beziehung zum "eigenen Bett" "zusammen macht" ist in einem anderen Kontext eine sexuelle Anspielung auf den geschlechtlichen Verkehr. Die sprachliche Nähe zu einem Es – zusammen – Treiben ist unübersehbar. Die Formulierung drückt die abgewehrte Erotik aus, die in dem "pri – vaten Gespräch" liegt.

Nach dieser Interpretation ist es verständlich, daß gerade die "stupi – den Arbeiten" solche sind, "wo man wirklich mal so ein bißchen Späßchen haben kann". Würde die Kontrolle nicht einsetzen, so bietet das "Betten waschen" einen "Freiraum" und ermöglicht die Befriedigung kommunikativer Bedürfnisse. "Späßchen" und "Gespräche" sind an die sexuellen Wünsche geknüpft, die in der Beziehung zu Patienten "auf persönlicher Ebene" enthalten sind. Die Impulse können z.B. schon durch den intimen Körperkontakt entstehen. Die Reinigungsarbeiten bieten die Chance, die nicht erlaubten und somit aufgestauten Wünsche doch noch in einem gewissen Maß ersatzhaft zu erfüllen.

Der Kernsatz am Ende der vorgestellten Sequenz faßt den Inhalt zusammen. "Der darf auch nicht sein", sagt Carla und meint "diesen Spaß", der bei dem "stupiden" "Bettenwaschen" entstehen kann. Mit dem scheinbar aus rhetorischen Gründen eingefügten "auch" weist sie auf weitere Inhalte hin. Nach dem Text dürfen "auch nicht sein" das "Ge-spräch", insbesondere das "private", der "Freiraum", das etwas "zu-sammen" machen und "diese Arbeit sekundär" werden lassen. Auf der einen Ebene sind Wünsche nach einer solidarischen Arbeit, in der das Private nicht abgespalten ist, bei der es Raum für eigene Dispositionen gibt und das Funktionelle "sekundär" wird, angesprochen. Auf der an-deren Ebene ist das Gemeinsame des Verbotenen das Durchschimmern von geschlechtlicher Sexualität.

Der Kernsatz endet jedoch mit einem nachgeschobenen "eigentlich". Die Wunscherfüllung ist zwar untersagt, doch das Verbot ist nicht im-mer durchsetzbar. Offiziell sind die genannten Wünsche tabu, doch un-eigentlich, wie man umgangssprachlich sagen kann, können die Bedürfnisse quasi unter der Hand oder unter einem "Deckmäntelchen" doch in die Interaktion eingebracht werden.

Diejenigen, die "richtig dazwischenfunken", die quasi wie ein Stören-der eine abweichende Botschaft senden und die, so eine andere Be-deutung des Wortes, mit Funken, d.h. mit einer Gewalt, die Funken, Feuer und Blitze entfacht, etwas trennen oder spalten, und all das Freudige zerstören, sind die Schwestern, die die Hygiene vertreten. Sie gehen "dazwischen", indem sie fordern, "hier" "noch ein bißchen" und "da noch 'nen bißchen" zu "machen". Die Arbeitsaufforderung ist uneinsichtig und wird als Schikane empfunden. Die Hygiene wird zu einem "Knebelinstrument", wie Sr. Pia es ausdrückt.

Eine entsprechende Schwester hat Carla kurz vor der zitierten Gesprächssequenz charakterisiert, als sie von der "Desinfektionslehre" in der Schule erzählt.

Carla   *... wo halt eine Schwester, und zwar eine <u>ältere</u> Schwester, eine <u>ältere Diakonieschwester,</u> also das ist doch schon bezeichnend, daß so'ne Schwester das macht, ne, die so: Zusammennehmen, Pflicht, Moral und Ordnung. Das ist die, die bei uns Hygiene gibt, ne. So, so mit Hände waschen, tausend mal, und wie man nun sich desinfiziert, ob man sich erst die Hände abwäscht und dann das Desinfektionsmittel oder erst das Desinfektionsmittel einläßt und dann die Hände wäscht und die wirklich ganz doll dadrauf rumreitet.*

Carla findet es "bezeichnend", wertet es als ein Zeichen für die Hygiene, daß eine "ältere Diakonieschwester" zuständig ist. Sie fordert von den Schülerinnen die Einhaltung eines strengen ethischen Rahmens. Der beschrittene Weg führt über das penible Einstudieren einer Waschung.

Wenn man sich die Charakterisierung der Lehrperson anschaut, fällt zunächst auf, daß es sich um eine "ältere" Schwester handelt. Die Person ist nicht eindeutig alt, sondern ein wenig alt, so der umgangssprachliche Wortgebrauch. Doch das "älter" stellt implizit einen Vergleich her. Älter im Verhältnis zu wem? Die Annahme, daß die Sprecherin sich selbst meint, ist naheliegend.

Die Schwester, die älter als Carla ist, ist darüberhinaus von einem ganz besonderen Typ. Sie ist eine "ältere Diakonieschwester", eine Diakonisse. Diese Frauen haben eine religiöse Ausbildung und sind in der Regel in einer Art Ordensgemeinschaft organisiert. Daher gelten sie als moralisch streng gebunden. Auch wenn einer Diakonisse die Heirat nicht untersagt ist, machen viele den Eindruck, am Seelenheil mehr Interesse zu haben als etwa an einem befriedigenden Sexualleben. In ihrem Beruf zeigen sie häufig eine aufopfernde Haltung und sind immer wieder bereit, das Privatleben der menschlich-religiösen Pflicht unterzuordnen.

Carla findet es "doch schon bezeichnend", daß eine so zu charakterisierende Frau die "Desinfektionslehre" vertritt. Allein die Person zeigt schon die Zielrichtung der Hygiene und die Qualität der Interaktionen, sowohl zwischen Carla und den Hygiene-Vertretern als auch zwischen ihr und den Schmutz verursachenden Patienten an. Alles ist völlig klar. Mit der Personenbeschreibung ist das Wesentliche schon gesagt. Somit nimmt die Person bzw. die an die Person gebundene Rolle einen zentralen Stellenwert ein.

Gerade "so'ne Schwester" mag Carla nicht. Der Ausspruch "So eine ist das also!" fällt häufig, nachdem jemand als eine moralisch verwerfliche Person identifiziert worden ist. Carla verurteilt ihrerseits die Lehrerin, wobei sie eine moralisierende Haltung einnimmt, die ihr möglicherweise von der "Diakonieschwester" vorgegeben worden ist. Quasi in der Identifikation mit ihr verurteilt sie die "ältere Schwester", so wie sie sich von dieser verurteilt fühlen würde, so bald sie ihren Spaß haben will. Carla spricht über die Frau, als wenn sie die Person geradezu verdammen will. Das ist "so'ne Schwester", so eine ist das!

Diese Frau, die Lehrerin, die älter ist als Carla, ist offensichtlich geeignet, mütterliche Züge anzunehmen. Doch sie ist nicht die liebende, sondern die "ungeliebte" Mutter, eine beinahe verhaßte Person. Es ist die böse Mutter, die in unseren Märchen immer als die Stiefmutter dargestellt wird. Die Stieftochter – Stiefmutterbeziehung folgt einem immer ähnlichen Strickmuster, wenn es um die Erfüllung von Lebenswünschen geht. Um am Ende glücklich zu werden und z.b. den Prinzen zum Manne zu erhalten, muß die böse Mutter entmachtet oder vernichtet werden.

Von der aktuellen Szene ist bedeutsam, daß Carla die vernichtende Verurteilung der älteren Dame erst ausspricht, nachdem wir uns in punkto befriedigendes Leben einig geworden sind. Mit der Gewißheit des "väterlichen" Interesses oder Begehrens kann die Wut gegen die "Mutter" ausgesprochen werden. Als die Schulklasse "ein bißchen abseits von den Dingen" steht, haben die Schülerinnen

Carla   *... den Spruch geprägt, äh, oder vielmehr umgedichtet: We can get no desinfection, but we try, try, try (lacht) auf die Rolling Stones abgezielt: we can get no satisfaction, but we try; we can get no desinfection. (lacht)*

Weid.   *Ja.*

Carla   *Und dieser Spruch ging durch die ganze Klasse. Wir haben sooo gelacht, ne. (lacht)*

Weid.   *Mm. Vielleicht ist das auch was Unbefriedigendes.*

Carla   *Ja, natürlich! (lacht)*

Doch noch einmal zurück zum vorhergehenden Zitat. Die Krankenpflegeschülerin bezeichnet die stiefmütterliche Person im Folgenden recht konkret. Sie fordert "Zusammennehmen, Pflicht, Moral und Ordnung". Die Befriedigung kann in der Pflichterfüllung liegen und nicht im gemeinsamen Lachen. Persönliche Zurückhaltung, Anerkennung von Ordnung, Unterwerfung unter die Moral und die Einhaltung der Pflichten im Beruf sind die Leitmotive derjenigen, die "Hygiene gibt". Sie unterrichtet das Fach nicht nur, sondern sie "gibt" die Hygiene: Wer ihre Worte annimmt wird hygienisch sein und frei von verurteilungswürdigen Makeln, die z.B. in dem Lachen oder den "privaten" Gesprächen zum Ausdruck kommen. Statt sich mit solchen, durch die erotische Untermalung verwerflichen Dingen zu beschäftigen, sollen sich die Schülerinnen auf das Waschen der Hände konzentrieren. Dabei kann man seine Aufmerksamkeit der Reihenfolge einzelner Vorgänge widmen und den Vorgang "tausend mal" wiederholen.

Auch hier, so scheint es, kann man Erfüllung finden, zumindest wenn man hört, daß "die wirklich ganz doll darauf rumreitet". Nicht nur die rhythmischen Beckenbewegungen etwa auf dem Rücken eines Pferdes können an – oder erregend sein, sondern auch das Waschen. Bei der Schülerin regt sich jedoch nur Ärger.

Eine Verknüpfung von Waschen, Wunsch und Verurteilung gibt es auch in einem Gespräch mit Schwester Pia. Hier allerdings richtet sich der Wunsch an ein Waschen gerade so, wie es die ältere Diakonie – schwester den Schülerinnen anempfiehlt. Die Verurteilung, die Carla von den älteren Schwestern droht, hat Sr. Pia selbst übernommen und auf mich projiziert. Nach ihrer Phantasie übernehme ich in der Ge – sprächsszene die Rolle eines Kontrolleurs.

Sr. Pia, die durchaus Freude am Putzen entwickeln kann, überwacht die Schülerinnen, die weniger Interesse an der Desinfektion zeigen:

Pia   *... ich akzeptier' nicht, wenn die so über den Dreck einfach mal mit so'nem Desinfektionsmittel drübersprühen, ne.*

Als Begründung für ihr Verhalten nennt sie die Übereinstimmung ihrer Bedürfnisse mit denen der Patienten.

Pia   *... In der Krankenpflege kann man eigentlich sagen, da wo man eigene Bedürfnisse auch hat, ne, da haben die Patienten die halt auch. ...*

Dieser Hinweis scheint mir in dem Zusammenhang jedoch nicht schlüssig zu sein, da ich annehme, daß Sr. Pia gar nicht so ausgeprägte hygienische Bedürfnisse hat wie sie in Krankenhäusern oft gern gesehen werden, weder als Schwester noch als potentielle Patientin. Sr. Pias häusliche Umgebung, in der wir sitzen, macht auf mich keinen "asepti – schen" Eindruck. Um die Sprache auf einen Widerspruch zwischen ihren Bedürfnissen und den Anforderungen der Institution zu bringen, weise ich auf das Waschen der Betten hin.

Weid.	*Mm. Es werden doch auch so, so Betten äh gewaschen, mei-netwegen.*
Pia	*Ja.*
Weid.	*So was.*
Pia	*Mm.*
Weid.	*Das macht ihr auch.*
Pia	*Das machen wir auch, ja.*
Weid.	*Das ist ja z.B. so etwas, was man zuhause nicht macht.*
Pia	*(...) (lacht) Betten waschen?! Zuhause?! Nein, nur das Bettzeug. (lacht)*
Weid.	*Ja eben.*

Sr. Pia versteht vielleicht erst nicht so richtig, auf was ich hinaus will. "Ja", "Mm", "Das machen wir auch, ja", sagt sie abwartend und skeptisch. Als ich die Verbindung zu dem "Zuhause" herstelle, wird die Atmosphäre sehr spannungsgeladen. Obwohl wir uns einig zu sein scheinen, was das Bettenwaschen angeht, wird Sr. Pia aggressiv. Als ich mit einem "ja eben" unterstreiche, daß ich ihr keine ungewöhnlichen Hygienebemühungen im häuslichen Bereich unterstelle, registriert sie die Botschaft nicht.

Pia	*... Aber wenn du darauf hinaus willst, ob ich sowas wie Waschzwang habe (lacht) oder schon 'ne Klatsche durch meinen Beruf (lacht), gibt's ja, ne, so Neurosen bei Krankenschwester,*
Weid.	*mm*
Pia	*hab ich nicht.*
Weid.	*Die dann zuhause auch anfangen,*
Pia	*ja*
Weid.	*die Betten zu waschen*
Pia	*ja, und sich selber auch dreimal am Tag.*
Weid.	*Mm.*
Pia	*Nee, leide ich nicht drunter.*
Weid.	*Hast du das Gefühl, ich würde jetzt hier, gucken, was*
Pia	*(lacht) was für ein Makel ich hab'.*
Weid.	*Ja.*

In meinem Beziehungsangebot an Sr. Pia ist zwar das Interesse enthalten, zu "gucken, was" sie für Bedürfnisse hat. Doch liegt mir eine

Verurteilung fern. Ich denke vielmehr an die Klärung der Überschnei –
dungen der Wünsche einer "privaten" Frau Pia, von der ich die häusli –
che Umgebung wahrnehme mit denen der beruflichen Sr. Pia, mit der
ich ein Interview führe. Doch das Herstellen einer Verbindung zwischen
emotionalen Qualitäten zweier Rollen löst auf den ersten Blick besehen
Verwirrung und ein Mißverständnis aus. Sr. Pia hat offensichtlich die
Sorge, ich könnte tatsächlich feststellen, sie habe die in ihre Person
integrierten Rollenerwartungen an die Krankenschwester mit den
Rollenerwartungen an die Hausfrau, Ehefrau oder Mutter verquickt. Die
von mir hergestellte Verbindung von quasi beruflichen und "privaten"
Emotionen löst bei Sr. Pia die Angst vor Verurteilung aus. Die The –
matisierung ihrer Bedürfnisse, die ich aus Sr. Pias häuslichem, d.h.
"privaten" Umfeld ableite, beinhaltet für sie die Gefahr einer morali –
schen Abwertung ihrer Person. Sie habe eine "Klatsche", "Neurose" oder
einen "Waschzwang", sie sei nicht normal. Auf den zweiten Blick bese –
hen befürchtet Sr. Pia, ich würde feststellen, daß sie außerhalb des
"Gesetzes" der Hygiene Reinigungen vornimmt. Ich könnte annehmen,
sie würde aus einem inneren Antrieb handeln, den sie nicht mehr
kontrollieren kann. Bei Carla liegt die Eigenmotivation zum Reinigen,
quasi ihr eigener Antrieb, in einem Spaß, den sie bekommen kann. Es
ist gerade das "Private", an dem sie ein Interesse hat. Es drängt sich
die Frage auf, ob auch Sr. Pia einen durchaus lustvollen An – Trieb mit
ihren Putzarbeiten in Zusammenhang bringt, zumal sie, wie oben er –
wähnt, durchaus Freude bei Reinigungsarbeiten entwickeln kann.

Doch im Gegensatz zu der Schülerin organisiert sich die erfahrene
Schwester geradezu die verurteilende Kontrolle, die Carla von der "äl –
teren Diakonieschwester" befürchtet. So schiebt die examinierte Kran –
kenschwester etwaigen Freuden selbst einen Riegel vor, während sie
andererseits das Thema eines inneren An – Triebes zielsicher ansteuert.

"Leide ich nicht drunter", sagt Sr. Pia zu mir. Die anderenorts ge –
troffene Feststellung, daß ihr Putzen Freude machen kann, nimmt sie
nicht zurück. Sie "leidet" lediglich nicht darunter. Doch gleichzeitig si –
gnalisiert sie mir, daß ich an dieser Stelle nicht weiter fragen soll. Ich
bin im Begriff, einen schmerzlichen Punkt zu berühren: Unter dem
Gesichtspunkt der Ent – Deckung, die während unseres Gesprächs
vollzogen werden kann, wird die Freude zum "Makel".

7. REINLICHKEIT ZIERT KNECHT UND MAID

7.1. Überlegungen zu Zwangshandlungen

Themen der Gespräche

Obwohl ich mich auf die Wiedergabe von lediglich drei Kernsatz – komplexen beschränkt habe, sind doch einen ganze Reihe von Themen, die mit dem aseptischen Drama in Zusammenhang gebracht werden, angesprochen worden, die ich wiederum nicht alle weiterverfolgen möchte. Abermals selektierend sollen hier lediglich einige Überlegungen zu der unbewußten Dynamik erörtert werden, die isnbesondere in Ka – pitel 6.3. anklingt. Dabei ist nicht beabsichtigt, eine Rangfolge über die Bedeutsamkeit der Inhalte aufzustellen. Auch wenn die aufzuzeigenden Zusammenhänge evtl. in allen Details des aseptischen Dramas eine Rolle spielen, halte ich es für falsch, die triebtheoretischen Aspekte generell für die bedeutsamsten zu erachten. Während aber ein großer Teil der Gesprächsinhalte, die auf anderen Ebenen liegen, für sich selbst sprechen können, bedarf eine dynamische Unbewußtheit der be – sonderen Erläuterung. Wären unbewußte Zusammenhänge auf den er – sten Blick einsehbar, wären sie eben nicht unbewußt.

Mit den folgenden Ausführungen soll ein weiterer Zirkelkreis in dem hermeneutischen Verstehensprozeß gezogen werden. Dabei führen zum einen Gedanken und Ideen verschiedener Autoren auf neue Wege. Zum anderen greife ich auf Erfahrungen zurück, die ich während di – verser Kontakte mit der Institution Krankenhaus habe sammeln können. Besonders hervorzuheben sind die Supervisionsgespräche mit Pflegeper – sonal. Da hier jedoch keine Tonbandprotokolle angefertigt wurden, muß auf eine Dokumentation verzichtet werden.

Berührung der Patienten

In den Insidergesprächen zur Hygiene wurde eine Problematik in Bezug auf Berührungen von Patienten angesprochen. Bei dem Urologen Dr. Uhl hat das durch das aseptische Drama vermittelte Bewußtsein zur

Folge, daß er Kontakte zu Patienten abbricht oder gar nicht erst auf –
nimmt. Um eine wiederholte Desinfektion zu vermeiden, verzichtet er
häufig auf die Kontaktgeste "Hand – Geben". Bei dem angehenden In –
ternisten Dr. Harms ist die Berührung mit einer Aggression verbunden,
die sich gegen ihn richtet. Er hat die Sorge, daß bei intensivem Pati –
entenkontakt er selbst, bei einer Desinfektion seine Hände in Mit –
leidenschaft gezogen werden (siehe Kap. 6.1.).

Trotz aller Vorsichtsmaßnahmen kommt es im Krankenhaus zu vielen
körperlichen Berührungen zwischen Patient und Personal. Insbesondere
die Krankenschwestern und Pfleger müssen einen Körperkontakt her –
stellen, ohne daß große technische Apparaturen und Abläufe
notwendigerweise quasi als Schutzmauer zwischen den Interakti –
onspartnern stehen. Wie z.B. beim Waschen der Genitale muß in die
innerste Intimsphäre eingedrungen werden, ohne daß sich der Patient
letztendlich dagegen wehren kann.

Es ist m. E. nur naheliegend, wenn hier sowohl sexuelle, als auch
aggressive Phantasien ausgelöst werden. So spricht Jürgens – Becker von
"schwer kontrollierbaren libidinösen und erotischen Wünschen und Im –
pulsen", die der "intime körperliche Kontakt mit dem Patienten bei der
Krankenschwester ... hervorruft" (Jürgens – Becker 1987, S. 21).

Gleichzeitig ist die Arbeitssituation an vielen Punkten geeignet, Ag –
gressionen bei den Mitarbeitern hervorzurufen. Phänomene wie die
Zerstörung der eigenen Zeitperspektive, die ständige Konkurrenz, die
Zerstörung und Ignoranz lebensgeschichtlicher Erfahrungen und die
Reduktion der eigenen Person auf einen Funktionsträger sind nur einige
Beispiele für Quellen von Unzufriedenheit.

Eine Bemächtigung der Patienten schafft hier Erleichterung. Müssen
sich diese nämlich ausschließlich nach den organisatorischen Bedürfnis –
sen richten, die sich die Mitarbeiter zu eigen gemacht haben und
kommt eine umgekehrte Bedürfnishierarchie nicht in Frage, so wird die
zeitliche Arbeitsbelastung des Personals eingeschränkt. Gleichzeitig
können Aggressionen abgebaut werden, indem der Patient als Leidtra –
gender in eine Sündenbockrolle gerät.

Darüber hinaus können im Patientenkontakt weitere regressive
Phantasien initiiert werden. Der Patient stellt durch sein Kranksein
Versorgungsansprüche und widersetzt sich dem Tabugebot, nicht nach
seiner Lust zu leben, sondern entsprechend einem Realitätsprinzip
produktiv zu sein.

Das Personal kommt in Berührung mit der vollzogenen Tabuverlet –
zung und spürt evtl. selbst Bedürfnisse, sich versorgen zu lassen. Dies
kam in verschiedenen Supervisionsgesprächen mit Pflegepersonal zum
Ausdruck, wenn sehr enttäuscht über die Pflegedienst – Leitung gespro –
chen wurde, die m. E. die Rolle einer "Mutter" einnimmt. Als negative
Sanktionierung der Tabuübertretung fungiert evtl. das Leid, das Patien –
ten zu erdulden haben. Man sagt auch heute noch, jemand "ist mit
seiner Krankheit gestraft". Die Redewendung verweist auf die christliche
Lehre, nach der eine Krankheit die Folge einer Sünde sei, die zur
Buße Anlaß gibt (vgl. Finzen 1969, S. 60).

Inzestuöse Wunschphantasien

Die sexuellen Phantasien, die abzuwehren sind, stehen vermutlich in
Verbindung mit dem ödipalen Konflikt. Im "Grundkonflikt bei den
Zwangsneurotikern" "geht es um eine Abwehr der verpönten Bestre –
bungen des Ödipuskomplexes" (Fenichel 1983c, S. 159).

Es sei an dieser Stelle an das Gespräch mit der Schwesternschülerin
Carla erinnert, in dem eine erotische Spannung entsteht, als ich in der
Übertragung dem Oberarzt ähnlich geworden bin, welcher für die
Schülerin "fast so ein väterlicher Typ" ist. Mit ihm sucht Carla Ge –
spräche, die "privaten" Charakter haben. Die Phantasie ist im Gespräch
die Assoziation zu dem Verbot eines "privaten", d. h. sexuell getönten
Kontaktes zu Patienten, der von vorgesetzten Schwestern behindert wird.
Als typische Person, die verbietend auftritt, nennt Carla eine "ältere
Diakonieschwester".

In der phallischen Phase "wird alle sexuelle Erregung auf die
Genitalien konzentriert. Das Interesse an ihnen und an der genitalen
Masturbation gewinnt eine beherrschende Bedeutung" (Fenichel 1983a,
S. 111). Die Objektbeziehungen sind von einer ähnlichen Qualität wie
im Erwachsenenalter (vgl. ebd. S. 112). Es entwickeln sich Phantasien,
die um den Geschlechtsverkehr ranken. Das Liebesobjekt ist in der
Regel der gegengeschlechtliche Elternteil (im negativen Ödipuskonflikt
der gleichgeschlechtliche). Bedeutend ist in dieser Zeit die Beobachtung
der "sogenannten Urszene" (ebd. S. 136), der "Szene der sexuellen
Beziehungen zwischen den Eltern" (Laplanche/Pontalis 1986, S. 576).
Die Urszene muß nicht tatsächlich beobachtet werden. Sie wird man –

ches Mal nur als eine Urphantasie erlebt, "wobei das Kind von allen Andeutungen Gebrauch macht, die die Realität ihm anbietet" (Fenichel 1983a, S. 137).

Eine ebensolche Phantasie stellt auch die Verführung dar (vgl. Laplanche/Pontalis 1986, S. 573). "Die unbewußte sexuelle Liebe der Eltern zu ihren Kindern ... wird ... als sexuelle Verführung erlebt" (Fenichel 1983a, S. 138). Aufgrund des Inzest – Tabus und eigener ödi – paler Erlebnisse der Eltern werden die Erwartungen des Kindes nicht erfüllt. Es fühlt sich "zunächst erregt und dann frustriert" (ebd.).

Die Mitarbeiter im Krankenhaus müssen sich immer wieder, z.b. beim Waschen und Verbinden, intensiv auch mit erogenen Körperzonen der Patienten beschäftigen. In fast jedem anderen sozialen Kontext ist ein solches Handeln eine sexuelle Verführung. Alle erotischen Wünsche werden abgewehrt, z.B. durch eine Isolierung. Auf die Verführung folgt die Frustration. Der Patient in der Kinderrolle löst im Mitarbeiter alte ödipale Erfahrungen wach, wie ich später genauer erläutern werde.

Regression auf die anale Stufe

Bei der Zwangsneurose wird der Konflikt durch eine Regression auf die analsadistische Stufe der Libidoentwicklung abgewehrt. Hier ist der Anus die erogene Zone. Es besteht eine Ausscheidungslust durch ein "Herausdrücken" (vgl. Fenichel 1983a, S. 100f), bei der keine Rücksicht auf Objekte genommen wird (vgl. ebd. S. 102). Gleichzeitig hat sich eine Retentionslust, d. h. eine Lust durch Zurückhalten entwickelt, bei der das Objekt erhalten bleibt. Ihm werden sämtliche Gefühle entge – gengebracht (vgl. ebd.). "Hier liegt eine physiologische Wurzel der 'analen Ambivalenz'" (ebd. S. 101).

Die aggressive Komponente besteht in dem genannten Herausdrücken und in der "'sozialen Macht'" (ebd. S. 100). Den bis dahin scheinbar allmächtigen Eltern kann die Präsentation des Kots verweigert werden. Außerdem schlägt die anale Lust "nach ihrem Verbot [in] Feindseligkeit und Verachtung" um (ebd. S. 102). Erst hier wird aus der Aggression eine Destruktion.

Im Zuge der Regression verbindet sich die ödipale Thematik mit der analen. "Die Abwehr richtet sich zunächst gegen den phallischen Ödi – puskomplex und ersetzt ihn durch den analen Sadismus. Dann aber setzt sie sich gegen die analen Triebregungen fort" (Fenichel 1983b, S. 119). Die sichtbaren Konflikte bestehen "zwischen Aggressivität und Unterwürfigkeit, zwischen Grausamkeit und Zärtlichkeit, zwischen Schmutz und Sauberkeit, zwischen Unterordnung und Ordnung" (ebd. S. 116). Sie repräsentieren "inzestuöse Wünsche" (ebd.).

Durch die Zwangssymptome sollen z.B. Schuldgefühle abgewehrt werden (vgl. ebd. S. 111); oder es soll eine Kastration ungeschehen gemacht werden (vgl. ebd. S. 122). Gleichzeitig stellen die "Zwangsrituale ... im allgemeinen eine Karikatur der Masturbation dar" (ebd. S. 114), wobei die Onanie mit ödipalen Phantasien verknüpft ist (vgl. Fenichel 1983a, S. 113).

Die für die Zwangsneurose typischen Abwehrmechanismen sind "Reaktionsbildung, Isolierung und Ungeschehenmachen" (Fenichel 1983b. S. 135). Z.B. kann eine mit einem ödipalen Haß verknüpfte anale Feindseligkeit oder Verachtung durch eine übergroße Fürsorge etwa auf hygienischem Sektor abgewehrt werden (Reaktionsbildung). Oder die Situation, in der es zu einem engen Kontakt mit den Patienten kommt, wird z.B. durch ein Ritual von anderen Bereichen und Emotionen getrennt. Z.B. wird ein Injizieren, das m. E. sowohl ein genitales Zustoßen oder Eindringen, als auch eine sadistische Verletzung symbolisieren kann, durch Desinfektionsmaßnahmen eingerahmt. Der Mechanismus des Ungeschehenmachens wird in der folgenden Ausführung zum Waschzwang deutlich.

Waschzwang

Als Beispiel von einer Verquickung von Phantasien und Abwehr möchte ich kurz den Waschzwang skizzieren, der vom Erscheinungsbild dem aseptischen Drama relativ nahe steht.

Beim "Waschzwang ... wird das Waschen zu einem Mittel, eine vorausgehende Beschmutzung ungeschehen zu machen", wobei als Voraussetzung eine imaginäre Beschmutzung genügt (ebd. S. 138). Die Beschmutzung rührt in der Regel von einer Masturbation her, die, wie gesagt, mit ödipalen Wünsche verknüpft ist. "Die anale Regression ist für die Verbindung von Schmutz und Sexualität verantwortlich. In der Kindheit hat sich die anale Masturbation dadurch verraten, daß die Hände beschmutzt waren" (ebd.). Der Zwangsneurotiker befürchtet, an

vielen Orten Spuren hinterlassen zu haben, die verraten, daß er verbo –
tenen Triebregungen nachgegangen ist. Ein heftiges Schuldgefühl macht
sich in Form einer Drohung oder eines Befehls bemerkbar (vgl. ebd. S.
117).

In einem besonderen Mythos einer Kulturhandlung wird ein Zusam –
menhang von Waschzwang, Schuld und Aggression hergestellt. Als Jesus
zum Tode verurteilt wurde, weil er von seinen Jüngern als göttliches
Wesen und König von Judea betrachtet wurde, wusch Pontius Pilatus
seine Hände in Unschuld. Jesus von Nazareth wurde getötet, weil für
ihn Vater – Symbole reklamiert wurden. Es erinnert an die männliche
ödipale Phantasie der Vater – Tötung, die ebenso wie sexuelle Phanta –
sien im Zwangssymptom zu finden sind (vgl. ebd. S. 112).

Im aseptischen Drama wird die personale Beziehung weitgehend re –
duziert. Etwa durch die kategoriale Einteilung des Blicks auf den
Bettlägrigen kann die sexuelle Beziehungskomponente nicht mehr gese –
hen werden. Ähnlich wie bei einem Waschzwang ist eine Kontaktauf –
nahme zum Patienten nur möglich, wenn sich die Schwester z.B. aus –
giebig mit den "Bremsspuren" des Patienten beschäftigt, wie es Herr
Nau ausdrückt: Die Schwestern und Pfleger waschen allen "Schmutz"
von den Betten ab, den ein Patient hinterlassen haben könnte.

In punkto Aggression hat das Personal z.B. die Intimsphäre des Pa –
tienten ohne Rücksicht auf seine Wünsche zu verletzen, und dies häufig
viele Male am Tag. Außerdem erfüllen bereits kleinste Eingriffe, wie
das Setzen einer Spritze sogar nach unserem Strafrecht den Tatbestand
der Körperverletzung. Sind entsprechende Phantasien und Triebregungen
erst einmal geweckt, müssen sie irgendwie verarbeitet bzw. abgewehrt
werden, um die soziale Lage nicht zu gefährden.

Ein Beispiel aus den Insidergesprächen ist die Waschung vor der
Operation, die dem persönlichen Schutz des Arztes dient. Von rituellen,
antiseptischen Handlungen eingerahmt, kann die aggressive Tat vollzo –
gen werden. Die sadistischen Regungen, die vorhanden sind bzw. pro –
voziert werden und für eine Operation zweifellos notwendig sind, kön –
nen agiert und wenig später wieder kontrolliert werden.

Rivalität

Nimmt man noch einmal die Zwangsneurose als Modell, so gilt es, impulsive Lebensäußerungen zu kanalisieren. Hinter dem Thema von der verbotenen analen Lust steht jedoch die Konfrontation mit einem übermächtig erlebten Rivalen. Im Ödipuskonflikt entsteht ein Haß, ein Tötungswunsch, gegen den Rivalen bzw. die Rivalin, der bzw. die für die Versagung inzestuöser Wunscherfüllung verantwortlich gemacht wird. Darüber hinaus bleibt möglicherweise eine Aggression gegen das be – gehrte Objekt zurück, das ebenfalls an der Frustration beteiligt war.

In der Regression verbindet sich der Mordgedanke mit sadistischen Phantasien der analen Thematik. Das Ergebnis kann z.b. das quälende Ausspielen von Macht gegen sexualisierte Objekte sein (in diesem Fall die Patienten) oder die gewaltsame Unterwerfung unter das Diktat des Überichs. Letzteres kann zu einer kasteienden Sebstbeschränkung füh – ren. Eine solche Einschränkung ist z.b. der nahezu totale Verzicht auf offenes Äußern von Aggressionen, die etwa durch eine Reaktionsbildung abgewehrt werden.

"Um ihre geliebten Angehörigen vor feindseligen Triebregungen zu schützen, schirmen viele Zwangsneurotiker sie so hingebungsvoll gegen imaginäre Gefahren ab, daß sie sie in Wahrheit quälen" (Fenichel 1983b, S. 113). Dieser Mechanismus trifft auch auf das aseptische Drama zu, wie die Insidergespräche gezeigt haben. Es sei hier bei – spielhaft an die Gepflogenheit erinnert, den Patienten unter Hinweis auf hygienische Gründe die Blumen aus dem Zimmer zu nehmen.

Der Patient wird nach der im Gesundheitswesen herrschenden Mei – nung mit viel Akribie vor feindseligen Bakterien etc. geschützt. Jedoch werden durch die fortlaufende Desinfektion sowohl resistente Mikroor – ganismen gezüchtet, als auch die Abwehrkräfte der Patienten geschwächt (vgl. Richter 1986, S. 150). Während die Hände immer wieder einer Waschung unterzogen werden, können die "Krankheitserreger" ungehin – dert mit den weißen Gewändern als Symbole der Unbefleckheit wei – tergetragen werden. Ein durchaus destruktiver Zug des Dramas wird sichtbar.

Auch dürfte es für einen leidenden Menschen, dessen Selbstwertge – fühl ohnehin unter Druck geraten ist, recht unangenehm sein, immer wieder ganz demonstrativ als eine "Infektionsquelle" (Juchli 1983, S. 276) stigmatisiert zu werden. Darüber hinaus wird bei den Mitarbeitern, die die hygienische Bewußtseinsperspektive verinnerlicht haben, eine Angst vor Ansteckungsgefahr häufig im Patientenkontakt mitschwingen. Dem Patienten wird wieder ein Stück zwischenmenschlicher Kontakt entzogen.

Ansteckung

Die in der Zwangsneurose relevanten Verbote führen nicht zur Auflösung des Triebwunsches. "Der Erfolg ... war nur, ... die Berüh – rungslust ... ins Unbewußte zu verbannen" (Freud 1980c, S. 321). Das Ergebnis ist ein "ambivalentes Verhalten" (ebd.), das an eine "physiolo – gische Wurzel der 'analen Ambivalenz'" von Hinausdrücken und Zu – rückhalten anknüpft (Fenichel 1983a, S. 101). Die Fäzes werden in der analen Phase behandelt wie ein Objekt. Das Kind "drückt sie aus dem Körper und es hält sie zurück, als wären sie ein Liebesobjekt" (ebd.).

Tabuverbote führen ebenfalls zu einer "ambivalenten Einstellung" (Freud 1980c, S. 323). Die Mitglieder von "Tabuvölkern" "möchten im Unbewußten nichts lieber als ... [die Verbote] übertreten, aber sie fürchten sich auch davor ... . Die Lust dazu ist aber bei jeder Einzel – person des Volkes unbewußt wie beim Neurotiker" (ebd.). Übertritt jemand ein Tabu, so ist die Person selbst zu meiden. Denn indem sie das Verbotene getan hat, ist sie geeignet, "die Ambivalenz des Men – schen anzufachen und ihn in *Versuchung* zu führen, das Verbot zu übertreten" (ebd. S. 324). Die Person ist "wirklich *ansteckend*, insofern jedes Beispiel zur Nachahmung ansteckt" (ebd.)

Dabei ist nicht wesentlich, ob der Betreffende tatsächlich die unge – heuerliche Tat begangen hat; entscheidend ist, daß sein Verhalten ent – sprechende Phantasien bei seinen Mitmenschen auslöst. Die Psycho – analyse hat immer wieder gezeigt, daß für die Entwicklung psychischer Prozesse nicht die Beobachtung tatsächlicher Handlungen wichtig ist, sondern ein phantasiertes Ereignis ausreicht und die subjektive Sinnstruktur von entscheidender Bedeutung ist. Es ist leicht zu erken – nen, daß dies auch für Massenphänomene gilt. Allein die an die Äußerung eines Gremiums einer kleinen politischen Partei geknüpfte Vorstellung, jemand dürfe ein Fötus bis zum letzten Tag der Schwan – gerschaft abtreiben oder Geschlechtsverkehr mit Minderjährigen haben, brachte vor einiger Zeit so manches Blut in Wallung.

Nun geht es beim aseptischen Drama auch um die Abwehr einer Ansteckung. Aber was könnte der Patient in der Phantasie der Mitarbeiter getan, welches Verbot könnte er übertreten haben, so daß von ihm unabhängig von seinem Leiden eine Ansteckungsgefahr ausgeht? Möglicherweise geht von manchen Patienten eine Aggression aus, die z.B. aus dem Versuch, sich gegen die oktroyierte Ordnung zu wehren, herrührt. Die Kranken können aber auch zur Folie für Projektionen von aggressiven Wünschen des Personals werden. Nach meinem Eindruck gibt das Szenario jeodch vor allem Anlaß, eine sexuelle Tabuverletzung zu phantasieren. Wie oben erwähnt, kann zum Patienten im Bett durchaus ein sexueller Verführungsversuch assoziiert werden. Auch halte ich es für denkbar, daß die Phantasie entsteht, der Patient könnte unter der Decke masturbieren. Beschmutzungen verschiedenster Art haben Pflegekräfte häufig genug zu registrieren.

Eine dritte Möglichkeit ist, daß der Patient in seiner regressiven Haltung und in seinem Versorgtwerden eine Ansteckungsgefahr bedeutet. Es könnte, wie oben ausgeführt, der Wunsch nach oraler Triebbefriedigung und nach einer Verweigerung der produktiven Arbeitshaltung (anales Thema) entstehen.

Verfolgungsphantasien

Im aseptischen Drama werden überall Krankheitserreger vermutet, die alle Menschen verfolgen. Berücksichtigt man, welche unbewußte Bedeutung dem "Erreger" evtl. zugeschrieben wird, so kann auch das Verfolgtwerden, die Verfolgung ein Produkt menschlicher Phantasie sein.

Der Mechanismus erinnert an die Paranoia, bei der "die Beziehung ... zur Realität ... nur an einem Punkt unterbrochen [scheint], und der Bruch durch das Wahnsystem ausgefüllt" ist (Fenichel 1983b, S. 338). Dieses Phänomen hat Freud auch in den Kulturhandlungen uns fremder Völker wiederentdeckt. Im "sogenannten Verfolgungswahn" (Freud 1980c, S. 341), der in seinem Beispiel an Herrschern festgemacht wird, "wird ... die Bedeutung einer bestimmten Person außerordentlich erhöht, ihre Machtvollkommenheit ins Unwahrscheinliche gesteigert, um ihr desto eher die Verantwortung für alles Widrige ... aufladen zu können" (ebd.).

Ähnlich wird mit den Mikroorganismen verfahren, die scheinbar über Leben und Tod zu verfügen haben wie die Herrscher der "Primitiven".

Viren, Bakterien und ähnlichem werden eine beherrschende Vormacht –
stellung bei der Krankheitsverursachung zugeschrieben. Sie werden für
Leiden und Sterben verantwortlich gemacht.

Auch Richter spricht in diesem Zusammenhang "von massivsten
Verfolgungsvorstellungen" (Richter 1986, 148). Die aktive Bekämpfung
der Feinde mit der Perspektive der Hygiene läßt "hinter dem einen
Feind ... stets neue auf[– tauchen]. ... Die Verfolger bleiben immer die
Verfolgten" (ebd. S. 151).

Magie

Der magische Aspekt, den das aseptische Drama kennzeichnet, wird
durch den Charakter einer besonderen Form des Denkens verständlich.
"Das Prinzip, welches die Magie ... regiert, ist das der 'Allmacht der
Gedanken'" (Freud 1980c, S. 374). "Die ersten Wörter, die in der
Kindheit erworben werden, sind magisch und 'allmächtig'" (Fenichel
1983b, S. 147). Die enge, begrenzte Welt (Mikrokosmos) hat sich für
das Kind noch kaum aus der weiteren Welt (Makrokosmos) heraus –
gebildet. Die Worte besitzen den emotionalen Wert, den auch die
Dinge haben, die sie benennen (vgl. ebd.).

"Der Fortbestand der Allmacht der Gedanken tritt uns bei der
Zwangsneurose am deutlichsten entgegen" (Freud 1980c, S. 374f), die so
viele Ähnlichkeiten mit den Phänomenen Tabu bzw. Ritual hat. "Worte
können töten und wieder Leben erwecken. Sie können Wunder voll –
bringen und die Zeit zurückdrehen" (Fenichel 1983b, S. 148). Die ge –
sprochenen oder gedachten Worte bleiben bzw. werden wieder "'se –
xualisiert' und verlieren ihre praktische Verwendungsmöglichkeit" (ebd.).
Die Denk – und Phantasiegebäude enthalten durch die besondere Be –
deutung der Worte "Segen oder Fluch" (ebd.). "Die primären Zwangs –
handlungen ... sind, wenn nicht Zauber, so doch Gegenzauber" (Freud
1980c, S. 375).

Letzteres trifft m. E. ganz besonders auf das aseptische Drama zu. In
einem groß angelegten Gegenzauber werden symbolträchtige Mittel wie
beißend riechende Flüssigkeiten, blitzende Metalle und weiße Farben
verwendet, um die Mikroorganismen zu verjagen. Naturwissenschaftlich
betrachtet weist das System enorme Lücken in der Mikrobenbekämp –
fung auf. Z.B. dürfen die weißen Kittel an allen Betten entlangstreichen

und die Erreger verbreiten. Dies ist zwar den Mitarbeitern bewußt, hat aber keine Konsequenz, so als wenn eine Berührung mittels dieser Reinheitssymbole von einer übergeordneten Instanz gestattet ist.

Das entscheidende bei der Antisepsis ist, daß die Handlungen mit einer bestimmten Intention verfolgt werden. Diese Absicht bzw. dieses Bewußtsein ist unmittelbar mit Worten verknüpft. Die in Syntax und Semantik zusammengeführten Worte werden im Ritual in Handlung umgesetzt: Z.B. mit dem kurzen und heftigen Abreiben der Haut vor dem Einstich mit der Injektionsnadel, ohne die nach naturwissenschaft-licher Erkenntnis notwendige Einwirkzeit immer zu beachten, soll eine besondere Interaktionsform symbolisch etabliert werden. Es wird eine solche in Erscheinung gebracht, in der es keine Aggression zu geben scheint, weder von Seiten der Mikroorganismen, noch von den Han-delnden selbst. Ein menschlicher Körper wird versehrt, während jegliche sadistische Regung verdrängt ist. Die häufige Verwendung von Worten wie z.B. "Desinfektion", die ohne einen entsprechenden emotionalen Gehalt zu sein scheinen, weisen die Spuren der Desymbolisation auf. Mit einer magischen Überhöhung der Worte, die allemal eine be-stimmte Interaktion symbolisieren und eine konkrete Handlungsanwei-sung enthalten (siehe Kap. 3.3.), bekommt auch die rituelle Handlung einen magischen Zug. Wird sie praktiziert, wird z. B. die Haut vor dem Einstich gerieben, wendet sich in der Phantasie die drohende Gefahr ab. Die Aufforderung an den Patienten, die leicht blutende Einstich-öffnung mit dem besagten weißen Tüchlein viele Minuten lang zuzu-halten, soll ein Ungeschehenmachen der aggressiven Tat sicherstellen. Die Interaktionsform, die hier insgesamt zelebriert wird, enthält Ele-mente eines "Klischees" (vgl. Lorenzer 1977, S. 132f).

Das magische Denken kann, wie Freud im Zusammenhang mit dem Tabu feststellt, sowohl beim Einzelnen als auch kollektiv wiederbelebt werden durch eine "Sexualverdrängung" (Freud 1980c, S. 378), die eine "Sexualisierung der Denkvorgänge herbeiführt: Die psychischen Folgen ... bei regressiv erzielter libidinöser Überbesetzung des Denkens [sind]: intellektueller Narzißmus, Allmacht der Gedanken" (ebd.).

7.2. Psychosoziale Konfliktbewältigung

Unbewußte Szene

Nachdem ich bisher eine Perspektive gewählt habe, die recht stark die intrapsychisch entwickelten Phantasmen einzelner Menschen ins Auge faßt, sollen im Folgenden Überlegungen angestellt werden, mit denen das aspetische Drama als eine genuin kollektive Erscheinung verstanden werden kann. Auch hier wähle ich zugunsten eines leichteren Verständnisses wieder eine weiniger komplexe Sichtweise. Die dialektischen Bewegungen einer gesellschaftlichen Praxis innerhalb des Rituals als Praxisfigur werden abermals nicht verleugnet, jedoch erst im nächsten Beispiel anhand des Erscheinungsrituals umfassend gewürdigt.

Hier nun stellt sich die Frage, welche unbewußte Szene in einer Organisation wie einem Allgemeinkrankenhaus von allen Beteiligten aufgebaut wird? M. E. kommen drei unterschiedliche Perspektiven in Betracht:

a) der Blick auf die intrapsychische Interaktion; z. B.: Was spielt sich in der Krankenschwester ab?

b) der Blick auf die interpersonale Interaktion von wenigen Personen; z.B.: Was geschieht zwischen der Krankenschwester – Schülerin und der Stationsleiterin, was zwischen Stations – und Chefarzt?

c) der Blick auf Aktivitäten einer Gruppe; Welche gemeinsamen Phantasien werden entwickelt?

Intrapsychische Interaktion

Fürstenau (1979b) hat zu den ersten beiden Punkten für den Bereich der Regelschule im bundesdeutschen Schulsystem Überlegungen angestellt, die sich zum Teil auf das Krankenhaus übertragen lassen. Im Hinblick auf die intrapsychische Interaktion (vgl. ebd. S. 189) tritt, so Fürstenau, das Kind im Lehrer in Beziehung z. B. mit dem Vater im Lehrer, bzw. die vom Es der phallischen Phase stark geprägte Rollenrepäsentanz steht dem Überich gegenüber. Oder noch anders ausgedrückt: Das durch Desymbolisierung fixierte Interaktionsmuster setzt sich in der aktuellen Situation als Klischee wieder durch.

Die "Wiederbelebung ihres [der Lehrer] 'Ödipuskomplexes'" (ebd.) sieht Fürstenau mit Siegfried Bernfeld[5] so: "Das Tun des Lehrers, 'sein Erfüllen und Verbieten ist das seiner eigenen Eltern. Er ... steht ... vor zwei Kindern: dem zu erziehenden vor ihm und dem verdrängten in ihm. ... Und er wiederholt den Untergang des eigenen Ödipuskomplexes am fremden Kind, an sich selbst'" (ebd. S. 189).

Die Aktualisierung des eigenen historischen Schicksals ist in der Institution bereits angelegt. Die Konfrontation mit den Patienten als institutionelle "Kinder" stellt gerade aufgrund der an die Rolle des Kindes gebundenen Assoziationen in Richtung einer "freieren Ausübung von Fähigkeiten und Interessen [schnell] eine Bedrohung der Trieb- und Verhaltenskontrolle der Erwachsenen" im Sinne einer "Versuchungssituation" dar (ebd. S. 188). Auch wenn die Patienten de facto keine Verbote übertreten, enthält die Situation dennoch viele zu Projektionen einladende "Hinweisreize" für Phantasien über Regelverstöße bzw. Triebhaftigkeiten, die quasi das "Kind" im Mitarbeiter, d.h. etwa die mit dem zum Kind erklären Patienten identifizierte Krankenschwester zu vollziehen bzw. zu entfalten drängt.

Die Haltung der Patienten, von dem Pflegepersonal unter dem Druck eigener libidinöser Bedürfnisse z. B. als eine phallisch-aktive Geste interpretiert, wecken weitere Es-Ansprüche und verstärken die Tendenz zur Wiederholung eigener historisch entwickelter Interaktionen. Doch die aktualisierte Interaktionsform beinhaltet auch ein bestimmtes Verhalten des Erwachsenen. Nach dem hier in Erwägung gezogenen Prinzip identifiziert sich z. B. die Krankenschwester nun mit der Rolle der Elternfigur und versucht, ihre Es-Ansprüche zu bekämpfen. Das aseptische Drama ist in diesem Zusammenhang ähnlich einer Ich-Leistung, die Überich- und Es-Ansprüche integriert.

Interpersonale Interaktion

Im Hinblick auf die interpersonale Beziehung zwischen zwei Personen kann eine "Autoritätsbeziehung Erwachsener ... unter bestimmten Bedingungen eine ähnliche psychologische Wirkung haben wie die Beziehung Erwachsener zu Kindern" (ebd. S. 190f). Der Lehrer oder im

---

5 Bernfeld, S.: "Sisyphos oder die Grenzen der Erziehung." Frank furt/Main, 1961

Krankenhaus z. B. die Krankenschwester oder der Stationsarzt kommen rasch in die Rolle eines Kindes. Für eine solche regressive Rollenver – teilung gibt es eine Reihe objektiver, institutioneller Bedingungsfaktoren, die sich auf jene Dissonanzen gründen, die durch die produktionsbe – dingte Übernahme einer objektivistischen Erfahrung, der zerfasernden, praktisch – innerten Praxis und der Entfremdungsprozesse entstehen.

Die Krankenschwestern bekommen viel medizinisches Fachwissen mit auf den Weg, das sie nicht anwenden dürfen. Sie werden zum medizi – nischen Hilfspersonal degradiert und verlieren ihre pflegerische Profes – sion aus den Augen.

Der angehende Mediziner hat es da sicher besser. Aber auch er muß sich häufig mehr an den Gepflogenheiten des Hauses als an seinem Hochschulwissen orientieren. Beide Berufsgruppen trifft die Verunsi – cherung, die durch einen Ausschluß früherer oder familialer Erfahrun – gen entsteht. Der personale Beziehungsaspekt wird dabei immer wieder verleugnet.

Die unangefochtene Fortschreibung der bestehenden ärztlichen Praxis im Krankenhaus drückt der Urologe im Insidergespräch so aus: Auf – grund der Arbeitsbelastung liest er zu den Krankheitsbildern nicht zu – hause nach, sondern fragt den Oberarzt.

Uhl   *Dann sagt der, wir machen das so und so; der kann natürlich auch nur kurz informieren ... um was es da geht und wie die Behandlung auszusehen hat. Und dann weiß man: Aha, gut, dann macht man das also so und so. Ich mach' das auch, weil es im Haus so gemacht wird, das übernimmt man manchmal einfach, so wie manche Redewendungen einfach übernommen werden, und, na gut, deshalb, der Chef will es so oder der Oberarzt will es so oder die Schwestern sagen, die Schwestern sind drauf eingespielt ... so auf ein bestimmtes Schema und das wird eben so gemacht.*

Das zweite institutionell regressive Moment liegt in der "institutio – nellen Zwielichtigkeit" (ebd.). Offiziell ist die Organisation an "formel – lem Verhalten" orientiert (ebd.), tatsächlich aber hat "das informelle Verhalten (nach dem Muster der Familie ...)" eine starke Bedeutung (ebd.).

126

Der funktionale Interaktionsmodus, die Forderung nach wiederholen –
der Ausübung von Teilfunktionen und die fraktionierende Sicht der
Menschen fordern die Mißachtung informeller Beziehungen, die unter
dem alltagstheoretischen Motto "Alles zum Wohle des Patienten" ihre
ideologisch verzerrte Symbolisierung erfahren. Das Ergebnis ist eine
Verunsicherung, der mit dem Rückgriff auf alte Interaktionsformen be –
gegnet wird, so daß auch hier die Familien – Muster große Bedeutung
erlangen. Die Verleugnung der Informalität führt m. E. zu einer ver –
stärkten Neigung, eine Übertragungsbeziehung aufzubauen. Die Bezie –
hung zwischen Patient und Krankenschwester läßt sich wie gesagt als
eine Mutter – Kind – Dyade verstehen (vgl. Jürgens – Becker 1987, S. 2),
und das Arzt – Schwester – Verhältnis erinnert an eine Vater – Tochter –
Beziehung (vgl. ebd. S. 15f)

Drittens müssen Ärzte wie Stationsleiter/innen viel Initiative und
Engagement zeigen, soll der Arbeitsalltag reibungslos verlaufen. Jedoch
riskiert das Pflegepersonal ständig, gesetzliche Grenzen zu überschreiten.
Sie haben wenig Einfluß darauf, wie mit den Verstößen umgegangen
wird, sind sie erst einmal an eine "falsche" Adresse gelangt. Auch der
Handlungsspielraum von Assistenzärzten stößt in der Hierarchie schnell
an Grenzen. Die Stationsärzte haben sich an die Gepflogenheiten des
Hauses bzw. an die Behandlungsvorstellungen der vorgesetzten Medizi –
ner zu halten. Z.B. wird die Diagnose des nachgeordneten Arztes im
Kontakt mit dem Chefarzt zu einer bloßen "Anregung", die der "Chef"
nach Gutdünken berücksichtigen oder vernachlässigen kann (siehe Kap
8.9.).

Viertens hebt Fürstenau auf die persönlich gefärbten Autoritätsbe –
ziehungen ab (vgl. ebd. S. 192), die besonders die Situation des Sta –
tionsarztes prägen, für den der beobachtende und kontrollierende
Ober – und Chefarzt zu einer ganz bedeutsamen Figur im beruflichen
Sozialisationsprozeß wird. Dem Stationsarzt, der (vorläufige) Diagnosen
zu stellen und erste Behandlungsschritte einzuleiten hat, wird zunächst
eine mit Autorität ausgestattete Position zugewiesen. Nimmt er sie ein,
wird er selbst beurteilt und muß auf die Rollenrepräsentanz des Kindes
zurückgreifen. Hier kann sich die Phantasie des Ödipuskonfliktes eines
Jungen wiederholen: Die Organisation "Mutter" verführt den Jungen,
sich als Mann (Autorität) zu präsentieren. Der vorgesetzte "Vater" for –
dert die Aufgabe der Annäherung des potenten Mannes mit der Orga –

nisation, ein Zurück in die Rolle des kleinen, prägenitalen Kindes, was als Kastration verstanden werden kann.

Interpersonale Abwehrkonstellation

Neben den objektiven Gegebenheiten, die die interpersonale Interaktion in der beschriebenen Art und Weise mitgestalten, soll ein subjektiver Aspekt nicht außer acht gelassen werden. Im Rückgriff auf Richters familiendynamische Erfahrungen (vgl. Richter 1963, S. 95f) spricht Mentzos von der "interpersonalen Abwehrkonstellation", womit er "solche interaktional organisierten Formen der Abwehr [meint], bei denen reale Verhaltensweisen, Eigenschaften, Handlungen und Reak-tionen des einen Partners die neurotische Konfliktabwehr oder die neurotische kompromißhafte Befriedigung von Bedürfnissen des anderen Partners ermöglichen, fördern und stabilisieren" (Mentzos 1976, S. 21). Erweitert man den "Blick der Klinik" auf allgemeine gesellschaftliche Prozesse läßt sich der Mechanismus leicht als ein in Gruppen und Or-ganisationen allgemein verbreitetes Moment erkennen. Unter diesem Gesichtspunkt stellt Mentzos Orientierung auf neurotisches Verhalten jedoch eine nicht gerechtfertigte Pathologisierung des Alltagslebens dar.

Das besondere an dieser Abwehr ist, daß "der Partner nicht nur als eine psychische Repräsentanz, sondern als reale Person mit realem Verhalten in die Abwehrorganisation eingebaut ist" (ebd. S. 22). Durch "Rollenzuweisungen, Delegationen, unbewußte Verführungen und Pro-vokationen" (ebd. S. 21) wird eine Komplementarität aufgebaut, durch die die Abwehr eine besondere Stabilität erhält (vgl. ebd. S. 21 u. 74). Wichtig ist das "Prinzip der reziproken Latenzrepräsentanz" (Heigl/Heigl – Evers 1975, S. 260), das "aus projektiver Identifikation und projektiver Gegenidentifikation resultiert" (ebd.).

Auf die obigen Ausführungen zur Vorgesetzten – Untergebenen – Interaktion übertragen bedeutet dies, daß die ödipale Szene aufgebaut wird, indem der eine den anderen zu einem Verhalten drängt, das seinen eigenen Objektrepräsentanzen entspricht. Der Vorgesetzte gibt z.B. undurchschaubare Anweisungen, auch weil der Untergebene ihn z.B. durch ein demonstratives Desinteresse an Entscheidungen dazu provoziert. Umgekehrt könnte das Verhalten des Untergebenen ein

Symbol für ein unbeschwertes, lustbetontes Leben sein, nach dem sich auch der Vorgesetzte sehnt.

Im aseptischen Drama meldet bei der Inszenierung der kollektiven Phantasie (Befreiungsphantasie, s. u.) z.B. die Schülerin nicht nur die eigenen Es – Ansprüche an. Sie wird etwa durch die besonders rigiden Forderungen der Lehrerin oder Stationsleiterin erst zu ihrer eindeutigen Reaktion provoziert. Umgekehrt ist die offene Symbolisation eines Wunsches nach engem, erotischen Kontakt zu Patienten nur angstfrei möglich, wenn andere für die Einhaltung des Tabus sorgen.

Die Ausführungen zur intra – und interpersonalen Abwehr sind ge – eignet, die Reaktivierung des Ödipuskonfliktes bei einzelnen Mitarbei – tern zu erklären. Sie machen deutlich, warum Pflege – und medizini – sches Personal so anfällig dafür sind, regressiv zu reagieren. Auch konnte gezeigt werden, wie die Szene interpersonal agiert und stabili – siert wird. Nun gilt es darzustellen, wie diese psychosoziale Situation von dem Kollektiv als Ganzes verarbeitet wird. Dabei stellt sich z.B. die Frage, wie die unbewußte Szene im Sinne der oben genannten dritten Perspektive aufgebaut wird.

Kollektive Phantasie

Zunächst einmal möchte ich daran erinnern, welche kollektive Phan – tasie ich angenommen habe. Nach meinem Eindruck werden die Mi – kroorganismen als kleine aggressive Wesen oder wie böse Geister be – handelt und erlebt. Sie werden zu einem Außenfeind, der die Men – schen bedroht und verfolgt. Eine Rettung wird darin erblickt, sich selbst zum Verfolger zu machen und zwischenmenschliche Kontakte zu mei – den.

Im Hinblick auf eine solche Phantasie möchte ich Gedanken aus der Gruppenanalyse heranziehen. Von Foulkes (1974) und Grinberg et al. (1972) wird die Gruppe als eine Gestalt in Anlehnung an die Gestalt – theorie und Ganzheitspsychologie betrachtet. So entdecken Grinberg et al. "Teil – Ichs, die zusammen eine Ganzheit bilden" (Grinberg u. a. 1972, S. 54). Die Ganzheit oder Gestalt ist mehr als die Summe ihrer Teile. Auf einer Ebene des Gruppengeschehens, die bei Foulkes etwa der "primordialen Ebene" entspricht (Foulkes 1974, S. 171), entwickelt die Gruppe eine gemeinsame im dynamischen Sinne unbewußte Phan –

tasie (vgl. Heigl/Heigl – Evers 1973, S. 141f; dies. 1976). Es sind
Phantasien von unerfüllten Wünschen angesprochen, die mit der Sehn –
sucht nach phantasierten Situationen verbunden sind (vgl. Heigl/Heigl –
Evers 1976, S. 7). Sie werden von Triebwünschen hervorgerufen und
setzen sich in Szene, indem das Netz der Beziehungen der "Stamm –
gruppe" (Foulkes 1974, S. 33), wie z. B. das der Familie, in einem
"Interaktions – Netzwerk" (ebd.) von Übertragungen wieder aufgebaut
wird.

Wenn ich diesen Ansatz auf die kollektive Phantasie im aseptischen
Drama übertrage, muß bei der Verfolgungs – und Rettungsphantasie
der Wunschaspekt hervorgehoben werden. Dieser wird häufig als ein
Phantasma einer familialen Interaktion interpretiert. In der Gruppen –
analyse mag sich durch die Gruppenregeln, die Situation der sozialen
Nische usw. eine Stammgruppen – Szene in relativ reiner Form wieder
aufbauen. Ein wesentlicher Grund sind die vielen Überschneidungen in
puncto Verkehrsformen. Z. B. setzt sich in der Gruppenanalyse wie in
der Familie nach meiner Einschätzung immer wieder die personale ge –
gen die funktionale Beziehungsform durch und bei einer langfristigen
Behandlung sind subjektive Zeitschemata dominierend. Daher halte ich
es für höchst problematisch, die in analytischen Gruppen gemachten
Erfahrungen linear auf einen Produktionsbetrieb zu übertragen. Jedoch
ordnen die Begriffe der Psycho – und Gruppenanalyse, die ich in die –
sem Punkt zur Bewältigung meiner Fragestellung heranziehe, das Ge –
schehen immer wieder im Sinne der alten Erfahrungen.

Wenn ich versuche, das aseptische Drama nicht auf ein Individual –
oder Familienkonzept zu reduzieren, so schimmert nach meinem Ein –
druck hinter der Mikrobenbekämpfung eine kollektive Wunschphantasie
durch, die ich als eine Phantasie der Befreiung bezeichne. Diese
Phantasie ist nicht nur von Triebansprüchen, von der früheren Bear –
beitung der inneren Natur geprägt, sondern hier findet die konkrete
Bearbeitung der äußeren Natur im kapitalistischen Produktionsbetrieb
gleichermaßen ihren Ausdruck. Die Phantasie, so läßt sich aus den
Insidergesprächen erschließen, ist geprägt von dem triebbestimmten
Wunsch nach einem Umgang mit anderen Menschen, bei dem spontane,
lustvolle Lebensäußerungen dominieren, die von sexuellen Liebesspielen
bis hin zu sadistischen Handlungen reichen können (siehe Kap. 6.3.).
Dabei sind die Triebwünsche gebunden an die soziale Situation, die
sich wandeln soll. Es hat sich eine Phantasie der Befreiung von den

"Argusaugen" etabliert, die eine scharfe Kontrolle ausüben (siehe Kap. 6.1.). Von heute noch drohenden Erniedrigungen z.B. als Karbol – mäuschen möchten sich die Mitarbeiter entledigen. Eine moralische Verurteilung soll nicht mehr stattfinden. Die lustvoll handelnde Schwe – ster wäre dann weder un – "anständig" noch würde sie von einem "Waschzwang" geplagt (siehe Kap. 6.3.). Daneben klingt in meinen Ge – sprächen mit Mitarbeitern der Wunsch nach der Befreiung aus der mechanischen Eingebundenheit in eine betriebliche Maschinerie an. Die enorme Begrenzung eines selbständigen Disponierens soll aufgehoben sein, selbstverständlich ohne die Orientierung verlieren zu müssen. Die Befreiung von den Zwängen der Produktion soll den Wunsch nach ei – ner lebendigen Gruppenpraxis erfüllen. Die Aufhebung z.B. der Stan – dardisierung soll die "privaten" interaktiven Bedürfnisse im Patienten – kontakt befriedigen. Dabei soll sich die Situation dergestalt ändern, daß die Äußerung von Aggression nicht die soziale Integrität bedroht (siehe Kap. 6.2.).

In dieser Phantasie kann sich auch die hier nicht thematisierte Er – fahrung niederschlagen, daß in den anderen feindselige Anteile sind, daß die Kollegen auch Konkurrenten darstellen und daß im Subjekt selbst etwas wirkt, das den Betreffenden gegen die eigenen Interessen handeln läßt. Es sei an die gesellschaftlichen Widersprüche erinnert, die via systematisch gebrochener Praxis Anpassungsmechanismen und ein entsprechendes Alltagsbewußtsein etablieren und so ins Subjekt einge – hen. Es kann um eine Befreiung von imaginären kleinsten Teilchen gehen, von denen alle Menschen durchsetzt sind, und die so aggressiv wie die gesellschaftlichen Bedingungen zerstörerisch sind. Die Phantasie richtet sich nach meinem Eindruck gegen die bestehenden Verhältnisse – gegen die Produktionsverhältnisse und gegen die über Verkehrsformen entwickelten zwischenmenschlichen Verhältnisse. Sie beschäftigt sich mit etwas, das sich als eine lebendige Gruppenpraxis bezeichnen läßt und kann einen Kontrapunkt, einen Widerstand markieren gegen das voranschreitende mechanisierte Zusammensein, gegen die praktisch – in – erte Praxis, die die Menschen zu quasi unbeteiligten Objekten macht. Es sei am Rande angemerkt, daß die Phantasie nicht in ihrer Ge – samtheit offen darliegt. Viele Aspekte können nicht öffentlich in einem Gespräch mit einem Fremden unverblümt geäußert werden. Sie werden sozusagen zwischen den Zeilen versteckt.

In die Befreiungsphantasie können von Seiten der Subjekte Wunsch –
phantasien einfließen, die je nach der Geschichte der Einzelschicksale
verschieden sind. Hier kommen Wünsche infrage wie die nach Sexuali –
tät, die nicht befleckend ist oder nach Aggressionsäußerung, die nicht
bestraft wird. Die Einzelwünsche können im Sinne einer Figur –
Grund – Relation als Figuren vor dem Grund der kollektiven Phantasie
verstanden werden. Insbesondere Grinberg et al. (1972) postulieren eine
so geartete Vernetzung der Äußerungen in Gruppen.

Die bisherigen Ausführungen implizieren, daß die kollektive Phantasie
durch das Ritual in Szene gesetzt wird, wobei es verschiedene Rollen
zu verteilen gibt. Z.B. werden Desinfektoren oder Hygiene – Fach –
schwestern benötigt; diejenigen, die mit der Perspektive nicht vertraut
sind, werden zu Lehrlingen. Den Rollen ist eine Rollenideologie zuge –
ordnet, die eine unbewußte Bedeutung auf dem Hintergrund der
Einzelschicksale haben. Z.B. könnte die Schwesternschülerin in dem
Interaktionsnetz der Stammgruppe zum pubertierenden Mädchen und
dahinter zum Kind in der phallischen Phase werden und die Hygiene –
Fachschwester zur Mutter. Dabei ergänzen sich die Rollen intersubjektiv
über Projektion und Identifikation. Die Schülerin meldet Es – Ansprüche
an, die Hygiene – Fachlehrschwester repräsentiert die Forderungen des
Überich.

Wie sehr irrationale, phantastische Momente im Bereich der Hygiene
von Bedeutung sind, läßt sich bereits an wenigen Momenten der Praxis
des aseptischen Dramas ausmachen. Das Ritual enthält für den
rationalen Produktionsprozeß dysfunktionale Aspekte, die die Annahme
bestärken, daß die Bemühungen um eine Befreiung von Mikroorganis –
men in der Phantasie begründete Ursachen hat. Z.B. wurde mir immer
wieder erzählt, daß man eigentlich wisse, daß sich die Mikroorganismen
bereits nach kürzester Zeit in der Restverschmutzung, die nach dem
Putzen und Desinfizieren zurückbleibt, wieder erholen. Rational wäre
die Konsequenz, entweder die Desinfektion radikal zu intensivieren und
zu effektivieren oder die bisherigen Bemühungen als ungünstigen Ein –
satz von Produktivkräften zu werten, die Reinigungszeiten entsprechend
dem tatsächlichen Erfolg zu reduzieren und die Arbeitskraft anderweitig
einzusetzen. Die Ideologie der Hygiene verbietet es jedoch, kühl über
die Frage einer Reduktion bisher wenig erfolgreicher Mi –
krobenbekämpfungsstrategien nachzudenken. Vorwürfe, man würde mit
solchen Überlegungen das Leben sehr vieler Menschen gefährden,

würden nicht lange auf sich warten lassen. Gefährden würde eine Rationalisierung im Hygienebereich wie jede andere Rationalisierung von
Produktionsprozessen die psychische und soziale Lage der Mitarbeiter.

Clangewissen

Im Zuge des gruppalen Homogenisierungsprozesses, der den Grundstein für eine kollektive Phantasie legt, wird über gegenseitige Identifi-
zierungen ein "Gruppen-Über-Ich" (Argelander 1972, S. 48) oder
"Clangewissen" (Parin 1983a, S. 92) als externalisiertes Überich bzw. ein
kollektives Ichideal gebildet, das leicht an einer Führerfigur (vgl. Freud
1986d, S. 101) oder einer führenden Idee (vgl. ebd. S. 94) festgemacht
ist. Die führende, als Ideal fungierende Idee ist im aseptischen Drama
aufgrund der trationellen Rollenverteilung ein Surrogat für die Mutter,
welche für die Mitglieder des pflegerischen Frauenberufs gleichzeitig die
identifikatorisch Führende und die Kontrollierende ist.

Die Mitarbeiter im Krankenhaus leben in ständiger Konfrontation mit
dem Tod, der nicht thematisiert werden soll, jedoch in der Phantasie
der todbringenden Mikroorganismen verarbeitet wird. Hier mischen sich
reale Gefahren fahrlässiger Körperverletzungen oder Tötungen mit eigenen aggressiven Impulsen. Eine solche Situation stellt durchaus eine
Bedrohung des Ichs dar, die im aseptischen Drama kollektiv abgewehrt
werden kann. Das Clangewissen vereint die gesellschaftlichen Tabus mit
dem subjektiven Überich.

Die Externalisierung des Überichs gewährt, wie Richter in einem
anderen Zusammenhang darstellt, unter anderem den Vorzug einer
Entlastung "vom Druck der ... Selbstvorwürfe" (Richter 1976a, S. 119),
indem die Schuldangst wieder in eine Strafangst zurückgeführt wird (vgl.
ebd. S. 118). Im aseptischen Drama gilt m. E. beispielsweise der Satz:
Ich darf wegen der Infektionsgefahr den Patienten nicht auf seinem
Leidensweg in den Operationssaal begleiten. Auch gewinnt "man ... als
Preis für seine absolute Gefolgschaft den Schutz der betreffenden Autorität" (ebd. S. 120). Eine solche Schutzillusion läßt sich im aseptischen
Drama durch den Satz ausdrücken: Wenn ich nur sauber und reinlich
genug bin, bin ich vor einem großen Übel geschützt. Außerdem können
sich Aggressionen "ohne Schuldgefühle" "den offiziell deklamierten
Außenfeinden zuwenden" (ebd. S. 120). Im aseptischen Drama gilt die

Devise: Ins Putzwasser gehört ein kräftiger Schuß Desinfektionsmittel,
auch wenn es noch so übel riecht!

Depositäre Alltagstheorie

Aus den vorhergehenden Erläuterungen ist deutlich geworden, daß
das aseptische Drama sowohl auf einem bestimmten Bewußtsein auf –
baut, als auch eine Alltagstheorie ausfeilt und verfestigt. Wer sich viele
Male am Tage die Hände desinfiziert, so daß die Haut bereits darunter
leidet, oder wer stundenlang andere Desinfektionsarbeiten ausführt, der
wird m. E. den Druck verspüren, auch diesem eigenen Handeln einen
subjektiven Sinn zu geben.

Wie dem Schulbuch zur Krankenpflege von Juchli zu entnehmen ist,
wird bereits in der Krankenpflege – Ausbildung hierzu ein Angebot
gemacht: Die Hygiene diene dem quasi natürlichen Bedürfnis des
Menschen nach "Sicherheit und Schutz" (Juchli 1983, S. 253; vgl. ebd. S.
252). Es umfasse "die Bereiche Sicherheit, Stabilität, Geborgenheit,
Schutz, Angstfreiheit, Bedürfnis nach Struktur, Ordnung, Gesetz, Gren –
zen, Schutzkraft usw." (ebd. S. 253). Das "'Bedürfnispaket'" (ebd.) um –
faßt verschiedenste Dimensionen menschlichen Lebens. Es reicht von
subjektiven Kategorien, die in der familialen Sozialisation entwickelt
wurden, wie z.B. das Bedürfnis nach Geborgenheit, bis hin zu objekti –
ven, z.B. nach Gesetzen, die in direkter Weise mit der ökonomischen
Struktur verbunden sind. Die Basis des juristischen Überbaus ist die
Struktur der gesellschaftlichen Produktion (vgl. Marx 1986, S. 96).

Durch die Art der Darstellung erscheint das Fügen unter Ordnung
und Gesetz, welche sich im Krankenhaus insbesondere in einer rigiden
Hierarchie manifestiert, als ein Bedürfnis ähnlich dem Wunsch nach
Geborgenheit. Wunscherfüllung oder Bedürfnisbefriedigung *kann*, so der
Text, mit Hygiene erreicht werden.

Diese Chance wird alsbald zur Pflicht. Es wird "das Recht der
Menschen auf Sicherheit" (Juchli 1983, S. 253) hervorgehoben. Eine
äußerst hohe moralische Instanz unseres Rechtsystems, die "Erklärung
der Menschenrechte der Vereinten Nationen" (ebd.) wird zur Abseg –
nung hygienischer Maßnahmen und deren Ideologie bemüht (vgl. ebd.).
Das aseptische Drama muß inszeniert werden, weil die Menschen ein
unabdingbares Recht auf Sicherheit hätten. Eine in sich geschlossene

Tautologie ist entstanden: Es muß getan werden, was getan werden muß. Der Satz ist metaphysisch abgesichert und vermittelt die Illusion eines sinnvollen Handelns und Denkens.

Dieses Theorieangebot der "Schwester Liliane Juchli" dürfte in der klinischen Praxis entstanden sein und wirkt sicherlich auf die Bildung bzw. Stabilisierung der Alltagstheorie vor Ort zurück. Die pragmatische Orientierung, die in den Insidergesprächen deutlich wird (siehe Kap 8.9), überschneidet sich mit den Aussagen des Lehrbuches. Dr. Harms nennt eine ähnliche tautologische Begründung. Abgesichert wird die von den Gesprächspartnern vertretene Theorie mit der "Sicherheit", der ei – genen und der der Patienten. Letzteren drohe eine "dicke Infektion". Somit vertritt der Arzt eine Theorie, die der Pflegeschulbuch – Haltung sehr ähnlich ist. Daher darf angenommen werden, daß in dem Lehrbuch eine ubiquitär geltende Theorie reproduziert und festgeschrieben ist.

An der Verwandlung des "kann" in ein "muß" innerhalb der lehr – buchmäßigen Theorie ist auch eine Exteritorialisierung als Abwehrregel des Alltagsbewußtsein beteiligt (vgl. Leithäuser/Volmerg 1981, S. 54): Die andere Gruppe, nämlich die der Patienten, will geschützt werden, nicht wir. Uns geht es besser! Auf intrapsychischer Ebene kommt es zu einer Projektion, die vermutlich durch eine interpersonale Abwehrkon – stellation stabilisiert wird. Insgesamt fällt der Alltagstheorie die Aufgabe zu, die in die Gruppen bzw. Arbeitsteams hineinreichenden gesell – schaftlichen Widersprüche nicht nur zu verschleiern, sondern auch einen, wenn auch schlechten Kompromiß herzustellen zwischen den in die kollektive Phantasie eingehenden subjektiven Bedürfnissen und den objektiven Erfordernissen der Produktion. Der Drang nach Solidarität, die m. E. mit Geborgenheit korrespondiert, wird genutzt, um eine Un – terordnung unter das "Gesetz" zu forcieren. In Anlehnung an Marx darf auch für diesen Fall angenommen werden, daß zwar ·"die Menschen ... ihre eigene Geschichte [machen], aber sie machen sie nicht aus freien Stücken" (Marx 1971, S. 15), sondern unter dem Druck der Verhält – nisse. Die Sicherheit ist nach meiner Einschätzung der wesentlichste Aspekt der Alltagstheorie zur Hygiene. Es soll genügen, an ihm die gesellschaftliche Bedeutung und die institutionellen Vorgaben deutlich gemacht zu haben.

Verkehrsformen

Oben habe ich auf eine Verknüpfung von Ritualen und Verkehrs – formen hingewiesen. Im aseptischen Drama wird z.B. eine funktionale Beziehungsdefinition an Kleinigkeiten deutlich. Wenn bei laufend an – fallenden Tätigkeiten wie Spritzengeben mit Patienten nicht gesprochen wird, weil dies nicht nur für unnötig gehalten, sondern geradezu als schädlich betrachtet wird, wird die Einbettung der Körper in einen Sinn – und Kommunkationszusammenhang außer acht gelassen, d.h. die Beziehung funktionalisiert. Dies gilt gleichermaßen für Patienten wie Mitarbeiter.

Die mit Argumenten der Hygiene durchgesetzte Kleiderordnung, die die Mitarbeier optisch ganz zum Personal und den Leidenden zum Pa – tienten macht und die Orientierung auf die Infektionsquelle statt auf den Patienten oder gar den Leidenden ist m. E. Ausdruck einer formal bestimmten Interaktion. Formale Qualitäten der Personen rücken in den Vordergrund. Aufbau und Entwicklung einer "gemeinsamen gegenständ – lichen Welt" (Mollenhauer u. a. 1975, S. 185) wird unmöglich. Die Welt zerfällt in ihre einzelnen Mitglieder und diese wiederum in kleine und kleinste Details. Die Menschen werden nach der formalen Qualität ge – sund – krank beurteilt, die Patienten zerfallen in Magendurchbrüche, Oberschenkelhalsbrüche und Herzinfarkte; und im aseptischen Drama kommt nicht einmal mehr ein ganzes Syndrom in den Blick, sondern nur noch Viren, Bakterien und Pilze.

In den Desinfektionsplänen setzt sich ein mechanisches Zeitschema gegen Subjektivität durch. Geputzt und desinfiziert wird nicht, wenn jemand ein Bedürfnis danach verspürt, sondern wenn eine dem Einzel – nen vorgegebene festgelegte Zeitspanne verstrichen ist. Man kann hier m. E. auch von einer Digitalisierung des Bedürfnisses nach Reinheit sprechen: Die Station wird als keimarm, als sicher empfunden, wenn zu diesem und jenem fest bezifferten Zeitpunkt so und so oft Desinfizie – rungen vorgenommen werden.

Nach meiner Einschätzung ist das aseptische Drama so angelegt, daß die vielen funktionalisierenden und formalisierenden Tätigkeiten nach dem mechanischen Zeitschema nicht ausgeführt würden, wenn die In – teraktionsformen nicht gleichzeitig herrschaftsbestimmt wären. Die Herrschaft wird entweder von einer konkreten vorgesetzten Person vermittelt, oder sie wird über eine moralische Instanz aufrecht erhalten.

In der Krankenpflegeschule ist die Herrschaft noch recht offen und im "Lehrkörper" personifiziert, etwa wenn Schüler/innen genötigt werden, über ihre persönliche Körperpflege Auskunft zu geben. Ist das hygieni – sche Bewußtsein als Alltagstheorie erst einmal installiert, kommt es zur Gefügigkeit durch "Anstand" als starker moralischer Instanz.

Fazit

Zum Ende soll zusammenfassend dargestellt werden, was das Ritual leisten kann. Das aseptische Drama als Ritual

1. vereint die Beteiligten in der Angst und Angstbewältigung;
2. weist jedem eine gesicherte Rolle inklusive der entsprechenden Rollenideologie zu;
3. stellt eine Idee vor, die sich zur forcierten Errichtung eines Clangewissens eignet;
4. bietet eine Alltagstheorie an (z.B. Sicherheitstheorie), die dem Handeln einen subjektiven Sinn zu geben vermag;
5. legt ein gemeinsames Thema – Horizont – Schema fest, z.B. Blick auf Krankheitserreger und Schmutz statt auf Erotik oder Arbeitsbedingungen;
6. baut Thematisierungsbarrieren auf, z.B. gegen Aggression und Wissenschaftshörigkeit;
7. läßt eine kollektive Phantasie entwickeln, die durch ihren Wunsch – und Furcht – Aspekt (Befreiung und Ansteckung)
   – Bedürfnisse im Kontext betrieblicher Erfahrungen artikuliert,
   – die Einzelnen zusammenführt und homogenisiert,
   – die Solidarität in der Konfliktbewältigung fördert
   – Bedürfnisbefriedigung in der Phantasie ermöglicht;
8. organisiert eine kanalisierte Triebbefriedigung und legt z.B. fest, wo
   – Aggression ausgelebt wird (zuviel Chemie im Putzwasser, Er – niedrigung der Patienten zum Infektionsherd usw.),
   – erotische Kontaktbedürfnisse ausgelebt werden (als anale Trieb – haftigkeit regressiv abgewehrt im ständigen Hantieren in phan – tasierten Ausscheidungen der Patienten usw.);

9. führt Bedürfnisse und deren Artikulation durch die Anwendung und Ausgestaltung verkehrsformbestimmter Interaktionsmuster in die ökonomischen Funktionskreise zurück und festigt diese;

10. schränkt die Möglichkeit der Gruppe ein, die Beziehungen und deren Bedeutungen immer wieder neu auszuhandeln;

11. und trägt zu einer speziellen "Charakterbildung und Verhaltenskultivierung" bei (Fürstenau 1979, S. 198).

Ich hoffe, daß nun nicht das Ritual als ein Mythos im Sinne Eliades erscheint, als ein "'Dasein und Wirken übermenschlicher Wesen'" (Eliade[6] zit. in: Vogt 1986, S. 16). Es fällt nicht vom Himmel und beeinflußt nach göttlicher Vorsehung Mensch und Gesellschaft. Das Ritual wird, so meine ich, in unzählig vielen kleinen und großen Interaktionszusammenhängen von Menschen, die in Gruppen eingebunden sind und Interessen zu vertreten haben quasi ausgehandelt. Dann aber wird es institutionalisiert und trägt nach meiner Meinung die Definitionsmacht all derer in sich, die an der Installierung des Rituals beteiligt waren; und "die Tradition aller toten Geister lastet wie ein Alp auf den Gehirnen der Lebenden" (Marx 1971, S. 15). Soll ein Ritual geändert werden, muß eine Auseinandersetzung mit den "Ahnen" erfolgen, die m. E. auch bei uns so mächtig wie unsichtbar sind.

Führt die Beschäftigung mit den "Vorfahren" nicht zu einer Bewußtwerdung und Aufhellung der dunklen Mächte, werden die Menschen sicherlich im kleinen wie im großen immer wieder "die Geister der Vergangenheit zu ihrem Dienst herauf[beschwören], ... ihnen Namen, Schlachtruf, Kostüm [entlehnen] um in dieser altehrwürdigen Verkleidung und mit dieser erborgten Sprache die neue Weltgeschichtsszene aufzuführen" (ebd.), so wie es Marx schon für das Geschehen rund um die französischen Revolutionen geschildert hat.

---

6 Eliade, M.: "Mythen, Träume, Mysterien." Salzburg, 1961

IV. DAS ERSCHEINUNGSRITUAL

Organisation der Visite

In wohl allen Allgemeinkrankenhäusern des Landes wird einmal am Tag jeder Patient von einem Arzt "besucht". Die Zusammenkunft erfolgt eingebunden in ein Zeremoniell, an dem neben dem medizinischen Personal mindestens eine Pflegekraft teilnimmt. Darüber hinaus können auch verschiedene Schüler/innen, Praktikanten oder Studenten beteiligt sein. Sie bilden "ein mehr oder weniger großes Auditorium" (Raspe 1983, S. 108) für den Ranghöchsten der anwesenden Ärzte, nach dem das Ritual als Chef −, Oberarzt − bzw. Stationsarztvisite bezeichnet wird.

Die Visite ist der zentrale Ort des Informationsaustausches zwischen Arzt, Schwester und Patient sowie der soziale Ort der Entscheidung über medizinische und pflegerische Maßnahmen am Patienten. Gleich − zeitig findet nach einer Tradition, die so alt ist wie die Klinik selbst "Unterricht" "am Krankenbett" statt (vgl. Foucault 1985, S. 83). Diese Ausbildung erfolgt mit einer starken Anbindung an die Person des vorgesetzten Arztes.

Die Angehörigen oder andere Besucher der Patienten sind im all − gemeinen von dem Ritual ausgeschlossen. Sie sollen möglichst vor dem Eintritt des Arztes das Zimmer verlassen. Werden die Nicht − Einge − weihten von den Visitierenden im Krankenzimmer überrascht, so schleichen sie schnell mit unterwürfigem Gestus hinaus.

Hierarchie

Das Erscheinungsritual ist in der Regel ganz auf den Arzt oder die Ärztin ausgerichtet. Es beginnt lange vor dem eigentlichen Rundgang mit der Informationssammlung und − zusammenstellung und dem Her − richten der Krankenzimmer. Der Patient soll "vorführfähig im Bett lie − gen" (Jürgens − Becker 1987, S. 9). Höhepunkt des Zeremoniells ist das Sich − Hinwenden des ranghöchsten Arztes zu dem aufblickenden Pati − enten und das Aussprechen von Entscheidungen und Anweisungen an die anwesenden Mitarbeiter.

Die Visite ist als eine triadische Szene zu verstehen (vgl. Raspe 1983, S. 108), die in der "Regel eine patriarchale Ordnung wi – der[spiegelt]: Zuerst kommt der Chefarzt, danach der Oberarzt, der Stationsarzt, die Stationsschwester und am Schluß die Krankenpflege – schülerin. Die Krankenschwestern tragen dabei die Patientenunterlagen, reichen dem Arzt, was er benötigt, und sind ihm für allerlei Hilfelei – stungen und Handreichungen verfügbar" (Jürgens – Becker 1983, S. 8).

Ungleichheit

Eine machtvolle Asymmetrie fällt sowohl in der Arzt – Schwestern – als auch in der Arzt – Patient – Beziehung während der Visite ins Auge. So wie das Pflegepersonal insbesondere gegenüber dem Chefarzt z.B. "ihre Frühstückspause unterbrechen, um dem Arzt, wenn er Visite ma – chen will, zur Verfügung zu stehen" (ebd. S. 9), so läßt auch der Pa – tient sein Mittagessen kalt werden, wenn die Erscheinung naht.

Als Hintergrund für die ungleiche Chance der Einflußnahme auf die Strukturierung der Interaktion innerhalb der Visite nennt Siegrist vier Aspekte.

– Das als relevant anerkannte *"Wissen"* ist ungleich verteilt; Die Er – fahrungen des Patienten verkommen zu einem "Laienwissen", während der Arzt "Expertenmacht" erhält (Siegrist 1978, S. 109).

– die *"organisatorischen Rollen"* sind so verteilt, daß "der Arzt als ranghöchstes Mitglied der Institution Krankenhaus mit Lizenz und Mandat ausgestattet und als Sanktionsinstanz eingesetzt" dem Pati – enten "als hilfsbedürftigen 'Klienten'" gegenübertritt, der "von Lei – stungen anderer" abhängig ist (ebd.)

– Die Möglichkeiten zur *"Handlung"* sind "auf das Krankenhausperso – nal", vor allem auf den Arzt "konzentriert", wobei der Patient zum "Objekt dieser Handlungen" wird (ebd.). Der Arzt, so stellt Raspe dar, beginnt die Visitengespräche, er schwenkt auf organisatorische Fragen um und er ist es auch, der den Kontakt wieder abbricht (vgl. Raspe 1983, S. 108f). Auch eine große Initiativkraft der Kranken – schwester rüttelt nicht an der "eindeutig führenden Position des Arztes" (ebd. S. 116).

– Während die Patienten einer hohen *"Involvierung"* unterliegen, ist der Visiten – Kontakt für den Arzt vor allen Dingen "berufliche Routine"

(Siegrist 1978, S. 109). Die Bedrohung durch eine intensive mensch –
liche Konfrontation mit dem Leiden wird zu "neutralisieren" versucht
(ebd. S. 107). "Die Praxis der Visite macht aus der ärztlichen Kon –
taktvermeidung eine soziale Institution" (Schmidbauer 1983, S. 202).

Kommunikation

Im Erscheinungsritual spiegelt sich ein "latenter Konfliktgehalt"
(Siegrist 1978, S. 106) wider, der im gesamten Produktionsbetrieb eines
Krankenhauses von großer Bedeutung ist. Gemeint ist der Widerspruch
des insbesondere von Patienten artikulierten Wunsches nach personalen,
möglichst wenig durch Entfremdungsprozesse verzerrten Interaktionen
und der von der kapitalistischen Produktion geprägten Interaktionen im
Arbeitsvollzug. "Während" die Visite, so Siegrist, "aus ärztlicher Sicht
eine regelmäßige mit Routine durchführbare Tätigkeit darstellt, in wel –
cher überdies krankheits – und befundspezifische sowie organisatorische
und administrative Maßnahmen das Zentrum der Aufmerksamkeit bil –
den, sieht der Patient in ihr die oft entscheidende Gelegenheit,
spezifische und persönliche Zuwendung von Seiten des Arztes zu er –
halten" (ebd.).

Oberflächlich betrachtet symbolisiert das Ritual die formale Erlaubnis
für den Patienten, den Arzt auf die aus der Sicht des Leidenden be –
deutsamen Belange anzusprechen. Nach Raspe haben etwa ein Drittel
der Patienten einen entsprechenden Eindruck von der Visite (vgl. Raspe
1983, S. 104). Und auch Dr. Uhl hebt im Insidergespräch mit mir die –
sen Aspekt der Visite als den entscheidenden hervor.

Doch bei näherer Betrachtung wird der ideologische Charakter dieser
Annahme sichtbar. Es wird deutlich, daß im Erscheinungsritual gerade
die lebendige Gruppenpraxis behindert und durch institutionell angebo –
tene anderweitige Interaktionsformen ersetzt wird.

So kann es nicht verwundern, daß im Erscheinungsritual eine Situa –
tion entsteht, die z.B. von Bliesener (1982) als "verhinderter Dialog"
bezeichnet wird. Auch Siegrist konstatiert "asymmetrische Verbalhand –
lungen", bei denen "geäußerte Orientierungsangebote des Partners durch
die Reaktion negiert, transformiert oder unvollständig bzw. trügerisch
quittiert werden" (Siegrist 1978, S. 112). Mittels Verbalhandlungen im
Sinne eines "Nichtbeachtens" (ebd. S. 117), eines "Adressaten – oder

141

Themenwechsels" (ebd. S. 118), eines "Beziehungskommentars" (ebd. S. 119) oder der "Mitteilung einer funktionalen Unsicherheit" (z.B.: "Ich habe mit dem Kollegen noch nicht gesprochen."; ebd. S. 123) wird der Wunsch nach einer Thematisierung psychosozialer Belange von ärztlicher Seite zurückgewiesen.

Die "Abweisung durch den Arzt" ist im Erscheinungsritual häufig so wirkungsvoll inszeniert, "daß der Patient verstummt. Während ein Teil – nehmer einer einfachen Unterhaltung unpassende Antworten seines Partners sofort zur Sprache bringt ..., ist der Patient in der Visite dazu nicht mehr willens noch in der Lage. Er gibt auf, seine Initiative weiter zu verfolgen" (Bliesener 1982, S. 197).

Der Rückzug des Kranken kommt wiederum der Orientierung an der Produktivität der Arbeit am "Werkstück Patient" entgegen. Der Kranke macht "dem Arzt den Weg frei, sein unterbrochenes Arbeitsprogramm wiederaufzunehmen und – wenigstens eine Zeitlang – ungestört fort – zusetzen" (ebd.).

Exkurs: Er kommt!

Für den Leser, der mit dem Leben im Krankenhaus nicht vertraut ist, will ich beispielhaft beschreiben, wie ein Erscheinungsritual vollzo – gen wird. Um die Dramaturgie zu verdeutlichen und das Alltägliche als das Besondere hervorzuheben, wähle ich abermals die Sprache des Ethnologen.

Nachdem das letzte Frühstücksgeschirr klappernd in einem Wagen aus blankem Metall verschwunden ist und ein Gehilfe in weißen Klei – dern mit kurzen Ärmeln den Karren aus dem Blick geschoben hat, beginnt ein neuer Abschnitt des Tages. Mit eiligem Schritt erscheinen weiß bemäntelte Frauen mit nackten Beinen auf dem Gang und ver – schwinden sogleich wieder durch die Türen, hinter denen die Kranken liegen. Dort hantieren sie an Schränken, Waschstellen und Fenstern, um alsbald genauso schnell den Raum zu verlassen wie sie ihn betreten haben.

Wieder auf dem Korridor angelangt, bitten sie in teils freundlichem teils bestimmtem Ton die Personen, welche in eine warme Hausklei – dung gehüllt auf weichen Stühlen am Ende des Ganges sitzen, sich umgehend auf die Krankenlager zu begeben. Die blassen Gestalten er –

heben sich zögernd, während die weißen Frauen den Flur hinablaufen auf eine Türöffnung zu, vor der sich eine kleine Menschentraube ge – bildet hat.

In jenem Zimmer herrscht ein arbeitsames Treiben, in deren Mitte eine Art fahrbares Schränkchen steht, aus dem zwei Bedienstete un – entwegt Papiere herausziehen und wieder hineinstecken. Mappen werden herbeigetragen, Fragen werden gestellt, Achseln gezuckt, gestikuliert. Anweisungen schwirren durch die Luft, ein Kranker soll noch schnell hinaus in ein anderes Gebäude geschafft werden. Doch es geschieht nichts dergleichen, die Zeit ist zu knapp.

Nebenan sitzt ein relativ junger Mann in weißen Hosen, Schuhen und Mantel auf der Kante eines Stuhls und vergleicht schwarz – weiß bemalte Kärtchen mit einer Kolonne von Zahlen, die auf einem aufgefalteten Bogen Papier kleben. Die Adern an seinen Schläfen sind leicht geschwollen.

Mitten in der Geschäftigkeit findet sich in dem Raum der weißen Frauen allmählich ein kleines Grüppchen zusammen, das mit alledem nicht mehr viel zu tun haben scheint. Einer lehnt gelassen an einem Schrank, eine andere hält eine Kaffeetasse in der Hand. Es werden privat anmutende Bemerkungen ausgetauscht und von Zeit zu Zeit übertönt ein Lachen das unaufhörliche Treiben.

Da füllt sich plötzlich der Türrahmen und aus einer stolzen Brust dringt mit fester Stimme das Signal zum Aufbruch. Sofort ergreift eine leise Unruhe das Geschehen und die kleine, bis eben noch fröhliche Gruppe verläßt eilends den Raum. Kaum haben sie den langen, nun fast menschenleeren Flur erreicht, stürmt der Mann, der soeben erst den Schauplatz betreten hat, mit nach hinten geworfenen Schultern al – len voran den Gang hinunter. Ein notdürftig zugeknöpfter weißer Um – hang umspielt flatternd die Beine, welche nicht in der Farbe des Zau – bers, sondern in schwarz – blau meliertem Wollstoff gekleidet sind, welcher auf dunklen Schuhen endet. Weitere gemeinsam mit dem Oberhaupt aufgetretene vollständig weiß gekleidete Personen, denen allesamt ein gebogener, rotbrauner Gummischlauch aus der Tasche lugt, folgen mit gemessenem Schritt dem eilenden Troß, der die fahrbare Kommode in seine Mitte genommen hat.

Vor einem Krankenzimmer angelangt, hält der Vorkämpfer den Bruchteil einer Sekunde wie zur Sammlung aller Kräfte inne, um dann mit ungeminderter Vehemenz die Tür aufzustoßen, wobei er gleichzeitig mit einem Fingerring zweimal auf das Türblatt schlägt. Schon steht er vor dem Krankenlager und wendet sich flüchtig zu seinem Gefolge, welches im Zimmer Aufstellung nimmt. Ein Mann, der eine metal – lisch – papierne Mappe auf dem Arm trägt, tritt mit unruhigen Augen neben den Anführer, der sich längst mit einer Seite seines Körpers dem Kranken zugewendet hat, ihm die Hand reicht und tief in die Augen schaut.

Eifrig trägt der Hinzugetretene in einem lateinisch – deutschen Dia – lekt vor, was er in der Mappe findet und ergänzt es mit dem, was er sonst noch weiß und kann.

In nervöser Erwartung schaut er den Mann in Flanellhosen an, der einen prüfenden Blick aufgesetzt hat. Kaum hat der Jüngere ausge – sprochen, gibt das Oberhaupt mit leiser Stimme eine Anordnung be – kannt, die sogleich in die Mappe eingetragen wird. Auch jene Frau, die scheinbar etwas abwesend an der fahrbaren Komode lehnt, fängt die gedämpfte Äußerung einer offensichtlich zentralen Botschaft auf und beginnt, bunte Papiere aus dem Schränkchen zu ziehen und zu be – schriften.

Nur der Kranke, dessen hilfesuchender Blick die zwei Männer an seinem Bett nicht losläßt, reagiert, als wenn er den Sinn des bedeut – samen Satzes nicht entschlüsseln kann. Doch während noch geschrieben und notiert wird, wendet sich das Oberhaupt ganz dem Kranken zu. Mit warmer Stimme spricht er zu dem Bettlägrigen, und tut ihm seine Hilfe kund.

Kurz darauf kommt Unruhe in die weiße Gruppe, der Anführer verabschiedet sich von dem Kranken und schon ist die Versammlung vor dem nächsten Lager aufgebaut. Nachdem die Prozedur so häufig vollzogen ist, wie Kranke in dem Zimmer liegen, verläßt der Führer mit eilendem Schritte das Refugium der Leidenden. Vor der Tür nimmt die Versammlung der Weißen abermals Aufstellung, wobei das fahrbare Schränkchen an zentraler Stelle postiert und von den Hauptakteuren des Zeremoniells berührt wird. In einer getragenen Atmosphäre richten sich alle Augenpaare auf das Oberhaupt, das Botschaften übermittelt. Kopfnickend steuern diejenigen, die den Innenkreis der Versammlung bilden, einige Worte bei, bevor der stattliche Mann einen halben Schritt zurücktritt und den abschließenden Satz verkündet.

Weit entfernt stehen wenige Sippenmitglieder der Kranken am Ende des Korridors und schauen verstohlen dem Ereignis zu. Auch in dreißig

Meter Entfernung erfaßt sie noch die Aura des großen Medizinmannes und seiner beratenden und lauschenden Helfer, welche das Gespräch verstummen und den Blick kaum abwenden läßt.

8. INSIDERGESPRÄCHE ZUR VISITE

Ambivalenz

Bevor ich einige Kernsatzkomplexe im Detail vorstelle, möchte ich wenige zusätzliche Erfahrungen aus meinen Insidergesprächen vorweg – schicken. Als in den Gesprächen mit Herrn Nau und Sr. Pia die Visiste an – gesprochen wird, wird rasch eine Ambivalenz im Verhältnis zum Sta – tionsarzt thematisiert. Das Pflegepersonal, das die Krankenakte in den Händen hält, ist gleichzeitig der Zuträger von Informationen und der Weisungsempfänger. Mit äußerst wenig Befugnissen ausgestattet ersparen die Pfleger und Schwestern den Ärzten '"ne ganz schöne zusätzliche Belastung ... und vor allen Dingen jede Menge Arbeit" (Dr. Uhl), wärhrend über die Verwendung des Zugetragenen allein der Arzt ent – scheidet. Die Visite inszeniert eine Hierarchie ärztlicher Entscheidungsträger, an deren Spitze der Chefarzt steht. Der jeweils Ranghöchste hat allein zu entscheiden: "Die Entscheidung liegt natürlich letztendlich bei mir", sagt Prof. Sahr wohlwissend, in welche starke Bindung er zu denjenigen gerät, von deren korrektem Zuliefern der Befunde u.ä. die Güte seines Handelns abhängig ist.

8.1. "... wo er dann entscheiden muß – ganz alleine ent – scheiden muß"

Die genannte Dynamik setzt sich in der Hierarchie bis hin zum Chefarzt fort, auf den sich ähnlich wie auf einen Stammesführer in anderen Kulturen libidinöse und aggressive Impulse richten (vgl. Freud 1980c, S. 333ff).

Über die konkrete Ausformung der Chefarzt – Position erzählt Dr. Uhl, daß sich "an dieser ganzen Hierarchie in der letzten Zeit nichts geändert" hat. Dies verwundert den Assistenten nicht, denn, egal wie "lässig" oder "autoritär" sich Chefärzte geben,

Uhl	*... im Endeffekt müssen die da an sich dasselbe leisten und auch dasselbe verantworten, ja. Die haben nämlich die Verantwortung für ihre letzte Entscheidung.*
Weid.	*Mh.*
Uhl	*Und, äh, Sachen, die an sich ganz normal laufen oder die selbstverständlich sind, die in der Routine drin sind, die Sachen, ähm, da wird auf der, das sind Sachen, die den Chefarzt auch gar nicht weiter interessieren. Es geht ja nur in in in in Zweifelsfällen, wo er dann entscheiden muß – ganz alleine entscheiden muß.*
Weid.	*Mhm.*
Uhl	*Ne.*
Weid.	*In schwierigen Fällen.*
Uhl	*In schwierigen Fällen, ja. In Problemfällen.*

Egal wie sich ein Chefarzt verhalten möchte, wie "kommunemäßig" (Sahr) er sich den Klinikbetrieb wünscht, er muß, ob er will oder nicht, "dasselbe leisten und auch dasselbe verantworten" wie ein Chef, der seine Klinik streng hierarchisch führt. Am Ende steht immer, und das gilt besonders für die "Problemfälle", die "letzte Entscheidung" des Chefs. Hier muß er "ganz alleine entscheiden". Und für diese schwierige Entscheidung, die für die anderen Mitarbeiter so hilfreich sein kann, hat der Chef "die Verantwortung" zu tragen, riskiert er Ansehen und Gewissensbisse.

Die "letzte Entscheidung" des Chefarztes wird dort relevant, wo ein menschliches Schicksal auf dem Spiel steht, die Situation unklar oder die Macht des Menschenmöglichen an ihre Grenze gestoßen ist. Dort ist die Entscheidung "ihre" Entscheidung. Nichts Gemeinsames, nichts Lehrreiches verbindet den Assistenten mehr mit dem Chef. Dr. Uhl will mit der Sache nichts zu tun haben. Er will mit der schwierigen Ent-scheidung nicht behelligt werden. Die Chefärzte müssen den Fall übernehmen, ob sie wollen oder nicht. Das haben sie zu "leisten". Für Dr. Uhl ist die Forderung völlig selbstverständlich.

Die Chefärzte müssen jedoch nicht nur die Leistung generell erbrin-gen, sondern sie müssen das Veranlaßte "auch" "verantworten". Sie müssen Rede und Antwort stehen, wenn nach dem Auftreten eines Schadens eine innere oder äußere Stimme quälende Fragen stellt. Vor dem Gericht des Gewissens soll dem Assistenten der Freispruch sicher sein, indem eine generelle Entschuldigung Gültigkeit erhält. "Die haben nämlich die Verantwortung", die Chefärzte sind schuld, auch wenn Dr. Uhl eine zweifelhafte Anweisung ausgeführt hat. Real erfolgende Vor – würfe und Gewissensbisse werden an den Chefarzt delegiert, indem sich der nachgeordnete Arzt intern zumindest zum heimlichen Nebenkläger macht.

Das Wort Ver – ant – wortung benennt die Pflicht, die Gegenrede zu führen, welche eine Anklage tilgt oder in Gutheißen verwandelt (vgl. Duden 1963, S. 28, 736). Gelingt dem Verantwortungsträger die Ent – schärfung von Vorwürfen nicht, werde er selbst verurteilt. Daß der Pflicht längst nicht immer entsprochen und die harsche Konsequenz nur sehr selten gezogen wird, verweist die Konstruktion der Verantwort – lichkeit in die Sphäre der Ideologien.

Die Alltagstheorie, für die das Wort steht, bearbeitet den subjektiven Wunsch nach einem Vorkämpfer, der die anderen unter dem Einsatz aller seiner Kräfte schützt. Die Existenz einer solchen Figur wird an – genommen, gleichzeitig für den Ernstfall aber genügend Argumente bereitgehalten, daß der Verantwortungsträger just dieses Mal nichts zu vertreten habe. Der aufopfernd schützende Vater bleibt eine Illusion, ohne daß die Realitätserfahrung die schöne Phantasie vom Beschützer, die auch eine Phantasie des sozialen Friedens ist, stört.

Im vorliegenden Fall soll ein bißchen wie nach dem Spruch "Han – nemann, geh' du voran" in gefährlichen Situationen der Chefarzt vor – geschickt werden. Er hat den unsicheren Weg zu gehen, den keiner beschreiten möchte. "Ganz alleine" geht er voran, während die anderen sich in Sicherheit wiegen.

Das Voranschreiten des "Hannemann", und hier weicht die Kranken – haussituation von dem Kinderspruch ab, rächt sich in einem "noch mal kontrolliert" werden durch den Chefarzt. Dafür daß er solches darf, wird von ihm wiederum Perfektion verlangt.

Uhl   ... in regelmäßigen Abständen kommt dann die Chefarztvisite,
          wo dann auch noch mal das, was der Oberarzt und der Assi –
          stenzarzt zusammen gemacht haben, nochmal kontrolliert wird.
Weid. *Mh.*
Uhl   *Ne?*
Weid. *Mhm.*

Uhl   *Ja und wenn, was dann noch durchgerutscht ist an Fehler, das*
         ist sozusagen fast null.

In der Chefarztvisite wird proklamiert, daß der Ärzteschaft, die im –
mer nur so gut ist wie der Mann an der Spitze, "sozusagen fast null"
"Fehler" unterlaufen. Voraussetzung ist aber, daß der Chefarzt aktiv an
der Handlung teilnimmt. Er hat den Garanten für die Perfektion des
medizinischen Stabes zu spielen. Indem "in regelmäßigen Abständen"
"die Chefarztvisite" "kommt", die Chefvisite zelebriert wird, wird von
allen Interaktionsteilnehmern eine Figur aufgebaut, die in einem Akt
der Kontrolle jenes auf seine Schultern lädt, "was der Oberarzt und der
Assistenzarzt zusammen gemacht haben".

Die nachgeordneten Ärzte werden wie bei einer religiösen Absolution
entlastet, ihre Sorgen werden ihnen abgenommen und sie erhalten einen
Schutz vor Selbstzweifel und eventuellen Gewissensnöten. Dr. Uhl und
der Oberarzt bekommen mit der "Chefarztvisite" vom mächtigsten Mann
der Klinik den Segen für ihre Handlungen. Dieser hat den großen
Übervater zu spielen. Der Chefarzt muß die Last, die in der Überhö –
hung steckt, ertragen. Das muß er "leisten", denn dafür ist er ja der
Chef.

Der Chefarzt Prof. Sahr hat das Rollenangebot seinerseits ange –
nommen. Er hat sich ganz mit der in dem Ritual Visite symbolisierten
Rollenideologie identifiziert. Generell sieht sich Prof. Sahr "als Chef",
und zwar "in der Person dessen, der letztendlich die Verantwortung
trägt". "Das ist der Hauptgrund", warum er "nach wie vor ein ausge –
sprochen hierarchisches System beibehalten" hat. Er, so sieht es der
Chef, trägt die "Verantwortung".

Sahr   *Ja, letztendlich für alle, nicht nur für das, was am Patienten*
          geschieht, sondern auch für das, was an den, na, wie ich sage,
          an meinen Leuten passiert.

Der Chefarzt fühlt sich nicht nur verantwortlich für alles, was er
selbst oder das nachgeordnete Personal "am Patienten" macht, sondern
auch für das, was "an" seinen "Leuten passiert". Prof. Sahr fällt nicht
nur Entscheidungen, gibt nicht nur Anweisungen, sondern schützt die
anderen Ärzte z.B. auch vor Kritik von außen. Der Chef, so sein
Selbstverständnis, trägt für das Wohl aller Sorge. Wie sich ein Patriarch

Strukturen setzend und schützend um seine Familie kümmert, achtet Prof. Sahr auf "meine Leute". Die Präsentation der "Chefarztinstanz" soll dem Patienten wie dem nachgeordneten Mitarbeiter suggerieren, "daß ihm dann eigentlich nichts passieren kann" (Weidmann//Prof. Sahr).

8.2. "Wenn das und das ist, dann machen wir das und das"

Die Verwendung des Konstruktes einer "Verantwortlichkeit" des Vorgesetzten erfordert die Aufsicht über die nachgeordneten Ärzte aus moralischen Gründen. Durch Kontrollen soll sichergestellt werden, daß nichts schlimmes passieren kann.

In der Art, in der ein nachgeordneter Arzt während der Visite Be – funde, Diagnose und bisherige Behandlung eines Patienten an den Chefarzt heranzutragen hat, wird die Rolle des Prüfers deutlich.

Sahr   *... die Präsentation ist üblich wirklich in dem Sinne: So sehe ich den Fall.*

Weid.   *Mhm.*

Sahr   *Bitte überprüf' das. Kann man noch was verbessern?*

Die ergebene Haltung des nachgeordneten Arztes ist für die psychi – sche und soziale Stabilität des Vorgesetzten sehr wichtig. Darauf komme ich später ausführlich zu sprechen (siehe Kap. 8.9). Auf der Seite des Assistenzarztes ist die Akzeptanz des Vorgesetzten als Prüfer mit der Reaktivierung der Schülerrolle verbunden, wobei das schulmäßige Sy – stem der Aufsicht die Heilungschance für den Patienten, die in einem kooperativen Zusammenwirken mehrerer Fachkräfte liegen kann, untergräbt.

Uhl   *... Dann fragt der: Warum haben Sie das denn gemacht? Dann hat man, entweder man hat 'nen guten Grund,*

Weid.   *mh*

Uhl	dann ist die Sache in Ordnung, also 'ne gute Ausrede (lacht) oder aber man hat keine gute Ausrede und dann sagt der: Dann müssen wir das anders machen.
Weid.	Mh.
Uhl:	Ne? Dann hat man also was falsch gemacht.

Der Assistenzarzt Dr. Uhl, der bereits Facharzt ist, gerät in eine Lage, in der er wie ein Schüler seine Kreativität auf das schnelle Finden einer "guten Ausrede" anstatt auf das medizinische Problem konzentriert. Ein von der Sache losgelöstes Übervorteilen des Prüfenden und Anweisenden ist die bei uns sozial akzeptierte Form des Widerstandes eines Schülers gegen einen übermächtigen Lehrer.

Im Alltag der Klinik, in der Dr. Uhl arbeitet, wird jedoch die destruktive Konfrontation durch einen Kompromiß eingegrenzt. In der Öffentlichkeit, d.h. vor den Patienten, wird vermieden, eine ärztliche Handlung als "falsch" zu bezeichnen. Dort heißt es vielmehr: "Das ist unterlassen worden oder so, vergessen worden."

Wo der "verantwortlich" "Aufsicht"-Führende derjenige ist, der weiß, was richtig und falsch ist, wird die Überprüfung zu einem Ort des Lernens. Bei der Chefvisite sagt Dr. Uhl:

Uhl	... lernt man sozusagen ganz automatisch ohne erst mal den richtigen, den richtigen Sinn überhaupt, der dahinter steckt, mitzukriegen.
Weid.	Mhm.
Uhl	So richtig einfach so pragmatisch: Wenn das und das ist, dann machen wir das und das.

Die eine Bewußtheit im Handeln voraussetzende Rationalität oder Vernunft, die auch den Grundstock jeder Kritikfähigkeit und Emanzipation liefert, ist nicht angesprochen. Es herrscht ein konventionalistisches statt einem problematisierenden Interaktionsmuster vor. Der Arzt weiß "erst mal" nicht, warum so und nicht anders gehandelt wird, was für und was gegen den regelhaften Einsatz der Untersuchung spricht. Und er fragt auch nicht.

8.3. "Es ist nicht üblich, sich zu zweit an ein Bett zu setzen"

Lassen Sie uns nun eine ganz andere Dimension der zwischen-menschlichen Beziehungen im Erscheinungsritual betrachten. Während der Visite wird eine Szene mit den Trägern von drei unterschiedlichen Rollen (Arzt, Schwester, Patient) aufgebaut. Eine Dreiecksbeziehung ist institutionell vorgesehen. Doch eine intensive Kontaktaufnahme zum Patienten im Sinne einer Beziehung zu einem bedeutsamen anderen ist hier nicht üblich. Sr. Pia erzählt von einem unvollständigen Erscheinungsritual, bei dem der Stationsarzt ohne Begleitung durch die Zimmer geht.

Pia   *... dann geht er ganz gerne alleine, ne. Weil er dann eben sein Pläuschchen am Bett halten kann und weiß eben, ich stehe nicht hinter ihm und muß noch irgendwas anderes machen, ne.*

Weid.   *Ja, mh, daß er dann auch so mehr, mehr Zeit hat für die Patienten, wenn er so kein anderer dabei ist?*

Pia   *Mhm. Ja, auch anders, glaube ich, ne, auf die eingeht, so.*

Weid.   *Mh.*

Pia   *Ja, und bei so anderen [Stationsärzten], die bestehen drauf. Ne? [daß Sr. Pia mitgeht]*

Weid.   *Mhm. Das kommt nicht vor, daß ihr euch dann meinetwegen zu zweit an so ein Bett setzt? Oder ist das nicht üblich?*

Pia   *Doch, doch, habe ich letztens noch erlebt mit dem, ja. Es ist nicht üblich, nee. Es ist auch nicht üblich, so einen Stationsarzt zu haben, wie wir im Moment haben.*

Ist die Schwester bei der Visite anwesend, demonstriert sie, daß sie "noch irgendwas anderes machen" müsse. Im aseptischen Drama wacht im Empfinden eines Assistenzarztes die Krankenschwester mit Argusaugen, daß der Arzt keine inzestuöse Beziehung mit den Patienten aufnimmt. Eifersüchtig ist sie darauf bedacht, daß schon die kleinsten Spuren einer emotionalen Beziehung zwischen Arzt und Patient mit scharfen Mitteln entfernt werden. Hier nun, in der Visite, sieht sich die Schwester nicht in der Lage, einem Pläuschchen zwischen dem Mediziner und dem Kranken in Ruhe zuzusehen.

"Irgendwas anderes" hat sie noch zu tun, irgendwas. Was, ist nicht so wichtig, die Hauptsache ist, daß in ihrem Beisein ein eventuelles Pläuschchen erst gar nicht zustande kommt. Und "irgendwas" gibt es auf einer Krankenstation immer zu tun.

Ist es die "Zeit", die der allein Visite machende Arzt "mehr" "für die Patienten" hat und die ihm durch eine anwesende Schwester genommen wird? "Ja", die Zeit ist ein wichtiger Faktor für die Gestaltung einer Beziehung. Doch scheint Sr. Pia mehr zu bewegen, daß der Arzt ohne eine anwesende Schwester "anders ... auf die" Patienten "eingeht, so" ... sieht es aus! Die Qualität, weniger die Quantität des Arztgespräches ist zum Stein des Anstoßes geworden. Eine Intensität der Beziehung hat die Schwester zu unterbinden, wenn das Ritual in voller Besetzung inszeniert wird.

Trotzdem liegt in den Worten von Sr. Pia auch etwas Gewährendes. Wohlwollend läßt sie den Stationsarzt ziehen (und ist sogar ärgerlich, wenn manche Ärzte nicht ohne die Schwester gehen wollen). Sr. Pia möchte nicht mitansehen, wie der Arzt "sein Pläuschchen" hält. Aber sie hält es doch für sehr wichtig, daß er solches tut. Sr. Pia nimmt sich selbst zurück. Sie weiß, daß in ihrem Beisein der Arzt kein Interesse an den Patienten zeigen wird. Die Haltung der Krankenschwester erin −nert an die Mutter eines Jungen in der Pubertät. Mit einem lachenden und einem weinenden Auge betrachtet sie das Erwachsenwerden des Sohnes, der sich nach anderen Liebschaften umsieht.

Um die Situation aber vollständiger verstehen zu können, möchte ich zum Thema einen Stationsarzt zu Wort kommen lassen. Es gilt zu klären, was während einer Visite sozusagen in der Luft liegt und in einer vollständig zelebrierten Visite unterbunden zu werden hat.

Dr. Harms erzählt von einer Schrumpfform der Visite, der "Kurvenvisite", die er dazu nutzt, den Patienten relativ nahe zu kom −men: Vor dem Rundgang sieht sich der Stationsarzt die Krankenkurven an und korrigiert im Bedarfsfall den Behandlungsplan.

Harms   *Und dann gehe ich, das ist, trenne ich von der eigentlichen Vi −*
                 site vom Patienten, und dann gehe ich ohne Kurven zum Pati −
                 enten rein,
Weid.   *mhm*
Harms   *und dann frage ich nach seinen Akutbelangen oder quatsch'*
                 einfach nur über irgendwas.

Weid.	*Mhm.*
Harms	*Nach dem Motto: so'n bißchen abseits der Medizin, so'n bißchen so'ne persönliche Note darein bringen. Ich habe festgestellt, daß die Patienten das eigentlich ganz begeistert aufnehmen.*
Weid.	*Mhm. Und dafür müssen die Kurven draußen bleiben.*
Harms	*Ja. Der offizielle Rahmen ist dann weg.*
Weid.	*Ja, und dann geht's.*
Harms	*Das geht besser, ja.*
Weid.	*Mhm.*
Harms	*Dann kommt eben nur der weiße Kittel da rein. Und dann setze ich mich aufs Bett und so; nach dem Motto: Ich stehe eben nicht davor, bin nicht distanziert, sondern, ja schon so ein bißchen mehr Kontakt dem Patienten gegenüber.*
Weid.	*Mm.*
Harms	*Und erleb' das also häufig, daß die alten Ommas dann an-kommen, die halten einem dann die Hand oder so. Die brau-chen dann tatsächlich auch irgendwo ein bißchen 'nen persönli-chen Kontakt.*
Weid.	*Mm.*
Harms	*Nicht? Ohne daß jetzt irgendwie äh, zu interpretieren oder so. Das ist einfach für die, nun, ich glaube, daß das auch gar nicht sexuell bedingt ist oder was, sondern daß das so, mm, der Aus-druck des Vertrauens dann eher ist.*
Weid.	*Mhm.*
Harms	*Ich komm' danach mit dem Patienten einfach, habe ich festge-stellt, insgesamt einfach besser noch aus.*
Weid.	*Mm.*
Harms	*Der erzählt mir mehr.*
Weid.	*Mhm.*
Harms	*Und je mehr der Patient einem erzählt, desto besser kennt man ihn, desto besser kann man seine Krankheiten aber auch ein-schätzen.*
Weid.	*Mm.*
Harms	*Und desto mehr kann man unterm Strich für ihn tun.*
Weid.	*Mm. Wie ist so das Verhältnis dann zu den Schwestern oder zu der Schwester, die da mitgeht, bei den Visiten?*
Harms	*Bei solchen, wenn ich diese Visite mache, nehme ich keine Schwester mit.*

Weid.   *Aja.*

Harms   *Das mache ich ganz alleine.*

Weid.   *Mhm.*

Harms   *Wen ich schon mal mitnehme, ist der PJler, daß der sieht, daß man auch anders Visiten machen kann. Das hat dann aber mehr 'nen Lerneffekt für ihn. Das akzeptieren die Patienten auch, wenn der dabeisteht.*

Ohne "offiziellen Rahmen" geht Dr. Harms "zum Patienten rein", fragt nach Wünschen oder redet "einfach nur über irgendwas". Die Patienten sind "ganz begeistert", daß der Arzt nun "nicht distanziert" ist. Wenn "die alten Ommas" ihm "dann die Hand" halten, wertet er ihr Anliegen als ein "Ausdruck des Vertrauens". In der Folge kommt Dr. Harms "einfach besser" mit dem Patienten aus und kann "mehr" "für ihn tun". Doch eine solche Visite macht das medizinische Personal allein, d.h. ohne eine Krankenschwester.

Dr. Harms bewegt sich unter einem Leitsatz. Entsprechend einem "Motto" handelt er während der "Kurvenvisite" "so'n bißchen abseits der Medizin" und bringt ein "bißchen so'ne persönliche Note" in die Begegnung. Dr. Harms nimmt nicht ganz spontan eine persönliche Beziehung auf, sondern er steht unter einem einstudierten, Legitimation verschaffenden Leitspruch. Das Motto legt einen Rahmen für die Interaktion fest, der den "offiziellen Rahmen" ersetzt. In der anders geregelten Begegnung sind die Anliegen der Patienten zwar noch "Akutbelange". Aber sie werden nicht nur abgefragt. Es ist möglich, "einfach nur über irgendwas" zu quatschen, zumindest "geht" "das ... besser".

"Dann kommt eben nur der weiße Kittel da rein", sagt Dr. Harms, um die mit einer "persönlichen Note" versehenen Zweisamkeit mit dem Patienten zu erläutern. Ist das nicht ein Widerspruch oder zumindest eine Dissonanz, wenn gesagt wird, der Patient brauche "ein bißchen 'nen persönlichen Kontakt" und herein kommt "nur der weiße Kittel"? Noch befremdlicher wird die Rede des Stationsarztes, wenn man sich vergegenwärtigt, daß der Begriff "Weißkittel" eine ausgesprochen negativ gefärbte Bezeichnung für Ärzte ist, die u.a. wenig Anteilnahme zeigen. Sieht man einmal von der für Nicht-Mediziner geltenden Besetzung des Wortes ab, so kann man festhalten, daß der "weiße Kittel" eines der wichtigsten Symbole des Arztes für seinen Beruf und für seine

Rolle ist. In das Patientenzimmer hinein tritt sozusagen der pure Arzt, der so offenherzig und mitfühlend agiert, wie es in der Rollenideologie vorgesehen ist. Der reine Arzt hält sich frei von persönlichen, über die Rolle hinausgehenden Empfindungen und Begierden. Der "weiße Kittel" kennt Antipathien gegen hilfsbedürftige Patienten ebenso wenig wie eigene Versorgungsbedürfnisse, sexuelle Interessen oder ähnliches. In einer umfassenden Aktualisierung der Rollenidentifikation, die sekundär der Abwehr dient, kann sich Dr. Harms "aufs Bett" setzen, die im offiziellen Rahmen übliche Distanz reduzieren, sich fast auf eine gleiche Ebene mit dem Patienten begeben und "ja schon so ein bißchen mehr Kontakt dem Patienten gegenüber" aufbauen. Nichts und niemand ist im Raum, der den Arzt in dem bedenkenlosen Agieren innerhalb seiner Rolle behindert. Entspannt kann er als Arzt den Patienten begegnen und den Nächsten lieben, wie es die charitativen Aspekte der Rollenideologie vorsehen.

Ausdrücklich sind es die "Kurven", die vor der Tür bleiben. Auf der logischen Ebene des Verstehens sind die Aufzeichnungen über die Krankheitsverläufe der Patienten gemeint. Doch die Wortwahl provoziert bei einem Außenstehenden auch eine ganz andere Assoziation, nämlich die Vorstellung von dem weiblichen Torso, die mit den Händen in die Luft gemalte "Kurve" ausladender Brüste – schmaler Taille – breitem Becken. Wenn Harms "ohne Kurven zum Patienten rein" geht, nimmt er "keine Schwester" mit. Das ist ihm so selbstverständlich, daß es ohne meine Frage keine besondere Erwähnung findet. Geht "nur der weiße Kittel da rein" zu den alten Damen, darf die Krankenschwester als sexuell begehrenswerte Frau nicht die Bühne betreten. In diesem Akt spielt die Krankenschwester die Ehegattin und Liebhaberin des Arztes. Ihre Anwesenheit würde den Arzt irritieren. Der "weiße Kittel" aber hat keine sozialen Bindungen, die stören könnten.

Auch die Patienten, genauer gesagt, die "alten Ommas", würden die Anwesenheit der Partnerin des Arztes in dieser Szene nicht "akzeptieren". Die Schwester ist zur Konkurrentin geworden, die nicht "dabeistehen" darf, wenn sie mit dem Arzt Händchen–haltend auf dem Bett sitzen.

In der Sicherheit herstellenden integrativen Verbindung zur sozialen Gemeinschaft der Mediziner bzw. der Krankenhausmitarbeiter, die durch die Rollenidentifikation hergestellt ist, und in dem sozial legitimierten Rahmen einer besonderen Definition der "Kurvenvisite", verliert der

Wunsch nach einem "persönlichen Kontakt" seine verschlingende Ge-
fährlichkeit und kann daher zustande kommen. In einem anderen Zusammenhang erlebt Dr. Harms "einen etwas persönlicheren Kontakt zu
den Patienten" im Sinne des "berühmten Effektes": "gibst du ihm den
kleinen Finger, er nimmt die ganze Hand". In der sozialen Nische einer
"Kurvenvisite" dagegen können "die alten Ommas ... ankommen" und
dem Herrn Doktor "die Hand" "halten", ohne daß oralsadistische Phantasien die Beziehung trüben.

Die Annäherung von Arzt und "Ommas" soll hingenommen werden,
ohne "zu interpretieren". In der aktuellen Szene des Gesprächs verstehe
ich den Satz auch als eine Aufforderung an mich. Ich soll Dr. Harms'
Verhältnis zu den Damen nicht "irgendwie" "interpretieren". Ein ge-
naueres Hinsehen würde die Gefahr einer moralischen Verurteilung
bedeuten und die Beziehung zwischen den Akteuren im Patientenzimmer bzw. zwischen uns beiden sehr stören. Ich gehe auf die Bitte ein,
spreche wenig später aber das "Verhältnis ... zu den Schwestern" an und
weise somit auf eine störende Instanz hin.

Indem Dr. Harms seine Bitte erklärt, nennt er zugleich den Inhalt
der Phantasie, die eigentlich nicht benannt werden soll. "Ich glaube",
sagt er, "daß das auch gar nicht sexuell bedingt ist" ... so wie es den
Anschein hat. Offensichtlich gibt es Anlaß für eine Phantasie mit geni-
tal-sexuellem Inhalt: Ein Mann sitzt "auf" dem "Bett", in dem eine
Frau liegt. Er ist "nicht distanziert". Sie hält ihm "die Hand" und hat
das Bedürfnis nach einem "persönlichen Kontakt". Das ist die in jedem
anderen Kontext unmißverständlich sexuell dominierte Situation, die
eine moralische Verurteilung heraufbeschwören kann. Abgesehen von
der Realität, daß es Dr. Harms viel mit alten Menschen zu tun hat,
können auf unbewußter Ebene die "alten Ommas" für zwei weitere Inhalte stehen. Sie erinnern als Großmütter an die große Mutter des
kleinen Jungen. An sie sind seine ersten sexuellen (Phantasie)Erlebnisse
gebunden, die es zu verschweigen gilt.

Die Charakterisierung der Frau als "alt", womit eine Häßlichkeit
verbunden wird, kann als eine durch psychische Abwehr hervorgerufene
Deformation eines Wunsches verstanden werden. Nicht die begehrende
Frau ist häßlich, sondern das Begehren selbst, das vielleicht beide
Partner spüren, ist häßlich oder unfein.

Dr. Harms hofft aber einer Verurteilung und Trennung zu entgehen,
wenn alle Erscheinungen verbotener Erotik zu einem "Ausdruck des

Vertrauens" umdefiniert werden. Der in der Alltagstheorie hergestellte Kompromiß symbolisiert die Nähe in der gewünschten Quantität, jedoch mit einer anderen Qualität. Die auch in der ödipalen Szene bestehen – den Vertrautheit zwischen den sich begehrenden Partnern wird ob ihrer Sozialverträglichkeit zum eigentlichen und einzigen Anliegen erklärt.

In der aktuellen Szene des Gespräches mit mir, so mein Eindruck, spiegelt sich die Situation im Krankenhaus wider. Die Szene ist in Anlehnung an ein familiales Schema abermals als eine ödipal gefärbte Szene in der Pubertät zu verstehen: Der unerfahrene Mann (hier: der im zwischenmenschlich – psychologischen Bereich wenig versierte Arzt) meint, keine sexuelle Beziehung zu einer Frau auf gleicher Ebene ein – gehen zu dürfen, die ihn an seine Mutter erinnert. Er hat Angst vor der Verurteilung eines erfahrenen Mannes (hier: ich als Psychologe), der aber nicht selbst eingreift, sondern sich erkundigt, wie sich das Verhältnis zu der bisherigen Begleiterin des Heranwachsenden entwik – kelt, was die Mutter denn dazu sagt. D.h., in der Visite entsteht zwi – schen Arzt und Patientinnen eine sexuelle Begehrlichkeit, was die zu Kontrolle Anlaß gebende Eifersucht der Krankenschwester als mütterli – che Begleiterin auf den Plan ruft.

Ist die kompromißhafte Annäherung zwischen Patientinnen und Arzt gelungen, kommen sie miteinander "insgesamt einfach besser ... aus". Dabei sind aus den weiblichen Patientinnen wieder der geschlechtlich nicht spezifizierte "Patient" geworden. "Der erzählt" dem Stationsarzt nun "mehr" als vorher und so "kann man unterm Strich" mehr "für ihn tun". Wird später ein Saldo ermittelt, so schlägt der kleine Ausflug des Dr. Harms positiv zu Buche. Der Arzt hat, so die Begründung des Kontaktes mit persönlicher Note, nicht vorwiegend Freude gebracht, sondern er ist unter einer Nützlichkeitsüberlegung, unter einem Ge – sichtspunkt der Produktivität des Krankenhausbetriebes als positiv zu bewerten. Die erotisch gefärbten Bedürfnisse gelten in der Weise kompromißhaft abgewehrt, daß die triebhaften Anliegen für den Betrieb als nutzbar gelten können.

Ob die "Kurvenvisite" des Dr. Harms tatsächlich produktivitätsstei – gernd wirkt, soll hier nicht diskutiert werden. Bemerkenswert ist aber die alltagstheoretische Verknüpfung, Begründung und Absicherung der "persönlichen Note" mit funktionalen Gesichtspunkten. Die Vertrautheit zwischen Arzt und Patientin wird nicht vorwiegend als lustvoll präsen – tiert. Sie wird stattdessen als eine Nützlichkeit für den Arzt definiert.

Daß die Patientin "mehr" "erzählt", freut den Arzt nicht aufgrund eines Interesses an der Objektbeziehung mit dem Patienten als Subjekt der Interaktion, sondern das Erzählte dient dem Arzt, "Krankheiten" "besser" "einschätzen" zu können. Dr. Harms verwandelt die Interaktion ent – sprechend einem narzißtischen Beziehungsmuster: Der Kontakt zum Patienten verschafft dem Arzt eine Fähigkeit, die ihm mehr Macht über das Wohl und Wehe des Patienten verleiht. In der helfenden Machtausübung erlangt der Mediziner eine große Bestätigung, einen narzißtischen Gewinn.

Die Konzentration auf eine narzißtisch geprägte Beziehungsdefinition hat den Charakter einer Anpassungsleistung an die objektive soziale Situation. Der Arzt verlegt die personale Beziehung auf eine funktionale Ebene. Er funktionalisiert seine Bedürfnisstruktur und die Interaktion mit den Patienten im Sinne der Systematik eines Produktionsbetriebes.

Die Betonung der narzißtischen Komponente in der Beziehung erhält aber auch die Bedeutung der Abwehr einer Thematisierung. An dieser Stelle möchte ich wieder aus dem hermeneutischen Feld I einige Er – läuterungen einfügen. Ich habe den Eindruck, daß Dr. Harms mit der Betonung des Nützlichkeitsgedankens ein Zugeständnis an mich machen will. Seine Äußerung erscheint mir wie ein Rechtfertigungsversuch und ein Bemühen, sich mir gegenüber als pflichtbewußt darzustellen. Dabei kann Dr. Harms davon ausgehen, daß ich ein Vertreter eines ent – sprechenden Nützlichkeitsgedankens sei: Ich führe die Gespräche mit ihm nicht, weil mir seine Person am Herzen liegt, sondern weil ich das Gespräch, das, was er mir erzählt, gemäß meinen Interessen nutzbar machen will. In der aktuellen Szene mit mir gerät Dr. Harms, der mit den Patienten Gespräche führt, gegenüber dem Psychologen als Profes – sionellen im Bereich der Gesprächsführung in die Rolle eines gelehr – samen Schülers oder Sohnes. Mit der Betonung der Nützlichkeit unterstreicht Dr. Harms die identifikatorische Unterwerfung unter das Prinzip des Vaters, der in der entsprechenden Krankenhaussituation vermutlich von dem den Betrieb repräsentierenden Chefarzt gespielt wird. Die Identifikation dient der Abwehr einer Verurteilung von Seiten des Chefarztes. Das väterlich – betriebliche Prinzip der Funk – tionalisierung von Beziehungen auf narzißtischer Ebene ist übernommen.

Die offizielle Visite ist nun so angelegt, daß in der demonstrativen Ausrichtung an den Gepflogenheiten des Hauses bzw. des Chefs und im Beisein der Krankenschwester ein Arzt – Patient – Kontakt erst gar nicht entsteht, der Eifersucht und Angst vor Verurteilung auslösen könnte. Zur "Kurvenvisite" dagegen "nimmt" Dr. Harms "keine Schwester" mit. Abgesehen von seinen eigenen Bedürfnissen und Ängsten nimmt Dr. Harms an, daß auch die Patienten eine Anwesenheit der Schwester nicht akzeptieren würden. Daß er "schon mal" einen PJler mitnimmt, "das akzeptieren die Patienten auch". Kommt ein Lernender mit, ist der Arzt trotzdem noch "ganz allein" mit den Patienten. Würde eine Krankenschwester "dabeistehen", wäre dies wohl anders.

8.4. "Also es bleibt jeder alleine"

In dem vorhergehenden Kernsatzkomplex wurde deutlich, daß auch bei Ärzten ein Interesse an intensiven Objektbeziehungen zu Patienten besteht. Das Bedürfnis findet jedoch keinen Platz innerhalb des offiziellen Rahmens der Krankenhausinteraktion und der vollständigen Visite. Mit der Interpretation der nun folgenden Kernsatzkomplexen wird deutlich, wie sich in dem Ritual einer formgerechten Visite die Interaktion gestaltet. Es kommt z.B. zur Sprache, in wie weit in Szene gesetzt wird, daß jede Berufsgruppe sich selbst zu helfen hat (Kap. 8.4.), daß Ärzten mit der Distanzierung vom Patienten institutionell ein Schutzraum zur Verfügung gestellt wird (Kap. 8.5.) und daß mit Aufnahme einer Arzt–Patient–Beziehung die Emotionen in die Hand des Arztes geraten (Kap. 8.6.). Auch werden Wut und Enttäuschung, die beim Arzt gegenüber Patienten auftreten, in institutionell vorgeprägter Weise ausgedrückt (Kap. 8.7.).

Die tendenzielle Unmöglichkeit, gemeinsame Gespräche mit den Angehörigen der drei wichtigsten Untergruppen auf einer Krankenstation zu führen, behindert ein Leben nach dem biblischen Satz: Einer trage des anderen Last. Jede Berufsgruppe ist auf sich allein gestellt. Dieser Aspekt der Arzt–Schwestern–Beziehung, der fast überall im Krankenhausalltag zu finden ist, wird in der Visite rekapituliert. Die Demonstration liegt nicht in der Tat, sondern in der implizierten Unterlassung. Das Stichwort ist die "kurze" "Visite", das Fazit heißt: "alleine".

Sr. Pia erzählt von einem sterbenskranken Patienten, dem sie auf –
grund einer Anweisung vom Chefarzt den nahen Tod nicht mitteilen
darf. Der Patienten ist daher völlig "zu" und läßt die Schwester gar
nicht an ihn heran (siehe auch Kap. 4.1.).

Pia   *Und unsere Ärzte haben sich eben geweigert. Die Ärzte gehen*
            einmal am Tag zur Visite in solche Zimmer,
Weid.   *mh*
Pia   *und die Leute im Sterben liegen, gestaltet sich die Visite eben*
            entsprechend kurz, weil die so hilflos sind.
Weid.   *Mhm.*
Pia   *Die konfrontieren sich mit dem Leiden eben überhaupt nicht, ne.*
Weid.   *Mh.*
Pia   *Ja, und lassen, lassen nicht nur die Patienten, die lassen uns als*
            Pflegepersonal eben auch alleine, ne, in so Situationen.

Ist ein Patientenschicksal sehr belastend, z.B. weil die "Leute im
Sterben liegen, gestaltet sich die" Pflichtübung der "Visite" "entsprechend
kurz". Die zeitliche Dauer entspricht der Hilflosigkeit des Arztes, der es
nicht gewohnt ist, in eine intensive Auseinandersetzung mit den psy –
chosozialen Leiden der Patienten zu treten und der unter dem Druck
der chefärztlichen Anweisung zur Desymbolisation steht. Sr. Pia sieht
und benennt die Unfähigkeit des medizinischen Personals, entwickelt
aber zunächst kein Verständnis. Im Vordergrund steht eine Enttäu –
schung: Abgesehen von den Patienten "lassen" die Ärzte "uns als Pfle –
gepersonal eben auch allein". Eine Gemeinsamkeit, ein Zusammenstehen
in belastenden Situationen ist nur innerhalb des "Pflegepersonals" mög –
lich. Zu "uns" gehören nur die Schwestern und Pfleger. Die Ärzte aber,
die sonst so eine wichtige Rolle spielen, sind auf einem mal ver –
schwunden. Gegenüber dem Rückzug der Ärzte erlebt sich die häufig
kämpferisch auftretende Sr. Pia ganz machtlos. Sie wird "eben" allein –
gelassen.

     Um trotz der Konfrontation mit einer Übermacht eine Entspannung
zu erreichen, bedarf es häufig einer Figur in leitender Position, die die
anderen durch die dunkle Sphäre führt. In der familialen Vater – Mut –
ter – Kind – Konstellation unserer Gesellschaft obliegt die Führung in
der Regel dem Mann. Gemeinsam können, so Sr. Pias Utopie, der vä –
terliche Arzt und die mütterliche Krankenschwester die angstvolle

Spannung lösen, wobei der Vater der führende und richtungweisende Starke ist, in dessen kräftigem Arm die weichere Mutter ein Stück weit sinken darf.

Solches ist jedoch im Krankenhaus nicht möglich, zumindest nicht in der Visite mit dem Stationsarzt. Dieser läßt die mütterliche Schwester auch deshalb allein, weil er sich gar nicht ganz in einer Vaterrolle be – findet. Innerhalb der "Ärzteschaft", die für ihn die wichtigste Bezugs – gruppe darstellt, ist er der Junior. In immer wiederkehrender, abhängi – ger Schüler – oder Sohn – Stellung gegenüber den "erfahreneren" Ärzten ist der Stationsarzt der meist junge "Kollege", der im besten Fall wie ein junger Vater, dem viel zu viele Kinder auf einem mal geboren wurden, an die Grenzen seiner Belastbarkeit stößt. Durch ihre Einbin – dung in die rigide strukturierte Ärzteschaft sind die Mediziner aber auch nicht umgekehrt in der Lage, wie Sr. Pia an anderer Stelle for – muliert, "unsere Hand, die wir denen reichen" zu nehmen. So "bleibt jeder alleine".

8.5. "Das muß irgendwo alles seine Grenzen haben"

Bisher wurde deutlich, wie sehr im Erscheinungsritual Beschränkungen in der Arzt – Patient – Beziehung inszeniert und festgeschrieben werden. Bevor ich mit der Untersuchung des Rituals weiter fortfahre, möchte ich darlegen, welche Schwierigkeiten auftreten, wenn ein Arzt im Rahmen eines heutigen Krankenhausbetriebes die psychischen und so – zialen Bedürfnisse nicht abspalten will. Diese Frage wurde allerdings im thematischen Feld der Visite in keinem meiner Gespräche angeschnit – ten. Möglicherweise ist das Ritual in diesem Punkt zu rigide. Daher werde ich Gesprächssequenzen wiedergeben, die in einem anderen thematischen Kontext entstanden sind.

In seinem Bemühen, die psychischen Bedürfnisse der Patienten in die Behandlung miteinzubeziehen, stößt Prof. Sahr an eine nach ökonomi – schen Gesichtspunkten festgesetzte Grenze. Die psychosomatische Hal – tung, die in seinem Geltungsbereich vertreten wird,

Sahr	... *wirkt sich aber vor allem aus in dem Zeitaufwand, der bei*
	uns getrieben wird,
Weid.	*mhm*
Sahr	*ja? Die man–power, der involviert wird rein für Gespräche,*
	Gespräche und nochmal Gespräche.

Die psychischen Bedürfnisse der Patienten nicht ausklammern zu wollen, bedeutet in einem Produktionsbetrieb wie dem Krankenhaus, die "man–power", die zur Verfügung stehende Arbeitskraft anders als üb– lich einzusetzen. Das Produktionsmittel wird verstärkt in "Gespräche" investiert. Der Aufwand wird in Zeiteinheiten gemessen, deren Gesamtumfang wiederum durch den Preis der Ware, d.h. den Pflege– satz, bestimmt wird. Die von Prof. Sahr und "seinen Leuten" vorange– triebene Steigerung der Qualität einer Behandlung ist sozusagen am Markt nicht zu einem kostendeckenden Preis absetzbar. Daher haben sich z.B. die Assistenzärzte der Klinik entschlossen, eine zusätzliche vom Haus nicht getragene Halbtagsstelle durch einen Teil der eigenen Gehälter zu finanzieren.

Die in den objektiven Produktionsverhältnissen begründete Grenze setzt sich in einer Grenze der psychischen und emotionalen Leistungs– fähigkeit fort. Der Mangel an Zeit, die nötig ist, um sich mit dem einzelnen Patienten intensiv zu beschäftigen und das Fehlen der Zeit für eine Aufarbeitung der eigenen Betroffenheit im Kollegenkreis steht unter anderem die große Auswahl von Schicksalen gegenüber. Der Krankenhausarzt erlebt nicht nur Krankheit und Tod weniger Verwandte und Freunde über Jahrzehnte verteilt, sondern er ist täglich mit Dut– zenden von Kranken oder auch Sterbenden konfrontiert, die häufig wünschen, wie Freunde oder Verwandte behandelt zu werden. Ihre Symptomatik aber muß in einer den Produktionsverhältnissen entspre– chenden Arbeitsteilung effektiv und rationell bearbeitet werden, so daß der Arzt gemäß der herrschenden Arbeitsteilung nur für wenige Be– lange bei einer großen Anzahl von Leiden zuständig ist.

Dabei wird der moderne Arzt nicht mehr als der ergebene Diener einer höheren, mystifizierten oder mystischen Macht (Natur bzw. Gott) verstanden, sondern er versteht sich selbst als der Vertreter einer ei– genverantwortlich handelnden und eingreifenden Ärzteschaft. Die Grenze der subjektiven Belastbarkeit kommt auf objektiv–ökonomischer Ebene der Begrenztheit der Leistungs– und flexiblen Einsatzfähigkeit des

Produktionsmittel Arbeit gleich. Was der Mitarbeiter aufwendet, um sich subjektiv zu "schützen" (Harms) oder zu entlasten, ist objektiv der Aufwand an Zeit, die für die Reproduktion der Arbeitskraft aufgebracht werden muß.

Der etwa über die Entfremdung der Arbeit in den Mikrokosmos und das Subjekt hineingenommene gesellschaftliche Widerspruch manifestiert sich in einer besonderen Alltagserfahrung und einer entsprechenden psychischen Dynamik des Chefarztes Prof. Sahr.

Sahr	*Ähm, also der Zeitbegriff ist klar, kostet viel Zeit. Es kostet auch sehr, sehr viel, äh, auf der einen Seite persönliches Einfühlungs – vermögen,*
Weid.	*mhm*
Sahr	*und, äh, es kostet einem selbst ähm, na man kann ruhig sagen sehr viel Kraft.*
Weid.	*Mh. Es ist schon was Belastendes.*
Sahr	*Ja, denn sehen Sie, auch wenn man, wenn man psychosomatisch <u>orientiert</u> ist, hat man nicht das Training, das ein Psychologe haben sollte,*
Weid.	*mh*
Sahr	*sage ich jetzt, daß er emotionsfrei*
Weid.	*mh*
Sahr	*während seiner Therapie oder während seine Therapiegespräches emotionsfrei bleibt.*
Weid.	*Mh.*
Sahr	*Das schafft man nicht als Arzt, vor allen Dingen, wenn man auch, äh, visuell und auch taktil*
Weid.	*ja*
Sahr	*im Grunde genommen in das Geschehen miteinbezogen ist, ja?*
Weid.	*Es ist eigentlich ein sehr enger Kontakt, der hergestellt wird auf sehr vielen Ebenen und wo dann von Ihnen auch sehr viel Ge – fühl da auch mit reinkommt,*
Sahr	*ja*
Weid.	*viele Emotionen*
Sahr	*ja*
Weid.	*bei Ihnen auch aufgewühlt werden?*
Sahr	*Mit Sicherheit, ja.*
Weid.	*Mhm.*

Sahr	Ich würde soweit gehen und sagen, ich sage es jetzt mal negativ, ein Arzt, der nicht, ähm, zumindest still vor sich hin, äh, mit – leiden kann,
Weid	mhm
Sahr	oder auch mal mitweinen kann,
Weid.	mhm
Sahr	ist ein schlechter Arzt
Weid	mhm
Sahr	ja?

Die psychosomatische Orientierung ist auch im persönlichen Bereich sehr kostenaufwendig. Die Haltung "kostet" viel "Einfühlungsvermögen" und "sehr viel Kraft". Der Aufwand ergibt sich auch aufgrund des Fehlens einer bestimmten, trainierbaren Fähigkeit. Prof. Sahr betrachtet als ein Ideal, "während seines Therapiegespräches" bzw. während eines Gespräches zur gynäkologischen Therapie "emotionsfrei" zu bleiben. Die Vision ist aber für einen Arzt, der "visuell und auch taktil" "in das Geschehen miteinbezogen ist" unerreichbar. Prof. Sahr ist "mit Si – cherheit" immer wieder emotional "aufgewühlt". Doch gleich wird aus dem selbst konstruierten Manko eine Tugend, die zur Abgrenzung von "negativ" zu beurteilenden Ärzten führt. Wer nicht wie Prof. Sahr emotional beteiligt "mitleiden kann", "ist ein schlechter Arzt".

Prof. Sahr bringt zwei Begebenheiten zur Sprache, die ihn "sehr viel Kraft" kosten. Einmal ist er als Arzt "visuell und taktil ... in das Ge – schehen miteinbezogen". Somit bietet seine Handlung selbst keine Möglichkeit zur Distanzierung vom Leiden des Patienten. Im Gegensatz zu einem Psychoanalytiker ist er dem Patienten visuell verbunden und im Gegensatz zu allen anderen Berufsgruppen im sozialen Bereich muß er bei Untersuchungen und Operationen den Patienten oft tief im leiblichen Inneren berühren und sogar bearbeiten. Dabei ist er der ag – gressiv Eingreifende. Die Parallelität von Anordnung bzw. Anweisung eines schmerzhaften Eingriffs und mitleidender Haltung ist zweifellos schwierig.

Prof. Sahr nennt indirekt aber noch einen weiteren Faktor der Belastung. Meinem Gesprächspartner, so meint er, fehlt etwas, über das ein guter Psychologe verfügt. Dieser hat das "Training", die Schule und Erfahrung, aufgrund derer er "während seines Therapiegespräches emo – tionsfrei bleibt". Wenn er intensiv trainieren würde, könnte er eines

Tages auch über die Fertigkeit verfügen, die ihn kraftvoller auftreten ließe. Doch heute fehlt dem Arzt die Potenz.

Der gute und erfahrene Psychologe ist nicht gefühllos und kalt. Aber er soll frei sein von heftigen Emotionen, die dem Helfenden Ruhe und Gelassenheit rauben. Der ideale Gesprächspartner hält sich selbst so weit zurück, daß er den Hilfesuchenden nicht mit eigener Sorge, Äng - sten oder Trauer belastet. Niemals verliert der phantasierte Psychologe den Überblick. Unendlich ist er belastbar, unerschöpflich seine Kraft.

Mir, dem Psychologen, sagt Prof. Sahr, daß er nicht die Kraft habe, sich den ganzen Tag mit psychischen Problemen zu konfrontieren. Ohne die Bemerkung meines Gegenübers bewußt ganz erfaßt zu haben, frage ich mich heimlich, ob ich auch warmherzig genug zu meinem Ge - sprächspartner bin. Ich reagiere innerlich so, als wenn er eine entspre - chende Forderung an mich gerichtet hat.

Sie ist von einer Art, die mich an mir selbst zweifeln läßt. Mögli - cherweise agiert Prof. Sahr in der Identifikation mit einer Gruppe von Interaktionspartnern im Krankenhaus, die an den Chef eine eben solche Forderung richten wie ich sie an mich gestellt glaube. Sie ist in dem sozialen Kontext unerfüllbar.

"Das schafft man nicht als Arzt", sagt Prof. Sahr und schließt sich selbst dabei keineswegs aus. Mein Beziehungsangebot, ihm zwei Stunden lang relativ zurückhaltend zuzuhören, während er über eigene Bedürf - nisse am Arbeitsplatz spricht, verbunden mit meinem Anliegen, später mit dem Erzählten etwas anfangen zu können, kann der aktuelle Anlaß sein, mir von einem Idealbild in der Formulierung einer Forderung zu erzählen. So gesehen sagt Prof. Sahr latent: Wenn du mir zuhörst und etwas mit meinem Anliegen anzufangen weißt, dann sei doch bitteschön ganz für mich da.

Wie das Bild eines Ich – Ideal erhält die Rede etwas von einer zur Anlehnung geeigneten Figur. Und gleichzeitig kommt die Hoffnung auf ein besseres Lebensgefühl zum Ausdruck für den Fall, daß man der visionären Gestalt gleich käme. Auch schwingt die mehr oder weniger rigide Überich – Forderung mit, das eigene Ich dem Ideal tatsächlich anzupassen.

Im Hinblick auf die psychosoziale Lage des Arztes, genauer des Chefarztes im Krankenhaus ist zweierlei bemerkenswert. Zum einen artikuliert der Chefarzt just in dem Moment ein Idealbild, als ich mein Verständnis für seine emotionale Belastung ausdrücke. Mit der Vision eines emotionsfreien Psychologen bringt er mich als eine Figur in die Szene, die evtl., falls das "Training" absolviert wurde, die psychische Betreuung von Patient und Mitarbeiter inklusive der eigenen Person ein Stück weit übernehmen soll, zu der er sich als Chef verpflichtet fühlt. D.h., die Forderung wird dann akut, wenn der Chefarzt beginnt, An – teilnahme an den Sorgen seines Gegenübers zu signalisieren. Zum an – deren zeigt die Totalität der postulierten Emotionsfreiheit die Rigidität der Forderung nach einer unendlichen Belastbarkeit des Chefarztes, mit der sich Prof. Sahr möglicherweise im Alltag konfrontiert sieht. Solange die Krankenbehandlung in einem religiösen Zusammenhang gestellt war, konnte der Wunsch nach einem anlehnungsfähigen Idealbild an eine kollektive Gottesphantasie gebunden werden, in der der Arzt lediglich ein Diener des Herrn war. Eine eventuelle Tendenz der Angleichung an die allmächtige Gottheit unterlag einem Tabu.

Eine weitere ähnlich bedrückende Forderung, die in einem an Ärzte anzulegenden Maßstab enthalten ist, artikuliert der Chefarzt, als ich sein "aufgewühlt werden" benenne. Prof. Sahr "würde so weit gehen zu sa – gen", daß er als des Mit – Leidens fähiger Arzt ein guter Arzt ist, aber er sagt es nicht. Stattdessen formuliert er "es jetzt mal negativ": Derje – nige, der nicht "mitleiden kann", der zum Mit – Leiden unfähige Arzt, ist "ein schlechter Arzt". Das heißt, sobald ihm die emotionale Bela – stung über den Kopf wächst, bietet sich dem Chefarzt keine Chance, von anderen aufgefangen zu werden. Vielmehr ist er aufgrund seiner Rollenideologie der unverblümten Verurteilung durch sich selbst ausgesetzt.

Um " so weit gehen" zu können, daß der Chefarzt seine emotionale Beteiligung am "Geschehen" ohne eine heimliche Erniedrigung anderer Ärzte positiv bewertet und ausdrückt, muß er meines Erachtens erst der uneingeschränkten Anerkennung durch den idealisierten Psychologen als allmächtige Betreuerfigur sicher sein. Doch die Idealfigur ist eben ge – rade das Abbild des idealen Chefarztes selbst: In die Figur wird, ge – messen an generellen menschlichen Fähigkeiten, eine unermeßliche Kraft phantasiert. Im Widerspruch zu der gewünschten Anteilnahme und Liebe ist das Bild des Psychologen bar jeglicher sichtbarer Erregung, so daß die Imago gerade die Struktur der Bewältigung sozialer Probleme ausdrückt, die die Rollenideologie des Chefarztes anbietet.

Noch größere Mühe mit einer möglichen eigenen Betroffenheit hat der Stationsarzt Dr. Harms, der sich allerdings auch nicht einer psy –

chosomatischen Orientierung verpflichtet sieht. Er fühlt sich von den Schicksalen und den daraus entstehenden Wünschen der Patienten gänzlich überfordert und entwickelt eine Phantasie vereinnahmt zu werden. So bemüht sich von vorneherein um eine Distanzierung, wobei er die Fraktionierung des Leidenden für seine psychische Abwehr nutzbar macht.

Der Belastungssituation kann durch verschiedene Maßnahmen die Schärfe genommen werden. Eine der von meinen Gesprächspartnern gewählte Möglichkeit ist die strikte Orientierung an den Wünschen des Vorgesetzten, die diesen entlastet. Darauf komme ich später zu spre – chen.

Das Pendant dazu ist ein Verbergen hinter relativ starren Sozialstrukturen, die im Krankenhaus immer auch auf den Chefarzt als Vaterfigur verweisen. Die Dynamik ist oben schon einmal angeklungen. Es soll hier nun um die Relevanz dieser Grenzziehung für die Bewäl – tigung der Angst gehen, die durch das Leiden der Patienten und ihre Wünsche nach Betreuung entsteht.

Wie ich oben schon mehrfach erwähnt habe, wirkt in den Gesprä – chen mit Dr. Harms die vom Stationsarzt geforderte und aufrechterhaltene Festigkeit einer Struktur als eine Barriere gegen eine emotionale Intensivierung der Situation. Stelle ich eine sehr offen ge – haltene Frage, antwortet er häufig z. B. mit einer Auflistung von scheinbar objektiven Tatsachen.

Als ich am Anfang des ersten Gesprächs ein solches Referieren un – terbreche und nach einem persönlichen Eindruck frage, wehrt sich mein Gesprächspartner ausdrücklich gegen ein übereiltes Benennen von "Wertungen". Er besteht darauf, mit seinem Referat fortzufahren. Die Strukturierungen innerhalb der Gespräche verhindern, daß wir über ein gewisses Maß hinaus z.B. Gefühle thematisieren. Die Nähe zwischen uns beiden bleibt begrenzt.

Das Erscheinungsritual ist mit seinem "offiziellen Rahmen" ebenfalls stark strukturiert. Hier hat der Arzt sich an der "Kurve" zu orientieren, Laborwerte oder andere Untersuchungsergebnisse zur Kenntnis zu nehmen bzw. an Vorgesetzte weiterzugeben und auf "sachlicher" Ebene Entscheidungen zu treffen. Mit dem Festhalten an dieser Struktur kann wie in der aktuellen Gesprächssituation eine Nähe zum Patienten ver – mieden werden. Als ich Dr. Harms frage, wie es ihm gefalle, in einem weitgehend vorgefaßten Ablauf eingebunden zu sein, antwortet er, von der Regelhaftigkeit sei

Harms   ... *ja ein Mammutunternehmen abhängig. Das heißt, wenn ich auf meiner Visite was anordne, nehmen wir mal an, ich schicke denjenigen zum Röntgen,*
Weid.   *mhm*
Harms   *dann muß der ja die Zeit finden, geröngt zu werden.*

Anderenfalls ergäbe sich eine Situation, in der

Harms   ... *dann wieder ein Leidtragender dranhängt*
Weid.   *mhm*
Harms   *nicht, wenn ich das System umwerfe.*

Ich habe den Eindruck, für Dr. Harms bedeutet meine Frage nach seinen Gefühlen und Wünschen gleichzeitig die Frage nach der Auf— hebung der gewohnten Sozialstruktur. Sogleich erzählt er, daß ein un— verantwortliches Chaos entstünde, wenn er "das System umwerfe". Das Bild einer Situation, auf dem es am Ende immer einen "Leidtragenden" gibt, liefert nicht nur die alltagstheoretische Argumentationsgrundlage für die Erhaltung der Organisationsstruktur innerhalb wie außerhalb der Visite, sondern auch die Begründung für eine Abwehr der Thema— tisierung von persönlichen Belangen des Arztes wie z.B. seine Wünsche, Ängste usw.

Indem sich Dr. Harms an dem Regelsystem als eine Selbstverständ— lichkeit orientiert, trennt er zwischen medizinischen und "persönlichen Aspekten" wie "Sympathien". Das gilt für die Visite ebenso wie für das aktuelle Gespräch. Darauf angesprochen sagt der Stationsarzt

Harms   ... *Das hat aber auch noch einen Schutzeffekt für den Arzt.*
Weid.   *Mh.*
Harms   *Einfach, wenn man sich zu sehr engagiert, zu weit einsteigt in die Patienten, zu viel persönliche Emotionen investiert, gerade sagen wir mal bei einem sehr, sehr kranken Patienten,*
Weid.   *mh,*
Harms   *denn das machte man jetzt bei jedem Patienten, dann geht man auf Dauer drauf.*

Weid.	*Mh.*
Harms	*Man muß also da schon ein gewisses Mitgefühl haben, man muß mit den Patienten gehen, aber das muß irgendwo alles seine Grenzen haben.*
Weid.	*Mhm.*
Harms	*Es sind tatsächlich irgendwo Zwischenspiel, wo man irgendwo 'nen Standpunkt finden muß, der einem, sagen wir mal, nicht zu weit von sich selbst entfernen läßt.*
Weid.	*Mh.*
Harms	*Das ist kompliziert ausgedrückt, aber ich hoffe, Sie verstehen, was ich meine. (lacht verlegen)*
Weid.	*Ja, daß Sie sich*
	(synchron:) selbst
Harms	*(synchron:) daß man sich*
	(allein:) selbst nicht
	(synchron:) verliert
Weid.	*(synchron:) verlieren, ja.*
Harms	*Ganz genau.*
Weid.	*Daß Sie eine Grenze ziehen können zwischen sich und den an — deren.*
Harms	*Ja.Ja.*

Dr. Harms spricht von einem "Schutzeffekt", die die Distanz in der Visite für ihn   hat. Der Arzt sieht sich davor bewahrt, in den Beziehungen zu den Kranken "auf Dauer drauf" zu gehen. Die Gefahr, die etwas von einer Todesdrohung beinhaltet, ist gebannt, wenn er nur ein "gewisses Mitgefühl" entwickelt, aber rechtzeitig "Grenzen" zieht. Dr. Harms muß darauf achten, daß er sich "nicht zu weit von sich selbst" entfernt und "sich selbst nicht verliert".

Der Stationsarzt ist froh über die Trennung von persönlichen Belan — gen, von Wünschen, Ängsten oder anderen Empfindungen einerseits und den medizinischen Aufgaben des Arztes andererseits. Die Vermeidung einer Mischung oder besser die Verleugnung der Affekte hat "einen Schutzeffekt für den Arzt". Abgewehrt werden nicht in erster Linie die Gefühle der Patienten, die relativ oft sichtbar sind, sondern die Emo — tionen des Dr. Harms selbst.

Die Notwendigkeit eines Schutzes, einer institutionalisierten Abwehr, liegt für den Stationsarzt auf der Hand. Es ist ganz "einfach". "Wenn man", wenn er oder seine ärztlichen Kollegen, "sich zu sehr engagiert", "dann geht man auf Dauer drauf". Das kann keiner aushalten. Dr. Harms spricht von einer Gefahr, die immer wieder als "burn out" be – zeichnet wird.

Doch Dr. Harms drückt sich noch präziser aus. Er spricht von einer Gefahr, daß er "zu weit einsteigt in die Patienten". Der Arzt hat viele Male am Tag in Patienten hineinzuhorchen oder mittels Ultraschall oder Röntgenstrahlen hineinzusehen. Nun befürchtet er, am Ende nicht nur mit allen seinen Sinnen in den Kranken hineinzuspüren, sondern daß er selbst "zu weit" mit seiner ganzen Person, mit Haut und Haaren in einem anderen Menschen "einsteigt". Die körperliche Dimension ei – ner Verpflechtung zweier Menschen, auf die mit dem sprachlichen Symbol hingewiesen wird, ruft unweigerlich "viel persönliche Emotio – nen", für meinen Gesprächspartner "zu viel" "Emotionen" hervor, die zwangsläufig in die Interaktion spürbar eingebracht werden.

Nimmt man den Stationsarzt beim Wort, so werden die Gefühle "investiert". Nach dem ursprünglichen Sprachgebrauch in der Ökonomie würde Dr. Harms etwas in das Geschehen hineingeben, um auf "Dauer" mehr davon zu haben. Seine "persönlichen Emotionen" würden sich zunehmend vermehren.

Ein akkumulatives Anschwellen seiner Gefühle kann Dr. Harms in Beziehungen zu Patienten nicht ertragen, schon gar nicht in der Interaktion mit einem "sehr, sehr kranken Patienten". Bei dem einen oder anderen Kranken könnte sich Dr. Harms relativ gefahrlos enga – gieren, doch nicht "bei jedem Patienten". Aber wo soll man die Grenze ziehen? Darf ein Arzt "Antipathien" gegen Patienten empfinden und sich daher bei diesen weniger engagieren als bei sympathischen? Für Dr. Harms ist die Frage nicht endgültig geklärt.

Entwickelt sich aber die aufgezeigte Konfliktdynamik, "dann geht man auf Dauer drauf". In dem Moment sind nicht mehr nur die "sehr, sehr kranken Patienten" vom Tode bedroht, sondern auch der Arzt. Wenn er sich identifikatorisch mit dem Kranken verbindet, hat er das gleiche Schicksal zu erleiden. Die Verquickung der beiden Subjekte, so Dr. Harms Vorstellung, ginge in einem solchen Fall so weit, daß er nicht nur die Lebensbedrohlichkeit des Patienten mitfühlt, sondern sich selbst, sein eigens Leben gefährdet sieht.

Der Arzt hat für die prekäre Situation einen Ausweg gefunden. Er ist entschlossen, einer Verschmelzung der Personen entgegenzuwirken, indem er nur "ein gewisses Mitgefühl" entwickelt. Dr. Harms handelt aufgrund der ärztlichen Rollenideologie, die u.a. besagt, ein Arzt "muß mit den Patienten gehen". In dem Gespräch mit Prof. Sahr wurde der Aspekt sehr deutlich. Die mit einer verinnerlichten Forderung ver‐knüpfte Ich‐Leistung ist an die Rolle gebunden.

Die Einfühlung, zu der der Arzt bereit ist, darf aber nicht uferlos werden, sondern "das muß irgendwo alles seine Grenzen haben". An einem nicht näher bestimmten Ort hat "alles", d.h. alle Investitionen, ein Ende zu finden.

Die politisch‐ökonomische Limitierung der Investition von Arbeit setzt sich, wie gesagt, über die Begrenztheit der subjektiven Belastbar‐keit fort. Durch die Identifizierung mit der Rollenideologie, in die längst die gesellschaftlichen Verhältnisse eingegangen sind, schreibt Dr. Harms scheinbar selbständig die Investitionsbegrenzung fest, wenn er sich gegen die Entwicklung oder Aktualisierung von beängstigenden Gefühlen schützt. Dem Subjekt erscheint eine "auf Dauer" erfolgende Fehlinvestition ebenso tödlich wie sie einen kapitalistischen Industrie‐betrieb in den Konkurs treibt.

Im Einklang mit den Produktionsverhältnissen setzt mein Gesprächs‐partner die libidinöse Besetzung der Patienten herab bzw. baut von vornehrein nur sehr begrenzt eine Objektbeziehung auf. Indem das Subjekt die Triebenergie ins Ich zurücknimmt, ist der Arzt mehr an der anerkannten Funktionstüchtigkeit seiner rollenideologisch geprägten Person als an seinem Gegenüber interessiert. Die Verminderung einer Identifikationschance oder besser gesagt Identifikationsgefahr in der Objektbeziehung zum Patienten bewahrt den Arzt vor der Aktualisie‐rung von Wünschen und Ängsten, die an die Interaktion mit einem bedeutsamen anderen gebunden sind.

Es bleibt zu fragen, gegen welche affektive Situation die rollenideo‐logische Begrenzung einen "Schutzeffekt" hat. "Sagen wir" es doch "mal" so, wie es Dr. Harms vorschlägt. Es gilt zu verhindern, daß der Stati‐onsarzt sich "zu weit von sich selbst" entfernt. Das Arbeiten an den Patienten ist von einer angstvoll erlebten Tendenz begleitet, mit dem Gegenüber eins zu werden. Es entsteht die Phantasie, in den anderen aufzugehen, wenn der Arzt "in die Patienten" einsteigt. Die le‐bensgeschichtliche Erfahrung für die Vorstellung ist die prä‐ oder postnatale Symbiose. Die Aktualisierung eigener existenzieller Ängste durch die Konfrontation mit dem Leiden der Patienten weckt, so

scheint es, bei meinem Gesprächspartner regressive Wünsche nach frü-
hester Verschmelzung. Dabei wird das Gegenüber, die Gruppe der
"Patienten", zu einem Übertragungsobjekt, das auf den mütterlichen
Uterus verweist. In diesen könnte der Arzt auf einer Ebene der Phantasie einsteigen bzw. zurückkehren.

Doch die regressive Tendenz erlebt Dr. Harms nicht etwa in
Erwartung einer allumfassenden Befriedung. Ein Grund ist darin zu
suchen, daß mit der Verfolgung des Wunsches die Realitätstüchtigkeit
im Sinne des Produktionsbetriebes stark abnehmen würde. In körperlicher Nähe zu dem Patienten bis zur Erreichung eines Trance-Zu-
standes Klagelieder zu summen, gilt in unserer Kultur als kon-
traindiziert.

Ein weiterer Grund des Unbehagens liegt in der phantastischen
Konstruktion der Vision von einer Symbiose mit einer kaum tragfähigen
Person. Die Patienten sind aufgrund ihrer Lage vor allem daran interessiert, etwas zu bekommen, und weniger daran, etwas zu geben. Auf
die Symbiose in der oralen Phase übertragen, enthält die Szene weniger
Nährendes als Verschlingendes. Dr. Harms hat Angst, "sich selbst" zu
"verlieren". Er könnte plötzlich nicht mehr da sein, als wenn er ver-
schluckt worden wäre. Hier spiegeln sich noch einmal die oralsadisti-
schen Phantasien wieder, die ich an anderer Stelle schon erwähnt habe
(siehe Kap. 3. und Kap. 8.3.).

Am Ende halte ich es doch für bemerkenswert, daß Dr. Harms sich
nicht selbst wie ein Münchhausen aus dem verschlingenden Sumpf ziehen möchte. Er ist auf der Suche nach etwas Schützendem, daß
außerhalb von ihm ist. Er "muß" einen "Standpunkt finden", "der einem"
"nicht" "von sich selbst entfernen läßt". Nimmt man Dr. Harms Wahl
der grammatikalischen Form ernst, ist der "Standpunkt" nicht ein
passiver Haltegriff. Der Arzt spricht von etwas, das oder der ihm eine
sichere und standfeste Grundlage gibt, gleichzeitig aber bei Bedarf
selbst eingreift. Meines Erachtens ist die festgefügte Struktur der Visite
mit ihrem institutionellen Regelsystem eine solche gesicherte Basis. Das
Reglement verweist immer auch auf den Struktur setzenden Chefarzt als
Vaterfigur, der seiner Klinik ein "bestimmtes Gepräge" gibt (Sahr):
Über die Mechanismen der sozialen Kontrolle wird der Arzt zur Erfüllung seiner technisch definierten Aufgaben gemahnt. So wird Dr.
Harms vor aggressiven Verschmelzungsängsten geschützt. Die soziale

Gruppe der Mitarbeiter ist jemand, "der einen ... nicht zu weit von sich selbst" als Arzt "entfernen läßt".

8.6. "Man kann auch mit Emotionen spielen"

Wenn sich die Beziehungsaufnahme in der Visite so schwierig ge-staltet und es gewichtige Gründe für Ärzte gibt, eine deutliche Distanz zu Patienten aufrechtzuerhalten, welche Art des Kontaktes ist dann überhaupt noch möglich? Die Mediziner, mit denen ich Gespräche ge-führt habe, wählen, kurz gesagt, eine Umgangsform, bei der sie die ei-gene Person überhöhen, sich ihrer Macht über die Interaktionspartner bewußt sind und bei einer Divergenz der Wünsche manipulativ eingreifen. So gestalten sich die Beziehungen sehr artifiziell. Der Arzt kann sicher sein, daß weder er noch die Patienten unkontrollierbare Affekte entwickeln.

In einer Gesprächssequenz zur Visite kommt zur Sprache, daß Dr. Harms zeitweilig die Interaktion mit vorgesetzten Ärzten auf der Ebene einer Gegnerschaft erlebt. Dann versucht er, die Emotionen des ande-ren zu manipulieren. Mir gegenüber entsteht die Sorge, ich könnte meinerseits mittels der Gesprächsinterpretation manipulativ Gefühle, Eindrücke oder "Wertungen" hervorheben, die Dr. Harms lieber ver-deckt lassen möchte. Um der Angst entgegenzuwirken, äußert er eigene Emotionen nur sehr kontrolliert und zurückhaltend. "Dazu kommt", daß er mich ins Leere laufen lassen kann, indem er sich verstellt. So ist er vor Kritik und Verurteilung geschützt, die er von mir bzw. von vorge-setzten Ärzten befürchtet.

In ähnlicher Weise verfährt Dr. Harms mit Patienten.

Harms   *Dazu kommt, ich kann natürlich hingehen und kann irgendwie eine Situation ganz lustig schildern, wir lachen drüber und im Grunde ist sie todernst. Also man kann auch mit Emotionen spielen, ne?*

Weid.   *Mhm.*

Harms	Hier in dem Gespräch und das kann man genauso bei einer Visite machen.
Weid.	Ja.
Harms	Das ist, glaube ich, um wieder auf die Visiten zu kommen, recht wichtig, wenn man ein sehr deprimierten, sehr depressiven Patienten vor sich hat.
Weid.	Mhm.
Harms	Daß man da zwar auf dessen Wellenlänge runtergeht, das heißt, daß das Gespräch erstmal sehr ernst ist
Weid.	mh
Harms	und sehr ernst anzufangen hat, daß man aber dann versucht, die Stimmung langsam zu heben,
Weid.	mhm
Harms	auch wenn das vielleicht nur zwei, drei Minuten sind, die man da am Tag für den Patienten hat
Weid.	mh
Harms	und investiert. Aber ich glaube, daß der Patient selbst sehr viel davon hat.
Weid.	Mhm.
Harms	Aufgrund dieser zwei, drei Minuten kann er doch dann hinterher sehr viel aufbauen.

Dr. Harms kann "bei der Visite" "mit Emotionen spielen". Bei einem "sehr depressiven Patienten" beginnt er das "Gespräch erstmal sehr ernst" und hebt dann langsam "die Stimmung". Auf den "zwei, drei Minuten" kann der Patient "sehr viel aufbauen".

Dr. Harms nimmt zu seinem Gegenüber keine von innerem Engage – gement getragene Beziehung auf. Er will mit den sich entwickelnden "Emotionen spielen". Die Äußerung eigener Gefühle ist nicht einge – bunden in die Entwicklung einer Beziehung zu jemandem, der ihm ans Herz gewachsen ist. Es kommt zur Demonstration von Affekten, die einem lediglich vom Arzt postulierten Zweck dient. Somit baut Dr. Harms seine Macht auch auf den Bereich der Gefühle aus. Die in die Szene eingebrachten Emotionen scheinen für den Arzt persönlich nicht mehr von Belang zu sein.

Die Haltung ist für Dr. Harms "recht wichtig", wenn er einen "sehr deprimierten" "Patienten vor sich hat". In diesem Fall ist der Arzt mit dem Leiden besonders stark konfrontiert. Ein weitergehendes Engage –

ment ist ihm, wie ich oben angeführt habe, nicht möglich. So greift er zu einer manipulativen Umgangsform, die den affektiven Ausdruck des Leidens eines Patienten minimiert.

Zur Wahl der Mittel gehört die Erhöhung der eigenen Person. Der traurige Kranke, der sogleich zu dem klinisch kategorisierbaren "depressiven Patienten" wird, befindet sich auf einer "Wellenlänge", die unter der des Arztes liegt. Dr. Harms baut ein Oben und Unten auf, wobei er über dem Patienten steht. Dort oben gibt es das Elend nicht, das die Kranken quält – es ist zumindest weniger spürbar.

Von dort oben geht der Arzt kurzfristig "runter", um die Gefühle des anderen in die gewünschte Richtung zu bewegen. Dr. Harms beginnt das "Gespräch" zunächst "sehr ernst" und versucht dann, "die Stimmung langsam zu heben". Es ist nicht die ganze Person des Leidenden, der das ärztliche Bemühen gilt, sondern das zweckgebundene Vorgehen richtet sich nur an die "Stimmung". Sie soll angehoben und verbessert werden, während keineswegs beabsichtigt ist, den Patienten selbst auf die Ebene zu führen, auf der sich der Arzt wähnt.

Für diese Maßnahme "investiert" mein Gesprächspartner "nur zwei, drei Minuten". So stößt er weder an eine objektive, politisch – ökono – mische noch an eine subjektive, psychisch – ökonomische Grenze. Die Arbeitszeit ist effektiv eingesetzt, denn "der Patient" "hat" "selbst sehr viel davon".

Aber auch Dr. Harms geht nicht leer aus. Wenn der Patient auf die kurze Intervention "sehr viel aufbauen" kann, wird er lange sehr positiv an den Arzt denken. Er wird dem Arzt dankbar sein und ihn vielleicht verehren. Die bewundernde Zuneigung hilft, sich in gefestigter Weise über den Interaktionspartner zu stellen und die Beziehung auf der Schiene eines Spielens mit Emotionen zu halten. Zu der Selbstüberhö – hung des Arztes tritt die Fremdüberhöhung durch den Patienten. Dem Mediziner winkt ein großes Maß an Anerkennung als narzißtische Gratifikation.

An dieser Stelle sei der Leser auf eine Dynamik aufmerksam ge – macht, der die Erarbeitung eines Verstehens der Interaktionen er – schwert. Sobald man sich mit einem Interaktionspartner des Dr. Harms auch nur probehalber identifiziert, entwickelt sich schnell eine Aggres – sion. Der Leser wird rasch geneigt sein, den Arzt zu verurteilen, viel – leicht sogar die Gesprächsinterpretation zur Seite zu legen. Über die geschilderte Umgangsweise des Arztes verärgert, sinkt die Bereitschaft,

weiterhin einfühlsam die Wünsche und Ängste des Dr. Harms aufzu –
spüren. Eine solche Reaktion aber ist geradezu in der Haltung des
Arztes angelegt, sie ist unbewußt intendiert: Es gilt die Objektbeziehung
abzubrechen, eine Einfühlung oder Identifizierung zu vermeiden und
den Wunsch nach befriedigender Gegenseitigkeit zu unterbinden.

Trotz aller Selbständigkeit und Unabhängigkeit, die Dr. Harms in
seinen Worten auszudrücken beabsichtigt, möchte ich daran erinnern,
daß der Arzt als Subjekt in einem sozialen Kontext agiert, der eine
anders gestaltete Beziehung behindert. Im Erscheinungsritual, so habe
ich oben dargelegt, ist der Versuch einer libidinösen Besetzung des
Gegenübers in einer gleichberechtigten Interaktion durch die Angst des
Arztes vor der Verurteilung durch den Chefarzt und der Ambivalenz
der Krankenschwester behindert und durch die Begrenztheit der zu
investierenden Arbeitskraft bzw. der psychischen Belastbarkeit einge –
schränkt.

Eine ähnliche Beziehungskonstellation, wie sie Dr. Harms dargestellt
hat, wird auch in den Gesprächen mit den anderen Ärzten deutlich. Dr.
Uhl erhöht sich z.B. gegenüber Patienten, die mit ihrem Anliegen
häufiger zum Arzt kommen, als es ihm angenehm ist. In der Regel
"traut" sich "der Patient nicht"

Uhl   *... wieder den, den Stationsarzt zu äh, zu belästigen und wieder*
zu fragen. Ich meine es gibt Leute, die fragen ununterbrochen,
ne.

Weid.   *Mh.*

Uhl   *Da muß man einfach, muß man einfach dann irgendwie mal ein*
bißchen, ein bißchen kleiner halten.

Das stetige Vorbringen von eigenen Anliegen des Patienten ist für
Dr. Uhl eine Belästigung. Die meisten trauen sich nicht, "wieder zu
fragen", worüber der Assistenzarzt ganz froh ist. Aber manche "Leute"
sind von der institutionell angestrebten Trennung vom Arzt unbeein –
druckt und "fragen", wie es Dr. Uhl vorkommt, "ununterbrochen".

"Wenn man über den Flur geht", so der Arzt, "dann quatschen die
einen an oder so. Die sind also sozusagen distanzlos."

Solche Leute "muß man einfach" "ein bißchen kleiner halten". Der
Arzt macht ihnen klar, wer im Krankenhaus groß und wer klein ist. Er
zeigt ihnen, wer hier Macht über den anderen hat. So befinden sich die

meisten Patienten während der Visite einigermaßen ehrerbietig in ihren Betten und "fragen wirklich nur, wenn sie angesprochen sind".

Die in der Visite zugelassene Arzt – Patient – Beziehung ist ebenfalls von einer Erhöhung des Arztes geprägt, wenn dieser nicht unbedingt an die Grenze seiner psychischen Belastbarkeit gestoßen ist.

Uhl *Im Grunde genommen ist das immer so ganz kleine, ganz kleine Probleme, die für uns, die an sich für gar keine Probleme sind.*

Weid. *Mh.*

Uhl *Aber die für den Patient ein großes Problem darstellen*

Weid. *mhm*

Uhl *und die man ohne weiteres, mit zwei, drei Worten kann man die, kann man das Problem lösen, ne.*

Der Assistenzarzt beschäftigt sich zwar mit den Anliegen der Patienten, aber es sind nach seiner Anschauung "an sich gar keine Probleme". Sie bedrücken zwar den Patienten, Dr. Uhl aber können sie nicht bewegen. Ganz im Gegenteil. "Ohne weiteres" kann er "das Pro – blem lösen". So erhält er sicherlich Anerkennung trotz der Asymmetrie in der Begegnung und ohne Gefahr zu laufen, an der Person ein In – teresse zu entwickeln.

Die in der Visite zugelassene Beziehung auf der Ebene eines herrschaftsbestimmten Interaktionsmusters zeigt sich auch in dem Ge – spräch mit dem Chefarzt Prof. Sahr. Die Studenten "aus den medizini – schen Studiengängen" sollen während ihrer Praktikas

Sahr *... bei der Chefvisite nur eines mitbekommen. Ja, wie man mit den Patienten umgeht.*

Weid. *Mhm.*

Sahr *Wie man, ja,*

Weid. *wie man diesen Kontakt*

Sahr *wie man den Kontakt führt, wie man in Minutenschnelle im Grunde genommen den Patienten ein Positivgefühl gibt.*

Gleich zu Beginn der klinischen Ausbildung lernen die Studenten, wie während der Visite der Kontakt zu Patienten aufzunehmen ist, damit alle einigermaßen zufrieden sind. Von höchster Stelle lernen sie, daß der Arzt "den Kontakt führt" und "wie" er ihn "führt". Sie lernen,

wie man ohne Zeit für ein intensives Gespräch beim Patienten zielge –
richtet eine Emotion provozieren kann. "In Minutenschnelle" wird "den
Patienten ein Positivgefühl" gegeben. Die Formulierung erinnert an
einen formalen, technisierten Ablauf.

Dabei sieht Prof. Sahr für sich aber durchaus noch einen gewissen
Handlungsspielraum.

Sahr   *Ich führe die Chefvisite meistens stark emotional und fröhlich.*
Weid. *Mhm.*
Sahr   *Ja? Ich halte überhaupt nichts davon, also von gewichtigem*
       Getue und großem Stirnrunzeln und Kopfschütteln und dies und
       das und so weiter,
Weid. *mh*
Sahr   *sondern sprech' die Leute meistens sehr persönlich an,*
Weid. *mhm*
Sahr   *daß manche Außenseiter denken könnten: Der sieht gar nicht,*
       was eigentlich an Krankheitsbildern ist. ...

Die Brandbreite möglicher Haltungen in der "Chefvisite" liegen auf
der Ebene des Einsatzes eines bestimmten Gehabes. Eine nicht
zweckgebundene Haltung wird nicht angesprochen. Prof. Sahr kann sich
zwischen der Demonstration einer Fröhlichkeit und der einer stirnrun –
zelnden Gewichtigkeit entscheiden. Indem er die erstgenannte Form
wählt, spricht er "die Leute meistens sehr persönlich an". Hier wird das
Interesse des Chefarztes an den Kranken sichtbar. Es bleibt während
der Visite aber in das rituelle Gehabe eingebunden.

Der in der Visite geführte Kontakt nimmt einen solchen Verlauf, daß
ein "Außenseiter denken könnte", der Arzt erfaßt die Schwere der
Krankheiten nicht. Doch derjenige, der meinen Gesprächspartner näher
kennt, weiß, daß es an dem nicht ist. Er sieht durchaus das Leiden,
doch läßt er sich nichts anmerken. Indem der Chefarzt mit seiner
ganzen Autorität die Sorgen und Nöte ausblendet, kann er auch den
Patienten zu einem Verdrängen bewegen und das genannte "Positivge –
fühl" vermitteln.

Routiniert kann Prof. Sahr in den meisten Fällen

Sahr   *... schnell alles Wichtige dazu sagen,*
Weid. *mhm*

Sahr   *korrekt dazu sagen, daß es überkommt über die Bedeutung res –*
         pektive geringe Bedeutung dieses Ereignisses, und ein bißchen
         Hoffnung machen für die Zukunft.

Hier nun drückt der Chefarzt deutlich aus, daß das "Wichtige" dann "korrekt" vermittelt wird, wenn es folgende Wirkung hat: Der Patient glaubt an die "geringe Bedeutung" eines Eingriffs oder einer Krankheit – hier einer "Fehlgeburt" und einer Ausschabung – und faßt "ein bißchen Hoffnung" "für die Zukunft".

8.7. "Dem fehlt einfach das Interesse, da fehlt die Schul – bildung"

In den Gesprächen mit Dr. Harms wird eine Wut gegen die Patien – ten deutlich, die in Zusammenhang mit einer Enttäuschung steht. Die Erzählung von dem Stationsarzt "klingt so, als wenn" er es "ein bißchen schade" findet, "daß es" mit den Patienten

Weid.   *.... so wenig Gemeinsamkeit gibt.*
Harms   *Richtig. Richtig, so sehe ich das schon.*
Weid.   *Mhm.*
Harms   *Die meisten Patienten kommen ja mit einem unheimlichen*
         Anspruchsdenken ins Krankenhaus rein, nach dem Motto: Die
         Medizin kann heute alles und die Medizin macht alles. Bitte, ich
         bin krank und ich will jetzt in vierzehn Tagen gesund sein, dann
         gehe ich wieder nach Hause.
Weid.   *Mhm.*
Harms   *Sie hören das einfach dadurch als Stationsarzt sehr sehr häufig,*
         daß der Patient ankommt und man hat ihn noch gar nicht
         richtig gefragt, ist die erste Frage: Herr Dr., wie lange dauert
         denn meine Erkrankung?

Der Stationsarzt möchte gerne, daß es eine "Gemeinsamkeit" zwi – schen ihm und den Patienten gibt. Doch welche Gemeinsamkeit wünscht sich der Arzt? In welchem Punkt vermißt er sie? Ein Stück weit läßt sich die Frage rasch klären, wenn man hört, wie in dem Verständnis des Arztes die Patienten seinem Anliegen entgegenwirken. Die Kranken kommen "mit einem unheimlichen Anspruchsdenken ins Krankenhaus". Sie wollen sehr viel von ihm als Arzt. Als Vertreter der Medizin hat er "alles" zu können und "alles" zu machen. Er soll den Heilungsprozeß ohne Beteiligung der Patienten abwickeln und dann gehen die Leute "wieder nach Hause". Kaum hat er mit der Untersu — chung begonnen, kommt schon die "Frage: Herr Dr., wie lange dauert denn meine Erkrankung?" Dr. Harms soll es ohne Untersuchung wissen — und die Patienten wollen so schnell wie möglich wieder vom Arzt weggehen. "Die Medizin macht alles". Dr. Harms soll alles für die Pa — tienten erledigen, während sie schon wieder das Weite suchen, bevor die Behandlung überhaupt begonnen hat.

So kann keine Gemeinsamkeit entstehen. Zumindest ist es unmöglich, das für den Heilungsprozeß nötige Engagement gemeinsam zu ent — wickeln. Dr. Harms hat in seinem ärztlichen Bemühen keine Mithilfe zu erwarten. Er bleibt auf sich allein gestellt.

Entsprechend sieht Dr. Harms "Verhältnis zum Patienten"

Harms   *... so aus: Im Anfang habe ich ziemlich mich an den medizini —*
        schen Dingen festgebissen und das auch mit den Patienten ver —
        sucht dann zu besprechen, habe aber dann relativ schnell
        eigentlich im Laufe der Jahre gemerkt, daß der Patient, selbst
        wenn man das noch so deutsch sagt, selbst wenn man es ihm
        noch so deutsch versucht zu erklären,
Weid.   *mhm*
Harms   *daß er das häufig nicht checkt.*
Weid.   *Mh.*
Harms   *Daß er nicht nachhalten kann. Es fehlen ihm die medizinischen*
        Grundkenntnisse.
Weid.   *Mh. Daß er auch Sie und das, was Sie tun wollen, gar nicht*
        versteht.
Harms   *Richtig. ...*

"Im Anfang" seiner beruflichen Laufbahn hat sich Dr. Harms in sei — nem "Verhältnis zum Patienten" "ziemlich an den medizinischen Dingen" orientiert. Heute erscheint ihm die Haltung wie ein Festbeißen: Unge —

achtet des Standortes der Patienten hat er sich innerhalb des Patientenkontaktes aggressiv an seiner Fachlichkeit festgehalten, als wenn sie
den Arzt hätte stärken können aber nicht wollen. Dr. Harms hat "auch"
"versucht", die Antworten, die die medizinische Kenntnis und Kunst zu
geben in der Lage ist, "mit den Patienten" "zu besprechen". Der Stationsarzt wollte die Patienten an dem teilhaben lassen, das aus seiner
Sicht quasi ein Lebenselexier darstellt. Der gemeinsame Genuß des
helfenden Stoffes würde Dr. Harms auf dem Gebiet der sozialen Sicherheit weiter stärken. Beide würden auf das gleiche vertrauen und
gemeinsam würden sie einen scheinbar von "den medizinischen Dingen"
gewiesenen Weg für richtig befinden und beschreiten. Eine nachträgli-
che Verurteilung des Stationsarztes durch den Patienten wäre nahezu
ausgeschlossen.

Doch "relativ schnell eigentlich" hat Dr. Harms gemerkt, daß der
Patient nicht "checkt", was der Stationsarzt ihm sagen und erklären will.
Des Mediziners Anliegen versteht der Kranke "häufig nicht". "Es fehlen
ihm die medizinischen Grundkenntnisse". Er "kann" "nicht nachhalten",
was der Stationsarzt vorgibt. Der Patient folgt dem Arzt nicht. Der
Kranke geht nicht selbständig den gewiesenen Weg und ebensowenig
steht er zum gemeinsamen Tragen der moralischen Last einer wichtigen
Entscheidung o.ä. bereit.

Auch wenn Dr. Harms die Frage an dieser Stelle nicht thematisiert,
soll sie doch gestellt werden: Ist ein Patient in der Regel überhaupt
bereit, dem Arzt die gewünschte Entlastung zu gewähren? Will er nicht
lieber, um im Bild zu bleiben, auf dem Weg des Arztes von sicheren
Händen getragen werden anstatt nach der Sammlung seiner Kräfte
selbst zu laufen? Eines ist für Dr. Harms zumindest klar: Dem
Patienten mit seinem "Anspruchsdenken" "fehlen" "die medizinischen
Grundkenntnisse". Ohne die Ein-Weihung in die große Wissenschaft
kann von jemanden leider nichts an Aktivität oder Mithilfe erwartet
werden. Der Patient begreift das Helfende, das in der Orientierung an
"medizinischen Dingen" verborgen liegt, nicht. So kann er den Arzt
selbst und sein Handeln "gar nicht" verstehen.

Indem der Patient die Bedeutsamkeit der "medizinischen Dinge" nicht
wie der Arzt über alles würdigt, zieht er ihre lebenserhaltende Kraft in
Zweifel, die Dr. Harms bewahrt, in der Beziehung zu Patienten "drauf"
zu gehen. Das Nichtgewähren der Unterstützung und das implizite In-
Frage-Stellen der institutionell vorgesehenen metaphysischen Sanktio-

nierung des ärztlichen Handelns macht Dr. Harms gegen die Patienten wütend.

Dr. Harms will nicht alle Kranken über einen Kamm scheren, doch für die Kassenpatienten auf seiner Station gilt, daß ihnen der Wille und die geistige Potenz fehlen, den ärztlichen Wunsch nach beruhigender Sicherheit zu erfüllen.

Harms   *... dem fehlt einfach das Interesse für das, was über seine tägli –*
              chen Belange hinaus geht,

Weid.   *mhm*

Harms   *da fehlt die Schulbildung für meine Begriffe*

Weid.   *mh*

Harms   *und damit auch die Grundlage überhaupt, auf irgendwas aufzu –*
              bauen.

Weid.   *Mh.*

Harms   *Und selbst wenn man jetzt hingeht, wenn man jemanden so einen Zettel gibt, ähm. Gucken Sie mal da oben auf diese Borde. Gucken Sie mal drauf! Nee, nee, richtig! Stellen Sie sich mal davor und gucken Sie sich die Zettel mal an, die da liegen!*

Weid.   *[geht zum Regal]*

Harms   *Nehmen Sie ruhig mal einen so raus. Das sind so Aufklärungs – zettel über einzelne Untersuchungsmethoden,*

Weid.   *mhm*

Harms   *und da wird dann den Patienten auch anhand von Bildern und Grafiken dargestellt, wie diese Punktionen gehen, wie das vor sich geht und so,*

Weid   *mh*

Harms   *und man gibt dann also neben den ganzen Erklärungen und Risiken ihm auch diese Bilder an die Hand,*

Weid.   *ja*

Harms   *um ihm das was zu erklären. Nur, ich habe festgestellt, die Pa – tienten können auch damit nichts anfangen, eigentlich.*

Weid.   *Ja.*

Harms   *Weil sie sich einfach unter selbst wie z.B. hier, wo die Knochen dargestellt sind, nichts drunter vorstellen können.*

Dr. Harms ist sichtlich verärgert über den Kassenpatienten. "Dem fehlt einfach das Interesse für das", was der Arzt im Krankenhaus für wichtig und richtig hält, wie er Diagnosestellung und Therapie aufbaut. "Was über seine täglichen Belange hinaus geht", ist dem Patienten völlig egal. Er sieht einfach nicht über seinen Tellerrand.

Mit dem von Dr. Harms erlebten Unwillen des Kranken, auf den Arzt einzugehen, hängt eng zusammen, daß dem Patienten "die Schul – bildung" "fehlt". Arzt und Patient sprechen eine andere Sprache und leben in einer anderen Welt. Was der Arzt für bedeutsam hält, bleibt dem Patienten verschlossen, und was dem Patienten wichtig ist, wird dem Arzt schnell zu viel (s.o.).

Somit "fehlt" "überhaupt" "die Grundlage", "auf irgendwas aufzubauen", schon gar nicht eine wie auch immer geartete Beziehung, die die me – dizinischen Aktionen trägt. Aus der Sicht meines Gesprächspartners trägt der Kassenpatient Wesenszüge, die es dem Arzt unmöglich ma – chen, sich mit seinem Gegenüber auszutauschen. Die "Dinge", die den Arzt bewegen, sind in dem "Verhältnis zum Patienten" nicht kommuni – zierbar. Die Arzt – Patient – Beziehung trägt weder das Leiden der Pa – tienten noch die Last des Arztes. Die an das Schicksal bzw. die Rolle geknüpften Wünsche sind desymbolisiert.

Dr. Harms wird zunehmend nervöser und gereizter. Er weiß nicht, wie er einen Patienten dazu bewegen kann, endlich zu "checken", was der Arzt möchte und braucht. Der Stationsarzt kann machen, was er will, es hilft nicht. "Selbst wenn man jetzt hingeht" und "jemanden so einen Zettel gibt" ... . Mein Gesprächspartner verliert die Geduld. Als ich nicht sofort in der Weise reagiere, wie er es sich vorstellt, fliegen mir aggressiv formulierte Anweisungen entgegen. Dr. Harms ist ganz ungehalten. Als wenn ich nicht nur keine "Schulbildung" hätte, sondern auch sonst ganz tump wäre und kaum wüßte, mein Leben zu meistern, wird mir in kleinen Schritten anbefohlen, meine Aufmerksamkeit den "Zetteln" des Arztes zu widmen. Von dem Geschehen völlig irritiert, füge ich mich tatsächlich in die zugewiesene Rolle und gehe, ohne jegliche Form des Protestes zu zeigen, an das besagte Regal.

Überträgt man die Episode auf Dr. Harms Beziehung zu Patienten, so erhält man einen weiteren Einblick in die Interaktion. Wenn bei dem Stationsarzt die Enttäuschung über den Patienten und die Unmöglichkeit einer tragfähigen Beziehung anwächst, wird er wütend und überhöht sich gegenüber seinem Interaktionspartner. Dr. Harms erklärt den anderen nicht nur für ungebildet, sondern beschneidet auch unter Einsatz seiner ganzen Autorität und Macht den Hand –

lungsspielraum des Gegenüber. Ungehalten schickt er den Interaktions –
partner an einen Ort, den er für richtig hält.

Auf die Weise dürfte der Stationsarzt beim Patienten genau das
Gegenteil von dem erreichen, das er erreichen wollte. Quasi als Ersatz
erwirkt Dr. Harms sich jedoch eine Entlastung bezüglich eventueller
Zweifel an der Vertretbarkeit ärztlicher Entscheidungen durch die in
Szene gesetzte Vision einer unaufholbaren geistigen Überlegenheit und
Machtfülle, die auch aggressive Eruptionen rechtfertigen.

Das Geschehen erscheint mir fast wie eine Verzweiflungstat. Kaum
habe ich gemacht, was Dr. Harms will, wird er wieder gelassener.
"Nehmen Sie ruhig mal einen so raus". Fast schon in einer freundlich –
väterlichen Formulierung fordert er mich auf, als ich immer noch etwas
benommen und zögerlich vor der "Borde" stehe. Doch das Weisungs –
verhältnis bleibt bestehen.

Dr. Harms hat reagiert, als wenn seine Handlungsfähigkeit, seine
Arbeitsfähigkeit als Arzt in Gefahr wäre. Die in der relativen Unver –
hältnismäßigkeit deutlich gewordene Heftigkeit der Aggression und das
Festhalten an einer scheinbaren Weisungsbefugnis verstehe ich als ein
Zeichen einer Überforderung. Sie liegt in dem institutionellen Zwang
zur Anwendung bzw. Anordnung von Maßnahmen begründet wie z.B.
"Untersuchungsmethoden", die – hier durch die "Aufklärungszettel"
symbolisiert – nach juristischen, d.h. gesellschaftlich – ethischen Maß –
stäben verletzend sind, Nebenwirkungen haben können und vom Pa –
tienten eventuell nicht gewünscht oder gebilligt werden. Die Last der
möglichen Fehlentscheidung kann nicht durch eine tragfähige Arzt –
Patient – Beziehung aufgefangen werden, weil das Verhältnis durch
Kontaktbeschränkung, Selbstüberhöhung und Machtausübung einerseits
bzw. "Anspruchsdenken" andererseits geprägt ist.

"Das sind so Aufklärungszettel", erfahre ich weiter. Zunehmend werde
ich aus der Patientenrolle entlassen und Dr. Harms erzählt wieder von
dem Unvermögen Dritter: Nun gibt der Stationsarzt den Patienten
schon "diese Bilder an die Hand", doch "auch damit" "können" sie
"nichts anfangen". Den Grund sieht Dr. Harms in dem Unvermögen.
Die Patienten "können" sich "selbst" unter der simplen Darstellung von
Knochen "nichts" "vorstellen". Es ist zum verrückt werden!

Indem sich der Arzt mit seiner Theorie über die Patienten stellt,
isoliert er sich von ihnen. Am Ende schließt sich der Teufelskreis in
einer von der Enttäuschung gezeichneten Haltung, die die entlastende

Erhöhung und die aggressiv entmündigende Erniedrigung ebenso fest –
schreibt wie die bereits bezüglich des Chefarztes dargelegte Einsamkeit
der Entscheidung (siehe Kap. 8.1.).

Weid.   *Mh. Und wie ist das so für Sie, wenn, wenn Sie so sehen, daß, was Sie so den ganzen Tag machen, das kann der gar nicht nachvollziehen? Da geht der gar nicht mit?*

Harms   *Ich sehe meine Aufgabe so, daß ich meine, daß ich dafür da bin, dem Patienten das Beste zukommen zu lassen.*

Weid.   *Ja.*

Harms   *Und immer möglichst im Sinne des Patienten zu denken.*

Weid.   *Mh.*

Harms   *Das heißt auch, daß ich für den Patienten, wenn er das nicht kann, für den Patienten abzuwägen habe, was für ihn das Beste oder Schlechteste ist.*

Weid.   *Mh. Das heißt, daß Sie dann die Entscheidung auch alleine fällen.*

Harms   *Ja. Das heißt das unterm Strich.*

Weid.   *Mh.*

Harms   *Schon gedeckt und durch Rückhalt durch den Oberarzt und auch eben durch den Chef, ne?*

Dr. Harms löst den Konflikt ganz pragmatisch und im Sinne der
ärztlichen Rolle. Er sieht seine "Aufgabe" und die sieht er "so": Dr.
Harms ist "dafür da", "dem Patienten das Beste zukommen zu lassen".
Was allerdings "für ihn das Beste oder Schlechteste ist", entscheidet in
der Regel der Arzt. In Anbetracht der oben dargelegten Ge –
sprächsszene nehme ich an, daß Dr. Harms selten den Eindruck hat,
der Patient sei in der Lage, die "medizinischen Dinge" selbst "abzuwä –
gen".

Wenn der Patient während der ärztlichen Versuche, Befund, Dia –
gnose und Therapie "zu besprechen" "nicht nachhalten kann" oder will,
fällt Dr. Harms "die Entscheidung" eben alleine und über den Kopf des
Patienten hinweg. Dann aber dürfte für den Patienten wenig Chance
bleiben, seinen Ansichten oder Einschätzungen den gewünschten Raum
zu verschaffen. In den wichtigen Fragen weiß der Arzt besser, was
richtig ist, er denkt "im Sinne des Patienten" und für den Patienten.
Der Kranke ist weitgehend entmündigt.

Der Stationsarzt bewegt sich mit seinem Resümee keineswegs außerhalb der mit der Visite inszenierten Institutionen des Kranken – hauses. Seine Haltung stellt eine schnelle Abwicklung der Entschei – dungsprozesse sicher. Sein Vorgehen ist "gedeckt" "durch den Oberarzt und auch eben durch den Chef". Die vorgesetzten Ärzte bieten auch den "Rückhalt", der vom Patienten nicht zu erwarten ist.

Ich halte es für unzulässig, die Haltung von Dr. Harms zu einem individuellen Problem zu erklären. Die Tendenz zur aggressiven Ent – mündigung der Patienten ist nicht nur bei diesem Stationsarzt feststell – bar. Nach der Erfahrung mit Dr. Harms läßt sich auch eine Ge – sprächssequenz mit Dr. Uhl ähnlich verstehen. Er erklärt, daß die Probleme, die Patienten vorbringen "an sich gar keine Probleme sind" (siehe Kap. 8.6.): Der Assistenzarzt beansprucht zu wissen, was Pro – bleme sind und was keine sind. Nach einer solchen Anschauung er – scheint jeder, der dort ein Problem formuliert, wo der Arzt keines konstatiert, als schwach, dumm, unerfahren oder gar als Simulant. Ag – gressiv wird der Patient in seine entmündigende Rolle gewiesen genau so wie es Dr. Uhl für den Fall deutlich ausspricht, daß er sich durch die Ansprache von Patienten belästigt fühlt (siehe ebd.): Solche "Leute" "muß man einfach" "mal" "ein bißchen kleiner halten".

Die aggressive Haltung eines Alles – allein – Entscheidens findet sich auch in dem ärztlichen Verhältnis zu einem Teil der Pflegekräfte wie – der. Angesprochen sind die Krankenschwestern, die die Assistenzärzte eindeutig von der verläßlichen "Schwester" trennen. "Das ist eine erfahrene Schwester, die Ahnung hat" (Uhl).

In dem Erscheinungsritual ist das Pflegepersonal an der eigentlichen Entscheidung selbst nicht beteiligt. Während der Stationsarzt – Visite partizipiert die Pflegekraft jedoch als Zuträgerin an dem Weg zur Ent – scheidung. Dort spielt sie die "erfahrene Schwester". Sie gelangt in die Rolle einer Art Lebensgefährtin, einer Gattin des Arztes, die ihm sogar als ältere Schwester mütterlich helfen kann.

Wird die Schwester zur Befehlsempfängerin, dann ist sie aus der Sicht der Assistenzärzte die Vorsteherin der Kranken – Schwestern, der Schwestern der Patienten, der Gören oder "Mädchen" (Harms), die über wenig Wissen verfügen, "ihre Hauptaufgabe darin sehen, den Patienten zu pflegen" (Harms), die "ungerne Verantwortung in irgendeiner Weise übernehmen" (Harms) und ähnlich wie die Patienten quasi nicht über ihren Tellerrand schauen.

Sieht sich der Assistenzarzt mit einer solchen Schwester konfrontiert, die "wenig Erfahrung" hat (Uhl), sich "weniger interessiert vielleicht" (Uhl) und für die die wichtigen Dinge "irgendwie nicht einsichtig" sind (Harms), ist Dr. Uhl gereizt.

Uhl   *... der muß man jede einzelne Sache einzeln sagen.*

...

       Und bei der ... muß man dann also doch 'nen bißchen differenzierter sagen, daß die das auch kapiert und auch eventuell noch mal wiederholen.

Die Anweisung, die Dr. Harms solchen Schwestern gibt, sind von angespannter Stimmung geprägt. Z.B. sagt er ihnen:

Harms   *... Also bitte, hier liegen die Papiere noch rum. Hier steht einer auf und bringt die bitte zu den anderen Abteilungen rüber.*

Wie in der Beziehung zum Patienten äußert sich der Ärger in Ver – bindung mit einer Selbstüberhöhung, die die Rolle zumindest zuläßt. Auch hier ist der Arzt enttäuscht. Eine für ihn wichtige Unterstützung bleibt aus. In Kapitel 8.9. komme ich darauf zurück.

8.8. "Da habe ich also sofort mein Feindbild"

Im Kernsatzkomplex "Es ist nicht üblich, sich zu zweit an ein Bett zu setzen" hat sich gezeigt, daß die Art, in der ein Stationsarzt die direkte Ansprache des Patienten vermeidet, für Sr. Pia bedeutet, der Arzt nehme den Kranken und die Krankenschwester "überhaupt nicht ernst". Nun, nach der Beschäftigung mit dem letzten thematischen Komplex kann dieselbe Gesprächssequenz dahingehend verstanden werden, daß möglicherweise auch der von Sr. Pia ins Auge gefaßte Stationsarzt, statt sich gegen alle Widrigkeiten um eine personale Objektbeziehung zu bemühen, auf ein herrschaftsbestimmtes Interaktionsmuster zurückgreift, indem er sich in aggressiver Weise über die Interaktionspartner stellt und seine durch die Rolle zugewiesene Macht zur Anwendung bringt.

So wie sich der enttäuschte Arzt vom Patienten zu autonomisieren versucht und die Entscheidungen über den Patienten hinweg in einer gewissen Selbstherrlichkeit fällt, die die soziale Situation zuläßt, macht sich Sr. Pia, die ich im Sinne des Dr. Uhl als eine "erfahrene Schwe – ster" einschätze, vom Arzt los. Sobald der Arzt an seiner "Machtfunk – tion" festhält, wird er für die Schwester zum "Feindbild". Die Betonung der eigenen Erfahrung und ihres Alters gibt Sr. Pia die Kraft zum Widerstand.

Pia	*... Ich brauche die nicht.*
Weid.	*Mh.*
Pia	*Ich bin zum Teil viel erfahrener und älter als die. Das kommt halt irgendwann im Laufe der Jahre, daß dich das nicht mehr so stört. Aber wenn die so ihre Machtfunktion den Patienten gegenüber ausspielen, ne,*
Weid.	*mh*
Pia	*und dann sagst du das mal oder sprichst das mal an und wenn die dann nicht positiv reagieren, ne,*
Weid.	*mh*
Pia	*und bereit sind, irgendwas zu ändern, ne, dann werde ich halt unheimlich schnell ungeduldig. Da habe ich auch kein Interesse an irgendeinem privaten Wort, ne?*
Weid.	*Mhm.*
Pia	*Da habe ich also sofort mein Feindbild. Und ich denke auch, daß es richtig ist.*
Weid.	*Da dieses Feindbild so zu haben?*
Pia	*Ja. Weil ich bin solidarisch mit dem Patienten, ne?*
Weid.	*Mh.*
Pia	*Immer. Also zumindest was, was solche Sachen angeht, ne?*

Sr. Pia kommt, so sagt sie, ohne die Ärzte zurecht. "Ich brauche die nicht", meint sie und ihre Aussage klingt in meinen Ohren ähnlich enttäuscht wie die oben zitierten Worte des Dr. Harms. Sr. Pia schätzt sich auf manchen Gebieten als "viel erfahrener" ein als die meisten Stationsärzte. "Und älter als die" ist sie auch. Die Krankenschwester beruft sich auf Eigenschaften oder Fähigkeiten, die sie, entsprechend

den in Krankenhäusern geltenden Maßstäben, gegenüber den Stations –
ärzten aufwertet und stark macht. So gelingt es ihr "im Laufe der
Jahre", daß sie "das nicht mehr so stört", wenn der Arzt sie "nicht
ernst" nimmt (siehe Kap. 8.3.).

"So" sehr "stört" die Abwertung der eigenen Person zwar nicht mehr,
ein bißchen jedoch schon. Daher kann es nicht verwundern, wenn Sr.
Pia genau darauf achtet, wie der Arzt sich gegenüber den Patienten
verhält. "Wenn die so ihre Machtfunktion den Patienten gegenüber
ausspielen", ist auch die Störung im Arzt – Schwestern – Verhältnis wie –
der aktuell. Rasch identifiziert sich Sr. Pia mit den Kranken und ist mit
ihnen "solidarisch". Zu ähnlich erlebt sie die eigene Stellung, "zumindest
was, was solche solche Sachen angeht".

Der Stationsarzt agiert in einer Funktion der Macht. Er hat die
Aufgabe, Herrschaft auszuüben. Pflichtgemäß muß er die betrieblichen
Interessen wahren und die Wünsche anderer mißachtend Entscheidungen
durchsetzen oder Anweisungen geben. Doch ein Arzt ist für Sr. Pia
nicht nur ein blindes Werkzeug der Verhältnisse. Er kann der zuge –
wiesenen Aufgabe gerecht werden oder auch nicht. Im vorliegenden
Falle aber spielt er sie aus. Der Arzt bedient sich der institutionell zur
Verfügung gestellten Herrschaftsinstrumente, um einem Anliegen, das er
als sein eigenes wahrzunehmen scheint, mit der im Spiele liegenden
Freude oder Leichtigkeit unbedingte Geltung zu verschaffen.

In einer solchen Lage zieht sich Sr. Pia nicht defensiv zurück. Sie
spricht "das mal an". Doch wenn der mächtige Arzt "dann nicht positiv"
reagiert "und bereit" ist, "irgendwas zu ändern", wird Sr. Pia nervös. Die
Krankenschwester erwartet nicht, daß der Arzt seine ganze Haltung
umstellt, doch "irgendwas" muß er schon "ändern". Sonst würde er Sr.
Pia mit ihrem Anliegen, das sie geäußert hat, wieder nicht ernst neh –
men und sich auf seine "Machtfunktion" zurückziehen.

Lange kann Sr. Pia auf eine "positive" Reaktion nicht warten. "Un –
heimlich schnell" wird sie "ungeduldig". Ohne das gewünschte Zeichen
des Arztes bricht die Schwester die personale Beziehung zum Mediziner
ab. Wenn er sich so verhält, hat sie "kein Interesse an irgendeinem
privaten Wort". Dann ist er sozusagen unten durch. Vom Privaten iso –
liert, stellt sich der Stationsarzt in den Augen von Sr. Pia als bloßer
Funktionsträger dar.

Wie ein Schutzschild holt Sr. Pia "sofort" ihr "Feindbild" hervor. Der Arzt ist als Repräsentant betrieblicher Interessen zum Gegner geworden, den es zu bekämpfen gilt.

So findet sie es "richtig", "weil" sie "solidarisch" ist. Solange die Krankenschwester sich nicht geschlagen gibt und die Kränkung hin – nimmt, ist sie nicht allein. Gemeinsam mit den Patienten ist sie stark. Sr. Pia gibt kurz darauf ein Beispiel ihrer Solidarität gegen den Versuch eines Arztes, mittels der in der ärztlichen Position konservier – ten Macht sein Interesse durchzusetzen, statt ein einfühlsames Gespräch zu führen: "Vor der Visite" hat der Stationsarzt, mit dem sich Sr. Pia insgesamt gut versteht, "einen Aufklärungsbogen für eine Operation" "schon fertig ausgefüllt". Anschließend hat er

Pia	*... bei der Visite zu der Patientin gesagt: Lesen Sie sich das durch und unterschreiben das und geben mir das wieder.*
Weid.	*Mhm.*
Pia	*Das war das Aufklärungsgespräch! Da habe ich zu der Patientin, allerdings im Beisein des Doktors, gesagt: Und wenn Sie Fragen haben, dann bestehen Sie bitte auf einem Gespräch mit dem Herrn Doktor. Dann brauchen Sie das nicht zu unterschreiben.*
Weid.	*Mh.*
Pia	*Gut, ne, der war so, der hat mich angeguckt und hat gegrinst und hat gesagt: Ist in Ordnung. Notfalls unterschreiben Sie es morgen früh.*
Weid.	*Mh.*
Pia	*Aber normal ist eigentlich, daß die Chirurgen dann hergehen und so sauer sind, ne, daß sich eine so kleine Schwester erdreistet, sie so in die Pfanne zu hauen und das auch noch vor dem Patienten, ne? Statt mal zu sehen: Ja, die wahrt die Interessen des Patienten,*
Weid.	*mh*
Pia	*und das ist ja eigentlich viel wichtiger, ne?*

Der Stationsarzt gibt dem Patienten eine Anweisung, anstatt mit ihm ein "Aufklärungsgespräch" zu führen. Sr. Pia bittet den Patienten, "auf einem Gespräch mit dem Herrn Doktor zu "bestehen". In ihrer solida – rischen Haltung engagiert sich Sr. Pia auch in der eigenen Sache. Ist das Verhältnis zum Arzt nicht gestört, hat auch sie ein "Interesse an" einem "privaten Wort".

Wenn die Patientin auf einem weiterführenden Kontakt besteht, "dann" braucht sie das Papier "nicht zu unterschreiben". Die Anweisung ist gegenstandslos geworden. Lenkt der Arzt ein, tritt seine "Machtfunktion" in den Hintergrund. In die hektische Routine mischt sich ein Blick und ein Lächeln in Richtung Krankenschwester. Der Arzt hat Sr. Pia "angeguckt und hat gegrinst und hat" ihr dann zugestimmt. Die beiden haben einen Machtkampf geführt, Sr. Pia hat nicht verloren und die Beziehung zum Arzt ist wieder in Ordnung.

"Aber normal ist" nach Sr. Pia eine andere Reaktion. "Die Chirurgen", die Operateure, die wenig Zeit für die Arbeit auf der Krankenstation haben, sind in so einem Fall normalerweise sehr "sauer". Nach ärztlicher Auffassung wird Sr. Pia zur "kleinen Schwester", die nicht ein Recht wahrt, sondern sich "erdreistet". Indem die Krankenschwester nicht die Autorität der Mediziner akzeptiert, fühlen diese sich "in die Pfanne" gehauen "und das auch noch vor dem Patienten". Sr. Pia hat ein Tabu verletzt.

Die Ärzte schlagen gegen die Schwester zurück. Neben die allgemeine Erniedrigung tritt eine Ignoranz der schwesterlichen Aufgabe und Leistung. Daß sie "die Interessen des Patienten" "wahrt", sehen und akzeptieren die "Chirurgen" nicht. Die kämpferisch vorgebrachte Solidarität mit den Patienten steht einer Solidarität mit den Medizinern entgegen. Der von Sr. Pia vertretene Altruismus läuft dem von Ärzten eingebrachten Egoismus zuwider.

Wenn der Stationspfleger Herr Nau während der Visite mit dem Stationsarzt aneinander gerät, entsteht ähnlich dem Beispiel von Sr. Pia ein Machtkampf. Dabei stehen wieder die Kräfte gegeneinander, die aus der Position bzw. aus der Erfahrung erwachsen. Der rollenbezogene Auftrag an den zum Teil wenig praktisch erfahrenen Stationsarzt, die Krankenstation zu "versorgen" und über medizinische Maßnahmen zu entscheiden, verquickt mit einer subjektiv motivierten und die Sozialstruktur perpetuierenden Erhöhung der eigenen Person über die Interaktionspartner sowie eines ebenso eingebundenen machtvollen Durchsetzens von Interessen des Betriebes oder des Arztes kollidiert mit dem Anliegen des Pflegers. Ihm droht die Vorenthaltung eines Rechts auf Mitbestimmung, einer Achtung seiner aus beruflicher Er fahrung erwachsenen Kenntnisse und einer Wertschätzung der eigenen Arbeit.

Als Herr Nau bezüglich seines Verhältnisses zu Stationsärzten wie – derholt seine große "Erfahrung" ins Spiel bringt, weise ich darauf hin, daß er nun auch mir aus dem reichen Schatz seiner "Erfahrung" erzählt. Wie dem Stationsarzt?

Nau	*... Ja im Grunde genommen ist das schon, hast du nicht un – recht, daß das schon hier und da eine komische Situation ist, auch eine peinliche Situation ist, ne. Mitunter ist das peinlich. Also je nachdem, was du da für Leute hast, mit denen du da zusammenarbeitest, als Stationsarzt, gibt es da wirklich welche bei, die fühlen sich da wirklich auf den Schlips getreten,*
Weid.	*mh*
Nau	*wenn du denen da sagst: Also, laß' uns doch mal das und das machen. Und so.*
Weid.	*Mh.*
Nau	*Gucken die dich ein bißchen komisch an und am liebsten möchten sie dir sagen: Hör mal, ich bin hier der Stationsarzt und laß' das mal meine Sorge sein. Sowas trauen sie sich aber doch vielleicht nicht zu sagen, weil sie gen, vielleicht denken: Will ich mich nicht ganz hier mit dem verkrachen. Und wollen wir es uns nicht ganz hier*
Weid.	*Ich brauche den noch.*
Nau	*verärgern und so. Aber im Grunde genommen denken die doch, man merkt das doch, daß sie denken: jetzt erst recht nicht. Und viele nehmen das auch irgendwo nicht an und versuchen dann, also wirklich aus Dummheit heraus, sowas nicht anzunehmen, obwohl sie dann doch drei, vier Tage später genau das machen müssen, was du denen da zwei Tage vorher vorgeschlagen hast.*
Weid.	*Mh.*
Nau .	*Nur sind die vielleicht aufgrund ihrer Persönlichkeitsstruktur nicht so in der Lage zu sagen: Ja, gute Idee, machen wir mal. Oder so, ne?*
Weid.	*Mh. Und wie ist das für dich, daß die da so*
Nau	*Lächerlich wirkt das. Es hat mal eine Zeit gegeben, vor Jahren, da habe ich mich da vielleicht drüber geärgert,*
Weid.	*ja*

Nau	*wenn die Leute sowas gemacht haben. Heute ist mir das wirklich egal geworden. Heute kann ich solche Leute eigentlich nur be – dauern, weil ich weiß,* *daß die sich nur das Leben schwerer machen als es wirklich nötig ist.*
Weid.	*Mhm.*
Nau	*Also, ich habe wirklich das, den großen Vorteil, daß ich von meiner Erfahrung viel profitieren kann,*
Weid.	*mh*
Nau	*die ich im Laufe der Jahre ge*
Weid.	*Stehst Du da so ein bißchen drüber dann?*
Nau	*Da stehe ich wirklich drüber.*

Herr Nau spricht von einer "peinlichen" oder "komischen Situation". Wenn der Pfleger zu einer Handlung aufruft, fühlen sich manche Sta – tionsärzte "auf den Schlips getreten". Herr Nau "merkt", daß sie sich "am liebsten" auf ihre Position zurückziehen würden. Trotzig legen sie eine "jetzt erst recht nicht" – Haltung an den Tag. Den Machtkampf aber gewinnt er Pfleger. Am Ende "müssen" sie "genau das machen", was er längst gesagt hat. Aufgrund seiner "Erfahrung" steht der Pfleger über dem Getue der Ärzte, das auf ihn "lächerlich" wirkt.

"Hier und da" entsteht eine "komische Situation": Der erfahrene Stationspfleger kann einem unerfahrenen Stationsarzt untergeordnet sein. Die im Krankenhaus herrschende Ideologie, der Vorgesetzte sei immer auch der Klügere oder Erfahrenere, wird ad absurdum geführt. Aktuell wird diese Merkwürdigkeit, wenn Herr Nau mit Stationsärzten "zu – sammenarbeitet", die sich durch eine Aufforderung zur Durchführung einer medizinischen Maßnahme "wirklich auf den Schlips getreten" füh – len. Nach Ansicht des Pflegers reagieren sie, als würde er seinen Fuß auf ein Accessoire setzen, das die Manneskraft seines Trägers zu sym – bolisieren in der Lage ist. Daß Herr Naus Handlungsvorschlag in der Weise interpretiert wird, ist ihm "peinlich". Nicht nur der Arzt fühlt sich schmerzhaft berührt, sondern auch der Pfleger.

Erwächst die Pein aus der vermuteten Unterstellung, er habe eine unsittliche Tat begangen? Herr Nau hat eine Regel verletzt, die letzt – endlich vom väterlichen Chefarzt sanktioniert wird. Der Pfleger hat seine Kraft und Fähigkeit gezeigt und einen Anspruch auf verantwor – tungsvolle Beteiligung an Therapie – Entscheidungen angemeldet. So macht er dem Stationsarzt die Position streitig, die in der besagten In –

teraktion mit der eines bevorzugten Bruders verglichen werden kann. Herr Nau weist die Unterordnung zurück. Nicht der Stationsarzt verfügt über die Pflegekraft, sondern der Stationspfleger "hat" die "Leute", zu denen auch der Arzt gehört. Herr Nau arbeitet seit Jahren auf der Station, mancher Stationsarzt nur wenige Monate.

"Hör mal, ich bin hier der Stationsarzt und laß' das mal meine Sorge sein." In schmerzhafter Weise wollen sich manche Stationsärzte auf ihre Position berufen und somit quasi den Vater zur Unterstützung ins Spiel bringen. Aber dieser ist bei solchen Konflikten nicht zur Stelle. Die Kontrahenten sind in der Stationsarzt – Visite allein. Die unerfahrenen Mediziner "trauen" "sich" "doch vielleicht nicht", den offenen Konkur – renzkampf aufzunehmen. Sie wollen sich, so Herr Naus Eindruck, "nicht ganz hier" mit ihm "verkrachen". Statt dessen läuft die Ausein – andersetzung unter der Hand: Die Ärzte "denken: jetzt erst recht nicht". Herr Nau formuliert die Haltung wie eine Trotzreaktion, die statt an Inhalten, an Prinzipien orientiert ist. Einziges Argument seines Kontra – henten ist die Macht seiner Stellung in der Hierarchie.

Die Ebene einer möglichen Einigung ohne Kampf ist aus der Sicht des Stationspflegers endgültig verlassen. Über die ärztliche Haltung verärgert, distanziert er sich von dem Stationsarzt, indem er ihn in Gedanken zu erniedrigen sucht: Er könnte dem Arzt Hilfe geben, doch selbst wenn er dies tun wollte, "viele nehmen das auch irgendwo nicht an". Den Grund für das ärztliche Verhalten sieht Herr Nau in einer "Dummheit" des Mediziners. "Drei, vier Tage später" "müssen" solche Ärzte ohnehin "genau das machen", was der Pfleger "vorgeschlagen" hat. Die jungen Ärzte können den Kampf nicht gewinnen. Herr Nau ist davon überzeugt.

Die Stationsärzte, an die mein Gesprächspartner denkt, sind generell "nicht" "in der Lage", die "Idee" des Pflegers zu würdigen und auf sei – nen "Vorschlag" einzugehen. Abgesehen von der "Dummheit" ventiliert Herr Nau noch eine andere Begründung, die die Ursächlichkeit eben – falls aus dem konkreten Geschehen von Pfleger und Arzt herausverla – gert und in die Sphäre unveränderbarer Konstanten verweist. Einer Thematisierung der Interaktion wird der Weg verstellt. Im Sinne einer in der Schulmedizin verwendeten nomologischen Begrifflichkeit von Krank – und Gesundheit, erwägt Herr Nau, daß seine Kontrahenten "vielleicht aufgrund ihrer Persönlichkeitsstruktur" die gewünschte Haltung nicht einnehmen.

Mit der Pathologisierung drückt Herr Nau in durchaus nicht unübli –
cher Weise eine Verärgerung gegen eine ihm unterlegen erscheinende
Person aus, während fassadär ein Verständnis für die Lage des anderen
dominiert. Die Konstruktion medicozentristischer Ideologiegebäude
können als die Heimat der alltagstheoretischen Überlegung verstanden
werden.

Auf seine Gefühle in dem Konflikt angesprochen, erwähnt Herr Nau
seinen "wirklich" "großen Vorteil". Er kann von seiner "Erfahrung viel
profitieren". Sie hilft ihm, den Ärger, den er "vor Jahren" "vielleicht"
verspürt hat, zu tilgen. "Heute ist" meinem Gesprächspartner das Ver –
halten des Arztes "wirklich egal geworden". Die berufliche Erfahrung,
die quasi wie eine Hausmacht die Ansprüche der Pflegekraft sichert,
bietet die Möglichkeit, "wirklich drüber" zu stehen. Von oben betrachtet
"wirkt das" Verhalten des Arztes nicht mehr kränkend, sondern
"lächerlich". Wählt man für die von Herrn Nau gewählte Bewältigung
der Konfrontation die Worte von Sr. Pia, so könnte er mit seiner
Haltung sagen: "Ich brauche die nicht" (s.o.). "Eigentlich" kann der
Pfleger die entsprechenden Ärzte "nur bedauern", erwarten kann er von
ihnen nichts.

8.9. "Das sind die Dinge, die einen tragen"

Eine tief verwurzelte Dissens erweist sich als besonders fatal, wenn
sich der "Verantwortungsträger" darauf angewiesen sieht, von dem
nachgeordneten Personal getragen zu werden. Besonders deutlich ist die
Abhängigkeit bei dem Chefarzt zu beobachten, der die Hauptrolle in
der Konstruktion einer Verantwortlichkeit spielt. Einige Momente der
psychischen Belastung eines Chefarztes sind im Kapitel 8.1. ange –
sprochen worden.

Es sei an dieser Stelle eingeflochten, daß das hier behandelte Thema
ein Element des später vorzustellenden Kernsatzkomplexes darstellt. Der
Wunsch "mitgetragen" zu werden, scheint mir jedoch so bedeutungsvoll
zu sein, daß ich ihn gesondert zur Sprache bringen möchte.

Auf das "Schlagwort von dem Halbgott" angesprochen, sagt der Chefarzt Prof. Sahr,

Sahr   ... *es ist, ich würde es positiv ausdrücken äh, zu wissen und zu fühlen und zu merken, äh, daß man von den Mitarbeitern mit – getragen wird, ja? Das ist ja 'ne Frage, wie die Visite präsentiert wird.*

Weid.   *Mhm.*

Sahr   *Ja? Das ist*

Weid.   *Wie die Mitarbeiter das auch vorbereiten.*

Sahr   *Ja. Die können mir ja den Krankheitsfall vorstellen nach dem Motto: aggressiv. Sagen wir, nach dem Motto: was will er ei – gentlich.*

Weid.   *Mhm.*

Sahr   *Ja? Ähm, und dieses Gefühl habe ich jetzt bei diesem Mitarbei – terstab nie.*

Weid.   *Mhm.*

Sahr   *Ich hatte Mitarbeiter zwischendurch, die das durchaus auch so brachten.*

Weid.   *Mh*

Sahr   *Äh*

Weid.   *Aber das waren die*
        (synchron:) Wo Sie geguckt haben, daß die

Sahr   *(synchron:) Sondern es, es ist mehr die*
        [Interviewer bricht ab]
        die Präsentation ist üblich wirklich in dem Sinne: So sehe ich den Fall.

Weid.   *Mhm.*

Sahr   *Bitte überprüf' das. Kann man noch was verbessern?*

Weid.   *Mhm.*

Sahr   *Ja?*

Weid.   *Mhm.*

Sahr   *Und, ähm, dieses Moment neben dem, äh, Bewußtsein, daß der Patient in der Regel, äh, äh, dieses, einem auch das Vertrau – enspotential entgegenbringt, signalisiert, daß das da ist.*

Weid.   *Mhm.*

Sahr   *Das sind die Dinge, die einen tragen.*

Die Prof. Sahr bewegende Empfindung "ist eher etwas anderes" als ein mit göttlicher Stellung verbundenes enorm hohes "Selbstwertgefühl". "Positiv" ausgedrückt steht für den Chefarzt die Erfahrung, "von den Mitarbeitern mitgetragen" zu werden, im Vordergrund. Sie sollen in der Chefvisite den "Krankheitsfall" nicht "aggressiv" vortragen, sondern zur Überprüfung anbieten. Neben diesem "Moment" ist für ein Getragen – werden das "Bewußtsein" wichtig, vom Patienten ein "Ver – trauenspotential" entgegengebracht zu bekommen.

"Ich würde es positiv ausdrücken", sagt Prof. Sahr zu mir, der das wenig geliebte Stichwort vom Halbgott in Weiß angesprochen hat. Der Chefarzt kann nicht überblicken, wie ich zu der Inszenierung einer göttlichen Phantasie stehe. Er möchte eine Kritik seiner Haltung aus – schließen und die Situation "positiv" bewerten und bewertet wissen. Was ein "Chef" während der Visite, über die wir sprechen, machen "würde", ist in der Regel von allen Anwesenden als verbindliche Handlungsan – weisung zu verstehen. So gebietet es das Ritual.

Der Chefarzt Prof. Sahr steht, wie ich oben ausgeführt habe, unter dem Eindruck, eigentlich alles allein machen zu sollen und so viel lei – sten zu müssen, wie es ihm eben möglich ist. In der Position desjeni – gen, der mit der Produktivität der Klinik aufs engste verknüpft wird, hat er in Problemfällen immer die letzte Entscheidung. Alle schauen auf ihn, aber allein bleibt er doch. Er hat, so der Anspruch, alles auf seine Schultern zu laden, was die nachgeordneten Ärzte getan bzw. unterlassen haben. Er hat nach außen hin hinter dem anderen Personal zu stehen und zumindest formal Vorwürfe und Gewissenslasten abzu – wehren. Dabei wird eine weitgehende Perfektion erwartet, die ihn zum Spielen einer Rolle des großen Übervaters befähigen soll, der Absolu – tionen erteilt (siehe Kap. 8.1.).

In der exponierten Stellung des von Zimmer zu Zimmer, von Bett zu Bett schreitenden "Chef" der Klinik ist für Prof. Sahr angesichts der Möglichkeit, in seiner Position hinterfragt oder gar kritisiert zu werden, von hervorragender Bedeutung, "zu wissen und zu fühlen und zu mer – ken", daß er "von den Mitarbeitern mitgetragen wird". Mein Gesprächspartner möchte von der Gruppe der Ärzte das Tragende rundherum erfahren. Es ist ihm wichtig, die Unterstützung auf drei Ebenen vermittelt zu bekommen, die möglicherweise auf eine Allmächtigkeitsphantasie verweisen: Als Chefarzt eines christlichen Hauses möchte Prof. Sahr das sichere Aufgehobensein "wissen" oder die

Nähe zum allwissenden Gott – Vater hergestellt haben? Er möchte es "fühlen" oder von dem mütterlich mitfühlenden Arzt, dem Heiland Jesus Christus umgeben sein? Und der Arzt möchte es "merken" oder von der Intuition des heiligen Geistes durchdrungen sein?

Mit der Artikulation des Wunsches, eines der "Dinge", wie Prof. Sahr später formuliert, allumfassend zu erfahren, spricht der Chefarzt nicht von einer Hoffnung auf die Liebe der konkreten Mitarbeiter. Er ist auf ein von speziellen Personen losgelöstes Tragen orientiert, das sich aus seiner Position und aus denen der anderen ableitet. Prof. Sahr äußert nicht das Verlangen nach Liebe, die er als per se liebenswerter Mensch empfangen könnte, sondern nach einem Getragenwerden, weil er der "Chef" ist.

"Es ist ... zu wissen und zu fühlen und zu merken", formuliert der Chefarzt und drückt eine Forderung aus, die bereits erfüllt ist. Die Formulierung zeigt zur Dreifaltigkeit eine Verbindung und Nähe an, in der er selbst wie die personifizierte Allmächtigkeit weiß, fühlt und merkt. Ein Blick in psychoanalytische Theorien kann die Verquickung dieser zwei Stränge der Idealisierung, einer Fremd – und Selbstideali – sierung erhellen. Das genetische Muster kann die früheste Idealisierung der als allmächtig und allgegenwärtig erlebten Eltern bzw. nährenden Brust sein. Da zunächst nicht zwischen alter und ego differenziert wird, trifft die Idealisierung auch das, was später als eigene Person ausge – macht wird. Sieht man einmal von diversen Feinheiten in den Narziß – mustheorien ab, so kann grob gesagt werden, daß die Aktualisierung einer idealisierenden Elternimago immer auch mit der Entwicklung ei – ner Phantasie einhergeht, die die eigene Grandiosität zum Inhalt hat.

Doch Prof. Sahr spricht zunächst nur von dem fordernden Wunsch, "mitgetragen" zu werden. Möchte sich der Chefarzt gar nicht vollständig tragen lassen? Ja und nein. Zweifellos ist er entschlossen, "Sorge" für andere zu tragen und sich selbst als Entscheidungsträger "tragend" an der Interaktion zu beteiligen. Aber mein Gesprächspartner muß, um sich tragen zu lassen, zunächst einmal wissen, ob er tatsächlich gehalten wird. Noch ist meine Intervention, die an seiner Position hätte kratzen können, nicht verklungen. Nachdem ich wenig später akzeptiere, daß der Chefarzt ein unerwünschtes Thema gegen mein Interesse aus der Kommunikation verweist, wird aus dem "mitgetragen" ein "tragen". An jener Stelle ist jedoch nicht nur meine Loyalität inszeniert, sondern auch das Stützende von seiten der Patienten thematisiert. "Die Dinge", die einen "Chefarzt" "tragen", sind bei den Mitarbeitern und bei den Patienten zu finden.

Die Überlegung, ob der Chef getragen wird, ist im Rahmen der Visite gleichgesetzt mit der "Frage, wie" "präsentiert wird." Relevant ist die Darstellung nach außen, nicht oder nicht nur die innere Haltung, sondern auch oder vor allem die sichtbare Fassade. Nicht ein Fall, nicht ein Patient, sondern "die Visite" soll "präsentiert" werden, die bei Anwesenheit des Chefarztes immer die "Chefvisite" ist. Prof. Sahr er – hebt die Frage, wie die Mitarbeiter die rituelle Szene insgesamt gestalten, in der er die herausragende Rolle spielt. Das Tragen, das die Mitarbeiter zusammen mit den Patienten leisten sollen, ist auch ein Tragen des Oberhauptes auf einem Schild.

Die Präsentation der Visite soll zeigen, daß der Chef nicht sitzen gelassen, nicht links liegen gelassen und, sobald er erhoben steht, nicht fallen gelassen wird. Die Loyalität, aber auch die Sorgfalt der Träger z.B. während der Vorbereitungen zur Visite, bedeuten dem Chef einen festen Boden und sicheren Stand. Wie ich in einem anderen Kranken – haus beobachten konnte, reicht eine beiläufig fallengelassene Bemerkung des Chefs, daß das Zimmer laut sei, aus, um einen Mitarbeiter zum sofortigen Verschließen der Fenster in sämtlichen Krankenzimmern zu bewegen. So bleibt der mächtige Chefarzt zwar immer noch unter den vielen Menschen so einsam wie er mit seiner "letzten Entscheidung" "allein" bleibt, aber er erhält eine Unterstützung, die von personalen Objektbeziehungen relativ unabhängig ist.

Doch die Brüchigkeit des psychosozialen Gefüges ist in ihrer Kon – struktion längst angelegt. Die Position des immer richtig und verant – wortlich entscheidenden Chefs ist so sehr auf eine Illusion der Voll – kommenheit und Perfektion in punkto Moral und medizinisches Können gebaut, daß sozusagen der Thron bei dem leisesten Windhauch oder Zweifel ins Wanken geraten kann. Die Illusion gibt andererseits aber auch einen Eckpfeiler ab für die Alltagstheorie, daß ein Chef benötigt würde, um das gemeinsame Schicksal bewältigen zu können. Die Phantasie erhält die Herrschaftsstruktur in der Krankenhaushierarchie ebenso wie sie sie schwankend macht.

In welcher Situation sich Prof. Sahr nicht genügend getragen fühlt, erklärt er wenig später. "Die können mir ja den Krankheitsfall vorstel – len nach dem Motto: aggressiv." Die Mitarbeiter sind in der Lage, den Chefarzt in seiner Position die gewünschte und benötigte Würdigung zu verweigern. Zwar ist es undenkbar, daß die nachgeordneten Ärzte die Vorstellung eines Falles insgesamt ablehnen, doch "die können" sich "aggressiv" gegen den Chef verhalten. Die Art der Vorstellung, die Details der Präsentation der Chefvisite können eine Feindseligkeit ausdrücken.

"Sagen wir", Prof. Sahr und ich, wie er die Aggressivität übersetzt. Die Mitarbeiter, denen er sich gegenübergestellt fühlt, fragen: "Was will er eigentlich"? Sie lassen den Chef fallen und schieben ihn weg, indem sie die Rolle des Chefarztes hinterfragen. Die Mitarbeiter verstehen nicht, so der Eindruck meines Gesprächspartners, was ein Chefarzt will. Es fehlt das Verständnis oder die Einsicht. Prof. Sahr stellt sich vor, daß die Mitarbeiter ärgerlich sind über das, was er vielleicht will. Sie wollen den proklamierten Wünschen eines Chefs nach ehrerbietiger Anerkennung nicht gerecht werden und widersetzen sich dem Ansinnen des Vorgesetzten. Schnell kann aus der Haltung ein Grundsatz werden, der sich in einem Motto, einem Leitwort, ausdrückt, das alle Gleichgestellten gegen den Höhergestellten verbindet. Gemeinschaftlich lehnen sie es ab, dem Chefarzt zuzuarbeiten und die Kontrolle widerspruchsfrei über sich ergehen zu lassen.

Die Ablehnung der rollenbezogenen Forderung des Chefarztes scheint Prof. Sahr wie ein persönliches im Stich gelassen werden, eine persönliche Ablehnung zu verstehen. Das Bedürfnis nach einem Getragenwerden erlebt er als an seine Person gebunden. Eine Trennung zwischen dem quasi privaten Herrn Sahr und dem Chefarzt ist ihm nicht möglich. Die Mißachtung des chefärztlichen Anliegens ist rollenidentifikatorisch zu einer tiefen Verletzung der gesamten Person geworden. So kann Prof. Sahr auf die Aggressivität nur mit einer abwehrenden Gewalt reagieren und nicht etwa auf die Frage eingehen, die nach seiner Formulierung die Mitarbeiter tatsächlich stellen. Es wäre ein Widerspruch in sich, mit den Untergebenen das Problem der Isolation und Einsamkeit zu bearbeiten, das durch die Installierung einer herausragenden ChefPosition entsteht.

"Was will er eigentlich"? Die Frage bleibt letztendlich unbeantwortet. Was der Chefarzt "eigentlich", was er wirklich will, was ihm die Rollenerwartung bedeutet, bleibt ungeklärt. Die Frage wird lediglich auf der Ebene einer "Frage" nach dem Wie einer Präsentation der Visite behandelt werden.

Doch in der momentanen Situation der Klinik stellt sich das ange –
schnittene Problem nicht. Prof. Sahr hat "dieses Gefühl" des aggressiv
In – Frage – gestellt – Werdens "jetzt bei diesem Mitarbeiterstab" nicht.
Er hat es sogar "nie"! Ohne Ausnahme halten sich alle Mitarbeiter mit
einer Aggressivität gegenüber dem Chefarzt zurück. Alle präsentieren
die Chefvisite immer in der gewünschten Weise, alle weisen Prof. Sahr
bei jedem Zelebrieren des Rituals als eine hervorragende und ehrwür –
dige Instanz aus, die einen Garanten für die nahezu vollkommene
Fehlerfreiheit in medizinischen Entscheidungen spielt. Die Durchgän –
gigkeit der zutragenden Ehrerbietung, so scheint es, gewährt erst das so
wichtige Wissen, Fühlen und Merken eines Getragenwerdens.

Die Sicherheit ist bereits dahin, wenn Prof. Sahr "Mitarbeiter" hat,
"die das durchaus auch so" bringen. So etwas ist ihm tatsächlich schon
passiert. Zu jener Zeit mußte er bei jeder Visite damit rechnen, daß
ein Mitarbeiter "durchaus", mit einer gewissen Selbstverständlichkeit, die
Chefarzt – Position aggressiv hinterfragt. Die ins Auge gefaßten Kollegen
reagierten zwar nicht immer in der Weise, jedoch "auch so". Bereits die
in der Interaktion offen gehaltene Möglichkeit zerstört das Gefühl, ge –
tragen zu werden.

In der aktuellen Szene des Gespräches mit mir wird sogleich deut –
lich, wie schnell jemand für Prof. Sahr in die Rolle des "aggressiv"
Fragenden gerät. Als ich eine Verbindung zu einer früheren Ge –
sprächssequenz herstellen möchte und den Chefarzt an die eigene ag –
gressive Haltung erinnere, unterbricht er mich. Sobald ich schweige,
werde ich darauf hingewiesen, welches Verhalten eines nachgeordneten
Kollegen in der Realität der Klinik "wirklich" "üblich" "ist".

Ich soll nichts in Frage stellen, wozu mein Hinweis vielleicht ge –
eignet gewesen wäre und ich soll mich der Harmonie fügen, so wie der
Chefarzt sie durchzusetzen pflegt. Nach meinem Eindruck sagt mir Prof.
Sahr in etwa: Bitte, Herr Weidmann, hier präsentiert man seine Mei –
nung gegenüber mir als Chefarzt so, daß ich das entscheidende Wort
habe und die relevanten Themen festlege.

Die Bemerkung, die ich habe machen wollen, hätte möglicherweise
zur Folge gehabt, daß der Chefarzt einen Moment in Zweifel ob der
Richtigkeit oder Schlüssigkeit seiner Darstellung gekommen wäre. Ob –
wohl von mir bewußt nicht beabsichtigt, hätte mein Hinweis Bedenken
an den Entscheidungen des Chefarztes bewußt machen können. Doch
gerade der Glaube an die Unanfechtbarkeit der chefärztlichen Ent –

scheidung bietet dem Chefarzt die Möglichkeit, in Sicherheit getragen zu werden, ebenso wie der Glaube den sozial integrierten, nachgeordneten Ärzten eine Entlastung bietet. Mit meiner Zwischen – bemerkung habe ich ein Tabu verletzt.

Auf eine ähnliche Weise kann auch ein Assistenzarzt die Gebote der Institution verletzen. Die psychosoziale Konstruktion eines mehr oder weniger geglückten Lastenausgleichs macht es nötig, daß ein Nachge – ordneter dem Vorgesetzten eine Einschätzung in der Weise nahebringt, daß die Interaktion zu einer "Bitte" um Überprüfung wird.

Der nachgeordnete Arzt legt seine Haltung offen, während wie selbstverständlich davon ausgegangen wird, daß der Chefarzt in jedem Fall selbst bis zu dem vom Vortragenden erreichten Punkt vorgedrun – gen wäre. Mit einer ebensolchen Selbstverständlichkeit wird die Visite präsentiert, als wären die Ideen des Chefarztes immer besser als die des nachgeordneten Arztes.

Der um die geforderte Perfektion verlegene Chefarzt kann bei der gewünschten "Präsentation" immer dort einhaken, wo er "noch was verbessern" "kann". Hat er keine weiterführenden Ideen, wird der Fall oder das Detail übergangen. So steht es allein in der Macht des Chef – arztes, eine eigene Ratlosigkeit offenzulegen. Bei nahezu jeder anderen Form der Präsentation müßte riskiert werden, daß jemand unkontrolliert bemerkt, daß der Chefarzt etwas nicht weiß, was er theoretisch hätte wissen können oder was dem Assistenten bekannt ist.

Die "übliche" Präsentation aber gewährleistet die hohe Anerkennung und die Sicherheit eines Getragenwerdens durch Untergebene, die der Chefarzt für das einsame Fällen der letzten Entscheidung braucht. An – derenfalls, so mein Eindruck, könnte Prof. Sahr der sozialen Aufgabe nicht gerecht werden, und würde von der hohen Position nach seinem Empfinden in ein tiefes Loch fallen.

Nach diesen Ausführungen möchte ich dem Leser nicht länger vor – enthalten, welchen Inhalts die Gesprächssequenz ist, auf welche hinge – wiesen sich die genannte Dynamik entwickelt hat: Wir sprechen über die Möglichkeit, die eigene Trauer über Patientenschicksale mit anderen Mitarbeitern teilen zu können, was das Team in die Nähe zu einer "guten Familie" rücken läßt, als Prof. Sahr meint:

Sahr   ... Ich bin ein Mensch, der äußerst schlecht im Hader oder im Widerstand mit anderen arbeiten kann.

Weid.	*Mhm.*
Sahr	*Und [heftiges Räuspern] ich würde ganz grob sagen, entweder man findet eine Form der, des miteinander Lebens,*
Weid.	*mhm*
Sahr	*des miteinander wirklich Kommunizierens,*
Weid.	*mhm*
Sahr	*ja? Ähm, jetzt hätte ich fast gesagt: Ober ich bin bestrebt, den anderen kaputt zu machen. Sagen wir mal: rauszudrängen.*

Vollzieht man die Verbindung zwischen den zwei Gesprächssequen –
zen nach, so lassen sich jetzt noch weitere Details nennen, die für Prof.
Sahr ein Getragenwerden ausmachen, das in der Visite darzustellen ist.
Es geht in der letztgenannten Sequenz um die psychosoziale Verarbei –
tung eigener Gefühle mit Hilfe der Kollegengruppe, wobei als Voraus –
setzung gilt, daß "Hader" und "Widerstand" im Verhältnis zum Chefarzt
nicht auftreten. Ein Streit muß beigelegt, ein Widerstand aufgegeben
sein. Dann ist es möglich "eine Form" "des miteinander Lebens" im
Sinne eines "miteinander wirklich Kommunizierens" zu finden.

Die "Form" wird wiederum von der Institution vorgegeben, der der
Chef ein bestimmtes "Gepräge" gibt. So merkt z.B. eine neu eingestellte
Oberärztin recht bald, daß sie entweder viel von den eigenen Vorstel –
lungen aufgeben oder sich selbst "absentieren" muß. Zwischen dem
Chefarzt und den nachgeordneten Ärzten ist ein "Miteinander" im all –
gemeinen beruflichen Leben und im Gespräch erwünscht, aber nur
möglich, wenn die Autorität des Chefs jederzeit gewahrt bleibt. Das
Miteinander bedeutet weitgehende Anpassung an die von Prof. Sahr
stark mitbestimmte Ordnung.

Auch in dieser Gesprächspassage ist wieder ein Moment des Aufge –
hobenseins zu finden, das mit einer Ehrerbietung verknüpft ist. Hier
aber, außerhalb der Visite, steht die Orientierung auf ein familiales
Gefüge im Vordergrund, in dem eine gute Chance für Objektbezie –
hungen bleibt. Trotz etwa einer klaren Herrschaftsbestimmtheit der In –
teraktion wird ein gemeinsames und "wirkliches" "Kommunizieren" an –
gesprochen, in dem, so mein Eindruck, auch über sehr persönliche
Gefühle gesprochen werden kann. Prof. Sahr und ich z.B. sprechen
über die Trauer, die während der Arbeit entsteht. In der Visite dage –
gen verläuft die Kommunikation auf der Ebene eines Zur – Schau –

Stellens chefärztlicher Leistungsfähigkeit bei ausdrücklicher Unterwerfung seitens des nachgeordneten Arztes.

Kommt allerdings das "Miteinander" nicht zustande, das den Chefarzt entlasten kann, wird bei Prof. Sahr eine enorme Aggression frei. "Fast" "hätte" mein Gesprächspartner unumwunden "gesagt", wonach ihm in einem solchen Fall der Sinn steht: Er ist "bestrebt, den anderen kaputt zu machen". Der Chefarzt entwickelt eine, wie man umgangssprachlich so treffend sagt, mörderische Wut. Die institutionell gewährte Form der Affektäußerung liegt in einem "Rausdrängen" des widerspenstigen Kol – legen aus der "guten Familie" und der Klinik insgesamt.

Dabei dient die Abfuhr der vernichtenden Wut der Stabilität des Systems. Der Chefarzt, der nicht "im Hader oder im Widerstand mit anderen arbeiten kann", bleibt leistungsfähig und auch der Betrieb ver – liert seine Funktionstüchtigkeit nicht. Es sei, so Prof. Sahr im Anschluß an die Gesprächssequenz, ein bekannter "mechanischer Grundsatz", daß "Reibung" "verlorene Kraft" bedeute, die im Krankenhaus rar sei. Seine "Verantwortung" gebiete ihm die Verhinderung von Reibungsverlusten. Sich nach anderen zu richten, sei zwar "kollegialer" und "menschlicher", unter den Bedingungen der Arbeit jedoch "absolut sinnlos".

In dem Gespräch über die Visite, und nun kehre ich zu der anfänglich zitierten Sequenz zurück, könnte mein Querverweis auf ein stark affektiv geprägtes Verhalten des Chefarztes "Hader" und "Wider – stand" bedeuten. In der Visite aber gibt es ein Instrument, eventuelle Widersprüche abzuwehren, bevor sie irgendwie gefährlich werden: Es ist klar festgelegt, welches Verhalten "üblich" ist. Eine Beobachtung der Ausübung des Rituals kann die Aussage von Prof. Sahr schnell be – stätigen. Ein Minimum an Akzeptanz der Ritualstruktur ist ausreichend, um den Nachgeordneten in seine Schranken zu verweisen. Egal mit welchen Motiven z.B. ein Assistent in die Chefvisite geht, er muß und wird den Krankheitsfall vorstellen, Korrekturen akzeptieren und mehr oder weniger versteckte Zurechtweisungen entgegennehmen, die nicht für das Publikum bestimmt sind.

So kann ich in dem Gespräch die Wucht zwar spüren, mit der sich mein Gesprächspartner gegen mein Ansinnen wehrt, einem Dritten aber, d.h. dem Hörer oder Leser der Aufzeichnung bzw. dem Patienten, bleibt die Auseinandersetzung fast verborgen. Sehr schnell haben wir beide uns über den Konflikt verständigt.

Soweit zu der Interaktion mit Kollegen. Das zweite der "Dinge, die einen" als Chefarzt "tragen", sieht Prof. Sahr in einer Besonderheit der Beziehung zu Patienten. "Neben" das "Moment" des Mittragens von seiten der nachgeordneten Mitarbeiter tritt das "Bewußtsein, daß der Patient" dem Chefarzt "das Vertrauenspotential entgegenbringt". Der Patient vermittelt dem Höchsten der Ärzte "in der Regel" die Ge – wißheit, daß die die generelle Bereitschaft zu vertrauen entwickelt ist. Der Kranke stellt dem Arzt ein Potential, eine "vorhandene Leitungs – kapazität" (Duden 1963, S. 523) zur Verfügung. Nach belieben kann der Chefarzt über das Kontingent verfügen.

Aktiv geht der Patient auf den Arzt zu, indem er etwas "entgegen – bringt". Mit dem Vertrauen, das sich, von wenigen Ausnahmen abgese – hen, unmöglich auf eine eigene, von dem Patienten selbst überprüfbare, Erfahrung aufbauen kann, bringt der Patient eine ehrerbietende, gene – relle Dankbarkeit dar. Der Patient vermittelt dem Chefarzt das Be – wußtsein von einer glücklichen Unterwerfung.

"Der Patient" "signalisiert, daß das da ist". Drückt Prof. Sahr die Szene in einer technischen Begrifflichkeit aus, so gibt der Hilfesuchende ein interaktionsblindes Zeichen, ein Signal, daß das gewünschte Kon – tingent Vertrauen zur ärztlichen Verfügung steht. Wie in einem reli – giösen Zusammenhang gibt der Patient ein Zeichen, "daß das da ist", daß die geistliche Atmosphäre von ihm Besitz ergriffen hat.

Die seitens der Mitarbeiter erfolgende Präsentation als unangefoch – tene, ehrwürdige und allen Beteiligten überlegene Figur und das unbe – dingte Vertrauen seitens der Patienten, "das sind die Dinge, die einen tragen".

Der sprachliche Ausdruck eröffnet noch einen weiteren, ergänzenden Sinnzusammenhang. Das Bild von den "Dingen, die einen tragen" ver – weist auf eine Situation, in der ein Kind wohlgesättigt auf den Armen der Mutter gehalten wird. Die "Dinge" können in ihrer Gesamtheit die Leiblichkeit der Mutter symbolisieren, die satt und zufrieden macht, indem sie verläßlich nährt. Mit der Sicherheit bzw. dem Gefühl des Sichergestelltseins der lebensnotwendigen Nahrungszufuhr setzt sich das Gefühl, aufgehoben, getragen, nicht – fallengelassen zu werden, fest. Die Zufuhr von Ehrerbietung im Gewand eines gewünschten Präsentierens und im Kleid eines bereitgestellten Vertrauenspotentials, erinnert an die Zufuhr von Nahrung, von Speise und Trank, an die antike göttliche

Gabe von Ambrosia und Nektar, an den lebenerneuernden Stoff aus zwei Brüsten.

Doch der Wunsch scheint einer Deformation zu unterliegen. Wie gesagt, spricht Prof. Sahr von dem Tragenden in einer instrumentali – sierenden Sprache. Der sprachliche Ausdruck verweist nicht geradlinig zu zu liebenden oder liebenswerten Menschen als Objekte bzw. Teilobjekte des Begehrens. Der Chefarzt spricht von "Dingen", von Sa – chen, zu denen eine affektive Beziehung bekanntlich nur so weit mög – lich ist, wie ihnen etwa auf dem Wege der Projektion menschliche Ei – genschaften zugeschrieben werden. Immer bleibt die Beziehung eine zu sich selbst.

Ähnlich wie in der Chefvisite der nachgeordnete Arzt für den Chef – arzt derjenige ist, an den er sich trotz aller Weisungsbefugnis halten muß, ist in der Stationsarzt – Visite die Schwester der Ansprechpartner für den Assistenzarzt. Auf meine Frage nach dem Verhältnis zu der Krankenschwester, die an der Visite teilnimmt, sagt Dr. Uhl:

Uhl   *Ja, die ist ja diejenige, die an sich die pflegerischen Maßnahmen*
        unter Kontrolle hat und die auch mein Ansprechpartner ist
Weid.   *mh*
Uhl   *mehr oder minder, der Hauptansprechpartner ist. Das heißt, alles*
        was gemacht werden soll im pflegerischen Bereich, das läuft über
        die.

Die Schwester hat die "Kontrolle" über die "pflegerischen Maßnah – men". "Alles was gemacht werden soll" und üblicherweise nicht von Ärzten ausgeführt wird, "läuft über die" an der Visite teilnehmende Pflegeperson und wird von ihr kontrolliert. Leitet sie z.B. die ärztliche Anweisung nicht oder nicht rasch genug weiter und achtet sie nicht auf die ordnungsgemäße Ausführung der Maßnahmen, gerät der Stationsarzt leicht an die Grenze seiner eigenen Belastbarkeit und Lei – stungsfähigkeit.

Ebenso sieht es mit den Informationen aus, die die Schwester dem Arzt zutragen soll. Sie ist Dr. Uhls "Ansprechpartner", sein "Haupt – ansprechpartner". Von der Pflegekraft kann er Details über den Patienten und die bisher ausgeführte Diagnostik erfahren – falls diese die Daten sorgfältig zusammengetragen hat. Ist dies, z.B. aufgrund eines längerandauernden Dissenses nicht geschehen, wird dem Stationsarzt die

Unterstützung verweigert, kann er schnell in eine Lage geraten, in der er seinen Aufgaben kaum noch gerecht werden kann.

Auch im Verhältnis zwischen den Assistenten und der Krankenschwester entwickelt sich eine heftige Aggression bei dem Weisungsbefugten lange bevor für einen Außenstehenden eine reale Bedrohung einer Person oder Arbeitsfähigkeit auszumachen ist. Ähnlich wie Prof. Sahr deuten auch Dr. Uhl und Dr. Harms heftige Reaktionen ihrerseits an, wenn eine gewünschte Unterstützung ausbleibt. Es sei an dieser Stelle auf die obigen Ausführungen zur nicht erfahrenen Schwester (siehe Kap. 8.7.) erinnert.

8.10. "Du bist der Größte"

Zum Abschluß der Gesprächsauswertung zur Visite muß ein Kernsatzkomplex unbedingt Erwähnung finden. Sein Inhalt ist in einigen vorherigen Ausführungen bereits angeklungen, weshalb die Darlegung auch den Charakter einer Zusammenfassung bekommt.

Gemeint ist die institutionell geprägte, psychosoziale Verarbeitung von schicksalhaften und arbeitsorganisatorischen Belastungen, von subjektiven und objektiven Lebens bzw. Arbeitsbedingungen mittels der Installierung und Aufrechterhaltung einer Figur, die die "Größte" von allen beteiligten Menschen sei. Die Interaktionsteilnehmer, zu denen ich einen Kontakt habe herstellen können, produzieren oder reproduzieren eine HeldenPhantasie, die bis hin zu einem Mythos vom Halbgott in Weiß geformt wird. Dabei weichen die Vorstellungen z.B. je nach Zugehörigkeit zu der Gruppe von Interaktionsteilnehmern und Stellung in der Hierarchie voneinander ab. Während ein Mitarbeiter den Chefarzt etwa als "Kapazität" mystifiziert, können manche Patienten die Ärzte darüberhinaus wie allumfassend helfende und mächtige, einer Göttlichkeit verbundene Gestalten erleben.

Immer wieder bin ich auf Elemente einer HeldenPhantasie gestoßen. Ich habe den Eindruck gewonnen, daß alle Gruppen von Interaktionsteilnehmern, d.h. Pflegekräfte, Ärzte in unterschiedlichen Positionen und, zumindest im Erleben der Mediziner, auch Patienten an einer permanenten Reproduktion der kollektiven Phantasie beteiligt sind.

So sieht sich die Schwesternschülerin Carla zu Recht von dem Entscheidungsprozeß während der Visite ausgeschlossen. Sie kann nicht "mitreden", "weil das wirklich teilweise ärztliche Entscheidungen sind, die ein Medizinstudium" "beinhalten". Die Entscheidungen werden zu "ärztlichen Entscheidungen" erklärt, die von einem "Medizinstudium" durchdrungen sind. Da die Schülerin eine entsprechende Laufbahn nicht absolviert hat, kann sie noch nicht einmal "mitreden". Sie ist ja nur eine kleine Schülerin, das zum Ärztlichen Erklärte ist ihr zu hoch. Die Mediziner setzt die Schülerin an einen Ort, der weit über ihr liegt. Die hier angerissene alltagstheoretische Konstruktion ist so durchgängig zu finden und in die alltägliche Praxis verwoben, daß es vielleicht einem mit der Institution vertrauten Leser schwerfallen mag, das Phantastische zu erkennen.

Der Stationspfleger Herr Nau besteht darauf, daß der Chefarzt eine herausragende Fachkraft ist.

Nau   ... Wenn im Grunde genommen die Assistenten mehr wissen als der Chef, soll es ja geben, dann wird halt eben das Arbeitsklima beschissen.

Der Chef muß der Größte sein, das steht mal fest. Erfüllt er den Wunsch nicht, sind die Mitarbeiter verärgert. Herr Nau auch. (Siehe Kap. 4.1. Stichwort "Einengung des Handlungsspielraums")

Der Stationspfleger ist erst zufrieden, wenn er einen Chefarzt über sich wähnt, der wissender ist als alle anderen, dessen Weisheit "im Grunde genommen" nie versagt. Doch mit der Orientierung auf die Dimension eines unanfechtbaren Wissens sind sicherlich nicht nur fachliche Kenntnisse angesprochen. Die Gewißheiten vermittelnde Ei -genschaft eines wunschgemäßen Chefarztes erinnert sehr an ein Über -alles - Bescheid - Wissen, an ein überblickendes Wissen bezüglich aller Geschehnisse, aller Wünsche oder Nöte, sowie an ein Wissen um die Hilfe in allen Lagen des beruflichen Lebens im Krankenhaus. Das chefärztliche Wissen soll allgegenwärtig, nahezu allumfassend und von gewaltiger Kraft sein, so daß den Pfleger ebensowenig quälende Unge -wißtheit oder bedrückender Zweifel plagen wie er Ängste vor einem ungeschützten Raum oder fehlender Geborgenheit entwickeln braucht.

Ähnliches wünscht sich auch der Assistenzarzt Dr. Uhl. Auch er be – teiligt sich an der Installierung einer Heldenfigur, die über so große geistige Potenzen verfügt, daß mit ihrer Rückendeckung wie selbstver – ständlich ein Kampf gegen destruktive Erscheinungen der Natur aufge – nommen wird. In Gemeinschaft mit dem Chefarzt birgt das Widersetzen gegen die Natur zwar die Gefahr einer negativen Bewertung, praktisch aber bleibt das Handeln straffrei: Im Kampf gegen Krankheit und Tod können zwar theoretisch verurteilungswürdige "Fehler" gemacht werden, wirkt aber der Chefarzt mit, ist die Gefahr "sozusagen fast null". Der streitbare Chef ist für die Auseinandersetzung allzeit gerüstet. In seiner großen Stärke soll es ihm selbstverständlich sein, die "Verantwortung" für die "letzte Entscheidung" allein zu tragen. (Textausschnitte siehe auch Kap. 8.1.)

Aus der Sicht des Stationsarztes Dr. Harms tragen auch die Patien – ten zur Entwicklung einer Heldenphantasie bei. Sie treten ihm fordernd mit der Haltung entgegen: "Die Medizin kann heute alles und die Medizin macht alles." Dem Arzt ist völlig "klar", daß mit der "Medizin" er selbst "als Person" angesprochen ist. Dr. Harms sieht sich mit einer Erwartung konfrontiert, nach der er als Arzt allmächtig sei; mit uner – schöpflichen Kräften und unbegrenzten Fähigkeiten soll er alle Wünsche der Kranken erfüllen. Welche Bewandnis es mit dem auch außerhalb der Krankenhäuser verbreiteten Mythos vom bürgerlichen Arzt – Helden hat, werde ich später ausführlich darlegen. (Textausschnitte siehe Kap. 8.7.)

Doch nicht nur bei den Patienten sind subjektive Motive für die Aufrichtung der göttlichen Phantasie anzunehmen. Z.B. können sich die Assistenzärzte durch die Erscheinung einer großen Vaterfigur beschützt und geführt fühlen in dem Dickicht einer Schicksalhaftigkeit und im Dschungel medizinischer "Tatsachen" (siehe Kap. 8.2.).

Gleichzeitig kann sich eine Tendenz zur Idealisierung bemerkbar machen, die ebenfalls in Zusammenhang gebracht werden muß mit den regressionsfördernden Momenten innerhalb der Visite (siehe z.B. Kap. 7.2.) und außerhalb der Visite (siehe Kap. 8.2.). So kann sich zur Be – wältigung der psychosozialen Lage eine institutionsbedingte Idealisierung nach dem Muster eines idealisierten Elternimago (Kohut) entwickeln, die auch assoziativ mit der Vorstellung von einem Größenselbst (Kohut) verbunden ist. Institutionell ergibt sich für Assistenzärzte die Ver – quickung durch eine parallele Idealisierung ihrer Rolle durch die Pa –

tienten. Über beide Momente der Idealisierung ist für den Assistenten auf einer narziβtischen Ebene eine relative Stabilität zu erreichen. Die hierzu notwendige Permanenz der narziβtischen Zufuhr ist weitgehend gesichert.

Innerhalb der verbleibenden Objektbeziehungen zu Vorgesetzten kann es zu einer identifikatorischen Partizipation an der Stärke des Ober – oder Chefarztes kommen. So können auf dem Wege über die Phanta – sietätigkeit eigene, z.B. anale oder phallische Bemächtigungs – und Durchsetzungswünsche halluzinatorisch befriedigt werden.

Am Rande sei auf eine Crux hingewiesen, die die Begrenztheit der Wunschbefriedigungschance innerhalb der göttlichen Phantasie sichtbar werden läβt. Die Patienten haben, zumindest nach einer Schilderung von Dr. Harms, ein Interesse an einer stabilen Beziehung zum Arzt, in der er die Kranken als Personen gewahr wird, sie als solche ernst nimmt und den Patienten nicht nur als Soma begreift. Dem Arzt aber, der sich innerhalb des nach rationellen Gesichtspunkten organisierten Arbeitstags mit ca. 25 solcher Beziehungsangebote konfrontiert findet, werden die Wünsche zu viel und er muβ sich "schützen" (Harms). Er lenkt die Interaktion auf eine narziβtische Ebene, etwa indem er in – nerhalb der Visite die Nähe fassadär mit einem "persönlichen Wort" "am Ende" des Treffens vorspiegelt. So ist ihm geholfen und die Pati – enten haben ein wohl kalkulierbares Maβ an Nähe und Vater – Kind – Beziehung erhalten, die sie in ihrem Herzen bewahren und – zur Therapie dienlich – weiter ausphantasieren können.

Wie ich schon einmal erwähnt habe, kommt Dr. Harms zu der Ein – schätzung,

Harms   *... wenn das vielleicht nur zwei, drei Minuten sind, die man da*
         am Tag für den Patienten hat,

...

         und investiert.

...

         Aufgrund dieser zwei, drei Minuten kann er doch dann hinterher
         sehr viel aufbauen.
(Siehe Textpassage in Kap. 8.6.)

Der kollektiven Phantasie wird im Krankenhausalltag entsprochen, indem der Arzt, allen voran der Chefarzt in einer besonderen Weise

präsentiert wird. Es werden situatutive Anstöße für eine halluzinatori –
sche Wunscherfüllung gegeben. So kann es nicht verwundern, daß, wie
Dr. Harms sich ausdrückt, viele Patienten "im Stationsarzt immer noch
so eine kleinen Herrgott sehen".

Im Erscheinungsritual wird eine Szene aufgebaut, die dem Wunsch
der Patienten nach einer göttlichen Person entgegenkommt. Der Arzt
wird zu einer glänzenden Figur stilisiert, indem für seinen Besuch z.B.
alle Patienten, auch die mobilen, in oder zumindest auf die Betten
müssen und die Besucher hinausgeschickt werden. Der Mediziner be –
wegt sich sprachlich wie in einer Welt der Tatsachen. (Es ist so und
so; wir werden nach der Untersuchung wissen, welche Krankheit sie
haben), wodurch die Auffassung des Arztes als verbindliche Wahrheit
hingestellt wird (siehe auch Kap. 3.). Tatsächlich vorhandene Zweifel
des Arztes werden in der Regel nicht dem Patienten mitgeteilt, um ihn,
wie oft zu hören ist, nicht zu verunsichern.

Mit der rituellen Handlung wird proklamiert, daß die Ärzteschaft
letztendlich alles wisse:

Sahr   ... Der Patient soll das Gefühl haben, ähm, daß der Chef und
vertretender Oberarzt ... immer um ihn Bescheid wissen.
...

und das ist etwas, was also, wie sich immer wieder zeigt, für den
Patienten von sehr großer Bedeutung ist."

Wenn der Patient während der Visite z.B. über Schmerzen klagt, und
der Arzt mit derselben Haltung – und etwa den Worten: Das wird
Ihnen helfen. – ein Medikament verordnet, spielt der Mediziner
tatsächlich die Rolle einer Figur, die "alles" "kann", so wie es die Pati –
enten nach der Ansicht von Dr. Harms glauben. Ebenso wird in der
Visite eine enorme Machtfülle des Arztes inszeniert, die weit über den
Bereich der Krankheiten hinaus für den Leidenden bedeutsam ist. Wie
ein fast vollkommen über das Gros der Menschen erhabenes Wesen
dominiert der Arzt die Kommunikation: Er fragt, er unterbricht, er hört
zu und er weist zurück.

Kommt er institutionell so reich ausgestattete Arzt in seiner präch –
tigen, weiß bekittelten Aufmachung, Stifte, Hammer und Stetoskop in
den Taschen, den Wagen voller Kurven nebst Schwestern hinter sich
mit festem Schritt zur Tür herein und auf das Bett des Patienten zu,

drückt ihm zur Begründung die Hand und beugt sich Fragen stellend über den Kranken, kann der Patient die Szene leicht verstehen als den Aufzug eines

Harms ... *Herrgotts, wenn der sich also so runter neigt, so ungefähr, um mal bei dem Bild zu bleiben*
Weid. *mhm*
Harms *und ihnen jetzt die Hand reicht und sagt: Also nun komm' mal mit deinen Problemen. Erzähl' mir was davon.*

Auch wenn Dr. Harms bewußt nur sehr kurz auf die persönlichen Belange eingeht, halten die Patienten an ihrer Phantasie fest. Will man den Kranken nicht jeden Sinn für Realitäten absprechen, so ist anzu – nehmen, daß der Stationsarzt die Phantasie oder Übertragung nicht eindeutig zurückweist bzw. auflöst. Die Patienten werden Anhaltspunkte für ihre Vorstellung finden – z.B. in dem Auftritt des Arztes innerhalb der Visite.

Was für den Stationsarzt gilt, muß umso mehr für den Chefarzt gelten. Seine Präsentation richtet sich nicht nur an Patienten, sondern auch an das Personal. Während bei Dr. Harms "die Oberärztin mitgeht", sagt der Stationsarzt, daß

Harms ... *am Freitag der Chef kommt. Das unregelmäßig, wie er Zeit hat, wobei die Chefvisite ... bei mir so abläuft, daß er also so mehr nach dem Motto: Er ist da, er präsentiert sich,*
Weid. *ja*
Harms *also auf diesem Niveau abläuft.*

Während die Oberärztin etwas "mit" – macht, "kommt" der Chefarzt. Er erscheint "unregelmäßig". Nicht der Chef richtet sich wie alle ande – ren etwa nach einem gemeinsamen Plan, sondern die anderen müssen sich nach ihm, nach seiner "Zeit" richten. Tritt der Chef auf, dann ist "er" "da". "Er präsentiert sich", "er" steht im Mittelpunkt. Die anderen erhalten die Neben – und Statistenrollen, die in der Regel wider – spruchsfrei gespielt werden.

Zur Absicherung der phantastischen Wunscherfüllung muß dem hel – denhaften oder herrgöttlichen Arzt Respekt gezollt werden. So muß, wie die Krankenpflegeschülerin Carla erzählt, die Zimmer rechtzeitig in

Ordnung gebracht werden. Z.B. räumt sie "den Nachttisch von Patienten auf, ne, daß die Sachen alle ordentlich stehen". Darüber hinaus wird der Patient "wirklich wie 'ne Pappe hergerichtet",

Carla ... *daß bei der Visite dann so alles strahlt und blinkt, wenn der Arzt da durchgeht, ne.*

Ebenso wird der Wutausbruch eines Chefarztes hingenommen. Dr. Harms hat Entsprechendes erlebt. Bei der Visite wird der Chef zuwei – len

Harms ... *sauer und wütend und springt auch cholerisch vorm Patienten rum, wenn das sein muß,*
Weid. mh
Harms und macht einen Heidenaffenaufstand und macht auch die Assistenten vor den Patienten wirklich richtig fertig, ne.

Wenn der Chefarzt den Krankheitsfall und die bisherige Behandlung "knochenhart" "diskutiert", gibt es offenbar auch für Dr. Harms akzep – table Gründe dafür, daß das "cholerische" Verhalten des Chefs "sein muß". Der Assistent scheint sich mit dem Chefarzt zu identifizieren, der wie ein großer Vater seine Söhne straft. Dabei hat es der Chef offen – bar nicht nötig, für einen Streit vor die Tür zu gehen. Seine tenden – zielle Unfehlbarkeit inszenierend, duldet die Zurechtweisung keinen Aufschub.

Trotzdem aber hat der "Heidenaffenaufstand" etwas Erschreckendes für den Stationsarzt. Es trifft ihn, daß Assistenten "wirklich richtig fer – tig" gemacht werden. Ausdrücklich jedoch hält Dr. Harms das chefärzt – liche Gebaren lediglich für eine "an sich sehr unangenehme Art". Ihn stört, "daß die Ärzte vor den Patienten das Gesicht verlieren". Der Schein des Mächtigen, Wissenden und Tugendhaften aller Ärzte könnte verloren gehen.

Das Heldenhafte oder Herrgöttliche selbst lehnt mein Gesprächs – spartner nicht ab.

Harms ... *Also es gibt diese Chefs wohl, die zeigen, daß sie Herrgötter sind. Ob das nun jeweils richtig ist oder nicht richtig, bleibt dann dahingestellt...*

Die aggressiven Ausbrüche desjenigen, der den "Herrn" und Überva —
ter "für alle Beteiligte" spielt, nimmt der Assistent billigend inkauf.
Doch wie sieht die inszenierte Phantasie aus der Perspektive eines
Chefarztes aus? Was bedeutet ihm diese Komponente des Erschei —
nungsrituals? Ein längerer Ausschnitt aus dem Gespräch mit Prof. Sahr
kann hier weiterhelfen. Einige Gesprächssequenzen sind dem Leser
längst bekannt. Sie wurden früher schon dargestellt und sollen hier
nicht weiter interpretiert werden.

Auch die bislang unbekannten Textstellen will ich nicht zu detailliert
besprechen. Nach der Lektüre so vieler Gesprächsinterpretationen
dürften die Inhalte dem aufmerksamen Betrachter geradezu von allein
ins Auge fallen. Ich will mich diesmal auf die Gesamtheit der vielen
Aspekte im Hinblick auf die inszenierte kollektive Phantasie konzen —
trieren.

Als Prof. Sahr und ich das Thema einer Kontrolle in der Visite ab —
schließen, bemerkt mein Gesprächspartner, daß sich seine Suche nach
"Schwachstellen" erübrige, wenn die nachgeordneten Ärzte eine gewisse
Qualifikation erreicht haben und den Chef gut kennen.

Sahr   *Und da wird dann die Chefvisite wieder mehr eine, äh (lacht)*
       jetzt hätte ich fast gesagt: personality—show (lacht). Ja, äh, ja,
       das es mehr, äh, psychologischen Charakter hat.
Weid. *Mhm.*
Sahr   *Ja? Das ist schon, die Chefvisite ist nicht nur, hat nicht nur die*
       Funktion des Korrektivs,
Weid. *mhm*
Sahr   *sondern sie hat auch therapeutische Funktion.*
Weid. *Mhm.*
Sahr   *Allein das Wissen: Das ist der Chef, der guckt nach mir*
Weid. *ja,*
Sahr   *der sorgt mich, der steht dahinter. Daß der Patient das visuell*
       und auch, äh, insgesamt körperlich erlebt,
Weid. *ja*
Sahr   *ja? Ist für ihn, für sein Vertrauenspotential, das er der Gesamt—*
       therapie entgegenbringt,
Weid. *mhm*
Sahr   *von wesentlicher Bedeutung.*
Weid. *Mhm.*

Sahr	*Ja?*
Weid.	*Wie ist das für Sie, daß Sie da in dieser, in dieser Rolle Visite machen?*
Sahr	*(...) ja (...)*
Weid.	*Ist das was Angenehmes oder was Unangenehmes?*
Sahr	*Nee, es ist was Angenehmes. Ähm, es ist was Angenehmes da − hingehend, daß man weiß, man wird gebraucht,*
Weid.	*mh*
Sahr	*ja? Daß man, äh (...) daß man weiß, daß äh, auch dieser Akt therapeutisch wichtig ist.*
Weid.	*Mhm.*
Sahr	*Ja? Und, ähm, das ist auch so, daß man sicherlich nicht ver − kennen darf, äh, daß das Selbstwertgefühl damit auch positiv beeinflußt wird.*
Weid.	*Mh.*
Sahr	*Jetzt nicht hin bis zum, zum Gott, der durchrauscht usw.,*
Weid.	*mh*
Sahr	*ja? Obwohl das manchmal ein Rauschen − Chatar Charakter annimmt,*
Weid.	*mh*
Sahr	*aber nicht des Rauschens wegen oder sowas (lacht) sondern weil man eben schon wieder die Zeit im Nacken hat.*
Weid.	*Ja.*
Sahr	*Nicht. Rauschen tut's bei uns also meistens nur zwischen Zim − mer und Zimmer*
Weid.	*mhm*
Sahr	*und im Zimmer grundsätzlich nicht. Der Patient darf es nicht merken, daß man unter Zeitdruck ist.*
Weid.	*Mhm.*
Sahr	*Ja?*
Weid.	*Und so ein bißchen, Sie sagten, das ist nicht ganz der Gott, der da steht. Es gibt ja dieses Schlagwort von dem Halbgott. Gibt es was, was da*
Sahr	*Nee (...) nee, ähm. Ich sagte ja vorhin, wer sieht sich schon richtig? Auch ich glaube nicht, daß ich mich je als Gott oder, in Anführungszeichen, ja,*
Weid.	*mh*
Sahr	*jetzt, äh, sehen würde*

Weid.   mhm

Sahr   ähm (...). Es ist eher was anderes, es ist, ich würde es positiv
        ausdrücken, äh, zu wissen und zu fühlen und zu merken, äh,
        daß man von den Mitarbeitern mitgetragen wird, ja? Das ist ja
        'ne Frage, wie die Visite präsentiert wird.

Weid.   Mhm.

Sahr   Ja? Das ist

Weid.   Wie die Mitarbeiter das auch vorbereiten?

Sahr   Ja. Die können mir ja den Krankheitsfall vorstellen nach dem
        Motto: aggressiv. Sagen wir, nach dem Motto: was will er
        eigentlich.

Weid.   Mhm.

Sahr   Ja? Ähm, und dieses Gefühl habe ich jetzt bei diesem Mitarbei –
        terstab nie.

Weid.   Mhm.

Sahr   Ich hatte Mitarbeiter zwischendurch, die das durchaus auch so
        brachten.

Weid.   Mh.

ˈSahr   Äh

Weid.   Aber das waren die
        (synchron:) wo Sie geguckt haben, daß die

Sahr   (synchron:) sondern es, es ist mehr die
        [Interviewer bricht ab]
        die Präsentation ist üblich wirklich in dem Sinne: So sehe ich
        den Fall,

Weid.   Mhm.

Sahr   Bitte überprüf' das. Kann man noch was verbessern?

Weid.   Mhm.

Sahr   Ja?

Weid.   Mhm.

Sahr   Und, ähm, dieses Moment neben dem, äh, Bewußtsein, daß der
        Patient in der Regel, äh, äh, dieses, einem auch das Vertrau –
        enspotential entgegenbringt, signalisiert, daß das da ist.

Weid.   Mhm.

Sahr   Das sind die Dinge, die einen tragen.

Weid.   Mhm.

Sahr   *Ja? Die aber gleichzeitig wieder involvieren, zwar auf der einen Seite einem das Gefühl geben, ich sag' es jetzt mal spaßeshalber: Du bist der Größte.*

Weid.   *Mhm.*

Sahr   *Ja? Aber gleichzeitig auch wieder die Forderung aufstellen, und das sollte man, meine ich, wirklich, darf man nicht verkennen, sollte man auch wirklich im Vordergrund sehen: Du bist der, der die Verantwortung hat.*

Weid.   *Mhm.*

Sahr   *Ja? Denn Vertrauen impliziert ja die Forderung: Sei für mich verantwortlich.*

Weid.   *Mhm. Und verantwortlich sein in dem Sinne heißt auch: Sorge Du für mich.*

Sahr   *Ja, das ist, äh, das gleiche.*

Weid.   *Mhm.*

Sahr   *Ja.*

Weid.   *Also: Sie sind der Größte, aber der Größte soll auch für die nicht so Großen sorgen.*

Sahr   *Jasicher.*

Weid.   *Mhm. Und das gilt für die Patienten und das gilt für die Mit-arbeiter.*

Sahr   *Ja.*

Weid.   *Für alle, auch bis zum Oberarzt.*

Sahr   *Inklusive.*

Weid.   *Mhm.*

Sahr   *Ja. (...) Damit schließt sich im Grunde genommen der Kreis, weil ich am Anfang sagte, wir machen das hier hierarchiemäßig. (lacht)*

Ist der Ausbildungs – und Kontrollaspekt irrelevant geworden und sind die Mitarbeiter auf den Chef eingespielt, "wird" "die Chefvisite wieder mehr eine" Veranstaltung in der Art, wie sie vorher bereits gewesen ist. Die Chefvisite ist latent immer, nun aber manifest eine "personality – show". Der Gedanke stimmt Prof. Sahr fröhlich. Er läßt sich zu einer Äußerung hinreißen, die man als Chefarzt eigentlich nicht in einem Gespräch mit einem Außenstehenden tätigt. "Fast" "hätte" er die Show beim Namen genannt – doch schon ist es geschehen. Der Chefarzt steht im Mittelpunkt, ist der Star der Manege. Er stellt sich

als beeindruckende Persönlichkeit zur Schau und wird zur Schau ge –
stellt. Alle können ihn sehen, manche berührt er sogar.

Aber die Show hat auch eine ernste Seite. Es ist ihr "psychologischer
Charakter". Prof. Sahr, dem seine Äußerung etwas un – heimlich ist,
bietet mir, dem Psychologen, etwas an, was mir wohl zeigen soll, wie
wenig verurteilungswürdig weil bedeutungsvoll und nützlich die "perso –
nality – show" ist: Sicher sei ich an "psychologischen" Erscheinungen in –
teressiert und er könne mir mit der Show solche bieten.

Doch in welche Rolle gerate ich, wem sagt der Chefarzt so etwas?
Die nächsten Sätze lassen einen Aufschluß zu. Die Visite ist nicht nur
eine erfreuliche Show, sondern sie hat, abgesehen von der bereits ab –
schließend behandelten "Funktion des Korrektivs" "auch therapeutische
Funktion". An die lustvolle Darstellung der eigenen Person knüpft sich,
eventuelle Vorwürfe abwehrend, die Betonung der Orientierung an ei –
nem Arbeitsauftrag. Der Arzt hat nicht einem Lustprinzip folgend den
Entertainer zu spielen, sondern er hat "Funktionen" wahrzunehmen. Lust
ist nur erlaubt, wenn sie produktiv verwertet wird.

An den Medizinern, auch den Chefarzt wird die Rollenerwartung
gerichtet, für andere dazusein. Die Rollenideologie besagt, daß auch
Prof. Sahr sich allzeit an den Bedürfnissen der Patienten orientiere. Die
eigenen Wünsche sind nur thematisierbar, wenn sie als zweitrangige
hinter die postulierten Bedürfnissen von Patienten ausgemacht werden
können. Die Show erfüllt die Wünsche des Patienten: Er fühlt sich
umsorgt, kann wunschgemäß Vertrauen fassen; alles dient der Therapie
und der Genesung.

In der Alltagstheorie werden eigene Anliegen so formuliert, als wä –
ren sie die der anderen. Prof. Sahr argumentiert innerhalb des Rah –
mens, der von der Rollenideologie abgesteckt wird. Als Gesprächspart –
ner gerate ich während der Reproduktion der Alltagstheorie in die
Rolle eines Vertreters der kontrollierenden gesellschaftlichen Macht, die
die Gruppe derer in den Händen hält, die die Ideologie sanktioniert.
Nach meiner Erfahrung wird die Gruppe im Krankenhaus von allen
Mitarbeitern und Patienten gebildet. Wie dem Leser vielleicht aufge –
fallen ist, war die genannte Form der alltagstheoretischen Konstruktion
auch bei den anderen Gesprächspartnern zu finden.

Der Ausführung widerspricht nicht, daß die Patienten tatsächlich
Wünsche an Therapie und Chefarzt richten, auf die Prof. Sahr in dem
Erscheinungsritual eingeht. Für den Chefarzt aber bedeutet die Szene,

wie der Patient "visuell und auch insgesamt körperlich" zu erleben, daß er der dahinterstehende Chef ist. Er steht hinter der Therapie, den nachgeordneten Ärzten und den Patienten. Der Chef macht dies und er kann dies. Seine Kraft und Fähigkeit, kurz seine Potenz reicht hierzu aus.

Für Prof. Sahr ist diese Erfahrung "was Angenehmes". Es ist ihm "was Angenehmes dahingehend", daß er in der Sozietät nützlich ist. Die Inszenierung unterstreicht sein Wissen darüber, daß er "gebraucht" wird. Unter anderem auf diesem Erleben gründet die genannte Alltagstheorie.

Prof. Sahr "weiß" sich mit Kollegen einig, daß "dieser Akt" der Visite "therapeutisch wichtig ist". In dem Bewußtsein, der "therapeutischen Funktion" gerecht zu werden, "beeinflußt" die Überzeugung für andere verwertbar zu sein "das Selbstwertgefühl" "positiv". So erhält durch die Visite nicht nur der Patient, sondern auch der Chefarzt, ein "Positivge – fühl" (siehe Kap. 8.6.).

Dieses reicht jedoch "nicht hin bis zum" "Gott, der durchrauscht". Sondern ...? Bis zu welcher Höhe steigert sich das Selbstwertgefühl? Nun, zunächst einmal ist festzuhalten, daß das genannte "Rauschen" "nicht des Rauschens wegen" geschieht. Es soll kein Showeffekt erzielt werden, der dem Star eine gewaltige Erscheinung geben kann. Eine Präsentation, die die anderen zurückschrecken läßt, verträgt sich nicht mit dem optimistischen Gehabe, das mein Gesprächspartner in der Regel wählt (siehe Kap. 8.6.).

Bei Prof. Sahr rauscht es "im Zimmer grundsätzlich nicht". Daß auch er Sachzwängen unterworfen ist und "Zeitdruck" verspürt, "darf" "der Patient" "nicht merken". Spielt der Chefarzt für die Patienten statt dem "Gott, der durchrauscht", den "Gott" "in Anführungsstrichen", im Sinne eines gütigen, gegen alle Zwangslagen gewappneten Übervater? Gibt ihm das Gebrauchtwerden die für ein solches Spiel nötige Erhöhung des "Selbstwertgefühls"?

Abgesehen davon, ob mein Gesprächspartner eine Figur spielt, die geeignet ist, eine religiöse Helden – oder Gottesphantasie zu ent – wickeln, "glaubt" er selbst nicht, daß er sich in der Eigenbeobachtung "je als Gott" "sehen würde". Für sein Erleben stellt sich "jetzt" in den Vordergrund, daß es "Dinge" gibt, die ihn "tragen".

Alle diese Elemente "geben" Prof. Sahr "das Gefühl", das ihm zu einer fröhlichen Bemerkung Anlaß gibt. "Spaßeshalber" formuliert er die Empfindung als den Ausruf seiner Interaktionspartner: "Du bist der

Größte". "Der Größte" innerhalb des Erscheinungsrituals und damit im Krankenhausalltag zu sein, heißt

- die ruhmreiche Rolle eines Stars in der "personality – show" zu spie – len,
- in der Lage zu sein, entsprechend den Wünschen aller Beteiligten den hinter den anderen stehenden Chef zu spielen,
- zu wissen, daß er "gebraucht" wird,
- in Ansätzen einen "Gott" zu spielen und,
- von Unterwerfung und Vertrauen getragen werden.

Die Inszenierung der religiös anmutenden Heldenphantasie ist durchtränkt von Glanz und Glamour. Aus der Perspektive des "Größten" steht ein fassadärer Umgang mit den Interaktionspartnern im Vordergrund. Werden von den Kleineren zwar Bedürfnisse an den Vorgesetzten herangetragen, deren Qualität die Triebbestimmtheit schnell offen legt, werden Wünsche nach einem schützenden Vater oder einer nährenden Mutter artikuliert, so agiert der Adressat mit einer Vorspiegelung der Wunscherfüllung, die ihn davor bewahrt, auf die vielen Beziehungsangebote mit der gewünschten personalen, d.h. auch affektiven Beteiligung einzugehen. Die Übertragungen kindlicher In – teraktionsformen auf den Chefarzt schlagen in eine das "Selbstwertge – fühl" steigernde Anerkennung rollenbezogener Macht und Leistung um. Der psychosoziale Profit stabilisiert die Fähigkeit oder Bereitschaft, den "Größten" zu spielen.

Die zu Späßen anregende Seite "involviert" "aber gleichzeitig wieder" die "Forderung": "Du bist der, der die Verantwortung hat". Mit dem enormen und lustvollen Unterstreichen seiner Figur wird Prof. Sahr zur gleichen Zeit ein schwarzer Peter zugeschoben.

Den Ausspruch möchte mein Gesprächspartner doch gerne "wirklich im Vordergrund" gesehen wissen. Er entspricht der Rollenerwartung und der Rollenideologie. Diese "Seite" des Geschehens, so scheint es, unterliegt ganz dem Realitätsprinzip und spiegelt die Schwere des ärztlichen Geschäftes wider.

Den Chefarzt zu dem "Größten" zu küren, bedeutet für Prof. Sahr, daß ihm "Vertrauen" entgegengebracht wird. Und solches "impliziert" für ihn selbstverständlich "die Forderung: Sei für mich verantwortlich". Nicht nur für die eigenen Handlungen soll der Chef Rede und Gegenrede stehen, sondern er soll insgesamt für alle "sorgen". Er soll der Be – schützer und Ernährer aller sein, "inklusive" dem "Oberarzt".

Der "Größte" soll "für die nicht so Großen sorgen", und der Sorge Proklamierende wird zum "Größten" erklärt. So ist die Herrschafts-struktur affektiv und über eine Alltagstheorie abgesichert. In dieser Ordnung überwiegt für den Chefarzt das Erfreuliche. Lachend bemerkt er: "Damit schließt sich im Grunde genommen der Kreis, weil ich am Anfang sagte, wir machen das hier hierarchiemäßig".

9. DIE WÜRDEN ALS BÜRDEN

9.1. Pathologie oder Anpassung

Deskription

In der Interpretation der Insidergespräche sind eine Vielzahl von Sichtweisen und Problematiken angesprochen worden, die ich an dieser Stelle nicht alle weiterverfolgen kann. Stattdessen möchte ich das Ge – schehen in der Visite mit Vorstellungen aus dem Feld psychoanalyti – scher Narzißmustheorien konfrontieren, um so das Verstehen auch der Gesprächsinhalte weiter zu vertiefen.

Schon längst sind von Schmidbauer (1978) narzißtische Erlebensqua – litäten und Beziehungsformationen bei Angehörigen von helfenden Be – rufen beschrieben worden. Er hebt jedoch auf in der primären Soziali – sation angelegte "Deformationen" ab, während es hier um Handlungs – weisen innerhalb einer Institution geht. Schaut man sich die Deskription eines Narzißmus an, wie sie von Kernberg vorgenommen wird, so stößt man auf Beschreibungen, die dem Leser schon aus den Insiderge – sprächen bekannt sind. Auch wird jeder, der, in welcher Rolle auch immer, schon einmal im Krankenhaus war, sicherlich die eine oder andere Erfahrung zu der Phänomenologie beisteuern können, die sich vorwiegend auf das Rollenhandeln der Ärzte, insbesondere auf das der Chefärzte bezieht.

Einige der "deskriptiven Merkmale narzißtischer Persönlichkeiten" (Kernberg 1983, S. 261) möchte ich hier wiedergeben:

– "Etliche" dieser Menschen sind "sehr gut angepaßt und funktions – tüchtig" (Kernberg 1983, S. 261).
– Sie verfügen über "ein Potential von – sagen wir: 'Pseudosubli – mierungen', nämlich eine Befähigung zu sehr aktiver und beharrlicher Arbeit ..., die ihnen eine teilweise Erfüllung ihrer Größenambitionen ermöglicht und Bewunderungen von anderen verschafft" (ebd. S. 263f).
– "Narzißtische Persönlichkeiten" "fallen auf durch ein ungewöhnliches Maß an Selbstbezogenheit" (ebd. S. 261).

- Sie haben ein "starkes Bedürfnis, von anderen geliebt und bewundert zu werden" (ebd.).
- Solche Personen tragen sich mit "Größenideen" (ebd. S. 262f). Sie haben gleichzeitig ein "aufgeblähtes Selbstkonzept und ... ein maßlo‐ ses Bedürfnis nach Bestätigung durch andere" (ebd. S. 261).
- Starke "Unsicherheits‐ und Minderwertigkeitsgefühle" alternieren "mit Größenphantasien und Omnipotenzgefühlen" (ebd. S. 263).
- Ihre "mitmenschlichen Beziehungen ... haben im Allgemeinen einen eindeutig ausbeuterischen und zuweilen sogar parasitären Charakter; narziβtische Persönlichkeiten nehmen gewissermaßen für sich das Recht in Anspruch, über andere Menschen ohne jegliche Schuldge‐ fühle zu verfügen, sie zu beherrschen und auszunutzen" (ebd. S. 262).
- "Hinter einer oft recht charmanten und gewinnenden Fassade spürt man etwas Kaltes, Unerbittliches" (ebd.).
- Solche Menschen sind "im Grunde völlig außerstande ..., sich auf einen anderen Menschen wirklich zu verlassen und zu vertrauen" (ebd.).
- "Ihr Gefühlsleben ist seicht" (ebd. S. 261f).
- "Sie empfinden wenig Empathie für die Gefühle anderer" (ebd. S. 262).
- "Besonders ... fällt ... das Fehlen echter Gefühle von Traurigkeit, Sehnsucht, Bedauern" auf (ebd. S. 263).
- Sie zeigen eine "Neigung, manche Menschen, von denen narziβtische Gratifikationen zu erwarten sind, sehr zu idealisieren" (ebd.).

Narziβmustheorien

Es würde zu weit führen, auch nur die gängige Narziβmusdiskussion vorzustellen oder weiterzuführen. Wenige Bemerkungen zu Kohut und Kernberg sollen genügen. Sie dürfen zweifellos als Hauptvertreter neuerer Narziβmustheorien gelten, die etwa ab 1965 entwickelt wurden.

Kohut, der sich zunehmend von der Freudschen Triebtheorie, die immer auch eine Konflikttheorie ist, entfernt hat, postuliert eine von der Libido unabhängige Energie. Mit dieser entwickele sich relativ los‐ gelöst von Triebschicksalen das "Kern‐Selbst" im Kraftfeld der Pole "Strebungen (ambitions)" und "Werte und Ideale" (Wahl 1985, S. 73; vgl. Kohut 1979 z.B. S. 58f). In Kohuts Selbstpsychologie geht es nicht

mehr um die immerwährende Auseinandersetzung zwischen Antagonis –
men wie zwischen Es und Überich bzw. "Individuum und unterdrük –
kender Gesellschaft, zwischen Lust und Realität" (Jacoby 1978, S.
45), sondern um Integration, Reifung oder Harmonie, die nicht immer wie –
der zerbrechen *muß*.

Wird in der Ontogenese das "Gleichgewicht des primären Narzißmus"
z.B. durch Frustrationen gestört (Kohut 1975, S. 142), versucht "die
seelische Organisation des Kindes ..., mit diesen Störungen dadurch
fertig zu werden, daß sie sich neue Systeme der Vollkommenheit auf –
baut" (ebd.). Es wird ein "exhibitionistisches Bild des Selbst: *das
Größenselbst*" und eine "*idealisierte Elternimago*" aufgerichtet (Kohut
1983, S. 43). Treten "narzißtische Traumen" auf, so verschmilzt die
Größenphantasie "nicht mit dem maßgeblichen Ich – Gehalt, sondern ...
strebt [unverändert] nach Erfüllung ... [ihrer] archaischen Ziele" (ebd. S.
46).

Kernberg, der in Abweichung von Kohut "den normalen Narzißmus
als die libidinöse Besetzung des Selbst" definiert, wobei das Selbst "als
Bestandteil des Ichs" "eine intrapsychische Struktur [darstellt], die sich
aus mannigfachen Selbstrepräsentanzen ... konstituiert" (Kernberg 1978,
S. 358), betrachtet ebenfalls auffällige narzißtische Erscheinungen nicht
nur als Formen einer Nicht – Normalität, sondern auch einer Pathologie.
Es handelt sich nach Kernbergs Auffassung um die "libidinöse Beset –
zung einer pathologischen Selbststruktur" (ebd. S. 310). Dabei kann
entweder das Selbst aufgrund "dissoziierter oder abgespaltener Selbst –
oder Objektrepräsentanzen" nur "mangelhaft integriert" sein (ebd. S.
369) oder die "integrierte Struktur des Selbst" (ebd.) ist "infantil fixiert"
(ebd. S. 366), "auf Grund überwiegender Identifizierung mit einem
Objekt verzerrt" (ebd. S. 369) oder ähnliches.

Trotz aller Bedeutung, die die Narzißmustheorien für das Verständnis
des Erscheinungsrituals gewinnen, sind die Ansätze in zweierlei Hinsicht
problematisch. Zum einen gibt es eine Reihe ideologiekritischer Ein –
wände. Zum anderen werden die Phänomene, die in der anfänglich
dargestellten Deskription genannt werden, als das starre Ergebnis einer
frühkindlich verwurzelten Pathologie betrachtet. So ist der Blick auf die
hohe, subjektive Anpassungsleistung des Narzißmus an gesellschaftliche
Produktionsbedingungen verstellt, die auch in der Adoleszenz und im
institutionalisierten Alltagsleben eines Erwachsenen entwickelt wird.

Ideologiekritik

Bevor ich auf die Diskussion der sekundären Sozialisation eingehe, die eine Akzentverschiebung in der Betrachtung narziβtischer Phäno – mene zur Folge hat, möchte ich einige ideologiekritische Argumente gegen die "neueren" Narziβmustheorien zusammenfassen. Insgesamt liegt der Kritik die Einschätzung zugrunde, daβ die Theorien "den 'revolu – tionären Aspekt der Freudschen Psychoanalyse'" negieren (Rothschild 1983, S. 57). Für diesen ist zentral

a) "die sozialpsychologische Herausforderung",

b) "der Nicht – Konformismus" und

c) "der Verzicht auf 'positive Werte'" (ebd.).

zu a)

Restauration

Die Narziβmustheorien können als eine "restaurative Antwort" auf die 68er Ereignisse verstanden werden, die auch an der Psychoanalyse, insbesondere an ihrer Institutionalisierung gerüttelt haben (vgl. Roth – schild 1983, S. 31ff).

Pathologisierung

– Die Narziβmustheorien leisten keinen Beitrag zur Überwindung von Pathologisierungstendenzen in der Psychoanalyse: "Kernberg ... reproduziert ... ein Stück klassischer psychoanalytischer Ideologie" (ebd. S. 49).

– Kohut führt "eine Art neues Menschenbild" ein (ebd.). Durch das Postulat "positiver" Ziele entwickelt er eine weitere pathologisierende Dimension. Wer die positiven Eigenschaften nicht hat, ist unreif (ein plastisches Beispiel gibt auch Henseler 1980, S. 81, 84). Es entsteht ein hoher Anpassungsdruck (vgl. Cremenius 1983, S. 92).

– Eine dritte pathologisierende Dimension wird eröffnet, indem die Mütter der Symptomträger als krank erklärt werden (vgl. Pa – rin/Parin – Matthéy 1986a, S. 75; Kohut 1983, S. 101; Kernberg 1978, S. 315).

Biologismus

– Es werden generell vorhandene, biologisch determinierte, narziβtische Energien angenommen. Doch "die Energie, die ... [das Individuum]

auf sich selbst vielmehr als auf andere richtet, wurzelt in der Ge-
sellschaft, nicht auf organische Weise im Individuum" (Jacoby 1978,
S. 65).
- Für Störungen wird ein isoliert betrachteter Erbfaktor angenommen
(vgl. Kohut 1983, S. 86f).
- Mit der biologistischen Perspektive wird "die Theorie des Selbst ...
über Geschichte, Kultur, Gegenwart und Vergangenheit gestülpt"
(Rothschild 1983, S. 55).

Nivellieren von Widersprüchen
- Die Konflikthaftigkeit unseres Lebens wird geleugnet (vgl. Pa-
rin/Parin-Matthey 1986a insb. S. 74).
- "Die Dialektik von Individuum und Gesellschaft wird ... zugunsten
einer Harmonisierung der Gegensätze aufgegeben" (Rothschild 1983,
S. 57).

zu b)
- Mit der Hervorhebung der Empathie, die den "Charakter eines Mo-
ralbegriffs" angenommen hat (Rothschild 1983, S. 60), befreit Kohut
sich "von der lästigen und versagenden intellektuellen Funktion" (ebd.
S. 61).
- Die Freudsche Orientierung an der "Wahrhaftigkeit" wird aufgegeben
(ebd. S. 61f). Sie wird durch etwas wie eine "'Theologie der ver-
wundeten Seele'" ersetzt (ebd. S. 60).
- Es werden chimärische Begriffe eingeführt. Unter dem "Nebel von
'Selbst', 'Authentizität', 'wahre Bedeutsamkeit', 'Persönlichkeit'" wird
"die Realität von Gewalt" etc. "verhüllt" (Rothschild 1983, S. 64; vgl.
v. Salis 1983, S. 71ff).
- Es ist eine "Ideologie des Konformismus [entstanden als] ... Syn-
chronisation mit dem Spätkapitalismus" (Rothschild 1983, S. 64).

zu c)
- Kohut stellt positive Ziele auf, wie die nach der "'Reife-Moralität'"
(Cremerius 1983, S. 115). Später werden als Ziele aufgebaut z.B. die
Konfliktlösung und Errichtung einer Selbst-Kohäsion (vgl. Kohut

1979, S. 261; Rothschild 1983, S. 59), sowie eine '"Harmonie"' (Rothschild 1983, S. 59).

– Der Verzicht auf positive Werte wird als pessimistischer Charakter der Psychoanalyse denunziert (vgl. Rothschild 1983, S. 58f).

– Meines Erachtens wird über die Errichtung von positiven Zielen eine perfekte Triebregulation angestrebt. Wir sollen "beherrscht, aber nicht unbedingt mit Zurückhaltung", "mit dem vollen Spektrum unserer Emotionen" reagieren (Kohut 1979, S. 211; vgl. auch Henseler 1980, S. 81, 84). Das angestrebte Verhalten deckt sich genau mit der Kombination von Offenheit und gezieltem, funktionalisiertem Einsatz eigener Emotionen, wie sie in Managertrainings eingeübt wird (vgl. z.B. Gordon 1982).

Ersatzbildung

Ohne die bestehenden Narzißmustheorien gänzlich verwerfen und ohne die klinische Erfahrungsdimension, aus der die Theorien entstanden sind, verleugnen zu wollen, möchte ich eine Überlegung anstellen, nach der auch ohne frühkindlich begründete Pathologie das entstehen kann, was in der Regel als Merkmale narzißtischer Persönlichkeiten bezeichnet wird. Dabei gehe ich mit Erdheim davon aus, daß "die während der frühen Sozialisation ausgebildeten und in eine Struktur gebrachten oralen, analen, phallischen und genitalen Züge ... nicht als später unveränderbare Elemente betrachtet werden" können (Erdheim 1984, S. 411). Unter diesem Gesichtspunkt erscheinen die fraglichen Phänomene als in der institutionellen Praxis des Erscheinungsrituals entwickelten und festgeschriebenen Formen von Konfliktbewältigungen.

Zunächst sei daran erinnert, daß die in der Narzißmusdiskussion so bedeutsamen Größenphantasien nach Freud "auf Kosten der Objektlibido" entstehen (Freud 1978a, S. 42). Der Schizophrene, den Freud als Beispiel anführt, "scheint seine Libido von den Personen und Dingen der Außenwelt wirklich zurückgezogen zu haben" (ebd.).

Auch Argelander (1971) erwähnt die triebtheoretische Vorstellung. Durch eine Reaktivierung des "primären Narzißmus" "auf Kosten der den Objekten entzogenen Libido" werden Narzißmus und Triebe vermischt (Argelander 1971, S. 368). Dies macht sich in der "Verzeichnung der Objektkonturen bemerkbar" (ebd.), wobei sich enorme Idealisierun –

gen ausbilden können. Es treten Phantasien auf, in denen das Objekt "ständig größer [wird], bis es sich ins Kosmische ... auflöst" (ebd. vgl. auch S. 371).

Parin betont in diesem Zusammenhang den sozialen Kontext. Wenn die Anpassung an bestimmte gesellschaftliche Verhältnisse nicht gelingt, werden "objektbezogene Befriedigungen und Konflikte" durch narzißti - sche ersetzt (Parin 1983, S. 109). Es kommt zum "Rückzug auf narziß - tische Erlebnisweisen" (ebd. S. 108).

"In einigen Analysen" hat Parin "festgestellt, daß die Umwelt ... allzu frustrierend war, so daß es zu scheinbar narzißtischen Persönlichkeits - störungen" kam (ebd. S. 108f). Der "narzißtische ... Rückzug ... ent - sprach zwar einer Regression auf frühkindlich - narzißtische Erlebnis - weisen, war aber relativ leicht zu beheben, sobald eine aktive Verän - derung der sozialen Lage ... möglich wurde" (ebd.). Es kommt hier, genauso wie innerhalb der Institution Krankenhaus bzw. dem Er - scheinungsritual, "der äußeren Lebenssituation ... ein [nicht] geringes Gewicht als Faktor der 'Neurosenwahl' zu" (ebd.). In der "Lebenssitua - tion Klinik" entwickeln sich Erlebnis - und Handlungsweisen, die ich in Anlehnung an Stimmer (1987) als sekundär induzierten Narzißmus be - zeichne.

Die Ausführungen Parins dürfen sicher dahingehend verstanden wer - den, daß die Symptome eines induzierten Narzißmus als Ersatzbildungen in der Einigung auf eine Interaktionsform als Alternative zu einer desymbolisierten Interaktionsform betrachtet werden können. Es ent - wickelt sich ein Prozeß, dessen Grundmuster uns von der Sublimierung längst bekannt ist. Wie beim Narzißmus erfolgt auch bei einer "Art von Sublimierung" "die Umsetzung von Objektlibido in narzißtische Libido", die eine "Desexualisierung mit sich" bringt (Freud 1978b, S. 298). Bevor in einem zweiten Schritt der Sublimierung der Libido "vielleicht ein anderes Ziel" gesetzt wird, wird zunächst ein "'sekundärer Narzißmus'" hergestellt (ebd.).

Die Sublimierung aber ist im besonderen Maße ein kulturelles Phä - nomen. Freud spricht sogar von einer gesellschaftlichen "Aufforderung zur Sublimierung" (Freud 1980h, S. 534). Die Sublimierung gewährleistet die gesellschaftliche Arbeit, indem sie die notwendige Triebenergie in einer sozial erwünschten Form bereitstellt. Im Erscheinungsritual erfolgt ähnlich wie in anderen Institutionen des Arbeitslebens eine situative Abstimmung von objektiven und subjektiven Verhältnissen. "Keine an -

dere Technik der Lebensführung bindet den Einzelnen so fest an die Realität als die Betonung der Arbeit" (Freud 1980f, S. 212), die Ausübung der "Berufsarbeit" (ebd. S. 211).

Der sekundär induzierte Narzißmus ist nach diesem Verständnis ebenso wie die Sublimierung als eine "Technik der Leidabwehr" (ebd.) zu verstehen. "Aufgabe ist, die Triebziele solcherart zu verlegen, daß sie von der Versagung der Außenwelt nicht getroffen werden können" (ebd.). So gehört z.B. zum narzißtischen Symptom, daß auch bei lang anhaltendem Kontakt keine Abhängigkeit entwickelt wird (vgl. Kernberg 1983, S. 262), was die Arbeit am Patienten erleichtert. Auch wird die Arbeit im Krankenhaus leichter, wenn die "Intensität ... primärer Triebregungen" auf dem Wege der Sublimation "gedämpft" wird (Freud 1980f, S. 211) und die für den Narzißmus typischen flachen Gefühlsregungen dominieren (vgl. Kernberg 1983, S. 261f), die nicht die "Leiblichkeit" "erschüttern" (Freud 1980f, S. 211).

Ich hoffe, daß trotz aller Kürze und Unvollständigkeit meiner Ausführungen dem Leser plausibel geworden ist, daß es auch im Bereich der Narzißmusdiskussion keine Notwendigkeit zu der Annahme gibt, daß es einen "Ansatz von Subjektivität außerhalb der praktischen Dialektik der Auseinandersetzung des 'Gesamtarbeiters' ... mit äußerer Natur wie auch innerer Natur" zu postulieren (Lorenzer 1977, S. 10). In den nächsten Kapiteln soll diskutiert werden, wie sehr das institutionalisierte Ritualhandeln mit der Entwicklung und Artikulation von narzißtischen Bedürfnissen verwoben ist.

9.2. Entfremdung und Narzißmus

Warenbeziehungen

In einem Produktionsbetrieb, wie das Krankenhaus einer ist, werden die Mitarbeiter von der Organisation, genauer gesagt von Kräften der Krankenhausbetriebsleitung, zusammengebracht. Als Gesamtarbeiter stellen sie die Produktivkraft Arbeit bereit, die in der Produktion von Gesundheit oder Arbeitsfähigkeit eingesetzt ist. So geht jede Mitarbei-

terin und jeder Mitarbeiter innerhalb der Systematik des Produktions –
betriebes nur eine Bindung mit der Organisation Krankenhaus ein. Das
Zusammentreffen mit den Kolleginnen und Kollegen ist rein mechanisch
und im Normalfall ausschließlich am Interesse der Produktion orientiert
(z.B. personelle Unterbesetzung einer Station, Bedarf an einer be –
stimmten Fachkraft). Sympathien zwischen den Mitarbeitern spielen
kaum eine Rolle – es sei denn, die Arbeitsfähigkeit eines Teams ist in
Gefahr. (Siehe hierzu auch Kap. 4.3.)

Die Beziehung, die der einzelne Mitarbeiter mit dem Betrieb eingeht
ist eine Warenbeziehung. Sie ist das Ergebnis eines Handels. Der Arzt
oder die Krankenschwester verfügt über qualifizierte Fähigkeiten, die er
bzw. sie für z.B. 39 Stunden pro Woche verkaufen muß, um selbst le –
ben zu können. So wird aus der Arbeitskraft eine Ware und eine Be –
ziehung zwischen Arzt und Krankenhaus kommt nur dann zustande,
wenn das Haus eben diese Ware gebrauchen, d.h. produktiv einsetzen
kann. (Siehe hierzu auch Kap. 3.)

Die Mitarbeiter untereinander begegnen sich, sofern sie keine wei –
terführenden Beziehungen zueinander entwickeln, als bloße Warenbe –
sitzer. Ihre Verkehrs – oder Umgangsformen gestalten sich entsprechend
der Verkehrsformen der Produktion (siehe hierzu auch Kap. 5.3.). Auch
den Patienten treten die Mitarbeiter als Warenbesitzer gegenüber, wobei
der Kranke selbst als "Werkstück" verdinglicht ist. Weil es den Patien –
ten gibt, kann der Mitarbeiter seine Arbeitskraft verkaufen, und weil
dieser sich veräußert, kann der Kranke die medizinische und pflegeri –
sche "Versorgung" gegen den im Pflegesatz festgelegten Preis in An –
spruch nehmen.

Im Erscheinungsritual werden, wie die Insidergespräche gezeigt haben,
die verkehrsformbestimmten Interaktionsformen bekräftigt. Die vollstän –
dig besetzte Visite wird in der Regel mit einer gewissen Zügigkeit oder
gar Eile durchgeführt. Wie Sr. Pia sagt, stehe sie in der Weise hinter
dem Arzt, daß deutlich wird, daß sie noch anderes zu erledigen habe
(siehe 8.3.). So unterliegt nicht nur der Zeitpunkt des Zusammentref –
fens einem mechanischen Zeitschema, sondern auch das Ausmaß des
Zusammenseins. Die Visite ist deutlich geprägt von der Dynamik der
Produktion, möglichst viel Arbeit, d.h. möglichst viele Patienten, in
möglichst geringer Zeit, d.h. mit möglichst wenig Personal zu bewälti –
gen.

Auch der konkrete Umgang mit den Patienten ist von diesen Bedingungen geprägt. Unterstellt man z.B. Prof. Sahr ein prinzipielles Interesse, auch auf die personalen Beziehungswünsche der Patienten einzugehen, so wird die formal bestimmte Interaktion im Erscheinungsritual
deutlich. Der Chefarzt ist bemüht, durch seine freundliche und optimi-
stische Art den Patienten in kurzer Zeit ein "Positivgefühl" zu vermitteln (siehe Kap. 8.6.).

Auch Dr. Harms ist an einer "formalen Qualifikation" (Mollenhauer
u.a. 1975, S. 185) des Patienten orientiert. Im Erscheinungsritual ist der
Patientenkontakt so angelegt, daß der Kranke auf "zwei, drei Minuten"
Arztgespräch eine Menge "aufbauen" kann. (Siehe Kap. 8.6.)

Aber auch bezogen auf die kollegialen Kontakte sind im Erscheinungsritual die Warenbeziehungen in Szene gesetzt. Arzt und
Krankenschwester begegnen sich nicht als gleichberechtigte Subjekte,
sondern in einem Weisungs-Zuträger-Verhältnis. Ähnliches gilt für
die vorgesetzten und nachgeordneten Ärzte während der Visite. Sie
kooperieren nicht in erster Linie, weil ihnen das Schicksal des konkreten Leidenden am Herzen liegt, sondern weil das Kapital es so will.
Dabei rücken wiederum die formalen Qualifikationen des Mitarbeiters
in den Vordergrund, an die wiederum Prestige, Position und
Weisungsrecht gebunden sind.

Verdinglichung im Narzißmus

Doch um trotz des intimen und zum Teil lange andauernden Kontaktes zu anderen Menschen mit einer Verdinglichung aller Subjekte
leben zu können, bedarf es besonderer Fähigkeiten. Diesbezüglich kann
im Erscheinungsritual an Qualitäten der Subjekte angeknüpft werden,
die in unserer Gesellschaft weit verbreitet sind und allesamt mit dem
Komplex Narzißmus in Verbindung gebracht werden.

Caruso spricht z.B. in bezug auf "unsere euro-amerikanische Welt"
(Caruso 1976, S. 84) von "einer entmenschlichten, verdinglichten Welt"
(ebd. S. 103). "Die narzißtische Charakterstruktur ... gedeiht wohl in
einem Verhältnis, das eine solche Struktur vorbildlich vorgibt" (ebd.).
Selbst "das hilflose Kind ... muß sich bereits verdingen, verkaufen, um
sich Lebensmittel (Wärme, Pflege, Liebe, Nahrung) zu verschaffen"
(ebd. S. 87f). "Die Entfremdung in allen Bereichen des gesellschaft-

lichen Seins" als "ein Aspekt" der "wirtschaftlichen Entfremdung" (ebd. S. 94) zeigt sich auf der Ebene des Alltagsbewußtseins in dem weit verbreiteten "Bild eines an sich abstrakt autonomen Individuums" (ebd. S. 87). Hier "beziehen sich ... alle ... Individuen auf sich selbst: als Besitzer auf ihren Besitz. ... Das ist ... das ... extrem Ich – bezogene Bild unserer Herrschaftsstruktur" (ebd.). Es hält die Krankenhausmitar – beiter bereit, auch in der Visite innerhalb von Warenbeziehungen zu interagieren; Der Narzißmus gibt den Mitarbeitern die Möglichkeit, auf personale Beziehungen zu verzichten.

Im Krankenhaus entsteht ein Teufelskreis, der im Erscheinungsritual besonders deutlich ist. Erlaubt die Arbeit "keine emotionale Beteili – gung", fühlen sich bald die "Menschen ausgelaugt" (Passet 1983, S. 184). Die entstandene "Hohlheit" kann mit Waren ausgefüllt werden (ebd.). Es entwickelt sich eine Warenidentität, die innerhalb der Visite weniger die zu kaufende als vielmehr die zu verkaufende Ware, die eigene Arbeitskraft, betrifft. Wenn unter Warenidentität verstanden wird "das primär oder lediglich aus der Ware bezogene Selbstverständnis eines Menschen" (Strzyz 1978, S. 113), so heißt dies für das Krankenhaus, daß sich die Mitarbeiter bei der Unmöglichkeit von intensiven Kontak – ten mit der Subjektivität anderer verlegen auf die Orientierung an der Stärkung ihres Selbstwertgefühls mittels Betonung der formalen Quali – fikation ihrer Arbeitskraft und der daraus erwachsenen, mehr oder we – niger glanzvollen Position im Ritual. "Die fortschreitende Vermarktung des Individuums zwingt das Ich, den Lustgewinn objektaler Wunschbe – friedigung gegen narzißtische Prämissen umzutauschen" (Parin 1983, S. 109). Sowohl die demonstrative Hierarchie als auch die Ausrichtung an dem Erscheinen können als die situative Grundlage dieser subjektiven Dynamik verstanden werden, die ihrerseits die Verhältnisse weiter fest – schreibt.

Mechanisiertes Zusammensein

Das Zusammentreffen der Mitarbeiter und Patienten in der Visite hat einen mechanischen Charakter. Die Kontakte sind gerade nicht im Sinne einer personalen Beziehungsdefinition von "wechselseitigem Ver – trauen" und "emotionaler Sicherheit" (Mollenhauer u.a. 1975, S. 180) geprägt. Eine subjektive "'Koorientierung der Perspektiven' zwischen den

'Interaktionspartnern im Produktionsprozeß"' (Ottomeyer 1974, S. 116) findet nicht statt. Im Gegensatz zu einer lebendigen Gruppenpraxis bleibt in dem mechanisierten Zusammensein die Wesenheit der Sub-jekte verborgen. So ist innerhalb einer funktionalen Beziehungsdefinition etwa die Krankenschwester für das Handeln des Chefarztes in der Re-gel nur bedeutsam, "sofern sie sich für dieses und nur für dieses als nützlich erweist" (ebd. S. 181).

Auch der geforderten "Wendigkeit" des Mitarbeiters kommt z.b. nach Ziehe das narziβtische Syndrom entgegen. Es erlaubt eine "flexibilisierte Verhaltensanpassung" (Ziehe 1975, S. 160), hier an die Wünsche des Chefarztes und die Gepflogenheiten wechselnder Ärzte. Über "Befrie-digungen ... narziβtischer Art" kann "eine *automatisch* funktionierende Anpassung" an "Rollenmuster" erfolgen und die Aufrechterhaltung von Institutionen sichergestellt werden (Parin 1986c, S. 151).

Gleichzeitig ist die Praxis der Visite auch von einer starken Routine geprägt. Sowohl die "eintönig erstarrte Tätigkeit" in einer "praktisch-inerten Praxis" (Leithäuser 1981, S. 114) als auch die rigide Herr-schaftsbestimmtheit verunmöglichen eine selbständige Konstituierung von sinnstiftenden Orientierungspunkten. Dies verstärkt meines Erachtens die Identifikationsbereitschaft mit Rollen, die eine soziale Einbindung garantiert. Durch diese Identifikation aber "treten objektbezogene Be-friedigungen und Konflikte zurück und werden ... durch narziβtische Befriedigungen und Konflikte ersetzt" (Parin 1983, S. 109). So ist denkbar, daβ die Widersprüchlichkeit der Rollen (vgl. ebd.) dazu führt, daβ wie beim Narziβmus "das Individuum ... nicht in der Lage ist, ... verschiedene Selbsterfahrungsweisen miteinander zu integrieren" (Kern-berg 1983, S. 359). Es sei hier an die Widersprüchlichkeit der Pflege-kraft als Unterstützer und als Zuträger erinnert.

Tabu der Nähe

Wie ich in Kapitel 5.5. schon angeführt habe, hängen Rituale auch immer mit Tabus als kollektive, nicht thematisierbare Verbote zusam-men. So konnte ich auch für das aseptische Drama zeigen, wie sehr es durch Tabuverbote und -gebote bestimmt ist. Es sei daran erinnert, daβ bei der Hygiene das "Tabu der Berührung" im Vordergrund steht.

Das aseptische Drama rankt sich um das kollektive Verbot von sexuellen und aggressiven "Gelüsten" auf genitaler bzw. analer Ebene. Im Erscheinungsritual liegt das zentrale Tabu etwas mehr im Verborgenen. Insgesamt aber darf sicher von einem "Tabu der Nähe" gesprochen werden. Die Begrenztheit in der Intensität der Beziehungen richtet sich zwar generell gegen alle Formen der objektgerichteten Triebbefriedigung. Doch im Mittelpunkt, so meine ich, steht die kollektive Abwehr von Wünschen nach Gehalten–, Gestützt–, Versorgt– und Genährtwerden, was auf eine orale Erlebnisebene verweist.

Solche Wünsche können vom einzelnen Subjekt z.b. durch Projektion abgewehrt werden. Das Verlangen, der andere möge für mich sorgen, ist nicht nur bei Patienten zu beobachten, sondern es ist z.b. auch bei Dr. Harms aktuell (vgl. Kap. 8.7.). Auf ärztlicher Seite entwickeln sich Ansätze einer Verschmelzungsphantasie (vgl. Kap. 8.5.). Indem die aggressiv fordernde Komponente ganz bei dem Patienten gesehen wird, und er ist im Sinne einer psychosozialen Abwehr sicherlich auch der "Delegierte" für diese Komponente, entwickelt sich die Phantasie, der Mitarbeiter könne von dem Kranken quasi aufgefressen werden.

Der angesprochene Inhalt wird auf der Ebene des Rituals bzw. des Tabus bereits im Vorfeld abgewehrt. Die Visite ist so arrangiert, daß ein Mindestmaß an Beziehungsaufnahme zu einem anderen erst garnicht erfolgt. Die zwischenmenschliche Nähe, die Versorgungswünsche aufkommen lassen könnte, ist bereits tabuisiert.

So ist im Erscheinungsritual die tendentielle Isolation der Interaktionsteilnehmer, die generell im Krankenhaus vorherrscht, in der Ritualhandlung symbolisiert. Z.B. ist die Zeit, die "man–power", die für Gespräche mit Patienten aufgewendet werden kann, allgemein stark begrenzt (vgl. Kap. 8.5.). Die ökonomische Grenze setzt sich in einer der psychischen Belastbarkeit fort. In der Visite ist nun der Kontakt immer wieder in einem "Durchrauschen" (Prof. Sahr) limitiert. Auch wenn der Patient es nicht merken soll, für die Mitarbeiter ist der Symbolgehalt der Handlung überdeutlich: Mehr als eine flüchtige Begegnung hat nicht stattzufinden. Doch auch der Patient erfährt, daß nur zwei bis drei Minuten Zeit für ihn vorhanden sind (Dr. Harms, Kap. 8.6.) und daß ein persönliches Wort immer nur ganz am Ende der Visite kommt (Dr. Harms, Kap. 3.).

Ist bei einer unvollständigen Besetzung der Visite doch einmal mehr Nähe zwischen Arzt und Patient möglich, so wird diese gleich wieder durch eine Funktionalisierung negiert (vgl. Kap. 8.3.): Bringt Dr. Harms im Erscheinungsritual ein "bißchen so 'ne persönliche Note" in die Interaktion, so liegt der bewußte Sinn doch darin, daß der Arzt die "Krankheiten" des Patienten am Ende "besser ... einschätzen" kann. Sowohl die Ambivalenz der Krankenschwester als auch die Angst vor einer Verurteilung des an medizinisch – technischer Leistung orientierten Chefarztes in der Rolle eines Vaters lassen im vollständig zelebrierten Erscheinungsritual das "Persönliche", die Nähe zum Patienten erst gar nicht entstehen. Die scharfe Trennung von "Medizinischem" und "Persönlichem" ist das Gebot der Visitenstunde.

Doch auch die Nähe zwischen Arzt und Krankenschwester ist im Erscheinungsritual dem Tabu unterworfen. Sr. Pia findet z.B. für ihren Wunsch, schwerwiegende Probleme wie etwa ein naher Tod mit dem Arzt zusammen anzugehen, innerhalb des Rituals keinen Raum (vgl. Kap. 8.4.). Die Hand, die sie dem Mediziner reicht, "nehmen die nicht". Zu sehr steht die Präsentation der Medizin im Vordergrund, die in einem Weisungs – Zuträger – Verhältnis z.B. zu unlösbaren Konkurrenzkonflikten führt. Mit dem Ritualhandeln wird quasi als Lösung eine große Distanz zwischen den Mitarbeitern festgeschrieben, wobei sich jeder auf seine Rolle und seine Zuständigkeit zurückzieht. So findet Herr Nau es nur noch "lächerlich", wenn der Arzt unter Mißachtung des Wissens des Pflegers eine falsche Entscheidung trifft (vgl. Kap 8.8.). Die mangelnde Nähe drückt sich auch räumlich aus, wenn der Arzt mit dem Rücken zur Pflegekraft am Krankenbett steht und die Krankenschwester sich abgeschlagen von der Medizinergruppe mit den Kurven in der Nähe der Tür befindet.

Institutionelle Ersatzangebote

In dem Erscheinungsritual werden für die Versagungen im Bereich der "objektbezogenen Befriedigungen" (Parin 1983, S. 109; s.o.) sozusagen Ersatzangebote gemacht, die auf der Ebene narzißtischer Thematiken liegen. Mit den rituellen Handlungen können zum einen entsprechende Bedürfnisse konkret befriedigt werden. Zum anderen symbolisieren sie aber auch gerade die Verlockungen der Normalität gegenüber allen denjenigen, denen das Tabu neu ist oder die eine Normabweichung intendieren.

Um noch einmal zu verdeutlichen, wie naheliegend eine Verwandlung von objektbezogenen zu narziβtischen Konflikten sein kann, möchte ich auf einen Zusammenhang bezüglich des Selbstwertgefühls hinweisen. Immer wieder wird die Verquickung mit Triebbefriedigungen aufgezeigt. Holder und Dare schreiben z.b., daβ das "Niveau des Selbstwertge – fühls" abgesehen von "'ich – triebhaften' Befriedigungen" u.ä. von dem "aktuellen Stand der libidinösen und aggressiven Triebspannungen und – befriedigungen" abhängt (Holder/Dare 1982, S. 810). Diesbezügliche Versagungen führen zu narziβtischen Risiken. Und Kernberg meint, "daβ die libidinöse Besetzung des Selbst erhöht wird durch die Liebe oder Befriedigung von seiten äuβere Objekte" (Kernberg 1983, S. 363). Diese sei wichtig für die "Regulierung des Selbstwertgefühls" (ebd.).

Es dürfte unmittelbar einsichtig sein, daβ ein Leben in einer gefe – stigten sozialen Gemeinschaft mit befriedigenden Objektbeziehungen das Thema eines möglicherweise mangelhaften "Selbstwertgefühls" erst gar nicht aktuell werden läβt. Die Frage nach dem Selbstwertgefühl setzt bereits das oben erwähnte "Bild eines an sich abstrakt autonomen Individuums" (Caruso 1976, S. 87) voraus. Das "Selbstwertgefühl" wird in aller Regel als übergruppal, d.h. sozial relativ unabhängig gedacht: Je – mand hat über eine gewisse Zeit ein hohes Selbstwertgefühl oder er hat es nicht, egal in welchen sozialen Bezügen er eingebunden ist. In – nerhalb einer nicht – autonomisierenden Societät von Warenbesitzern dürfte an der Stelle des Selbst – Wertes eine Zufriedenheit stehen, die immer triebbestimmt objektgerichtet ist.

In einer Arbeitssituation, in der kapitalistische Verkehrsformen vor – herrschen, wird allemal das Selbstwertthema aktuell. Einmal ist die Frage nach dem "Wert" der eigenen Ware Arbeitskraft für den Wa – renbesitzer von ständig aktueller Bedeutung, da er sich stets in einem zumindest latenten Konkurrenzverhältnis zu anderen Warenbesitzern befindet. Darüber hinaus wird der Wert des eigenen Besitzes, der über die Identifizierung mit der Rollenideologie und der Entwicklung einer Warenidentität (s.o.) zu einem Wert der eigenen Person geworden ist, aufgrund groβer Frustrationen durch unbewältigbare Krankheiten und Todesfälle leicht in Frage gestellt. Im Erscheinungsritual wird durch die Konzentration auf eine fassadäre Präsentation von der im Arzt personifizierten Medizin das "autonome" Beziehungsmuster symbolisiert und verstärkt.

In der Sprache einer Narzißmustheorie à la Kernberg kann das Ge-schehen so formuliert werden: Die libidinöse Besetzung der Selbstima-gines reicht nicht aus als Gegengewicht gegen die aggressive. Es kommt zur Desintegration des Selbst und somit zu narzißtischen Phänomenen. Zur Stabilisierung des Selbst bedarf es nun einer reichlichen Zufuhr an Selbstbestätigungen von den Selbstobjekten.

Im Erscheinungsritual ist sowohl die Orientierung auf narzißtische Konflikte als auch Chancen entsprechender Befriedigungen gewährleistet. Die Insidergespräche zur Visite haben dies deutlich gemacht. Ich möchte ein paar der wesentlichen Inhalte nennen.

So ist z.B. eine selbstverständliche Zuneigung und eine soziale Inte-gration, wie sie etwa in einer traditional organisierten Ordnung oder Familie möglich ist, durch Anerkennung aufgrund von Leistung ersetzt. Prof. Sahr strebt im Erscheinungsritual nicht ein Getragenwerden an, das ihn als Subjekt meint, das eintritt, weil er als ein – wie alle an-deren – liebenswerter Mensch in der Gemeinschaft ist, sondern er wünscht ein Getragenwerden, weil er der "Chef" ist. Trotz aller Macht hält der Chefarzt aber eine Position inne, die an eine enorme Leistungsanforderung gebunden ist. Es hat ein "Deal" stattgefunden: Nur wenn der "Chef" mehr kann und weiß als alle anderen und somit sich für die Phantasie eines Für-alle-Sorgen bereithält, wird er getragen. (Siehe Kap. 8.9.)

Dabei muß, ohne die Subjekt-Objekt-Dialektik aus dem Auge zu verlieren, gesehen werden, daß die Anerkennung aufgrund von Leistung unmittelbar die gesellschaftlich-ökonomischen Verhältnisse fortsetzt. Der Chefarzt wird für seine Leistung und nur für diese bezahlt. Wenn der Arzt im Erscheinungsritual als der Könner und Macher präsentiert wird, und alle Regeln der Visite ihm einen würdigen Auftritt garantie-ren, so werden nicht nur verkehrsformbestimmte Interaktionen zele-briert, sondern dem Akteur auch ein Bedürfnisse strukturierendes Be-ziehungsangebot gemacht: Wenn dem Arzt Tag für Tag große Aner-kennung aufgrund seiner rollenspezifischen Leistung zuteil wird, und er die Leistung ohnehin gegenüber dem Betrieb erbringen muß, dann ist es doch nur naheliegend, wenn er seinen Selbst-Wert mittels dieser Anerkennung emotional zu stabilisieren beginnt. Sie ist zwar weitgehend funktionalisiert, aber Beziehungen auf einer personalen Ebene der In-teraktion sind zumindest in dem Ritual ohnehin kaum herstellbar.

In dem Verhältnis zwischen Stationspfleger und Stationsarzt scheint in einem Insidergespräch das Getragenwerden eine orale Qualität zu haben: Die Informationen des Pflegers oder der Schwester sind für den Arzt die stärkende "Nahrung", die er benötigt, um seine gehobene Position als Medizin – Vertreter spielen zu können. Doch im Ritual habe ich den Eindruck, verwandelt sich das orale Thema zu einem narzißtischen Konflikt. Die in der Visite bestehende pflegerische Pflicht des Zutragens löst die Frage aus, ob die Pflegekraft die institutionsgebundene Anerkennung der mit dem Ich des Arztes verwobenen Rolle leistet oder nicht. Das Ansehen des Arztes bei den Patienten und dem "Auditorium" ist unmittelbar gefährdet. Eventuelle Wünsche eines Arztes nach einem Genährtwerden durch seine Interaktionspartner würde das gesamte Szenario sprengen und ist daher längst desymbolisiert.

Gemäß dieser Verlagerung spricht Prof. Sahr von "Dingen", die ihn tragen sollen. Er betont den "Sach" – Aspekt der verdinglichten Kollegen und Patienten. Der Chefarzt ist an einer Beziehung quasi zu sich selbst orientiert, insofern Sachen immer nur durch die eigenen Projektionen "belebt" werden können. So ist letztendlich die Libido auf das eigene Subjekt zurückgezogen. (Siehe Kap. 8.9.)

Eine parasitäre oder gar ausbeuterische Haltung gegen Interaktionspartner, wie sie von Kernberg für den Narzißmus genannt wird (vgl. Kernberg 1983, S. 262), ist der Weg geebnet. Das Erscheinungsritual fordert geradezu eine entsprechende Haltung, ohne die die Phantasie von der enormen Größe der Medizin und ihres institutionellen Vertreters nicht in Szene gesetzt werden kann. Würde der Chefarzt etwa Skrupel entwickeln, alle Detailuntersuchungen von nachgeordnetem Personal durchführen zu lassen, würde er die Selbstverständlichkeit des Zutragens unterlaufen, die nur "großen" Menschen zuteil wird. Auch begründet sich seine Treffsicherheit in der Entscheidung innerhalb der Visite gerade auf die Aufgabenverteilung und Präsentation der Ergebnisse. Erfolgt Letztere mit der Frage: "Kann man noch etwas verbessern?", so braucht sich der Chef nur zu äußern, wenn er eine gute Idee mitzuteilen hat. (Siehe Kap. 8.9.)

Ein weiteres Beispiel für ein im Ritual angelegtes Ersatzangebot auf narzißtischer Ebene ist die Verwandlung der Nähe zu einem anderen Subjekt in eine Verfügbarkeit über das Gegenüber. Indem Dr. Harms mit einer Patientin längere Zeit spricht, vergrößert sich durch detaillierte

Kenntnisnahme der Symptomatiken eine helfende Macht, die ihm wie –
derum einen narziβtischen Gewinn einbringt. (Siehe Kap. 8.3.)
Ohne auf eine spezielle Textstelle zu verweisen, sei das Nützlich –
keitsdenken erwähnt. Immer wieder wird in der Visite demonstriert und
ausgesprochen, daβ nur die Information, nur das Anliegen von Bedeu –
tung sei, das der Produktivitätssteigerung, d.h. der Genesung ent –
sprechend medizinisch – technischem Kalkül, dienlich sei. Es zählt ge –
rade das, was sich als narziβtische Gratifikation niederschlägt.

In Kap. 8.2. wird deutlich, wie sehr ein abstraktes Sicherheitsprinzip
von Bedeutung ist. Nicht die gemeinsame Arbeit in einer lebendigen
Gruppenpraxis, bei der keiner nach "Ausreden" suchen braucht, ge –
währleistet quasi von allen ein Aufgehobensein in der Gemeinschaft,
sondern die Kontrolle durch Aufsicht soll die "autonomen Individuen"
vor den Unbillen der Natur und der faktischen Nicht – Erreichbarkeit
menschlicher Perfektion schützen. Die Kontrolle durch Aufsicht ist
längst institutionell vorgezeichnet. Sie spricht das abstrakte Sicherheits –
bedürfnis an, das als ein Charakteristikum für Konflikte im Zusam –
menhang mit narziβtischen Bedürfnissen verstanden werden kann (vgl.
z.B. Parin 1986c, S. 151).

Psychosoziale Kompromiβbildung

Ist der Mitarbeiter in der entfremdeten Arbeit von sich als einem
Gattungswesen und somit der "Mensch von dem Menschen" entfremdet
(Marx 1985c, S. 516), und sind die in den gesellschaftlichen Produkti –
onsverhältnissen entwickelten "Normen ... als vermittelte Praxis ... kon –
stitutiv fürs Subjektive" geworden (Lorenzer 1973, S. 105), so daβ die
rituelle Inszenierung narziβtischer Konflikte und Verarbeitungsweisen in
den Vordergrund hat rücken lassen, kann man, wenn auch etwas spe –
kulativ, eine gegenseitige Stützung von Gröβenphantasien vermuten.
Dabei können verschiedene Verhaltens – und Erlebnisweisen in ähnli –
cher Form zusammenwirken, wie es der Leser inzwischen von psycho –
sozialen Kompromiβbildungen kennt. Gemeint ist ein Ineinandergreifen
einer Art Spiegelübertragung und der identifikatorischen Partizipation an
der Gröβe eines idealisierten anderen, indem man sich selbst zum Teil
des anderen deklariert.

Immer wieder ist zu erfahren, daß sich das Pflegepersonal als Be-rufsgruppe und als Person insbesondere von den Medizinern nicht richtig wahrgenommen fühlt (vgl. z.B. Jürgens-Becker 1987; vgl. Sr. Pia in Kap. 8.3.). Möglicherweise entwickelten sich zwischen vielen Ärzten und Krankenpflegekräften eine Beziehung, die seitens des Arztes Ähn-lichkeiten mit einer "Spiegelübertragung" (Kohut 1983, S. 307) aufweist. Der Interaktionspartner – bei Kohut der Analytiker und hier die Krankenschwester – dient dazu, dem Übertragenden sein "Größen-Selbst" (ebd.) widerzuspiegeln, wobei dem Gegenüber "eine ganz untergeordnete, bescheidene Stellung" zugewiesen wird (ebd. S. 310). Eben dieses Szenario ist in dem Erscheinungsritual beobachtbar.

Lassen aber die "Anzeichen objektgerichteter Strebungen" nach, so entwickelt sich leicht eine "Langeweile" beim Interaktionspartner (ebd. S. 311). Diese entsteht, wenn "ein Erregungszustand [eintritt], dessen Ziel verdrängt ist" (Fenichel 1983a, S. 264). Ohne ein bewußtes Inter-esse an der Krankenschwester zu zeigen, kann der Arzt dennoch "un-bewußt durch libidinöse" Angebote eine Erregung provozieren. Vereint sich die Gegenreaktion "Langeweile" mit "Mangel an affektiver Zuwen-dung ... und nur mühsam aufrechterhaltener Aufmerksamkeit" (Kohut 1983, S. 310), so erinnert die Haltung schnell an die Beschreibung der "unerfahrenen Schwester", der "Mädchen", die Kaffee trinkend und schwatzend kein Interesse am Arzt und der ärztlichen Tätigkeit zeigen (siehe Dr. Harms und Dr. Uhl in Kap. 8.7.). Angesprochen ist nicht die "erfahrene Schwester", die forsch oder gar burschikos auftritt und eher in die Rolle der Mutter als die der Liebhaberin rutscht, sondern die junge Schwester, der sich der Arzt weit überlegen fühlt. Mög-licherweise ist in dieser Konstellation eine der Ursachen für die vielen Auseinandersetzungen um die genannte Haltung zu suchen.

In meinen Kontakten zu eben diesen relativ jungen Krankenschwe-stern habe ich häufig den Eindruck gehabt, daß sie durchaus selbst bereit waren, die Größe des Arztes "widerzuspiegeln, zu bestätigen und zu bewundern", ähnlich dem, das in einer Spiegelübertragung gewünscht wird (ebd. S. 307). Dabei ist es denkbar, daß sich die Krankenschwe-stern in die Rolle einer Teilfunktion des Arztes einfinden: die Schwe-ster als die helfende Hand des Arztes. Gleichzeitig könnte, um in der Sprache Kohuts zu bleiben, der Arzt nicht nur der idealisierte Vater sein, sondern eine Figur, die etwas von einem idealisierten Elternimago verkörpert. Auch dazu gibt der Aufzug im Erscheinungsritual reichlich Anlaß.

Die einerseits in der Funktionalisierung erniedrigte Krankenschwester kann andererseits durch eine Identifikation an der halluzinierten, aber auch inszenierten Größe des Arztes teilhaben. Während der Visite ab – geschnitten von den Chancen einer objektgerichteten Befriedigung mit dem Arzt könnte eine Krankenschwester entsprechend eines narzißti – schen Musters dazu neigen, "Menschen, von denen narzißtische Grati – fikationen zu erwarten sind, sehr zu idealisieren" (Kernberg 1983, S. 263; s.o.).

Alltagstheorie in der Visite

So wie jedes Ritual "gewissermaßen, 'ideology in action'" ist (Strecker 1969, S. 49; siehe Kap. 5.4.) etabliert sich auch in der Ausübung des Erscheinungsrituals eine Alltagstheorie. Dem zum Teil aufgezwungenen Handeln, das die Entfremdung von dem Produkt (das Schicksal des Patienten bleibt dem Mitarbeiter fremd so wie ihm der Leidende fremd bleibt), die "Selbstentfremdung" (Marx) in dem Akt des Produzierens (der Mitarbeiter spaltet lebensgeschichtlich erworbenen Erfahrungen, die seine Eigenart ausmachen, ab) und die Entfremdung vom menschlichen "Gattungsleben" (Marx) (die Kollegen bleiben in erster Linie Funkti – onsträger) fortschreibt, wird ein subjektiver Sinn gegeben. Während man im aseptischen Drama etwa von einer Theorie der Sicherheit und Ordnung sprechen kann (siehe Kap. 7.2.), läßt sich die Theorie der Visite am ehesten mit einem Wir – haben – alles – im – Griff umschreiben und als eine Theorie des Wissens und Könnens benennen.

Wenn ich bei einer Visite mitgehe, fällt mir immer wieder auf, wie sehr Ärzte oder Ärztinnen von vermeindlichen "Fakten" sprechen: Die – ses Symptom hat jene Ursache und die Sorge ist unbegründet, da sich der Krankheitsverlauf so und so entwickeln wird. Die rituelle Erschei – nung des Arztes als Vertreter der mächtigen Medizin orientiert alle Interaktionsteilnehmer geradezu auf die "Theorie vom Wesen des Menschen" (Goffman 1973, S. 92) Arzt, der mehr als alle anderen über Weisheit und Können verfügt. Dabei ist das "Wesen" in diesem Fall weniger der einzelne Arzt, als vielmehr die Medizinergruppe aus Assi – stenz –, Ober – und Chefarzt. In dieser Einbindung weiß auch der in der ärztlichen Hierarchie niedrig stehende Stationsarzt Dr. Harms, was "das Beste" für den Patienten ist (siehe Kap. 8.7.). Er weiß es, weil er schließlich innerhalb der Institutionen der Schulmedizin studiert hat, und weil er in Rücksprache mit Ober– bzw. Chefarzt steht. Gegenüber den Mitarbeitern drückt sich die Weisheit in der immer "richtigen " Entscheidung aus. Wenn "letztendlich" der Chef entscheidet, "in welcher Form wir jetzt diagnostisch weiterkommen" (Prof. Sahr), so ist mit der Entscheidung selbst festgelegt, daß sie die "richtige" sei. Wäre sie nicht richtig, wäre sie nicht gefällt worden. Das Erscheinungsritual ist so angelegt, daß die Überzeugung von einer ten– dentiellen Unfehlbarkeit naheliegend ist: Wenn sowohl eine Ober– wie Chefarztvisite durchgeführt wird, so Dr. Uhl, können "sozusagen fast null" "Fehler" gemacht werden (siehe z.B. Kap. 8.1.).

Die Medizinergruppe mit dem Chefarzt an der Spitze ist die Über– mittlerin der medizinischen Wissenschaft und Heilkraft. Mit der Desymbolisation der Erfahrungen im Umgang mit Leidenden, die außerhalb des Rahmens der Schulmedizin gemacht werden, wird eine Realitätskontrolle medizinisch–technischer Leistungen enorm erschwert. So provoziert die durchgängige Abweichung von "privaten" und "unwis– senschaftlichen" Äußerungen der Patienten innerhalb des Erscheinungs– rituals eine mystifizierende Stützung der Theorie von der Macht und Größe der Medizin.

Erkenntnisse wie die von McKeown können nicht in die Theorie der Visite eingehen. Nach einer sozialmedizinischen Untersuchung von Sterberaten kommt er zu dem Schluß, "daß wir die Verbesserung der Gesundheit nicht dem verdanken, was geschieht, wenn wir krank sind, sondern der Tatsache, daß wir nicht oft krank werden" (McKeown 1982, S. 120). Hierauf haben aber nicht "Schutzimpfung und Behandlung" den "wichtigsten Einfluß", sondern Faktoren wie "Ernährung", "Hy– gienemaßnahmen" und "Rückgang der Geburtenrate" (ebd. S. 118; vgl. ebd. S. 77ff). Umgekehrt wächst etwa "die Sterblichkeit von Herz– Kreislauf–Erkrankungen" "mit körperlicher Inaktivität" (ebd. S. 128), die durch das Arbeitsleben provoziert ist.

Indem in der Visite alles ausgegrenzt wird, was der Konstruktion der Schulmedizin zuwiderlaufen könnte, wird der "magische Bereich" der Medizin (Parin u.a. 1978, S. 384) ausgedehnt und somit eine Legitima– tion der Herrschaftsbestimmtheit von Interaktionen in der Visite unter– stützt: Wenn die Medizin so viel kann und weiß, wäre es fatal, dem jeweils "erfahrensten", d.h. ranghöchsten anwesenden Arzt nicht den größtmöglichen Handlungs- und Entscheidungsspielraum zu lassen, und ihm nicht entsprechend der bestimmten Arbeitsteilung möglichst viele Detailaufgaben abzunehmen, die Informationen zuzutragen und das eigene Handeln überprüfen zu lassen.

Die Theorie knüpft an narzißtischem Erleben an. Sie wird von dem "Glaube an die technische Machbarkeit" von genereller Gesundheit (Overbeck 1984, S. 25) gestützt, wobei Krankheit und Tod auf "bloße technische Pannen" reduziert werden, die reparabel sind (ebd.). Der "Glaube an die Omnipotenz der Wissenschaft" (Richter 1976b, S. 102) verweist auf eine der "typischen 'reinen' primärnarzißtischen Phantasien", auf die "große Sehnsucht der Menschen, die Erde und das Weltall zu erforschen" (Argelander 1971, S. 362) Es ist eines der "Vorstellungsinhalte " eines "Ich-Gefühls", das "ein eingeschrumpfter Rest eines ... allumfassenden Gefühls" ist, welches am Anfang der menschlichen Entwicklung besteht (Freud 1980e, S. 200). Die Allmachtsphantasie wird in der Theorie der Visite wiederum für die patriarchale Ordnung herrschaftslegitimierend personifiziert. Die Chefärzte als diejenigen, die der Wissenschaft am nächsten stehen (heute erreichen fast ausschließlich Professoren diese Position), setzen fest, welche medizinischen Gepflogenheiten als die Norm zu gelten haben. Das Erscheinungsritual ist das Forum für eine öffentliche Demonstration dieser Befugnis.

Ebenso wie die Krankenschwester lernt der Assistenzarzt während der Chefvisite, "wie die Behandlung ist" (Dr. Uhl), wie sie nach Maßgabe des Chefs zu erfolgen hat (siehe Kap. 8.2.). Mit einer "pragmatischen Orientierung" des Alltagsbewußtseins (Leithäuser u.a. 1981, S. 113) wird die der herrschenden Ordnung gemäße Handlung und Behandlung des nachgeordneten Arztes und der Krankenschwester für "richtig" erklärt: Sie ist richtig, weil alle so handeln und weil der "Chef" es so will. Für das Bewußtsein über die menschliche Ohnmacht in der Konfrontation mit der eigenen Sterblichkeit, mit Krankheit und Tod der Patienten bleibt kein Raum.

Der "Chef" hat, so die Alltagstheorie, für sein Recht aber auch die Pflicht der "Verantwortung" zu tragen. Er sei moralisch und zum Teil auch juristisch zur Rechenschaft zu ziehen für Fahrlässigkeiten in seiner Abteilung. Daß, realistisch betrachtet, kaum die Gefahr einer Verurteilung besteht, scheint die Stichhaltigkeit der Theorie nicht zu tangieren (siehe Kap. 8.1.). Wichtig scheint dagegen die emotionale Qualität zu sein. Die Verantwortlichkeit des "Chef" heißt, so Prof. Sahr, Sorge zu tragen für alle anderen, inklusive dem Oberarzt (siehe Kap. 8.10.). Die Vision vom großen Beschützer läßt Inkonsistenzen in der Alltagstheorie zurücktreten.

9.3. Herrschaft, Narzißmus und Ärzte

Große Gruppen

Massen, die wir heute eher als große Gruppen bezeichnen, zeigen im wesentlichen immer noch das gleiche "psychische Verhalten", das bereits Freud 1921 in Anlehnung an Le Bon beschrieben hat (Mitscherlich 1977, S. 532). Es ist gekennzeichnet durch

– heftige Regressionsvorgänge;
– kollektive Liebesbeziehung zu einem Führer, dem Allmacht zuge –
 sprochen wird;
– wechselseitige Bindung der Gruppenmitglieder in einer gemeinsamen
 Vergottung (Geschwisterbeziehung);
– abgesunkenes intellektuelles Niveau, das sich in einer eingeschränkten
 Fähigkeit zu kritischer Selbstwahrnehmung zeigt und
– die Einsetzung des Führers an die Stelle des Ichideals des Einzelnen
 (vgl. Mitscherlich 1977, S. 531f; Freud 1980c).

Bezogen auf die Identifikationsprozesse hebt Mitscherlich neben einer begrenzten "oberflächlichen Identifizierung" (Mitscherlich 1977, S. 531) auf ödipaler Ebene eine "primäre Identifikation mit der versorgenden Mutter" hervor (ebd. S. 529). "In seiner Unvollkommenheit und Schwäche sehnt sich das Individuum nach der erlösenden Allmacht seiner frühen Kindheit, in der es geborgen sein konnte" (ebd.). Es entwickelt sich eine Tendenz, sich an einer versorgenden "kollektiven Urmütterlichkeit" (ebd. S. 518) zu orientieren.

Dabei ist zu bedenken, daß auch jeder Vorgesetzter als "Führer" oder Sorgeträger ein Teil des gesellschaftlichen Gesamtarbeiters ist. Auch er unterliegt den ökonomischen Zwängen, auch er ist von den Schicksalen der Leidenden, von sich selbst und den Kollegen entfrem –

245

det. In seiner Position isoliert und auf narziβtisch geprägte Interakti –
onsformen ausgewichen kann er unmöglich auch nur die Grundvoraus –
setzung für Geborgenheit schaffen, nämlich eine stabile personale Be –
ziehung in einer lebendigen Gruppenpraxis. Gleichzeitig aber forciert
der vielfältig angelegte hohe Regressionsdruck (siehe Kap. 7.2.) die
genannte Wunschphantasie.

Allmacht

Im letzten Kapitel habe ich bereits darauf hingewiesen, daβ die Idee
der Allmacht auf das "ozeanische Gefühl" der ersten Lebensphase zu –
rückzuführen ist (vgl. Freud 1980e, S. 197). Die Allmachtsphantasien als
Element des Narziβmus sind wie alles andere historisch Entwickelte
nicht auflösbar (vgl. Erdheim/Nadig 1979. S. 116f). Um nicht etwa in
"Resignation und Depression" zu verfallen, kann "eine Art spielerischen
Umgangs" mit der Phantasie helfen (ebd. S. 117), auf gesellschaftlich
bereits gehaltene Gratifikationen zu verzichten, die allemal mit einer
Einschränkung des subjektiven Handlungsspielraums verbunden sind.
"Allerdings gelingt es ... [dem Subjekt] oft, seine Gröβen – und All –
machtsphantasien über Kompromisse mit den Institutionen zu retten"
(ebd.). So fallen "die Allmachts – und Gröβenphantasien des Subjekts"
immer wieder als "Komplizen der Anpassung an die schlechten Ver –
hältnisse" in unserer Gesellschaft ins Auge (ebd. S. 116).
Bereits Freud stellt fest, daβ narziβtische Gröβenvorstellungen auch
als kollektives Phänomen in Erscheinung treten können. In Bezug auf
magische Vorstellungen in uns fremden Kulturen findet er "Züge, wel –
che, wenn sie vereinzelt wären, dem Gröβenwahn zugerechnet werden
könnten, eine Überschätzung der Macht ihrer Wünsche und psychischen
Akte, ... die 'Magie', welche als konsequente Anwendung dieser
gröβensüchtigen Voraussetzungen erscheint" (Freud 1978a, S. 43).
Ein magisches Denken begegnet uns in Zusammenhang mit dem
Tabu der Berührung im aseptischen Drama. Werden mit einer von
Anstand, Ordnung und Sitte getragenen Haltung rituelle Waschungen
mit übelriechender Flüssigkeit durchgeführt, vertreibe der Gegenzauber
alle für gefährlich erklärten Wesen (siehe Kap. 7.1.). Und in der All –
tagstheorie der Visite ist bereits angeklungen, daβ auch unsere Medizin
einen "magischen Bereich" hat (Parin u.a. 1978, S. 384). Es werden ihr

Kräfte zugeschrieben, die die medizinische Kenntnis und Kunst nicht entwickeln kann. Werden die Allmachtsphantasien wie im Erscheinungsritual institutionell forciert, muß jede Erfahrung der Be‐ grenztheit des Subjekts zur Kränkung werden. Sind die Ohnmachtser‐ fahrungen aber ins Unbewußte abgeschoben, können sie sich dort leicht primärprozeßhaft mit Allmachtswünschen verbinden und das magische Denken anregen.

Im Erscheinungsritual ist die halluzinierte Wirksamkeit der Medizin mit einem narzißtischen Gewinn für das Personal verbunden. Dies ist einer affektiven Besetzung der grandiosen Kraft förderlich, auch wenn das Subjekt ein großes Maß an Realitätskontrolle und Selbständigkeit durch Unterwerfungsgesten ersetzen muß. "Indem die Herrschaft das Individuum [mittels Rollenidentifikationen] bei seinem Narzißmus packt, ihm Karrieren zur Verfügung stellt, die mit Hilfe des Prestiges die Größen‐ und Allmachtsphantasien 'vergesellschaften', verlockt sie das Individuum dazu, die herrschenden Werte und Ideale ... zu realisieren" (Erdheim/Nadig 1979, S. 117).

Phantasmen der Herrschaft

"Das Phantasieren kann [als] eine Kompromißbildung zwischen Triebwünschen und den Forderungen des Über‐Ichs" verstanden wer‐ den (Sandler/Nagera 1966, S. 211). "Es eignet sich im allgemeinen gut für Abwehrzwecke" (ebd.). Die Phantasmen, die der Herrschaft in einer Klassengesellschaft dienlich sind, bestehen im Inhalt aus sozialisierten Ängsten etc. und in der Form aus Entmachtungsprozessen (vgl. Erdheim 1984, S. 255).

Die dynamisch unbewußten Phantasien "bilden die Vorstellungsinhalte der Triebwünsche" (ebd. S. 207). Ins Unbewußte abgedrängt kann "die Triebbesetzung ... von einem Inhalt auf einen anderen verschoben werden, Inhalte können verdichtet werden usw." (ebd. S. 212). D.h., die dynamisch unbewußte Phantasie kann eine ganze Palette von Trieb‐ wünschen ausdrücken, wobei diese selbst primärprozeßhaft verarbeitet und verzerrt sind.

Die Phantasie gelangt dann aber wieder ins Bewußtsein. "Die vom Ich geleistete Phantasie‐Arbeit umfaßt einen großen Teil dessen, was beim Träumen die sekundäre Bearbeitung ... ist" (ebd. S. 211f). Die

247

Sprache, in der die bewußtseinsfähige Form abgefaßt ist, ist nicht nur ein Ausdruck der gesellschaftlichen Struktur. Das sprachlich vermittelte Phantasma gibt nicht nur ein subjektives Erleben wieder, sondern pointiert und strukturiert auch die Wahrnehmung. An einem Mythos der Azteken zeigt Erdheim auf, daß der "Schritt zur Klassengesellschaft ... mit der Produktion von Unbewußtheit verbunden [war]; was unbe – wußt gemacht werden mußte, waren die Legitimationsformen, ... auf – grund derer die Opposition gegen die ... Machtverlagerung ... hätte gerechtfertigt werden können" (Erdheim 1984, S. 255). Es etabliert sich eine Religion als die neue Herrschaft tragende Phantasie, die den "Urheber der Geschichte in einem Raum jenseits der Gesellschaft" an – siedelt (ebd. S. 254). "Die Gottheit [erscheint] als eine treibende Kraft und die Menschen als ihre Instrumente" (ebd.).

Ähnliches scheint mir in bezug auf die durch Größenphantasien und magisches Denken mystifizierte Naturwissenschaft im Krankenhaus ge – schehen zu sein. Die "göttliche Medizin" ist im Erscheinungsritual wie die Gottheit der Azteken "nicht hinterfragbar" (ebd. S. 256). Die die Szene beherrschenden Mediziner machen im Ritual glauben, sie seien (ähnlich dem aztekischen Adel) "nur Ausführende eines höheren Be – fehls", nämlich der Forschungs – und Laborergebnisse entsprechend naturwissenschaftlicher Rationalität. Daß vielfach nach Maßgabe eines äußerst subjektiven Gutdünken und einer ebenso subjektiven, herr – schaftsbestimmten Ordnung der Abteilung ge – und behandelt wird, soll nicht sichtbar werden und wird durch das Phantasma der heilkräftigen Wissenschaft überdeckt. "Legitimationsformen" für ein selbständiges Denken und Handeln außerhalb des Rahmens der im Hause akzeptierten Medizin, das den Abweichenden immer auch zum Oppositionellen gegen den Alleinvertretungsanspruch der gültigen Ver – sion der Schulmedizin in punkto "Richtigkeit" macht, sind unter dem Druck eines inszenierten Handlungsbedarfs in der Visite nicht auffind – bar.

"Die Idee der Gottheit" in der aztekischen Klassengesellschaft, und ich meine Ähnliches gilt auch für die mystifizierte Medizin, war "ein Phantasma, dessen Inhalt sich aus der von der Sozialisation geprägten Ängsten nährte" (ebd. S. 255). Es hält heute eine Antwort auf den Wunsch nach einer sorgend – nährenden Mutter bereit. Die "Form" des Phantasmas rührte "von den Entmachtungsprozessen her" (ebd.), und ist

heute von der Subsumtion der heilenden Arbeit unter das Kapital ge –
prägt.

Eine Partizipation an der behandlungsbestimmenden Entscheidungs –
gewalt kann die Mitarbeiter zur Aufrechterhaltung des Phantasmas der
Herrschaft bewegen. In einer Arbeit über die "Probleme des Machtwil –
lens" (Fenichel 1985, S. 159) weist Otto Fenichel darauf hin, daß "es ...
im Interesse der Mächtigen [liegt], freiwillig den Ohnmächtigen, dessen
Aggression verhindert werden soll, Konzessionen zu machen; für
freiwillig abgetretene Trophäen kann man dann wieder Kompensationen
der Ehrfurcht und Unterwerfung verlangen und erhalten" (ebd. S. 182).
Die Trophäen selbst sind jedoch im wesentlichen nur "illusionäre
Machtpartizipationen" (ebd. S. 173). Die Assistenzärzte, die allerdings
nicht als ohnmächtig bezeichnet werden können, sind formalrechtlich an
Behandlungsentscheidungen beteiligt. Sie erhalten in der Visite ähnlich
wie in einem permanenten Examen ein kleines Quantum Macht. Doch
wie bei "allen Examina" gilt auch hier, "daß die Mächtigen eine reale
Partizipation der Kandidaten nur zulassen, wenn sie ihnen gleichzeitig
einbläuen, daß sie dafür auf radikalere Versuche, sich in den Besitz der
Macht zu setzen, verzichten müssen" (ebd. S. 166). Die Insider – Vo –
kabel für diesen Vorgang lautet "Erfahrung". Der erfahrene Arzt stellt
die Herrschaftsstruktur nicht mehr in Frage und erhält selbst
weiterreichende Befugnisse. Das Recht auf eigenmächtiges Handeln des
"jungen" und "unerfahrenen" Arztes hängt gegenüber der Figur des
Ober – und Chefarztes weitgehend von dem Gutdünken des Vorge –
setzten ab. Er kontrolliert im Erscheinungsritual die Arbeit des Assi –
stenten und tritt dem nachgeordneten Arzt willkürlich einen gewissen
Entscheidungsspielraum ab. Unter der "Obhut" der "erfahrenen" Ärzte
partizipiert der nachgeordnete an der Größe der Medizin und des
Vorgesetzten.

Um so weiter man die Hierarchie nach unten verfolgt, verwandeln
sich die realen Partizipationen in "magische Partizipationen [, die] die
gleiche aggressionseinschränkende Wirkung haben können wie reale" und
die die "Ohnmächtigen freiwillig in der Ohnmacht erhalten" (ebd.). So
hat z.B. Herr Nau das "Glück" sagen zu können, er arbeite im Hause
eines sehr guten oder anerkannten Chefarztes. Auch ist die Pflicht des
Pflegepersonals, dem Arzt mit allen wichtigen Informationen zu versor –
gen, für eine magische Machtpartizipation geeignet. Wenn eine erfah –
rene Schwester Dr. Harms sagt, daß er dieses und jenes "noch machen"

müsse, scheint sie zwar mitzuentscheiden, aber letztendlich kommt der Arzt nur dann "darauf nochmal zurück", wenn er es möchte. So ist die Schwester dem Arzt und der Medizin mit all der implizierten Größe eng verbunden, ohne durch die Bindung selbst einforderbare Rechte erhalten zu haben.

Bei der Krankenpflegeschülerin Carla reicht sogar nur die Weitergabe einiger Informationen aus, um sich dem mächtigen System zugehörig zu fühlen und sich gegen die Bevormundungen nicht aufzulehnen. Sie trennt erst gar nicht richtig zwischen einem Informiertwerden und dem Fällen einer Behandlungsentscheidung, für die man ohnehin ein Medizinstudium benötige (siehe Kap. 8.10.).

Die in Examina realisierte ebenso wie die magische Partizipation an der Macht hat durch einen kollektiven Prozeß der Unbewußtmachung eine entlastende Funktion für das Ich. In einer stark herrschaftsbestimmten Struktur wie die in einem "normalen" Krankenhaus, die überdies im Erscheinungsritual noch einmal für alle sichtbar in Szene gesetzt ist, identifiziert man sich "entweder ... mit den Herrschenden oder den Beherrschten. Im ersteren Fall werden die Größen- und Allmachtsphantasien, im letzteren die Geschichte der Kränkungen ... reaktiviert" (Erdheim 1984, S. 374). Um überhaupt eine Identifikation mit den "Beherrschten aufrechterhalten zu können, die allemal bei den Patienten zu finden sind, sieht sich Sr. Pia z.B. genötigt, gegen den Arzt, der sich mit seiner "Machtfunktion" als Herrschender ausweist, ein "Feindbild" aufzubauen, was als eine Form der Leidabwehr verstanden werden kann (siehe Kap. 8.8..).

Die Identifikation mit den Herrschenden vermittelt auch eine Übernahme der für die Herrschaftsstruktur gültigen Ideale, wodurch sich wiederum eine "Befriedigung ... narzißtischer Natur" ergibt (Freud 1980e, S. 147). An die Ideale einer alles im Griff haltenden Medizin gebunden, können alle Beteiligten mit "dem Stolz auf die bereits geglückte Leistung" (ebd.) des Gesundheitswesen erfüllt sein, auch wenn dieses einen zu einem Zuarbeiter degradiert. Für die römische Klassengesellschaft beschreibt Freud die "Identifikation der Unterdrückten mit der beherrschenden und ausbeutenden Klasse" (ebd.) so: "Man ist zwar ein elender, von Schulden und Kriegsdiensten geplagter Plebejer, aber dafür ist man Römern, hat seinen Anteil an der Aufgabe, andere Nationen zu beherrschen, und ihnen Gesetze vorzuschreiben" (ebd.).

Im Krankenhaus bedeutet eine Identifizierung mit einer Techno-Medizin die aktive Fortschreibung des willkürlichen Verfügens über Patienten, obwohl es einem selbst nicht viel besser geht. Der narzißtische Gewinn aus der Idee, man selbst sei Teil der machtvollen Medizin, läßt die eigenen Demütigungen vergessen. Die Aggression, die aus der Erfahrung eigener Unterdrückung erwächst, richtet sich nicht mehr gegen die Herrschaftssstruktur bzw. ihre Personifikationen, sondern wird zur Stabilisierung des Systems eingesetzt. Die eigene Lage wird oder bleibt unbewußt, Chancen der Solidarität werden zerstört. Im Erscheinungsritual, insbesondere in der "Chef-Visite" wird die Trennung von Patienten und nachgeordnetem Personal szenisch sichtbar: Das Pflegepersonal, nachgeordnete Ärzte und das "Auditorium" stehen hinter dem Chefarzt und nicht etwa in einer Reihe mit dem Patienten.

Bewältigung des Schicksals

Die unausweichliche Konfrontation mit den Erscheinungen des menschlichen Schicksals wie Krankheit und Tod und in der der Folge mit der Begrenztheit jeglicher Naturbeherrschung, auch die mittels Naturwissenschaft und Technik ist allgemein in unserem Alltag verdrängt. Daher sind die Interaktionspartner im Krankenhaus meist nur sehr wenig auf entsprechende Erfahrungen vorbereitet, die hier unausweichlich sind. So hilft die Institution, z.B. den Tod auszugrenzen, etwa indem auch architektonisch keine Räume für ein menschenwürdiges Sterben geschaffen sind (vgl. Kap. 4.1.). Eine andere Möglichkeit der kollektiven Leidabwehr liegt in einer vergottenden Gegenwehr gegen Schicksalhaftes. Die Mystifikation der Schulmedizin habe ich bereits angesprochen (siehe Kap. 9.2.).

Die "Götter" so Freud, haben eine "dreifache Aufgabe", nämlich "die Schrecken der Natur zu bannen, mit der Grausamkeit des Schicksals, besonders wie es sich im Tode zeigt, zu versöhnen und für die Leiden und Entbehrungen zu entschädigen, die dem Menschen durch das kulturelle Zusammenleben auferlegt werden" (Freud 19780e, S. 152). "So wird ein Schatz von Vorstellungen geschaffen, geboren aus dem Bedürfnis, die menschliche Hilflosigkeit erträglich zu machen" (ebd.). Die kollektive Phantasie "beschützt" "den Menschen nach zwei Richtungen ..., gegen die Gefahren der Natur und des Schicksals und gegen die Schädigungen aus der menschlichen Gesellschaft selbst" (ebd.).

Eben diese Aufgaben hat im Krankenhaus, so meine ich, die mystifizierte und überhöhte Seite der naturwissenschaftlichen Medizin zu übernehmen. "Die infantilen Züge [eines früheren] ... Gottes und Kirchenglauben ... [sind] in einer einfältigen magischen Phantasie von der Allwissenheit und Allmacht der Wissenschaft zu einer ... Wiederauferstehung" gelangt (Richter 1976b, S. 103). In der Regel "fließt den Institutionen der Wissenschaft im Augenblick viel von der Gläubigkeit zu, die zuvor anders gebunden war" (ebd. S. 102). Eine solche Institution ist etwa die Anwendung der wissenschaftlichen Untersuchungsrichtlinien und methoden in der Diagnostik. Ein affektiv hoch besetztes Symbol der Institution sind die Laborergebnisse.

Eine weitere Institution, an die Gläubigkeit gebunden ist, ist, wie bereits erwähnt, die Ärzteschaft. Sie verliert nur ganz allmählich ihre Prägung durch Persönlichkeiten als Autoritäten und auch nur insofern, wie beklagt wird, leitende Ärzte seien zunehmend mehr Technokraten und kühle Wissenschaftler als engagierte und herausragende Persönlichkeiten. Die Institution findet ihren personalen Vertreter gegenüber den Mitarbeitern insbesondere im Chefarzt und gegenüber den Patienten je nach sozialer Stellung des Leidenden auch in jedem anderen Mediziner.

Im Erscheinungsritual wird der jeweils ranghöchste Arzt als eine Ritualfigur der Gegenwehr gegen die Unbillen des Schicksals (das allemal ein gesellschaftlich vermitteltes ist), gegen Krankheit, Tod und Gefühle der Ohnmacht installiert. Ähnliche Erscheinungen sind uns aus anderen Kulturen wohl bekannt. So schreiben Parin u.a. (1978) über das "Orakel von Yosso", einem Ritual der Heilung in Ghana: "Um den üblen Folgen der Hexerei", die für die zu behandelnde Krankheit verantwortlich gemacht wird, "mit einem wirksamen Ritual zu begegnen, sind Personen nötig, die mit phallischen Eigenschaften ausgerüstet sind. Die Identifikation mit aktiv phallischen TriebModalitäten nach dem kindlichen Modell der Identifikation mit dem Aggressor ist ein Mittel, um passivorale Ängste zum Schweigen zu bringen und die gierigen oralen Regungen zu modifizieren" (Parin u.a. 1978, S. 309). Es wird ein "großes Ritual" (ebd. S. 310) durchgeführt, das aus einem Tanz der zentralen Ritualfigur, hier einer Magierin besteht, während dessen in Trance "phallischaggressive und sexuelle Handlungen" (ebd. S. 311) darge stellt, der Geist in einer Kaolinstaubwolke bekämpft, Ratsuchende mit Kaolin bemalt und ein Urteilsspruch gesprochen wird (vgl. ebd. S. 310f).

Auch wenn man die psychodynamischen Inhalte nicht linear übertragen kann, zumal die Agni mehr oral und wir mehr anal orientiert sind, so ist doch das Prinzip der rituellen Verarbeitung bei uns ähnlich. In unseren Krankenhäusern aber brauchen die Ritualfiguren keine besonderen "Persönlichkeitseigenschaften" mitbringen. Die Identifikation mit der Rolle im Ritual genügt. Die nicht-beruflichen Beziehungen sind zu unbedeutend, als daß sie eine störende Korrektur des konkreten Arztbildes bewerkstelligen könnten.

Die Ritualfigur der Gegenwehr, im genannten Beispiel die "Priester, Magierinnen und Heiler", "sind 'Mittler'; sie liefern spirituelle Objekte, die als Repräsentanz besetzt werden: Gott, Götter, Geister, Hexen. Diese entsprechen frühkindlichen Objekten. Unbewußte Wunschphantasien haben ihnen Gestalt gegeben" (ebd. S. 304). Die Ritualfigur Arzt vermittelt in der Visite eben die mystifizierende Medizin mit ihrer Heilkraft. Dabei kommt der ärztliche Mittler einem Magier oder Priester gleich, von dem der "Geist der Wissenschaft" Besitz ergriffen hat. Der Mittler wird als eine herausragend starke Persönlichkeit dargestellt, so daß ihr Titel eines "Halbgottes in Weiß" nicht verwundern kann.

Die Figur entspricht einem kindlichen "Vater", so wie in unserer Kultur "hinter jeder Gottesgestalt" ein "väterlicher Kern" "verborgen" ist (Freud 1980e, S. 153). Doch dieser "Vater" entwickelt Eigenschaften und übernimmt Aufgaben wie die des Nährend-Versorgens, die dem "frühkindlichen Objekt" Mutter zuzurechnen sind. Trotz phallischer Eigenschaften, die die Ritualfigur zu entwickeln hat, ist die Konzentration auf den "Vater" als eine Verzerrung durch die patriarchale Ordnung unserer Kultur zu werten. Sie erfolgt vornehmlich auf bewußter Ebene und betrifft den sekundär-prozeßhaft verarbeiteten Teil der Phantasie.

Phantasma vom heilkräftigen Beschützer

Ich möchte mich in den folgenden Ausführungen auf die Gestalt des "Mittlers" konzentrieren. Die Ritualfigur ist als Vaterfigur nicht nur geeignet, mit dem Schicksal zu versöhnen, sondern auch, wie Freud sagt, "Schädigungen aus der menschlichen Gesellschaft" (Freud 1980e, S.

152) abzuwenden bzw. wiedergutzumachen. Da der Mediziner sich je -
doch selbst als leitende Persönlichkeit in eben den Herrschaftsver -
hältnissen auszuweisen hat, die gerade die zu bekämpfenden "Schädi -
gungen" produzieren, rankt sich um ihn eine Phantasie, die Erdheim
das "Phantasma vom 'guten Herrscher'" nennt (Erdheim 1984, S. 385).

"Das Phantasma schafft die Illusion, man könne sich auf die Herr -
schaft verlassen, sie werde einen - wie man es sich einst vom Vater
erhofft hatte - beschützen und die Guten belohnen sowie die Bösen
bestrafen" (ebd. S. 384). Eine solche Phantasie wird so durchgängig
produziert, daß man sie, so Erdheim, als eine institutionalisierte Fiktion
bezeichnen könne (vgl. ebd. S. 385). Die Vorstellung ist von der Re -
alität so weit getrennt, und in sich so geschlossen, daß in ihr ein ei -
genes Recht gilt, daß sie durch eine eigene Realitätsprüfung der Phan -
tasierenden nicht angefochten werden kann. Wenn der Vorgesetzte etwa
mehr an seiner Karriere interessiert ist als an der Aufopferung für
"seine Leute", kann dies zwar für kurze Momente gesehen werden. Die
Erfahrung tangiert aber nicht die Überzeugung von der Wahrhaftigkeit
des Phantasmas. So wird das konkrete Herrschaftsverhältnis in einem
gesellschaftlichen Prozeß unbewußt gehalten und die Aggression der
Untergeordneten abgewehrt.

Das Phantasma wird in dem Erscheinungsritual in Szene gesetzt,
wodurch auch die Phantasmen der Patienten von einem grandiosen Arzt
institutionalisiert werden. Der visitierende Mediziner ist gleichzeitig die
herrschende Figur im Ritual, die Anweisungen gibt oder Mitarbeiter
korrigiert und die beschützende Gestalt, die dafür Sorge trage, daß
weder der Patient noch die Mitarbeiter etwa durch "falsche" Entschei -
dungen bzw. Behandlungen körperlich oder moralisch Schaden nehmen.
Die Schutzkraft des "guten Herrschers" im Erscheinungsritual besteht im
wesentlichen aus seiner Heilkraft. Er wirkt als grandiose Figur mit der
Kraft der Medizin, von dessen Geist er beseelt ist. Die phantasierte
Gerechtigkeit des mächtigen, heilkräftigen Beschützers manifestiert sich
in der "Richtigkeit" seiner Entscheidungen, die von der Wahrhaftigkeit
in seiner Haltung gestützt wird. Letztere veranlasse ihn, alles Bedeut -
same zum Wohle des anderen zu bedenken. So wird im Erscheinungs -
ritual z.B. eine Vielzahl von Detailinformationen von der Ritualfigur zur
Kenntnis genommen.

Dem heilkräftigen Beschützer wird eine besondere Größe zuge -
schrieben. Ähnlich einem Herrscher der "Primitiven" (Freud) "wird die

Bedeutung ... [der] Person außerordentlich überhöht, ihre Machtvoll –
kommenheit ins Unwahrscheinliche gesteigert, um ihr desto eher die
Verantwortung für alles Widrige ... aufladen zu können", das den Un –
tergebenen widerfährt (Freud 1980c, S. 341). Das narzißtisch geprägte
Verhalten erinnert an "einen Vorgang, ... der ... in dem sogenannten
Verfolgungswahn offen zutage tritt" (ebd.).

In den Insidergesprächen zur Visite kommt die Inszenierung u.a. in
Kap. 8.10. zur Sprache. Prof. Sahr vermittlt mit seinem Erscheinen das
"Wissen: Das ist der Chef, der guckt nach mir, der sorgt mich, der
steht dahinter." Die Patienten fassen Vertrauen in den Chef und fühlen
sich von der Vision einer sorgenden Elternfigur getragen.

Gleichzeitig erscheint aber auch dem nachgeordneten Arzt der Chef
als eine Vaterfigur, der nach ihm bzw. nach der Arbeit etwa des Assi –
stenten schaut. Wenn der nicht – leitende Arzt eine Entscheidung fällt
und die Schwester mit einem "schwierigen" Patienten umgehen muß,
glauben sie: der Chef "steht dahinter". Ist der Vorgesetzte in der
Chefvisite anwesend, steht er sogar vor ihnen, nimmt das Problem
selbst in die Hand und löst es zur allseitigen Zufriedenheit. So können
alle in einer untergeordneten Position befindlichen Interaktionspartner
das Sorgetragen des die Situation Beherrschenden "visuell" und "ins –
gesamt körperlich" (Prof. Sahr) erfahren.

Zusammenfassend kann festgehalten werden: Der heilkräftige Be –
schützer ist die Ritualfigur der Gegenwehr gegen Krankheit und Tod.
Die Gestalt hilft, alle entsprechenden Kränkungen (Warum soll gerade
ich jetzt sterben?!) und Ängste z.B. vor einem Verhungern oder Ver –
lassenwerden abzuwehren. Sie steht aber auch in der Gegenwehr gegen
die Feindseligkeiten in der Arbeitswelt. Wie in einer personalen Be –
ziehung bewahrt die Vaterfigur den nachgeordneten Mitarbeiter vor
dem gnadenlosen Leistungsanspruch, eine maximale Produktivität zu
gewährleisten, d.h. immer eine optimale Behandlung zu veranlassen bzw.
durchzuführen. Der heilkräftige Beschützer nimmt den anderen durch
sein "Aufsichtsfunktion" (Prof. Sahr) in der Visite diesbezügliche Sorgen
ab.

Dabei kann parallel zu der narzißtischen Problematik nicht nur ein
orales, sondern auch ein ödipales Thema aktuell werden (siehe Kap.
8.2.). Wenn der heilkräftige Beschützer seine Vorstellungen als Maß –
gaben diktiert, wird der Versuch, sich mit eigenen Ideen durchzusetzen,
als zwecklos angesehen. Die väterliche Ordnung erscheint als

unumstößlich. In der Angst vor der Aggression des Vaters, der der Nachgeordnete nichts Adäquates entgegenzusetzen weiß, und der Sorge vor dem Verlust des geliebten und sorgenden Objekts identifiziert sich der assistenzärztliche Sohn mit dem Vorgesetzten. Im Erscheinungsritual aber wird die konflikthafte Szene erst gar nicht aufgebaut. Die Bedro – hung durch den Chef, die in dessen Aggression und in einem mögli – chen "Ausliefern" an das Schicksal bzw. die ökonomischen Zwänge be – gründet liegt, gehen die nachgeordneten Ärzte meist direkt in eine er – niedrigte Position und schreiben gerade die unmündig haltende Ordnung fest.

Explosion des Narzißmus

Das Phantasma des "guten Herrschers" hat zwei Seiten, die es zu untersuchen gilt. Auf der einen Seite steht der "psychische Zustand, in den ... die Beherrschten versetzt werden" (Erdheim 1984, S. 386). Hierauf werde ich später genauer eingehen. Auf der anderen Seite steht, was mit den Herrschenden geschieht, "die diese institutionelle Fiktion der Herrschaft leben, d.h. in die Maske [dieses Phantasmas] ... schlüpfen" (ebd.). Um letztere Fragestellung soll es im Folgenden ge – hen.

Erdheim spricht nach der Analyse verschiedener Kulturen von einer "Explosion des Narzißmus in der herrschenden Klasse" (ebd. S. 418). Er nimmt an, "daß bereits die Zugehörigkeit zur herrschenden Klasse frü – her oder später die Struktur der Persönlichkeit so umformt, daß ... narzißtische Strebungen unkontrollierbar die Oberhand gewinnen" (ebd. S. 393). Dieser Entwicklung ist "jede herrschende Klasse ausgeliefert" (ebd. S. 246). "Auch wenn man etwa mittels ausgeklügelter Tests Nar – zißten am Zugang zur Macht hinderte, würden die an der Macht beteiligten Individuen früher oder später solche Charaktereigenschaften entwickeln" (ebd. S. 410f), wie sie einem "narzißtischen Typus" (ebd. S. 410) zugeschrieben werden. Es ist "die Herrschaft selbst, die beim In – dividuum den Narzißmus auf die Spitze treibt" (ebd. S. 411).

"Die Klassenspaltung", so Erdheim, "löst die Explosion des Narzißmus aus" (ebd. S. 408). Im Krankenhaus gehören die Mediziner zwar nicht zur Klasse der Kapitaleigner, aber sie sind in der Rolle des

Vorgesetzten immer auch Kapitalvertreter. Ihre gehobene Stellung ergibt sich aus dem Antagonismus der gesellschaftlichen Klassen.

Als Vertreter der Herrschenden ist der "Arzt in Entscheidungsfunk – tion" von den anderen isoliert. Er verliert die Einbindung in ein tra – gendes Sozialgefüge. Die Einsamkeit bei der "letzten Entscheidung" des Chefs ist ein deutliches Beispiel. Wie sehr eine Verunmöglichung von objektgerichteten Triebbefriedigungen einer narzißtischen Orientierung förderlich ist, ist dem Leser von den Ausführungen zur Entfremdung sicher noch geläufig. Es sei angemerkt, daß sich auch der in leitender Funktion befindliche Kapitalvertreter ein Teil des gesellschaftlichen Gesamtarbeiters ist und sich als solcher den Entfremdungsprozessen nicht entziehen kann.

Indem die leitende Figur aus der sozialen Gemeinschaft herausge – hoben ist, ist der Herrschende auch der sozialen Kontrolle teilweise entzogen, die jede größere Gruppe entwickelt. Der ausbeuterische bzw. parasitäre Charakter von zwischenmenschlichen Beziehungen, den Kernberg für narzißtische Persönlichkeiten nennt (vgl. Kernberg 1983, S. 262), wird nicht mehr sozial kontrolliert und eingedämmt. Das Verhal – ten ist sogar "gesellschaftlich legitimiert und der Anspruch, über andere Menschen zu verfügen" ist in der Rollenideologie enthalten (Erdheim 1984, S. 391). Durch die an die Rolle gebundene Macht wird die Durchsetzung ausbeuterischer Interaktionsformen gewährleistet (vgl. ebd.).

Auch wird durch Herrschaft die Empathie überflüssig (vgl. ebd.). Die soziale Situation entspricht dem narzißtischen Phänomen insofern, daß die Betreffenden "wenig Empathie für die Gefühle anderer" "empfinden" (Kernberg 1983, S. 262). "Die Macht über andere ersetzt das Erleben der Befriedigung mit anderen" (Bauriedl 1987a, S. 35). Die Herrschaft ersetzt die menschliche Nähe, die zwar ersehnt, aber aufgrund mögli – cher Angriffe durch die Unterdrückten auch gefürchtet wird (vgl. ebd. S. 39).

Der Narzißmus der Herrschenden fügt sich aber nicht nur in die institutionellen Bedürfnisse der kapitalistischen Produktion ein, sondern er sichert diese auch vor Veränderung oder gar Auflösung durch die Herrschenden selbst. Wie es Erdheim für die Azteken formuliert läßt sich allgemein sagen, daß "die narzißtische Explosion ... die Realitäts – kontrolle" einschränkt (Erdheim 1984, S. 246). "Der sich aufblähende Narzißmus untergräbt das Überich und läßt es allmählich abbröckeln.

Damit wird aber auch ein wichtiger Faktor der Realitätskontrolle hin –
fällig. Das Überich ... zwingt das Individuum ... auch diejenigen Dinge
zur Kenntnis zu nehmen, die seinem Narzißmus widerstreben" (ebd. S.
413). Die Folge ist "das, was man als 'Einsichtslosigkeit der Herr –
schenden' bezeichnet" (ebd.).

Ein letzter Aspekt der "Explosion" sei noch erwähnt. Die mangelnde
Unterordnung unter die soziale Kontrolle und der tendentielle Verlust
der Realitätskontrolle läßt Herrschende leichtfertig mit machtvollen
Ausdrucksformen von Aggression agieren. "Die Explosion des Narzißmus
in der herrschenden Klasse läßt sie immer öfter, wie suchtartig, zur
Gewalt greifen" (ebd. S. 418).

Im Erscheinungsritual wird der heilkräftige Beschützer für jedermann
erfahrbar aus der Gruppe der Interaktionsteilnehmer als etwas Beson –
deres herausgehoben. Er soll Zugearbeitetes in Empfang nehmen und
tatkräftig Anweisungen verteilen. Auch aggressive Ausbrüche werden als
gegeben hingenommen und toleriert. In einer Redewendung formuliert
Dr. Harms, daß es Situationen gibt, in denen "das sein muß", das "der
Größte", der "Chef" "cholerisch vorm Patienten" "rumspringt" und "Assi –
stenten" "richtig fertig" macht (siehe Kap. 8.10.).

Feindseligkeit des Kapitalvertreters

Doch wie bereits angeklungen ist die Aggression des Vorgesetzten
nicht das bloße Produkt einer veränderten subjektiven Konflikt – und
Bedürfnisstruktur. Über die Identifikation mit der Rolle eines Kapital –
vertreters ist für den betrieblichen Vorgesetzten als Subjekt die Feind –
seligkeit konstitutiv, die die Produktionsverhältnisse gegen den Mitar –
beiter hegen, wenn sie ihn zum Besitzer einer Ware Arbeitskraft ver –
dinglichen und nach Maßgaben der Produktivität einsetzen. Die Pflicht
eines "Weisungsbefugten", der ein abstraktes, aggressiv wirkendes Herr –
schaftsverhältnis in konkretes Verhalten umsetzt, lautet immer, er habe
eine zumindest tendenziell konkurrenzfähige Produktion bzw. Produkti –
vität auch gegen die Interessen von Mitarbeitern zu gewährleisten. Er
habe, wie oft formuliert wird, den "Überblick" zu behalten und die In –
teressen des Hauses zu "berücksichtigen". Die Feindseligkeit des Ka –
pitalvertreters ist als die Umsetzung einer strukturellen Gewalt zu se –
hen, die gleichsam Züge einer subjektiven Aggressionsäußerung trägt.

Der Arzt bzw. der Chefarzt organisiert Diagnostik und Behandlung in seiner Klinik mit einem aus ökonomischen Gründen knapp bemessenen Personal. Dabei werden die Mitarbeiter weitgehend als Funktionsträger behandelt, die entsprechend der gesellschaftlichen Arbeitsteilung routi – niert die zugewiesene Teilarbeit zu erledigen haben. Was am Ende zählt, ist die erbrachte Leistung, z.b. das Vorlegen eines Röntgenbildes durch die Krankenschwester oder die diagnostische Vorabinterpretation im Vergleich Röntgen – /Ultraschallbefund durch den Assistenzarzt.

Die Produktivität der Arbeitskraft wird in der Visite sichtbar ge – macht. Der Kapitalvertreter verlangt die Einhaltung bestehender ge – waltvoller Zuliefer –, Aufsichts – und Entscheidungsstrukturen, ohne die nach herrschender Meinung auf vielen Krankenstationen die Gesund – heitsproduktion grundsätzlich nicht aufrechtzuerhalten wäre. Wie gelas – sen oder ungehalten der Weisungsbefugte auf eine abweichende Haltung oder eine nicht zufriedenstellend erbrachte Leistung reagiert, ist abhängig von der subjektiven Aggressivität in der Rolle des führenden Ritualteilnehmers.

In den Insidergesprächen zur Visite wird von dem Anweisungsver – hältnis, das immer eine die subjektiven Spielräume für Denken und Handeln einschränkende Aggression beinhaltet, wie von etwas Selbst – verständlichem gesprochen. Dr. Uhl ordnet z.B. an, daß "'nen EKG bei dem" Patienten gemacht werden müsse und die Krankenschwester "muß .. dafür sorgen, daß ... das EKG auch gemacht wird". "Dann müssen so Anforderungszettel" dem Arzt "hingelegt werden, damit ... [er] die un – terschreibt". Sr. Pia erduldet die vom weisungsbefugten Arzt vertretene Feindseligkeit des Arbeitsverhältnisses, und schreibt "halt auf, was die anordnen".

Mit der gleichen Selbstverständlichkeit wird die Kontrolle der Arbeit von Untergebenen vorgenommen oder wie es Prof. Sahr vielleicht formulieren würde, der "Aufsichtsfunktion" der Visite Rechnung getra – gen. Er schaut auf die "Schwachstellen", die "Fehler und Lücken", die er per Anweisung behebt.

Die Artikulation der strukturellen Feindseligkeit geschieht immer in einer auch subjektiv bestimmten Interaktion mit einem konkreten Kapitalvertreter. Es besteht die Chance, mit dem Rollenhandeln eine befriedigende Abfuhr aggressiver Triebabkömmlinge zu erreichen. Auch ein narzißtischer Gewinn kann von dem Weisungsbefugten erzielt wer – den. Wenn sich die Ritualszene für Dr. Harms so darstellt, "daß die

Schwester da steht, ihr Buch vor der Nase hat und mitnotiert, was ich ihr sage", scheint der Arzt in seiner Rolle dazu zu neigen, über das ökonomisch notwendige Maß hinaus eine aggressive Haltung gegen die Weisungsempfängerin einzunehmen und sich als ein Übermächtiger über die Interaktionspartnerin zu erheben.

Leid der Ärzte an der Mystifizierung

Trotz aller Vorzüge, Annehmlichkeiten und Gratifikationen, die der Arzt in einer leitenden Position genießt, hat er verschiedene Entbeh-rungen hinzunehmen, die sich direkt aus dem Herrschaftsverhältnis zu den nachgeordneten Kollegen und dem Pflegepersonal ergeben. Die Belastungen steigern sich durch die Idealisierung des Mediziners so sehr, daß am Ende von einem Leid an der Mystifikation gesprochen werden kann.

Von dem Studium uns fremder Kulturen wissen wir, wie sehr ein Herrschender von anderen Menschen isoliert ist. Bei den Azteken wurde z.B. "der Herrscher nach seiner Amtseinsetzung zum Gott, der den Erdboden nicht berühren und dem niemand ins Angesicht sehen durfte" (Erdheim 1984, S. 259). Es ist ein Teil des "Tabu der Herr-scher", daß diese nicht berührt werden dürfen (Freud 1980c, S. 333). Zugrunde liegt dem Verbot eine Aggression gegen den Mächtigen.

Ähnlich einem Herrscher wird auch der mystifizierte Mediziner aus der Gruppe von Gleichgestellten herausgehoben und in der erhöhten Stellung isoliert. Keiner der Untergebenen ist in der gleichen Lage wie er. Um so höher der Arzt in der Hierarchie aufsteigt, um so schwie-riger wird es, einen gleichberechtigten Gesprächspartner zu finden, der den Herrschenden versteht, ihm wichtige Kritiken nicht vorenthält und auch bedeutende passive Bedürfnisse akzeptiert. Die Anteilnahme des Untergebenen am Schicksal des Vorgesetzten ist innerhalb der Grenzen der Rollenideologie immer auch von der realen Unterwerfung geprägt. Ein zumindest latent aggressives Gegenüberstehen der beiden muß die Entwicklung des gewünschten weitreichenden Vertrauens begrenzen.

In den Insidergesprächen zur Visite zeigt sich die Isolation des Arz-tes in dem Zwang zur einsamen Entscheidung. Gerade in schwierigen Situationen, wenn jeder nach einer Unterstützung durch andere Aus-schau hält, muß der Chefarzt "ganz alleine entscheiden". Es ist "seine ...

Entscheidung" und der nachgeordnete Dr. Uhl möchte damit nichts zu tun haben (siehe Kap 8.1.).

Mit der Mystifikation des "Weisungsbefugten" wird dem nächst hö – herstehenden Arzt eine große Last auf die Schultern geladen. Der Chefarzt z.b. soll – wieder über seine "letzte" und "richtige" Entschei – dung und über die "Aufsicht" – in der Visite das auf sich nehmen, "was der Oberarzt und der Assistenzarzt zusammen gemacht haben" (Dr. Uhl). Der Ausruf: "Du bist der Größte" ist "gleichzeitig" mit der "Forderung" verbunden: "Du bist der, der die Verantwortung trägt" (Prof. Sahr). Er soll, so die Kehrseite der inszenierten Helden – Phan – tasie, für alle "sorgen", den Beschützer und Nährer für alle sein, "inklusive" dem "Oberarzt" (Prof. Sahr; siehe Kap. 8.10.). Das enorme Sorgetragen wird spätestens dann zu einer Last, wenn der behütende Arzt realisiert, daß er gar nicht alles "selber machen" "kann" (Prof. Sahr).

Der Vorgesetzte wird auf eine reale Abhängigkeit im Arbeitsprozeß zurückgeworfen, die bedrückende Ausmaße annimmt. Die vermeindliche Hilfskraft, die dem Arzt in der Mystifizierung zugeschrieben wird, kann der Mediziner im Erscheinungsritual nur vorspiegeln, wenn alle Mitar – beiter alle Zuträgerarbeiten korrekt und pünktlich erledigen. In einem Zirkelschluß wird die Abhängigkeit unerbittlich: Diejenigen, die sich in einer untergeordneten Position befinden, und den weisungsbefugten Arzt zu einem heilkräftigen Beschützer mystifizieren und erheben, halten die Fäden für die Aufrechterhaltung der Inszenierung des Mythos in der Hand. Sie können bereits durch wenige Unterlassungen den fassadären Charakter der heilenden Macht des Vorgesetzten öffentlich hervortreten lassen. Der weisungsbefugte Arzt, der durch die eigene Identifikation und durch die Wünsche der Interaktionspartner an seine alte Rolle gebunden bleibt, gerät in eine Lage, in der er mit allen seinen Hand – lungen sein Verhalten selbst als ein unangemessenes und arrogantes darstellt. Trotz aller Einschränkung der Realitätskontrolle durch die Explosion des Narzißmus kann die Realität der Abhängigkeit und die permanente Bedrohung durch eine tiefe Kränkung dem Mystifizierten nicht verborgen bleiben.

In seiner Rolle ist es dem heilkräftigen Beschützer kaum möglich, seine Sorgen zu artikulieren. Eine subjektive Überformung der Rollen – erwartung, die durch den Narzißmus bedingt ist, macht das "Leid der Allmacht" (Schmidbauer 1983, S. 200) immer schlimmer. Nach der Er –

fahrung von Schmidbauer vermeiden Ärzte aus einer "Angst vor Nähe" jede "Gegenseitigkeit" in zwischenmenschlichen Beziehungen (ebd. S. 203). Das "berufliche Leistungsideal" weiter fortschreibend, wollen sie es sich und anderen "ersparen ..., schwach zu sein", auch wenn sich jemand bereit findet, "ihnen die ersehnte Geborgenheit zugeben" (ebd. S. 205).

Die "Sehnsucht nach einer symbiotischen Verschmelzung", die von dem schmerzlichen Vermissen einer Geborgenheit herrührt, wird vom Weisungsbefugten angstvoll durch "Identifizierung mit" "einer idealisier – ten Elterngestalt" abgewehrt (ebd. S. 209), die auch in Form einer wissenschaftlichen Lehre oder eines Regelement erscheinen kann. Dabei fügt sich die psychische Abwehr in den Bildungsprozeß des Mythos vom heilkräftigen Beschützer ein. In der Rolle des Aktiven und Kontrollie – renden, so Schmidbauer, kann der Arzt wieder die Suche nach Gebor – genheit aufnehmen (vgl. ebd.). Indem die eigenen passiven Wünsche verdrängt sind, verstrickt sich der Arzt in ein "Empfinden der einseiti – gen Verantwortung und Soge für" andere (ebd.). Wenn der heilkräftige Beschützer immer wieder große Versorgungswünsche, die er bei sich nicht mehr spürt, bei anderen zu beobachten glaubt, liegt der Wahr – nehmung doch auch eine Projektion zugrunde, mit der die Weisungs – empfänger im Sinne einer psychosozialen Kompromißbildung zu den "Sprechern" der passiven Wünsche aller Interaktionsteilnehmer avancie – ren. Bei dieser Soziodynamik ist es unmöglich, das Leidvolle des kon – kreten Herrschaftsverhältnisses zu thematisieren.

Bedürftigkeit des Vorgesetzten

Die Bedürftigkeit des Weisungsbefugten ist nicht zu übersehen. Für ihn ist es wichtig, getragen zu werden, und zwar im Hinblick auf die Verrichtung seiner formalen Arbeit und bezogen auf die emotionale Qualität der beruflichen Belastung.

Prof. Sahr wünscht sich, von seiten der Mitarbeiter und der Patienten getragen zu werden (siehe Kap. 8.9.). Von den nachgeordneten Ärzten verlangt er die Unterstützung durch eine bedingungslose Unterordnung und Ehrerbietung. Nur die im Herrschaftsverhältnis kontrollierte Beziehung kann ein Tragen des Chefs gerecht werden. Nur hier, so scheint es, bietet die Unterstützung die nötige Sicherheit.

Das Tragende besteht im Hinblick auf die Patienten darin, daß er dem heilkräftigen Beschützer "das Vertrauenspotential entgegenbringt". So "signalisiert" der Kranke, daß er weder die Ritualfigur noch ihre Leistungen irgendwann einmal anzweifeln wird. Der Arzt kann über das Potential verfügen, so wie er es benötigt. Der Mediziner bestimmt jederzeit die gewünschte Nähe. (Siehe Kap. 8.9.)

Auch Dr. Harms artikuliert Bedürfnisse, die er an Patienten richtet. Unter dem Eindruck, von Patienten als "kleiner Herrgott" gesehen zu werden (siehe Kap. 8.10.), ärgert ihn, wenn die Patienten wünschen, daß er alles kann und alles macht, während sie sich entspannt zurücklehnen. Dagegen fände der Arzt es angenehm, wenn die Patienten bei der Behandlung mithelfen und sich mitengagieren würden. Sie sollen die moralische Last der Entscheidung mittragen und sich für die Belange des Arztes interessieren. Enttäuscht stellt er fest, daß er diese Stütze nicht erhält.

Dabei scheint es nicht im Bereich des Möglichen zu liegen, sich als heilkräftiger Beschützer des Patienten auf dessen Ebene der Verständigung einzulassen. Die Patienten seien nicht gebildet und interessiert genug. Für möglicherweise ganz andere Definitionen von Leiden läßt Dr. Harms keinen Raum. (Siehe Kap. 8.7.)

Anfälligkeit für Kränkung

Beide Ärzte suchen eine Unterstützung, bei der sie in der aktiven, die Szene beherrschenden Rolle bleiben, so wie es im Erscheinungsritual erwartet wird. In einer Situation, in der die sozialen Beziehungen durch die Abnahme libidinöser objektbezogener Befriedigungen und durch das Anwachsen der latenten, widerständigen Aggressivität äußerst zerbrechlich sind und der soziale Konsens nur mittels Gewaltanwendungen über den Graben der gesellschaftlichen Interessendivergenz hinweg erhalten bleiben kann, ist eine blinde Unterstützung für den weisungsbefugten Arzt von zentraler Bedeutung.

Das Ausbleiben eines ehrerbietigen Tragens hat eine Einschränkung der Funktionstüchtigkeit des eingespielten Rollenverhaltens zur Folge. Indem die Tabuisierung oder Desymbolisation von passiven Wünschen greift und selbst die Vision von einer lebendigen Gruppenpraxis mit einem weitgefaßten Spielraum für Thematisierungen und Befriedigungen

von Bedürfnissen verdrängt ist, wird die natürliche und soziale Begrenztheit des Menschen, der auch ein Chefarzt unterliegt, zu einer
narziβtischen Kränkung umdefiniert. Als Verschuldender einer Verletzung, oder wie es aus einer Insiderperspektive zu formulieren wäre, als
Störer eines reibungslosen Arbeitsablaufs wird im Erscheinungsritual
bereits derjenige deklariert, der eigene Anschauungen äuβert oder die
Rolle des Chefarztes in Frage stellt und somit die Lückenlosigkeit einer
Protektion der Phantasie von einem grandiosen, fast unbegrenzt wissenden, könnenden und sorgenden Beschützer unmöglich macht.

Um eine Kränkung von vornherein auszuschlieβen, sollen sich die
Nachgeordneten genau in die Vorgaben des Vorgesetzten einpassen.
Damit aber verlieren sie nicht nur ihre Eigenständigkeit, sondern auch
die Konturen, die sie als ein von anderen Menschen verschiedenes
Wesen auszeichnet. Die gewünschte Beziehung wird nicht mit jemandem
hergestellt, der erlebbar anders ist als die eigene Person, der andere
Neigungen, Bedürfnisse, Ziele oder Anschauungen hat. Das Gegenüber
fungiert als Spiegelfläche der eigenen Persönlichkeit.

Wie leicht der soziale Konsens ins Wanken geraten kann und wie
schnell eine nicht ganz systemkonforme Aktivität eines Nachgeordneten
den in der Situation Tonangebenden zu kränken in der Lage ist, zeigt
eine kurze Sequenz aus dem Gespräch mit Prof. Sahr (siehe Kap. 8.9.).
Als ich Anstalten mache, mit einer Randbemerkung ein aggressives
Verhalten des Chefarztes noch einmal zu thematisieren, werde ich
sofort unterbrochen und zurechtgewiesen. Ich habe bereits mit dem
kleinen Querverweis innerhalb des Gesprächs das Tabugebot der
uneingeschränkten Unterordnung verletzt.

Wie gegenüber einem Assistenten im Erscheinungsritual fordert Prof.
Sahr von mir, meine Anmerkungen immer nur so vorzutragen, daβ er
den Inhalt reduzieren oder abwehren kann. Dabei habe ich zu demonstrieren, daβ ich auch jede verzerrende oder exkommunizierende "Korrektur" als eine "Verbesserung" betrachte. Im Einklang mit der herrschenden Ordnung gibt Prof. Sahr die von mir einzunehmende Haltung
vor: "Die Präsentation ist üblich wirklich in dem Sinne: So sehe ich
den Fall. Bitte überprüf' das. Kann man noch was verbessern?"

Jede andere Haltung des Untergebenen würde dem Chefarzt bereits
das Gefühl geben, nicht mehr "getragen" zu werden. Im Sinne eines
"Wie kann man mir so etwas antun?!" stellt die nicht "übliche" "Präsentation" eine Kränkung dar.

Durch meine Anmerkung habe ich ein Interesse signalisiert, über das Verhalten des heilkräftigen Beschützers zu reflektieren. Doch allein schon auf den Versuch einer Thematisierung seines Rollenhandelns reagiert Prof. Sahr so unruhig, als hätte ich ihn entgegen eines "Tabu des Herrschers" (Freud) unangenehm "berührt". Ich habe mich dem Chef und Tonangebenden gegenüber unangemessen verhalten, bin ihm im wahrsten Sinne des Wortes zu nahe getreten, indem ich mit ihm in diesem Moment so umgegangen bin wie mit jedem anderen, der mir nicht überlegen ist.

Mit der Mißachtung seiner Position habe ich nicht nur einen sozialen Standard vernachlässigt, sondern auch den mit der chefärztlichen Rollenideologie identifizierten Mediziner verletzt. Ich habe den Glauben an die Unantastbarkeit der "Richtigkeit" des ärztlichen Wissens und Handelns außer acht gelassen. Doch gerade dieses Phantasma bietet im Krankenhaus die größte Chance, in relativer Sicherheit getragen zu werden. So habe ich Prof. Sahr nicht nur gekränkt, sondern auch die Angst provoziert, ich könnte ihn im Stich lassen.

Übertragen auf eine Szene im Erscheinungsritual habe ich mit meiner Randbemerkung einen Assistenten gespielt, der seine Arbeit nicht zur Überprüfung anbieten will und somit allein durch die Art der Präsentation dem Chef einen wesentlichen Stützpfeiler wegschlägt, den er tatsächlich benötigt, um den heilkräftigen Beschützer in der Visite spielen zu können: Alles muß so laufen, wie der Chef es will, alle Maßnahmen, Entscheidungen und Informationen müssen auf den Chefarzt zulaufen, damit er in die Lage versetzt ist, das Angefangene zur Vervollkommnung zu bringen.

Der narzißtische Gewinn, den der Arzt aus der für die Rolle des heilkräftigen Beschützers notwendigen Fixierung der Interaktionspartner an das versorgende Objekt zieht, ist als Prestige vergesellschaftet. Als institutionelles Angebot läßt der "Profit" die subjektiven Größenphantasien anwachsen und sie als Anpassungshilfe an die entfremdete Arbeitssituation einsetzen. In der rituellen Praxis ist die Größenvorstellung inszeniert und zur "als-ob-Realität" geworden. Da der Schein als solcher nicht thematisierbar ist, wird die Praxis zur Grundlage der Realitätserfahrung. Von der eigenen Größe als Normalität überzeugt, muß jedes Ausbleiben der narzißtischen Zufuhr als ein Affront und als ein Unrecht verstanden werden.

Durch die objektiven Arbeitsbedingungen, die subjektive Anpassungsleistung über narziβtisch geprägte Interaktionen, die kollek- tive Verarbeitung von Übermächtigem in Schicksal und Gesellschaft mittels dem Phantasma vom heilkräftigen Beschützer bzw. ihre Institu- tionalisierung in einer Ritualfigur der Gegenwehr ist zwar ein relativ geschlossenes System der Herrschaftssicherung und Sicherstellung der Produktion errichtet. Doch der Vorgesetzte ist auf eine lückenlose Zu- sicherung der Ergebenheit angewiesen, die wie eine persönliche Wert- schätzung erlebt wird. So stellt nicht erst die Weigerung eines Assi- stenten, "den Krankheitsfall" vorzutragen, sondern bereits ein aggressiver Unterton in der Präsentation die inszenierte Grandiosität und die Rolle des Chefs in nicht duldbarer Weise in Frage. Schon Ansätze eines Zweifels kränken so sehr, daβ der Vorgesetzte eine ungeheure Wut entwickelt.

Narziβtische Wut

Es ist nach Kohut (1975) ein Teil des narziβtischen Erscheinungs- bildes, sehr schnell kränkbar zu sein. Die Betroffenen reagieren dann häufig entweder "mit schamerfülltem Rückzug (Flucht) oder mit narziβtischer Wut (Kampf)" (Kohut 1975, S. 226), wobei die Scham so bald wie möglich in Wut umschlägt (vgl. ebd. S. 228).

Bereits "scheinbar geringfügige Provokationen" können einen "Aus- bruch" hervorrufen (ebd. S. 234). Etwa wenn eine als selbstverständlich erachtete Kleinigkeit nicht wunschgemäβ erledigt wird, erfolgt eine "Katastrophenreaktion" im Sinne eines "'Es darf nicht sein! Es kann nicht sein!'" (ebd. S. 230). Auf eine Verletzung reagiert eine Person mit narziβtischer Symptomatik mit der Haltung "'Wie kann das sein? Wie darf man mich so schlecht behandeln'" (ebd.). Die Phantasie der eige- nen Grandiosität schimmert in den Reaktionen durch. Charakteristisch für die narziβtische Wut hält Kohut den "Rachedurst, das Bedürfnis, ein Unrecht zu korrigieren, eine Beleidigung auszumerzen, mit welchen Mitteln auch immer, und ein tief eingewurzelter unerbittlicher Zwang bei der Verfolgung all dieser Ziele" (ebd. S. 227).

Bei Herrschenden wie einem erfahrenen Assistenzarzt gegenüber den Patienten und dem weniger versierten Krankenpflegepersonal oder ei- nem Chefarzt gegenüber allen anderen Mitarbeitern in seiner Klinik wird die "Aggression nicht von Selbsterhaltung gesteuert ..., sondern von Narzißmus und Ambivalenz" (Eisler 1980, S. 38). Da die Mittel zur Bedürfnisbefriedigung an den sozialen Kontext gebunden sind, ist das Herrschen "der soziale Ort ..., von welchem aus die Konstellation der drei Elemente [Aggression, Narzißmus und Ambivalenz] ihre destrukti – ven Wirkungen zeitigt. Dem Narzißmus sind dort keine gesellschaftli – chen Grenzen gesetzt, die Ambivalenz ist durch den Zerfall menschli – cher Beziehungen unkontrollierbar geworden und beide können so die Aggression auf die Spitze treiben" (Erdheim 1984, S. 390).

Lassen Sie mich festhalten: Die Aggressivität eines Herrschenden ist weder über libidinöse Verbindungen noch über die soziale Kontrolle an die Gruppe der Mitarbeiter gebunden. Negative Sanktionen auf Feind – seligkeiten bleiben immer häufiger aus, je höher der Betreffende in der Hierarchie steigt. Eine verstärkte Aggressivität ist sogar institutionell gefordert und ihre Ausformungen über die Rollenideologie eines Kapitalvertreters vermittelt. Alles zusammen "macht die großen Mengen an Aggression verständlich, die die herrschende Klasse gegen den Rest der Gesellschaft auslebt" (ebd.).

Auch wenn innerhalb des Erscheinungsrituals häufig versucht wird, den Anschein eines Beschützens zu wahren, wird die machtvolle Wut gegen die vermeindlich zu Schützenden in den Insidergesprächen in versteckter Form doch deutlich. Prof. Sahr reagiert in seiner kurzen und bündigen Zurechtweisung in Zusammenhang mit einer "mörderi – schen" Wut, die er entwickelt, sobald sich ein Mitarbeiter nicht in die vom Chefarzt geprägte Klinikstruktur einfügt. In einem solchen Fall ist Prof. Sahr beinahe "bestrebt, den anderen kaputt zu machen". (Siehe Kap. 8.9.)

Auch Sr. Pia spricht von einer enormen Wut vieler Ärzte, sobald sie sich nicht wunschgemäß hinter den Mediziner stellt, sondern "die In – teressen des Patienten" "wahrt". Wenn die Krankenschwester im Beisein eines Chirurgen den Patienten über seine Rechte gegenüber dem Arzt aufklärt, die dieser nicht uneingefordert gewährt, werden die Mediziner "so sauer". Die erfahrene Mitarbeiterin fühlt sich zu einer "kleinen Schwester" erniedrigt, die nicht eine Handlung vollzieht, über die man geteilter Meinung sein kann, sondern die sich "erdreistet". Für den Chirurgen, so Sr. Pia, steht im Mittelpunkt, daß sie ihn "in die Pfanne" haue. Das öffentliche Widersprechen gegenüber einem Arzt scheint er als eine ungeheuerliche, höchst zerstörerische Kränkung zu erleben.

In beiden Fällen ist die Aggression sehr machtvoll im Verhältnis zu der relativen Alltäglichkeit des Anlasses. Die Feindseligkeit stellt beide Male wie eine Erinnerung klar, wer der Große und wer der oder die Kleine ist.

Gegenüber Patienten, die nicht den Wünschen eines Arztes entspre – chen, werden ebenfalls ähnliche Aggressionen ungehindert auslebt. Dr. Uhl erlebt z.B. ein häufiges Fragen mancher Patienten als "Belästigung". Als Reaktion, davon ist er überzeugt, "muß" ein "Stationsarzt" die Kranken mal "ein bißchen kleiner halten" (siehe Kap. 8.6.).

Dr. Harms ist durch die ihm nicht ausreichende Einsicht der Patienten in die Zusammenhänge einer medizinischen Therapie so ge – kränkt, daß er mir gegenüber plötzlich einen Kommandoton anschlägt und mich zu einem Regal zitiert. Er reagiert, als empfinde er es als geradezu ungehörig, daß die Patienten seinem Wunsch nach Verstan – den – werden, den er allerdings in einen Patientenwunsch nach Aufklä – rung umdefiniert, nicht gerecht werden, obwohl er sich größte Mühe gebe. In der Aktualisierung dieser Kränkung wird es dem Arzt schon unerträglich, daß ich nicht sofort verstehe, daß auf dem Regal die Aufklärungs – "Zettel" liegen, von denen er gerade spricht. Dr. Harms verlangt, daß ich ohne zu wissen, was er will und worum es geht, sei – nen Anweisungen umgehenst Folge leiste. Die Patienten werden in der entsprechenden Situation einfach zu jemandem erklärt, der etwas nicht "checkt" und über den der Arzt besser die Entscheidungen alleine fällt. (Siehe Kap. 8.7.)

Die Wut, die der so leicht kränkbare "Weisungsbefugte" entwickelt, hilft dem Vorgesetzte, seinen Konflikt auf narzißtischer Ebene zu be – wältigen. Auch wenn ich Eislers Generalisierung nicht teile, läßt sich mit ihm doch feststellen, daß zumindest im vorliegenden Fall "die Aggression ... auch als Hauptquelle narzißtischer Befriedigung" dient (Eisler 1980, S. 38). An dem sozialen Ort des Herrschens und in der Identifikation mit der Rollenideologie eine Kapitalvertreters geht von der aggressiven "Lust ... eine Verführungskraft aus, die den weisen Gebrauch aggressiver Fähigkeiten vereitelt" (ebd.).

Enttäuschung und Wut

So viel zu den Konflikten und Konfliktbewältigungen der Herr –
schenden. Die Feindseligkeiten und Aggressionen, denen die weniger
Mächtigen ausgesetzt sind, gehen nicht spurlos an ihnen vorüber. Wie
bereits angekündigt gilt es nun, die Lage der "Beherrschten" (Erdheim)
genauer zu betrachten, die das Phantasma vom "guten Herrscher" in –
volviert.

Zunächst einmal ist die Enttäuschung zu nennen, die immer dann
eintritt, wenn der vorgesetzte Arzt die Rolle des heilkräftigen Beschüt –
zers nicht überzeugend spielt. Dies ist etwa der Fall, wenn der Stati –
onsarzt noch sehr unerfahren und unsicher ist. Häufig wird ihm vom
Pflegepersonal nur eine "Schonfrist" von vielleicht sechs Wochen einge –
räumt. Ist sie verstrichen, wird die Übernahme der Führungsrolle er –
wartet. Kommt der Arzt der Forderung nicht nach, macht sich immer
wieder ein Gefühl der Enttäuschung breit. Der Arzt, der nicht die aus
der "Kraft der Medizin" abzuleitende Haltung eines Krankheit und
Schmerzen beherrschenden Mittlers an den Tag legt, steht nicht für die
Übernahme der Unsicherheiten und Ängste zur Verfügung, die Patien –
ten und Krankenschwestern entwickeln. Doch rasch schlägt alle Trauer
in Wut um und der Stationsarzt wird als unqualifiziert denunziert oder
genötigt, die vorgesehene Rolle zu übernehmen. Z.B. durch eine häufig
unaufmerksame Erledigung ärztlicher Anordnungen oder eine Ableistung
des "Dienstes nach Vorschrift" kann ein Stationsarzt bewegt werden, die
informelle Macht seiner Rolle zur Aufrechterhaltung der Produktion,
d.h. der "Versorgung" auf Station einzusetzen. Dann aber ist er ge –
zwungen, sich insgesamt Autorität zu verschaffen. Die Gestalt des heil –
kräftigen Beschützers und der Ritualfigur der Gegenwehr wirkt als das
phantastische und institutionelle Angebot der Stunde.

Ähnlich reagieren auch manche Krankenschwestern und – pfleger in
Momenten, in denen das Desinteresse eines "guten Herrschers" an ih –
nen als "seinen Leuten" bewußt wird. Wieder entwickelt sich eine
Enttäuschung als einer Mischung von Trauer und Wut. Und wieder
setzen sich meist aggressive Gefühle durch, sobald Mitstreiter gefunden
und der Gegner nicht übermächtig weil abwesend ist. Die
Aggressionsäußerung ist jedoch durch die anhaltende Hoffnung auf
Liebe und Schutz häufig von Ambivalenz geprägt. Das Festhalten an
der Rolle der "Kleineren" läßt manchmal nur ein "Meckern" und "Nör –

geln" zu, das oft lange anhält und von Vertretern anderer Berufsgrup –
pen verwundert bis verärgert zur Kenntnis genommen wird.

Mitverantwortlich für eine solche Art der Aggressionsäußerung ist ein
Regressionsdruck, auf den Leithäuser besonders hinweist. So schreibt er,
daß das von Wiederholungen und "Monotonie beherrschte Alltagsleben"
nur noch "eine bloße Aneinanderreihung von Lebenssituationen [ist], die
die vereinzelten Individuen immer weniger von sich aus mit Sinn aus –
statten können" (Leithäuser 1981b, S. 115). Indem die für eine selb –
ständige Gestaltung des eigenen Lebens so bedeutsame subjektive
Sinnkonstituierung stark behindert ist, strukturiert sich die "Erfahrung ...
durch 'Übertragungen' infantiler Denk –, Wahrnehmungs – und
Interaktionsfiguren" (ebd.). An die Stelle der "integrativen" und
"innovativen Kraft" des Alltagslebens "tritt Apathisierung und ungezielte,
ungerichtete Aufsässigkeit und Aggressivität" (ebd.).

Gründe für die Dominanz der Artikulation von Wut sind leicht zu
finden. Zum einen bietet die unpersönlich gehaltene Arbeitssituation,
die durch Konkurrenzen geprägt ist, nicht die nötige Vertrautheit, um
Gefühle zu artikulieren, die wie die Trauer als Zeichen der Schwäche
gewertet werden. Zum anderen gibt die Arbeitssituation selbst Anlaß
zum aggressiven Widerstand.

Die institutionell erzwungene Unterordnung unter das mechanisierte
Zeitschema, das rationalisierte Arbeiten, das Gegenüberstehen als
Konkurrenten und vieles mehr lassen Aggressionen entstehen oder an –
wachsen. Der Ärger richtet sich gegen die "Weisungsbefugten", die die
Struktur der Produktion vertreten und z.B. erniedrigend agieren. Doch
der Widerstand gegen die mit subjektivem Gewinn handelnden Kapi –
talvertreter ist durch einen Umstand häufig erschwert und gleichzeitig
zusätzlich aggressiv aufgeladen. Mancher Arzt ist für viele Wei –
sungsempfänger nicht nur die Symbolfigur entfremdender Verhältnisse.
Als Ritualfigur der Gegenwehr ist er auch eine sehr ambivalent erlebte
Elternfigur, deren Zuwendung häufig genug nicht die gewünschte Kon –
tinuität und Verläßlichkeit aufweist.

Aggression gegen Herrschende

Sr. Pia und Herr Nau, die beide als "erfahren" gelten können, äußern
offen ihren Ärger über Stationsärzte, die sich über ein gewisses Maß

hinaus in die Hierarchie einfügen und sich als Vertreter der herrschaftlichen Ordnung präsentieren. So ist Sr. Pia zwar auch ent – täuscht von den Ärzten, die weder ihr Unterstützung gewähren, noch die "Hand", die sie "denen reicht, nehmen" (siehe Kap. 8.4.). Sie wird aber vor allen Dingen wütend, wenn Ärzte "ihre Machtfunktion ... aus – spielen". "Sofort" hat sie ihr "Feindbild" und kämpft für das Recht der Patienten z.B. auf Gespräche und Aufklärung. Die Krankenschwester, die auch außerhalb des Dienstes streitbar an sozialen Bewegungen teilnimmt, kämpft für die Überwindung einer unterdrückenden Distanz, die auch sie persönlich belastet.

Herr Nau ist verärgert, wenn der Arzt die Haltung einnimmt: "Hör mal, ich bin hier der Stationsarzt und laß'" die Behandlung "mal meine Sorge sein". Es entwickelt sich ein Machtkampf, vor dem der Pfleger nicht zurückschreckt. Er weist den Versuch der Unterordnung zurück, auch wenn er den Entscheidungen des Arztes machtlos zusehen muß. Am Ende, da ist Herr Nau sich sicher, kann er sich gelassen ansehen, wie der Stationsarzt auf "lächerliche" Weise sozusagen in des Pflegers Messer läuft. (Siehe Kap. 8.8.)

Doch so unverblümt erscheint die Aggression der Nachgeordneten nicht immer. Die Wut gegen Weisungsbefugte äußert sich auch in einer Instrumentalisierung des Vorgesetzten. Indirekt wird gedroht, ihn zu verstoßen, wenn er sich nicht bis an seine Leistungsgrenze fordert und dementsprechend hart arbeitet. Herr Nau erklärt ganz eindeutig, daß der Chef immer mehr wissen und können müsse als alle anderen (siehe Kap. 4.1. und 8.10.). Wenn Prof. Sahr gereizt wirkt, sobald er feststellt, daß er "nicht alle Untersuchungen selber machen" kann, liegt die Dro – hung in der Luft, ihn mit der ganzen Arbeit allein zu lassen. Durch die Verteilung der "Verantwortlichkeit" können alle Aufgaben vollständig zur Sache des Weisungsbefugten erklärt werden.

Eine ähnliche Dynamik beschreibt Erdheim für "Häuptlinge" in an – deren Kulturen. "Wer nach Macht strebt, kommt narzißtisch auf seine Rechnung; aber die Gruppe kann dadurch ebenfalls zur Erfüllung ihrer Wünsche gelangen und die narzißtischen Menschen für sich instrumen – talisieren" (Erdheim 1984, S. 405f). An den "Häuptling" werden eine Vielzahl von Bedürfnissen herangetragen, so daß er "unter einen außerordentlichen Leistungszwang" gerät (ebd. S. 406). Als Beispiel verweist Erdheim auf die Nambikwara, die Levi – Strauss beschreibt. "Wenn der Häuptling als zu anspruchsvoll erscheint, wenn er zu viele

Frauen verlangt oder wenn er sich als unfähig erweist, das Problem der Ernährung in befriedigender Weise zu lösen, entsteht allgemeine Unzufriedenheit. Einzelne Individuen oder quasi Familien trennen sich von der Gruppe und schließen sich einer anderen an, die sich eines besseren Rufs erfreut" (Levi – Strauss 1982, S. 303).

Die Mitarbeiter im Krankenhaus können kündigen und in einer re – nommierteren Klinik arbeiten. Dem Chefarzt droht zwar nicht, sich am Ende einem anderen Chefarzt unterordnen zu müssen, wie es einem "Häuptling" droht, der sich auf einmal "an der Spitze einer Gruppe [sieht] ..., die zu klein ist, um die täglichen Schwierigkeiten zu mei – stern" (ebd.). Aber der "Chef" läuft Gefahr, am Ende keine gute "Ver – sorgung" mehr sicherstellen zu können, weil ihm die meisten qualifi – zierten Kräfte die Zusammenarbeit aufgekündigt haben.

Die Verantwortungsdelegation ist von seiten der Nachgeordneten als ein höchst aggressiver Akt zu verstehen. Das Erscheinungsritual rankt auch um die tabuisierte, aggressive Lust, den Vorgesetzten zu stürzen. Es ist ähnlich einem "Tabuzeremoniell der Könige angeblich die höchste Ehrung und Sicherung derselben, eigentlich die Strafe für ihre Erhö – hung, die Rache, welche die Untertanen an ihnen nehmen" (Freud 1980c, S. 342). So wird der Chefarzt nicht nur gezwungen, gerade in schwierigen Fällen allein zu entscheiden. Der Assistenzarzt Dr. Uhl macht sich darüber hinaus zu einem Nebenkläger gegen den Chef, so – bald sich eine Behandlung als schädlich erweisen sollte. "Die haben nämlich die Verantwortung", die Chefs sind schuld, auch wenn der As – sistent selbst die kontraindizierte Maßnahme ergriffen hat. (Siehe Kap. 8.1.).

Herrschaftsstabilisierende Umformungen der Aggression

Das Erscheinungsritual ist jedoch nicht nur ein Ort, an dem auf in – direktem Wege Aggressionen gegen den Weisungsbefugten zur Geltung gebracht werden können. Das Zeremoniell läßt in der Inszenierung der Tabuverbote auch manche aggressive Regung zu umformen, daß sie die Herrschaft stützt anstatt sie zu gefährden. Bei der Abweisung jeglicher Wut, die das soziale System destabilisieren könnte, spielt strukturelle Rigidität, mit der das Ritual in der gewohnten Ordnung durchzuführen ist, und die Macht des heilkräftigen Beschützers eine wesentliche Rolle.

Die Wut gegen die Mächtigen bleibt, doch es muß ein "Kompromiß" gefunden werden "mit der Angst vor dem Mächtigen und der passiven Liebe zu ihm", mit dem Wunsch, geliebt zu werden (Fenichel 1985, S. 163). In dem Augenblick, da die widerständischen Aggressionen des Weisungsempfängers, Zuarbeiters und Kontrollierten "sich nicht mehr nach außen wenden, also sich im Inneren des aufrührerischen Indivi – duums stauen, werden sie – nach dem Modell innerpsychischer Trieb – bewältigung – verarbeitet" (Erdheim 1984, S. 417). Der Verarbei – tungsprozeß knüpft an die Rollenideologie an. Die Erfahrungen einer Krankenschwester als "guter Engel" oder "helfende Hand des Arztes", längst Teil der auch durch früh herausgebildete Interaktionsformen konstituierten Praxis geworden, reaktivieren "Autoritätskonflikte ..., aus welchen das Individuum früher als Verlierer hervorgegangen war" (ebd.).

Was Erdheim für politische Auseinandersetzungen im großen nennt, gilt allemal auch für die Konflikte in der alltäglichen rituellen Praxis. Die aktuelle "Wiederholung der Grundkonflikte der Persönlichkeit ... ist das Tor, durch welches Herrschaft in das Individuum eindringen und sich in ihm festsetzen kann. ... Die Aggression, die ursprünglich der herrschenden Gewalt hätte Grenzen setzen sollen, wird durch die Wendung nach innen zum Vehikel, das den Machtbereich der Herr – schaft nun auch auf die Psyche des Individuums ausdehnt" (ebd. S. 418).

Soll die "Verdrängung der Aggression" erfolgreich sein, "so muß sich das Individuum im sozialen Bereich Ersatzbefriedigungen zuwenden" (ebd. S. 419). Die geschäftige Einsatzbereitschaft, die in dem Erschei – nungsritual in Szene gesetzt wird und alle Arbeitshandlungen wie frei – willig ausführen läßt, kann als eine solche Ersatzbefriedigung aggressiver Bedürfnisse verstanden werden. Wenn die abstrakte Leistung sinngebend ist und im Ritual sogar durch ein gewisses Wohlwollen des Weisungs – befugten honoriert wird, kann auch die entfremdete Arbeit die ge – wünschte emotionale Bedeutung und Qualität erhalten. "Die Wiederkehr der verdrängten Aggression gegen die Herrschaft äußert sich in der Arbeitswut, die die Leistung vorantreibt" (ebd. S. 421). Sie ist bereits in der Rollenideologie des "Universalismus" und der "Kollektivorientierung" von Angehörigen medizinischer und pflegerischer Berufe vorgezeichnet (siehe Kap. 4.1.).

Ebenso deutlich ist die Reaktivierung früher Verarbeitungsformen von Aggressionen in der Identifikation mit dem Herrschenden als Aggressor zu erkennen. Die beim Ausgang des ödipalen Konflikts entwickelte In-teraktionsform habe ich im Zusammenhang mit dem Phantasma der Herrschaft schon erwähnt. Sie ist aber auch im Hinblick auf masochi-stische Formen der Triebverarbeitung wichtig. Immer wieder, so Feni-chel "sehen wir dasselbe: Es gibt eine ursprünglich aggressive Form, einem Machtträger die Macht zu rauben ... und eine durch Identifizie-rung gemilderte friedliche Form, am Machtstoff Anteil zu haben" (Fe-nichel 1985, S. 165). Wo aber Untergebene an der Stelle des einstigen "sadistischen Raubenwollen ... am fremden Ich des Mächtigeren" parti-zipieren, "entwickeln sich masochistische Charaktere" (ebd. S. 175).

Auch Mitscherlich weist auf diesen Zusammenhang hin. Wie sich der Leser vielleicht noch erinnern wird, erkennt er in großen Gruppen Wünsche von einer allmächtigen Figur mütterlich geborgen zu sein. Allmacht und Geborgenheit "kann aber der narziβtische Führer ... nur vortäuschen. ... [Er] vermag ... häufig seine Macht nur in paranoidem Allmachtswahn zu bezeugen. ... Dem Mitläufer [hier dem nachgeordne-ten Mitarbeiter und dem Patienten] bleibt nur übrig, sich in maso-chistischer Unterwerfung einzuüben" (Mitscherlich 1977, S. 529).

Die Unterordnung gründet sich auf dem "moralischen Masochismus" (Freud 1978c, S. 349), der wiederum auf einem "Strafbedürfnis von seiten einer elterlichen Macht" fußt (ebd. S. 352). Diese ist im Zuge der Identifikation mit dem Aggressor am Ende des Ödipuskonflikts ins Ich, genauer ins Über-Ich genommen worden. Dort kann die Feindseligkeit der gesellschaftlichen Verhältnisse in Moral und Sitte gekleidet und in elterlichen Objekten personifiziert einen "Sadismus des Über-Ichs" (ebd.) entwickeln. Der "Masochismus des Ich" "verlangt" nach einer Strafe (ebd.). Dabei bleibt, "das masochistische Streben des Ichs in der Regel der Person verborgen" (ebd.).

"Die Rückwendung des Sadismus gegen die eigene Person ereignet sich regelmäßig bei der *kulturellen Triebunterdrückung*, welche einen großen Teil der destruktiven Triebkomponenten der Person von der Verwendung im Leben abhält" (ebd. S. 353). Versteht man die von Freud angenommene Destruktivität als eine "Aggression als Selbster-haltung" im Rahmen eines "Konfliktmodells" (Lorenzer 1987, S. 146), so ist es gerade die dem sozialen Widerstand dienliche Wut, die, gegen die eigene Person gerichtet, das Festhalten an bestehenden Werten und die Selbstunterwerfung unter entfremdete Arbeitsbedingungen garantiert.

Der masochistischen Dynamik folgend kann ein Mitarbeiter ohne unruhig zu werden "gegen seinen eigenen Vorteil arbeiten ... [oder] die Aussichten zerstören, die sich ihm in der realen Welt eröffnen" (Freud 1978c, S, 353). Im Erscheinungsritual sind alle Visionen einer veränderten und befriedigenderen Praxis unbewußt, die die Alltagser – fahrung in eine kritische Relation zu "Vorteil" und "Aussichten" setzen könnte. Die Inszenierung der heilkräftigen Erscheinung läßt Utopien abweisen und durch alltagstheoretische Erklärungen ersetzen, mit denen sich das Subjekt selbst diszipliniert und in die untergeordnete und entmündigende Rolle zwingt. Sich selbst immer wieder aufs neue mittels der nach innen gewendeten Aggression erniedrigend muß der heilkräf – tige Beschützer zwangsläufig als die wichtige Person erscheinen, die durch ihre "Fairness" und "Gerechtigkeit", durch "Sorge" und "Umsicht", durch "überlegenes Wissen" und "Können" einen Weg der Heilung aller von Schicksal und Gesellschaft geschlagenen Wunden zu weisen bereit und in der Lage ist.

10. DER HALBGOTT IN WEISS

Verbindung zur griechischen Mythologie

Bisher sind die Patienten und ihre Beteiligung an dem Leben in der Institution sehr wenig zur Sprache gekommen. Hier nun sollen ihre Wünsche und Sehnsüchte thematisiert werden. Doch dabei tut sich eine Schwierigkeit auf. Wir haben zwar eine Vorstellung von dem, was Hinfälligkeit oder Bedürftigkeit sein mag, "was indes noch völlig fehlt, ist eine wissenschaftliche Phänomenologie des 'Homo patiens'" (Schip – pens 1985, S. 25), des "'Menschen in Not'" (ebd. S. 23). "Was der Pa – tient ... in einem Spital bei längerer Behandlungsdauer empfindet, wie er auf seine Umgebung, auf das Pflegepersonal, auf die Ärzte reagiert, was er wirklich will, ist trotz der Fülle von Literatur unerforscht geblieben" (Luban – Plozza 1979, S. 106). Unbekannt sind vor allem die unbewußten Anliegen der Patienten. "Um ein Bild des kranken Men – schen zu zeichnen, müssen wir indirekte Quellen und Hilfsmittel sam – meln und sichten" (Schipperges 1985, S. 25), wobei sich in der Tradi – tion der Psychoanalyse der Mythos vom göttlichen Arzt der Griechen anbietet, zumal wenn man bedenkt, daß die heutigen Mediziner nicht nur mit Halbgott – Phantasien in Verbindung gebracht werden, sondern daß sie sich selbst immer wieder in Beziehung zum Asklepios – Kult setzen. Das in der Berufsordnung für Ärzte an erster Stelle ausgewie – sene "Gelöbnis" (vgl. Ärztekammer Nordrhein 1988) ist von dem Eid des Hippokrates abgeleitet, welcher sich in seiner Präambel ausdrücklich auf die griechischen Heilfiguren Apollon, Asklepios, Hygieia und Pana – keia bezieht (vgl. Müri 1986, S. 8ff). Darüberhinaus betrachtet die heutige Medizin die Schule von Kos als ihren wissenschaftlichen Ur – sprung. Die Ärzte dieser Insel, zu denen der große Hippokrates zählt, sind aufs engste mit dem Asklepioskult verbunden (vgl. Kerényi 1975, S. 49ff). Und nicht zuletzt ist das heute noch gängigste Symbol für den Arzt der Äskulap – Stab, d.h. der Zypressenzweig, um den sich die heilige Schlange des Asklepios windet, vermutlich eine Art Zepter jener alten Herrscherfamilie, die direkt von Asklepios abstamme und das Heim aller Ärzte sei (vgl. Kerényi 1975, S. 57).

Wie Vogt ausgeführt hat, ist "das Modell des psychoanalytischen Mythenverständnisses ... die Traumdeutung" (Vogt 1987, S. 244). An –

stelle des träumenden Subjektes wird die Gesellschaft des spätklassi – schen und hellenistischen Griechenlands, genauer die Gesamtheit der Besucher des Asklepieion in Epidauros als Kollektiv angenommen. Als manifester Traum wird die Vision des Mythos eingesetzt, die an dieser Kultstätte erzählt wurde. Allen anderen Varianten und Ergänzungen wird sinnvollerweise der Platz von freien Assoziationen in der Traum – deutung zugewiesen (vgl. ebd.). "Denn ... echte ... mythologische Erzählungen ... variieren dasselbe Thema unter verschiedenen Namen und Gestalten" (Kerényi 1975, S. 93).

Die Konfrontation der Mythos – Interpretation mit heutigen "Arzt – Helden" darf nicht verstanden werden im Sinne nomologischer Sätze. Es wäre falsch, kausale Zusammenhänge über die Grenzen von Gesell – schaftsverhältnissen hinweg, herstellen zu wollen. Erfahrungen, die bei der Beschäftigung mit der kollektiven Phantasie von Asklepios gemacht werden, können niemals als Begründung oder Beweis gelten für Wün – sche, Ängste oder psychosoziale Konstellationen in unserem Ge – sundheitswesen. Das Verstehen des antiken Mythos ist vielmehr als eine Station im hermeneutischen Prozeß zu betrachten, der uns Einsichten über das Leben im Krankenhaus erleichtert. Vor allem wirft die My – thos – Interpretation weitere Fragen auf und schärft bzw. strukturiert aufs neue den Blick auf Unbewußtes in den Krankenhausbeziehungen, wobei ich betone, daß diese Ebene unbedingt von der der vorbewußten, sekundärprozeßhaften Phantasieproduktion abzugrenzen ist. Der dyna – misch bewußte Teil von Phantasien unterliegt als "eine Form des Den – kens" (Sandler/Nagena 1966, S. 211) in besonderem Maße der in Sprache eingebundenen gesellschaftlichen Bestimmtheit von Wahrneh – mung und alltäglichen, auch durch kommerzielle Phantasieproduktionen beeinflußten Bewußtseinsbildungen. Beispielhaft sei auf die Unterschiedlichkeit von bürgerlichen Helden (vgl. Schmidbauer 1981 und 1987; Wirth 1987) und antiken Göttern und Heroen aufmerksam gemacht, die z.B. ein recht unterschiedliches Verhältnis zu Leistung, Sexualtabus, Technik, Gerechtigkeit, Familieneinbindungen, Aggres – sionsausdruck und Narzißmus aufweisen.

Da der göttliche Arzt der Antike ein mit – leidender ist, der das Schicksal der Kranken versteht als wenn es sein eigenes wäre, dürfen alle die Versagungen, die als Bestandteil seiner Lebensgeschichte phantasiert werden, als die nämlichen Konflikte der Sterblichen selbst verstanden werden. Der Mythos soll somit auch Ideen und Hinweise vermitteln darüber, was für einen Arzt sich Patienten wünschen. Die Interpretation soll hinführen auf grundlegende Phantasmen in bezug auf Tätigkeiten und Haltungen des Mediziners. So wie jedes Bedürfnis in eine Interaktionsform eingebunden ist, in der immer auch ein bedeut — samer anderer agiert, symbolisiert die kollektive Phantasie der potenti — ellen Patienten Interaktionen mit heilend und pflegend tätigen Men — schen, wobei die Leidenden ihre Bedürfnisse umsetzen. Sofern die un — bewußte Phantasie immer Triebwünsche repräsentiert, gibt der Mythos die gewünschte Einbindung der Bedürfnisse in ein soziodynamisches Beziehungsgeflecht wieder. In einer realen Interaktion kann der Wunsch als ein Beziehungsangebot an Ärzte wirken. Dies Idealbild einer Arzt — figur wirft wiederum Fragen auf nach den Implikationen einer solchen Gestalt im Hinblick auf die Beziehungen zu Kolleginnen und Kollegen im medizinischen und pflegerischen Bereich.

Visite

So wie ich mich insgesamt mit dem Leben in einer Institution be — fasse, steht nun im Mittelpunkt der Betrachtung jene institutionell ge — bundene Variante des griechischen Mythos, die an den Kultstätten, insbesondere in Epidauros erzählt wurde. "Wenn die Heiligtümer des Asklepios auch mehrere Funktionen in sich vereinigen, so sind sie doch vorwiegend als Zentralen der Krankenversorgung anzusehen" (Pfeffer 1969, S. 28). Bei dem Asklepieion handelt des sich "um den ersten rudimentären Begriff von Krankenunterkunftsstätten" (ebd. S. 29). Als Institution besteht es aus einer Vielzahl von Vorschriften und Ritualen, in denen z.B. festgelegt ist, welche Besucher kommen dürfen und wann welchem Gott was geopfert werden muß.

Im Zentrum des institutionellen Geschehens stand die Asklepios — Epiphanie, die mit der Heilung bzw. Heilwendung gleichgesetzt wurde. Selbst das Erscheinen des Gottes war an bestimmte Rahmenbedingun — gen geknüpft. Asklepios erschien z.B. entweder im Gewand eines heili — gen Tieres, vor allem als Schlange, oder er erschien dem Kranken im Schlaf in menschlicher Gestalt. Um ihn erträumen zu können, mußte der Besucher nach einer längeren Prozedur von Opferungen usw. sich an einen besonderen Ort zur sogenannten incubatio, dem Tempelschlaf zurückziehen.

Auch der "heilkräftige Beschützer" steht im Erscheinungsritual plötz – lich und doch erwartet in seinem strahlende, weißen Kittel, begleitet von einer ebenso lichten Krankenschwester im eigenen Zimmer, am eigenen Bett. Hier auch spricht er wenige, zum Teil kaum verständliche Worte, berührt zuweilen den kranken Körper. Von diesem Moment geht der Geist aus, der das Leiden erfaßt und zum Guten wendet. Was später mit dem Patienten geschieht, ist vor allem das Erledigen dessen, das in dieser Minute entschieden wird.

Was auf dem Höhepunkt dieser Prozedur inszeniert wird, ist ver – gleichbar mit der Epiphanie eines hell leuchtenden Gottes, einer Son – nenepiphanie, wie es das Erscheinen des Asklepios war. Der göttliche Arzt der Griechen, der häufig in Begleitung der Hygieia dargestellt wurde, wog die Kranken mit seinem Erscheinen in der Zuversicht, daß sich nur das Destruktive in etwas Konstruktives verwandelt und das Leiden eine Ende habe. Er nahm eine "unmittelbare persönliche Be – ziehung ... zum Kranken" auf (Kerényi 1975, S. 30) und griff in den Heilungsprozess aktiv ein (vgl. ebd. S. 33). Alles dies sind Hoffnungen und Wünsche, die an den heutigen Arzt gerichtet werden.

Geschichten von Asklepios

In der kultischen Zeugungsgeschichte vereinigt sich Apollon mit Ko – ronis, welche im väterlichen Schrein zu Epidauros Asklepios gebiert. Als die Mutter wegen kriegerischer Absichten ihres Vaters Phlegyas die Stätte verlassen muß, wird der Sohn ausgesetzt und von einer Ziege und einem Hund gestillt. Von dem Kentauren Chiron wird der Her – anwachsende erzogen und in der Heilkunst unterrrichtet, bevor er nach Epidauros zurückkehrt (vgl. Kerényi 1984, S. 114f; Ranke – Graves 1986, S. 154ff).

Während Asklepios dort offiziell nur heilend tätig wird, berichten andere Geschichten, daß er mit dem von Athene erhaltenen Blut der Gorgo Medusa Tote zum Leben erweckt habe. Als sich Hades um die Totenseelen betrogen fühlt, wird Asklepios von Zeus mit dem Blitztod bestraft.

Nach wiederum anderen Erzählungen wählt die schwangere Koronis, die für die Mondgöttin Phoibe eingesetzt ist, "Ischys zu ihrem Mann" (Kerényi 1984, S. 114). Daraufhin wird sie von Apollons Schwester Artemis getötet. Als die Gattin bereits auf dem Begräbnisscheiterhaufen brennt, nimmt der Vater "Asklepios aus dem Leib der Mutter" (ebd. S. 115).

Präödipale Szenen des Asklepios – Mythos

Die Geburt im Zeichen des Hundes verweist gleichermaßen auf Va – ter und Mutter: Der Hund als Symboltier des Apollon hat finstere, wölfische Züge (vgl. Kerényi 1975, S. 1ff). Nichtsdestotrotz wird As – klepios von einem Hund oder besser einer Hündin gesäugt. Die stil – lende Hündin symbolisiert eine Mondgöttin, so wie Koronis als Phoibe die mondverbundene Mutter ist. Gemeint ist Hekate (vgl. Ranke – Graves 1986, S. 158), "eine Wiederbelebung der großen Göttin Phoibe mit deren Namen die Dichter den Mond oft bezeichnen" (Kerényi 1984, S. 34).

Die Beziehung zwischen der Hündin und Hekate ist so eindeutig, daß letztere als Asklepios Mutter in der oralen Phase betrachtet werden muß. Obwohl sie einen durchaus eigenständigen Charakter hat, knüpft die "neue" Mutterfigur dennoch an den pränatalen Gestalten an. Die Unterweltgöttin Phoibe, deren heller Anteil (Koronis = Aigle, die Lichte) die Mutter von Asklepios ist, "vertritt", so Kerényi, "eine dunkle Sphäre, jene nächtliche Welt der Erfahrung um Geburt und Tod" (Ke – rényi 1975, S. 96).

Wie Phoibe ist Hekate eine chtonische Gestalt, d.h. sie ist erdver – bunden, gehört der Unterwelt an. Das Dunkle und Düstere des Chtonischen zeigt sich bei Hekate in einer für sie typischen Eigenart. Sie hat die Angewohnheit, "nächtlicherweise mit den Totenseelen, von Hundegeheul begleitet, umher" zu schwärmen (Kerényi 1984, S. 34). Ihr "'Schwarm', ihre Dienerinnen ... sind die Seelen derer, die der Bestat – tung ... nicht theilhaftig geworden" (Rohde 1974 Bd II, S. 83) oder sonstwie irregulär gestorben sind. "Solche Seelen finden nach dem Tode keine Ruhe; sie fahren nun im Winde daher mit der Hekate und ihren dämonischen Hunden" (ebd.).

"Der Schwarm der Hekate ... bringt nächtliche Angst und Krankheit"
(ebd. S. 411). Sie selbst schlüpft dann in die Rolle weiblicher Höl –
lengeister, "schreckerregender Gestalten, die wie Traumerscheinungen
unstät wechseln und wanken" (ebd. S. 82). Sie "begegnet dem Menschen
oft ... zu seinem Schaden" (ebd.).

Es ist kaum vorstellbar, daß diese Gestalt eine liebevolle, zärtliche
Mutter für Asklepios ist. In ihrer derben Art wird sie nicht gerade
warmherzig mit dem Sohn umgehen. Das Licht, das Hekate als Mond –
göttin spenden kann, ist ein kaltes. Es reicht zwar häufig aus, einen
Weg zu finden, d.h. sich zu entwickeln, aber es kann niemals wärmen
wie die Strahlen der Sonne. Der Mythos selbst erzählt lediglich von der
quasi sachlich notwendigen Zuwendung, vom Stillen in der Rolle eines
dem wilden Wolfe verwandten Tier. Es kann noch nicht einmal
eindeutig als weibliches Wesen identifiziert werden, wie die un –
terschiedlichen Mythenversionen zeigen. Die Unterweltgöttin ist nicht
"mit ganzem Herzen" dem Leben verbunden, der Zukunft des Asklepios
zugewandt. Hekate agiert in der Mutter – Kind – Dyade kalt wie das
Mondlicht.

Eine solche Mutterfigur deutet auf eine tendentielle "Austrocknung"
des Kindes hin. Die oral – libidinösen Bedürfnisse finden in der In –
teraktion mit diesem mütterlichen Teilobjekt keine symbolische Ent –
sprechung, sie würden aus der Mutter – Kind – Interaktion verwiesen und
es käme zu einer Fixierung auf dieser Stufe. Die emotionale Armut
läßt beim Kind kein Vertrauen in die Sicherstellung seiner Ernährung
aufkommen. Immer wieder gerät es in existentielle Angst, die Hekate
auch sonst gerne mit ihren Schwarm auslöst. So wie Hekates Begegnung
mit dem Menschen häufig zu seinem Schaden ist (vgl. Rohde 1974 Bd
II, S. 82 s.o.), wird, was den hier beleuchteten Aspekt der Interaktion
betrifft, auch bei Asklepios ein Schaden angerichtet.

In diesem Zusammenhang sei darauf hingewiesen, daß Asklepios be –
reits bald nach der Geburt von der Mutter getrennt worden ist. Nimmt
man die Koronis – Ischys – Geschichte als Assoziation zur epidaurischen
Version hinzu, so wird die Todesdrohung, zumindest aber die unge –
wöhnlich krasse Trennung von der Mutter, unterstrichen. Der frühe
Verlust der Mutter wird m.E. in der epidaurischen Erzählung mit der
Wahl der kühlen Hekate als orale Mutter ausgedrückt.

Einen hellen Aspekt der Mutterfigur als "gutes" Teilobjekt betont
Koronis, die wie gesagt in Epidauros den Beinamen Aigle, die "Lichte"

trägt. Sie betont den hellen Teil der Mutter vor dem dunklen Hinter –
grund. Was kann das Lichte, die Fähigkeit zu leuchten, in dem Zu –
sammenhang anders sein als die Fähigkeit, Kraft, Hoffnung und
Zuversicht zu spenden in einer dunklen, dem Leiden und dem Tode
nahen Situation? In der Dialektik des mütterlichen Hell und Dunkel,
Tod und Leben, Destruktion und Liebe ist Koronis geradezu eine Ge –
genfigur zur Hekate. Sie begegnet uns nicht als rauhbeinige Frau, son –
dern als eine sich in einem See die Füße badende Jungfrau, deren
Anblick Apollon in Liebe entbrennen läßt.

Bei einer solchen Mutter ist es eher vorstellbar, daß sie sich um ihr
Kind sorgt. Sie ist es, die vor dem frevlerischen Vater Phlegyas ge –
heimhalten muß, daß sie von Apollon, seinem zukünftigen Feind, ein
Kind erwartet. Trotzdem geht sie mit dem Vater auf die Peleponnes,
um den Sohn im Heiligtum des Liebhabers zu gebären. Geradezu
selbstlos schenkt sie im wörtlichen Sinne dem Apollon einen Sohn,
während sie sich selbst zurückzieht.

Nimmt man das Ende der Koronis – Ischys – Geschiche hinzu, so
bringt sie den Sohn in einem Feuer zur Welt, das sie selbst verzehrt.
Asklepios kommt während sie geht, als wenn das Feuer die Mutter in
den Sohn verwandeln würde. Berücksichtigt man die reinigende Wirkung
der Flammen, so zeigt das mythologische Bild, daß Koronis ihre besten,
reinsten und hellsten Anteile mit Asklepios neu gebiert, der bisher, in
ihrem Uterus, ein Teil von ihr war.

In einer Aufopferung liegt aber auch immer ein aggressives Moment.
Koronis läßt den Sohn im Angesicht ihres Todes nicht los. Sie hält ihn
fest, vollzieht die für ihn lebensnotwendige Trennung nicht. Sie würde
ihn mit in das Totenreich nehmen, wenn Apollon nicht rechtzeitig ein –
greifen würde.

Was sich hier dem Betrachter zeigt, ist die Darstellung einer
Todesdrohung, die durch große Liebe ausgelöst wird. Es ist die be –
drohliche Liebe einer Mutter, die, aus welchen Gründen auch immer,
sehr an eigenen Bedürfnissen orientiert ist. Asklepios lernt nicht nur
die Angst kennen, die aus einer zu geringen Zuwendung, einer zu frü –
hen Trennung von der Mutter entspringt, wie die Hekate – Interpreta –
tion zeigt, sondern auch die existentielle Bedrohung durch Überversor –
gung und einer sehr späten Lösung von der Mutter.

Doch in das vernichtende Feuer gerät die Mutter durch den Vater.
Die väterliche Aggression trifft sich in dem Mythos mit der Ambivalenz

einer dem Leben und dem Tode gleichermaßen zugewandten Mutter. Die Kindesaussetzung auf einem nach der Myrte benannten Berg faßt diesen Inhalt im Asklepiosmythos zusammen. Die Handlung ist kein inhaltsleerer Übergang von einem Entwicklungsabschnitt zum anderen, wie Freud für manche andere Erzählungen annimmt (vgl. Freud 1980h, S. 464).

Vielmehr galt die Kindesaussetzung in der Antike "als Angelegenheit der väterlichen Gewalt" (Finzen 1969, S. 31). Wenn die Mutter den Akt vollzieht, so müssen die männlichen Anteile in ihr angesprochen sein, die bei den Müttern Hekate und Athene, aber auch bei der als Ge – burtshelferin auftretenden Artemis deutlich hervortreten.

Nimmt man die Koronis – Ischys – Geschichte als Assoziation hinzu, so wird sichtbar, daß aus der mütterlichen Tat der Vater spricht: Die von Artemis vollzogene Beinahe – Tötung des Asklepios geschieht auf Geheiß des Apollon. Die einzige als ausgesprochen weiblich einge – schätzte Mutter (Koronis) bzw. die weiblichen Anteile der Frau sterben dabei ab.

Nach der Sage von Epidauros wird der kleine Asklepios nicht nur von einer Hündin gesäugt, sondern auch von einer Ziege, dem Symboltier, das als Amme Amalthaia den vor der väterlichen Wut verborgenen Zeus säugt und ihm im eigenen Tode zur Unverwundbar – keit verhilft.

Nach meiner Auffassung weist uns die stillende Ziege den Weg zu einem Aspekt in der Heilkunst von Asklepios, die mit der frühen Mutter – Kind – Dyade eng verknüpft ist. In der Mythologie ist es die Beziehung der Mutter Philyra zu ihrem Sohn Chiron, der der asklepi – schen Heilkunst ihren Stempel aufdrückt. Zwar ist Asklepios' Vater Apollon der Heilkunst mächtig und auch die Mutter Athene hätte den göttlichen Arzt anleiten können. Doch Asklepios hat, so Rohde "nach den Dichtern überhaupt" "die Heilkunst von Chiron erlernt" (Rohde 1974, Bd. I, S. 141).

Dieser weise Lehrer ist einer der Kentauren, die als Pferdemenschen gelten. Ihr Körper gleicht dem eines Gauls, an dessen Halsansatz sich ein menschlicher Oberkörper mit Kopf und Armen erhebt. Die Pfer – demenschen nun "werden öfters zur Hälfte als Ziege denn als Pferd dargestellt" (Ranke – Graves 1986, S. 440). So läßt sich eine Brücke schlagen zurück zur Ziege auf dem Myrtenberg, die das Tier mit der Heilkunst verbindet.

Aber warum ist diese Ziege weiblich und kein Ziegenbock, wo Chi – ron doch als Kentaur gewöhnlich für ein ausgesprochen männliches Wesen gehalten wird? Nun, zwei Gesichtspunkte müssen vorweg Be – rücksichtigung finden, bevor ich eine mögliche Antwort auf diese Frage geben kann.

Der erste Gesichtspunkt betrifft die Erkenntnis, daß in der oralen Phase der Unterschied zwischen Mann und Frau, zwischen Vater und Mutter verschwimmt. Der zweite Gesichtspunkt führt uns zu durchaus als weiblich interpretierbare Anteile des Kentauren, die für Asklepios sehr bedeutsam werden.

Chirons Heilkunst ist keine unendliche, keine grenzenlos wirksame. Sie erlaubt nicht die Machtergreifung über die Natur und ihre Gesetze. Sie forciert noch nicht einmal eine entsprechende Ideologie. So wird der ursprünglich unsterbliche Lehrer versehentlich von einem giftigen Pfeil getroffen, gegen dessen vernichtende Kraft kein Kraut gewachsen ist. Angesichts des Giftes der vielköpfigen Schlange Hydra ist Chiron machtlos. Die durch die Heilkunst bestimmte Welt des Chiron bleibt "eine Welt des ewigen Hinsiechens" (Kerényi 1975, S. 99). Es sieht so aus, "als wäre die Urwissenschaft, die dieser ... Ur – Arzt ... verkörpert, nichts anderes als das Wissen um eine Wunde, an der der Heilende ewig mit – leidet" (ebd.).

Nicht Kampf, nicht Bemächtigung und Überwindung sind die zentra – len Begriffe dieser Heilkunst, sondern die Teilhabe am Leid. Die glei – che Haltung findet man bei Asklepios wieder. Kerenyi (ebd. S. 23) verweist auf Wolters, der über eine epidaurische Statuette, die typisch für das vierte Jahrhundert v. Chr. ist, schreibt: Asklepios "selbst be – drängen ... die Leiden der Menschen, welche zu lindern sein Beruf ist" (Wolters 1897, S. 2). "Es ist eine qualvolle Unruhe, welche den Gott beherrscht, dessen Mitleiden bis zu seelischem Leiden gesteigert ... ist" (ebd. S. 15).

Das Schicksal von Chiron wirft auch ein bemerkenswertes Licht auf den Tod. Der "dunkle Gott" (Kerényi 1984, S. 128), dessen Höhle auch ein "Eingang zur Unterwelt" ist (Kerényi 1975, S. 99) bittet selbst um den Tod. An seiner unheilbaren Wunde leidend, wünscht er sich das Erlöschen seines Lebens als eine Erlösung von der Qual. Das Sterben verliert seinen Schrecken, noch mehr, es zeigt sich von seiner positiven Seite, es ist die Verabschiedung von einem Elend.

So wie die Einfühlung als Voraussetzung des Mit – Leidens eine Fä – higkeit ist, die sich in der frühen Mutter – Kind – Dyade ausbildet (vgl. Schmidbauer 1981, S. 12f), scheint auch Chiron seine Heilfähigkeit in einer solchen Beziehung gelernt zu haben. Seine Mutter Philyra, die "Linde", verwandelt sich in Zusammenhang mit dem Stillen des Sohnes "in einen Lindenbaum" (Ranke – Graves 1986, S. 556). Das besondere an diesem Baum ist, daß er den Menschen zu Fähigkeiten verhilft, die für Chiron typisch sind. "Lindenblüten werden ... als Heilmittel ver – wendet. Außerdem gebrauchte man den Bast oder die innere Rinde der Linden als Schreibtafeln. Wurde sie in Streifen gerissen, diente sie zum Wahrsagen" (ebd. S. 577). Wir sehen, Chiron hat seine ruhmvollen Fä – higkeiten "als Arzt, Gelehrter und Prophet" (ebd.) mit der Muttermilch aufgesogen.

Die von Asklepios repräsentierte Medizin ist ärztliche Technik, Pro – phezeiung und Wissenschaft. Die Anwendung der "'Techne'" (Kerényi 1975, S. 3) ist besonders deutlich bei den Asklepios – Söhnen Machaon und Podaleirios zu sehen (vgl. Homer 1879, S. 221; XI, 513). Auch sind die menschlichen Ärzte nach den hippocratischen Schriften Handwerker (vgl. Edelstein 1931, S. 89). Ein Prophet ist Asklepios bereits schon durch seine Abstammung als heilender Erdgeist (vgl. Rohde 1971 Bd I, S. 141). Der Tempelschlaf in Epidauros dient neben der Heilung dem Einholen eines Orakels (vgl. Kerényi 1979, S. 39). Im Arzt – Patient – Kontakt hat die Prognose eine herausragende Stellung, heute sowie im antiken Griechenland (vgl. Edelstein 1931).

Als Kunst ist die "Techne" immer auch Teil einer Wissenschaft über Heilkräuter, Aufbau des menschlichen Körpers usw. Ohne eine so fun – dierte Behandlung kommen sicher auch die Priester von Epidauros nicht aus. Die Techne ist aber auch mit einer Haltung verknüpft, die wiederum in Beziehung zu philosophischen Strömungen, insbesondere der pythagoräischen Schule, steht (vgl. Finzen 1969, S. 50; Kerényi 1975, S. 54).

Betrachtet man den Mythos als Traum, so übernimmt die "Großmutter" des Asklepios, Philyra, die Rolle einer Mutter. Die Heil – kunst, die Chiron entwickelt und weitergibt, ist aus einer frustrierenden oralen Beziehung entstanden. Wie bei den anderen Müttern von As – klepios trifft man auch hier auf ein orales Liebesobjekt, das sich vom Kind entfernt. Wie das Bild von der Verwandlung in eine Linde zeigt, ist in der Art des Defizits angelegt, sich u.a. mit der Heilkunst zu be –

schäftigen. Indem Chiron die Lindenblüte als Heilmittel benutzt, ver –
sorgt er andere mit dem, was seine Mutter spenden kann. Identifiziert
er sich mit dem Leidenden, erhält er selbst die Fürsorge der Mutter,
die ihm fehlt.

Hinter einem Chiron, der in der Rolle des Sohnes die beschriebene
Kompromißbildung entwickelt, schimmert im Sinne eines Traumbildes
Asklepios selbst durch. Steht die Großmutter für die Mutter, so ver –
sorgt letzterer sich in der Identifiaktion mit dem Kranken mit den
mütterlichen Extrakten. Die nährend – wärmende Zuwendung, die As –
klepios in der frühen Mutter – Kind – Dyade hat entbehren müssen,
kann er im Akt des Heilens immer wieder aufs neue nachholen.

Die Qualität der göttlichen Heilkunst ist als ein Prinzip zu verstehen,
das an oral determinierte Interaktionsformen und Erleben gebunden ist.
Nicht für eine konkret Handelnde steht etwa die stillende Ziege, nicht
für die postorale Mutter mit allen ihren Eigenarten, deren Erfassen
eine differenzierte Wahrnehmung bedarf, sondern für das abstrakt Gute,
das zwar von außen kommt, dann aber den eigenen Körper durch –
strömt. Für den tief religiösen Homer ist gerade das Prinzip, das Hei –
lende schlechthin, das wichtige und nicht die Person eines göttlichen
Arztes: Als einmal die Pest wütet, wird dem Gott Paieon von den
Griechen der Paian gesungen. Doch "der Paian ist nicht die Abwehrung
oder Verscheuchung der Pest, sondern ... : er begrüßt etwas Heilsames.
... Eine refrainartige ... Zeile ... drückt den Wunsch aus: 'Paian aber
soll uns nie verlassen'" (Kerényi 1975, S. 82). Was "nie aufhören und
nie fehlen sollte" (ebd.) ist "eben jenes Positive, das Homer als die
Wunden der Unsterblichen heilenden ewigen Gottheit auf den Olymp
versetzt hatte", an den Ort des "sonnigen und warmen" "ewigen Lichtes"
(ebd.). Dieses Prinzip ist lediglich in der Figur des Arztes personifiziert,
so wie wir als Erwachsene die Mutter als Interaktionspartnerin der
Entwicklungsphase ausmachen, in der das "ozeanische Gefühl" behei –
matet ist.

Das Behütende, das "Sorgen wie eine Mutter", zeigt sich auch im
Kult. Ein Asklepieion ist vorzugsweise in einem Hain gelegen, der den
Kranken vor unangenehmen Winden und einer sengenden Sonne
schützen soll. Epidauros liegt in einem Talkessel, der den Naturgewal –
ten ein weiteres Hindernis ist. Auch gibt es in einem Asklepios – Hei –
ligtum immer frisches Wasser, sei es aus einer natürlichen Quelle oder

aus einer eigens zum heiligen Zwecke errichteten künstlichen Wasser –
ader.

Interkultureller Transfer

Auch wenn es, wie gesagt, nicht möglich ist, die Phantasie vom an –
tiken Heilgott auf den "Halbgott in Weiß" von heute linear zu über –
tragen, benennt der Asklepios – Mythos dennoch Wünsche und Kon –
flikte, die uns auch heute nicht unbekannt sind.

In meinen Insidergesprächen wurde deutlich, wie sehr die Mitarbeiter
angesichts schwerer Krankheiten und großem Leid dazu neigen, sich
von einem ranghöheren Arzt Entscheidungen abnehmen zu lassen und
Zuflucht suchen in einer Szene, in der sie quasi eine Sicherheit und
Geborgenheit spendende Absolution erhalten. Der Stationsarzt "'muß'",
so eine von Jürgens – Becker zitierte Krankenschwester, "'stark sein, er
soll keine Schwäche zeigen und er muß eine klare Linie vertreten'"
(Jürgens – Becker 1987, S. 16).

Zwar wissen wir nicht genau, was Patienten in einem Allgemein –
krankenhaus von den Mitarbeitern wünschen, doch erleben heutige
Ärzte bei Patienten den Wunsch nach "vertrauender, freundschaftlicher
Stimmung und ... Hoffnung auf Hilfe, Verständnis und Sympathie"
(Balint 1965, S. 44). Der Patient "möchte in erster Linie ernst ge –
nommen werden, nicht als Objekt, sondern als Mensch" und "Vertrauen
zu seinem Arzt" entwickeln können (Luban – Plozza/Knaak 1979, S.
106). Aus der Sicht des Mediziners möchte ein Patient in "Notzustän –
den wachsender Spannung ... den Weg zu" einer vertrauenswürdigen
Person finden, "um zu klagen" (Balint 1965, S. 16). Der Arzt gerät in
die Rolle einer Bezugsperson, die z.B. die Qualität einer "mächtigen
Vaterfigur" annehmen soll (ebd. S. 254). Dabei scheint die Angst, allein
gelassen zu werden, groß zu sein. Wenn Ärzte zu der vom Kranken
vorgebrachten Symptomatik "nichts sagen können", "fühlt ... [der Patient]
sich im Stich gelassen" (ebd. S. 47).

Lassen Sie uns noch einen Blick werfen auf die Zeit vor der Auf –
klärung, um die Historie des Schicksales präödipaler Wünsche von Pa –
tienten in der Krankenversorgung zu verfolgen. In früherer Zeit gilt der
Priester gleichzeitig als Arzt und umgekehrt. "Im Einflußbereich von
Kirche und Glauben" des Mittelalters richtet sich "die Heilung der

Kranken ... nicht an medizinischen Maßnahmen aus, sondern an der christlichen Gesinnung von 'Arzt' und Patient. Die geduldige Pflege der Kranken ... [ist] ihre Grundlage, ihr Angelpunkt ... [ist] die hohe Ethik der Liebe" (Finzen 1969, S. 63).

Ähnlich wie Asklepios die Hygieia als "Gesundheit" zur Begleiterin hat, macht der priesterliche Arzt der Christen "die erbarmende Liebe zu der Gefährtin seiner Kunst" (Lain Entralgo, S. 120). Mit der Betonung des caritativen Moments kommt der Arzt dem präödipalen Beziehungswunsch der Kranken entgegen. Die Liebe zum Nächsten, die dem Priester die eigenen Sünden tilgt und dem Kranken Geborgenheit vermittelt, vereinigt beide als "Bruder und Schwester im Herrn", wobei in der seligen Verbindung, die zweifellos symbiotische Tendenzen beinhaltet, der Arzt der größere und kraftspendende, d.h. der nährende, aber auch der führende bleibt.

Die "zwei Berufe, der Arzt und der Seelsorger" wurden "bis ins 12. Jahrhundert ... in Personalunion ausgeübt. Sowohl die Fortschritte als auch die kirchlichen Verbote verdrängten immer mehr den Priesterarzt; an seine Stelle tritt der Laienarzt" (Hoffmann 1950, S. 11). Mit den sich entwickelnden naturwissenschaftlichen Erkenntnissen werden die technischen Einwirkungsmöglichkeiten des Arztes immer größer, so daß der Mediziner in einer aktiven Rolle "allzu leicht ... den Tod eines Menschen verschulden und sich so mit einer Todsünde beladen [kann]. Diese Überlegungen führen ... schließlich zum Verbot der Ausübung des ärztlichen Berufes durch die Geistlichkeit" (Finzen 1969, S. 63). Gleichzeitig wurde dem "Laienarzt" jedoch ein Diener Gottes zur Seite gestellt.

Von nun an sind die geistlichen Brüder und Schwestern, die Mönche und Nonnen der der Krankenpflege verpflichteten Orden für die seelische Betreuung der Patienten zuständig. Mit der Arbeitsteilung gehen vor allem sie auf die seelischen oder psychischen Bedürfnisse ein, indem sie z.B. durch eine Einbindung in die geistliche "Sphäre der Liebe" Geborgenheitsgefühle vermitteln. Damit ist in der christlichen Krankenpflege die Aufrechterhaltung oraler Interaktionsformen an eine vom Mediziner getrennte Profession delegiert worden.

Nachdem sich im 20. Jahrhundert die Säkularisierung auch in den Kliniken durchgesetzt hat, ist nur noch die Bezeichnung der "Schwester" geblieben. Längst zu einem "traditionellen" Frauenberuf geworden, lehnt sich die Pflege an umsorgende Beziehungsmuster an, die voll und ganz der Mutter – Kind – Beziehung zugeschrieben werden. Wenn auch teil – weise in versteckter Form, wird das Pflegepersonal zu sorgenden In – teraktionen aufgefordert. Der "professionelle Ort" ist die Grundpflege, der terminus technicus die "Psychohygiene" (vgl. Juchli 1983).

Heutiges Schicksal oraler Heilungsphantasien

Mit der Durchsetzung von Beziehungsdefinitionen, die das Signum der Entfremdung tragen, sind Bedürfnis und Bedürfnisbefriedigung zu schlichten "Funktionen" geworden. Die Interaktion, in die die Bedürf – nisausformung und – verständigung eingebettet ist, ist nicht mehr in – haltlich, sondern formal bestimmt: Das Nähren und das Führen wird zu einer formalen Qualifikation, die kategorisch von dem Träger der einen oder anderen Rolle erwartet wird. In der von präödipalen Erfahrungen durchwobenen Interaktion ist die "Schwester" primär die Nährende und der "Herr Dr." vor allem der Führende. Dabei ist entsprechend der vorherrschenden Rollenverteilung die Konstellation zu focussieren, in der der medizinische Mitarbeiter männlichen und der pflegerische weiblichen Geschlechts ist.

Schaut man sich viele Arzt – Romane an, die als Produzenten und Produkte kollektiver Heilsphantasie gleichermaßen zu betrachten sind, soll aus der Sicht der Leidenden aber gerade der Arzt der Fürsorgliche sein, der ihnen mit seiner Heilkraft Nahrung und Stärkung gibt. Wenn ein Patient noch heute wie in der Antike das Positive, das ewige Licht sucht, das die Wunden heilt, so ist es die Figur des Arztes, in der das Leuchtende personifiziert ist. So wichtig die Krankenschwester als müt – terlich Pflegende auch ist, so eindeutig wird die Heilkraft dem Arzt als Mittler der omnipotenten Medizin zugeschrieben und so selbstverständ – lich richten sich an ihn die Heilserwartungen. Nach der Erfahrung des Stationsarztes Dr. Harms gilt: Haben Patienten in dem Stationsarzt den "kleinen Herrgott" ausgemacht, wenden sie sich mit ihren Sorgen nur noch dann an die Krankenschwester, "wenn der Arzt sich nicht dazu herabläßt, sich um die Probleme zu kümmern". Allein die aktuelle Frustration setzt die Delegation des Nährens und Führens durch. Die grundlegende Tendenz, die Bedürftigkeit ganz an den Arzt zu richten und ihn zum zentralen Übertragungsobjekt für das orale Elternimago zu machen, scheint sich in der institutionellen Praxis kaum zu ändern.

Der Krankenhausarzt hat medizinische Eingriffe durchzuführen, die wie etwa das Setzen von Spritzen, das Spiegeln des Magens oder gar eine Operation für den Patienten zumindest unangenehm sind. Doch der Arzt greift nicht nur selbst ein, er ordnet auch Maßnahmen an. Er ist nicht nur der den Patienten mit scharfer Klinge erwartende Opera – teur oder der von mächtiger, kalter Gerätschaft umgebene Diagnostiker, sondern er ist auch der tonangebende, die Verfügungsgewalt in den Händen haltende Visitator.

Der in die Nähe eines Leidensverursachers geratene Arzt kann kaum das Übertragungsangebot zu einem pfleglichen, wegweisenden Vater annehmen. Eine Identifikation mit den Patienten, die die Voraussetzung für Mit – Leid und die Übernahme der gewünschten Rolle ist, würde der Rollenideologie eines eingreifenden Arztes widersprechen und das mit der Ideologie identifizierte Ich mit einer Spaltung bedrohen. Wenn der Patient dem Arzt zu sehr ans Herz wächst und er wie Jesus oder Asklepios die bei der Behandlung zugefügten Schmerzen quasi selbst miterleidet, ist er zu dem Arztsein, wie der heutige Schulmediziner es versteht, nicht mehr fähig. Doch das Ich kann etwa durch eine aktive Abspaltung eigener existentieller Ängste entlastet werden, welche in der Ideologie der Professionalität enthalten ist: Ein richtiger "Profi", so die Einschätzung des Chefarztes Sahr, bleibt selbst "emotionsfrei", wenn er sich der Patientensorgen annimmt. Die Emotionen können isoliert und ins "Private" abgedrängt werden.

Damit aber ist der in der rituellen Praxis einer rigiden hierarchischen Struktur des Krankenhauses angelegten Abwehr der Weg geebnet: Der Versuch des Patienten, eine oral befriedigende Interaktion zu etablieren, wird als oral – sadistische Bedrohung aufgefaßt und mittels der im Er – scheinungsritual vorgezeichneten und etablierten Omnipotenzgefühle mit einer aggressiv – überheblichen Distanzierung abgewehrt. Die Phantasie der Bedrohung zeigt sich in der von dem bereits erwähnten Stationsarzt zitierten Redensart: "Du gibst ihm den kleinen Finger, er nimmt die ganze Hand".

Doch die Bedrohung selbst basiert meines Erachtens in großem Maße auf einer Projektion. Zwar kann ein Patient, der die unterwürfige und regressionsfördernde Position innerhalb des Erscheinungsritual übernimmt, mit einer großen inneren Heftigkeit seine Bedürfnisse aus – drücken, die möglicherweise durch erlittene Frustrationen aggressive Züge tragen. Aber trotz aller Verleugnung ist bei der intensiven Kon –

frontation mit dem Leiden kaum vorstellbar, daß nicht auch beim Arzt die nämlichen Konflikte aktualisiert werden (wie bei allen anderen Menschen). Konfrontiert mit einer Szene voller oral bestimmter Wünsche und eigener hoher Anspannung in der Behandlung werden beim Arzt ebenfalls Versorgungswünsche wiedererweckt. Diese werden meines Erachtens angesichts der Chancenlosigkeit einer Befriedigung zu oral – sadistischen Strebungen, die wiederum auf den Patienten projiziert werden. Der Wunsch genährt zu werden und die aggressiv stimmende Wahrnehmung, von der Organisation, die nähren soll, ausgebeutet und verzehrt zu werden, verbinden sich in dem Erleben, die Arbeit fresse einen selbst auf. Die anfallende Arbeit wird wiederum in dem Patienten personifiziert, so daß nun dieser oral – sadistisch, d.h. verschlingend zu agieren scheint. Vor die Sehnsucht, von dem Betrieb, vom "Haus", letztendlich vom "Mutterhaus" genährt, gewärmt und geborgen zu sein, schiebt sich die Bedrohung, von dem Patienten, der einen Versor – gungsvertrag mit dem "Haus" eingegangen ist, vertilgt zu werden. Indem versucht wird, die vermeindliche Bedrohung einzudämmen, werden im Kranken die Wünsche bekämpft, die auch die eigenen sind: Wenn alle Mitarbeiter allein bleiben, dann muß sich auch der Patient bescheiden; oder wenn meine psychosozialen Probleme keine Relevanz haben, dann haben auch die der Patienten keine.

Trotz aller Widrigkeiten geben manche Ärzte durchaus auch während der Visite nährende Wärme. Die sprachliche Formel ist ein "der Körper braucht ...". Alle Medikamente (Salben, Tabletten etc.) werden zu einem Stoff, den der kranke Körper zum zufriedenen oder zumindest schmerzfreien Leben benötigt, ihre "Verabreichung" wird zur symboli – schen Nahrungsaufnahme.

In der Vorwegnahme einer entsprechenden Befriedigung des in der Arzt – Patient – Beziehung ausgemachten "Körperbedürfnisses" gerät be – reits ein flüchtiges Berühren und Befragen, das während der Visite zum Zwecke einer begrenzten diagnostischen Orientierung geschieht, zu einer an oral determinierten Erleben geknüpfte Interaktion. Bereits hier, im Vorfeld der symbolischen Befriedigung, ist das Bedürfnis beim Namen genannt, geht es in die symbolische Interaktion direkt ein. Was dem Körper fehlt und was ihm später qua Medikament zum Aufbau und zur Stärkung zugeführt werden soll, steht geradezu im Zentrum der Be – gegnung ebenso wie der Hunger und die Milch in der frühen Mutter – Kind – Interaktion. Die diagnostischen Kontakte wie z.B. das Abtasten des Bauches können unbewußt die Qualität einer Vorbereitung zur Nahrungsaufnahme annehmen, was vielleicht mit einem tragenden und haltenden Auf – den – Arm – Nehmen des Babys vergleichbar ist.

In der Verwendung der gängigen Begrifflichkeit steckt jedoch nicht nur die Verständigung über den Wunsch, sondern auch eine über seine Abwehr. Indem aus dem Magendrücken irgendwann eine Gastrodynie wird, wird auch klar, wie gering in der konkreten Interaktion die Chance ist, die ganze psychosoziale Breite des Wunsches auszudrücken, d.h. eine belastende Lebenslage bzw. Lebensgeschichte zu thematisieren. Solange die sprachlichen Symbole wie "Magendrücken", "mal anschauen" und "Das wird Ihnen helfen" in der Interaktion Gültigkeit haben, behält der Wunsch nach einem Getragenwerden quasi öffentlich seine Ge – wichtigkeit. Werden jedoch die interaktionsblinden Zeichen wie "Ga – strodynie", "Befund" und "Therapie" im Kontakt zwischen Arzt und Patient eingeführt, wird das Handeln von den Affekten isoliert und der Wunsch desymbolisiert.

In einer solchen Situation erfolgt die vom Patienten ersehnte Linde – rung und Stärkung oft in äußerst verzerrter Weise. Während des Er – scheinungsrituals kann man häufig beobachten, daß Patienten gegenüber dem Ranghöchsten der anwesenden Ärzte als heilkräftigen Beschützer ein momentanes Leiden artikulieren, welches sie in vielen Fällen als körperliche Schmerzen formulieren. Indem sie ihr Elend ansprechen, schießen manchen Patienten bereits die Tränen in die Augen. Auf diesen Hilferuf nach Linderung und Stärkung in Wärme und Gebor – genheit reagieren manche Visitatoren mit einer umgehenden Verord – nung eines Medikaments, die in Richtung Krankenschwester und "auf Latein" getroffen wird.

Begleitet von einem "Das wird Ihnen gut tun" kündigt die Ritualfigur die symbolische Versorgung väterlich an, die "die Medizin" gewähren kann und wird. Doch obwohl der Arzt mit seiner Begleitformulierung noch Raum läßt für eine halluzinatorische Wunscherfüllung, erhält die in der sachlichen Atmosphäre der "Chemotherapie" angekündigte Hilfe eine verzerrende Komponente. Aus der Zuwendung in Not wird eine Zufuhr zur Ruhigstellung, aus dem symbolischen Füttern ein Mund – Stopfen.

Ödipale Szene im Mythos

Neben den auf eine oral geprägte Triebdetermination zurückführen – den Interaktionen im Krankenhaus kann eine ödipale Verstrickung ausgemacht werden, die wiederum in der kollektiven Phantasie der Antike angesprochen ist.

Nachdem Asklepios bei Chiron gelernt hat, kehrt er nach Epidauros, dem heiligen Ort seines Vaters Apollon zurück, wo von den Menschen ein Asklepieion errichtet wird. Es beginnt ein neuer Lebensabschnitt, die ödipale Phase. Als zentrale Vaterfigur treten neben Apollon auch die Vatergottheit Zeus (vgl. Thieman 1959) und der Zeusbruder Hades in Erscheinung.

Als die Mutter der ödipalen Phase ist Athene anzusehen. Drei Gründe sprechen dafür. Erstens ist sie im Mythos die nächste Frau, die im Kontakt mit Asklepios erwähnt wird. Sie gibt ihm das Blut der Gorgo Medusa. Zweitens ist sie im Kult ursprünglich als Schutzgöttin quasi die Begleiterin des Vater Apollon (vgl. Ranke – Graves 1986, S. 157). Drittens knüpft Athene an den vorhergehenden Mutterfiguren an. Zum einen trägt sie den Beinamen "Koronis" (ebd.), zum anderen wird "von Kennern unserer Altertümer, ... behauptet, unter dem Namen Athene verberge sich eigentlich der Mond" (Kerényi 1984, S. 102).

Eine besondere Rolle spielt die mütterliche Athene im phantasierten Leben des Asklepios mit ihrem Anbieten des Blutes der Medusa, einer enthaupteten Frau. Diese repräsentiert, kurz gesagt, die abgewehrten "triebhaft – weiblichen Seiten" der Athene "in der verdrängungsbedingten Deformation" (Vogt 1987, S. 256). Als Athene in der Gestalt der zunächst hübschen Medusa geschlechtlichen Verkehr mit Poseidon hat (vgl. Ranke – Graves 1986, S. 112), einer der großen Vaterfiguren (vgl. Thiemann 1931), wird die Schöne von Athene selbst in eine Häßliche verzaubert.

Das Gorgonenblut verfügt über eine lebensspendende und eine tö – tende Kraft, welche in ihrer Dualität verstehbar werden, wenn man es für das Menstruationsblut in der Mutter – Sohn – Interaktion einsetzt. Die Regelblutung ist das sichere und eindeutige Zeichen der Geschlechtsreife der Frau. Das Blut symbolisiert die Fähigkeit, neues Leben zu schaffen. Der Medusenkopf steht in diesem Zusammenhang für das "Genitale der Mutter" (Freud 1966, S. 47).

Berücksichtigt man die enge Verbindung von Zeugung bzw. Empfängnis und lustbetontem Geschlechtsverkehr in der griechischen Mythologie, so ist das Monatsblut auch das Symbol des sexuellen Begehrens der Frau. Präsentiert Athene dem Mann dieses Blut, darf der Akt
als eine Einladung zum Geschlechtsverkehr verstanden werden. Doch
die Vereinigung des Sohnes mit der Mutter hat zumindest für ersteren
eine gefährliche Seite. Der Sprößling geht mit dem stärkeren Vater in
die offene Rivalität, die er als zerstörerisch phantasiert. In vielen
griechischen Mythen endet die Vater–Sohn–Rivalität tödlich. Das
blutspendende Medusenhaupt ist abgeschlagen und provoziert beim Sohn
eine Kastrationsangst (ebd.), zumal wenn die Frau wie Athene gleichzeitig "zum unnahbaren, jedes sexuelle Gelüste abwehrende Weib" wird
(ebd.). Die Entmannung ist der Tod als Mann: Asklepios muß einen
Scheintod erleiden, als er sich des Blutes bedient.

Athene erscheint in dem Mythos von Asklepios als eine dem Sohn
sexuell zugewandte Gestalt, die gleichzeitig abweisende Züge hat. Als
eine der "großen jungfräulichen Göttinnen" der Antike (Kerényi 1984, S.
191) weist sie "alle Annäherungen zurück" (Ranke–Graves 1986, S. 84),
und gilt als eine vermännlichte Frau.

Die Identifikation mit dem Vater oder der männlichen Rolle verleiht
Athene zweifellos viel Respekt und Durchsetzungskraft. "Wenn sie ...
zum Kampf gezwungen wird, bleibt sie Siegerin, selbst gegen Ares", den
Kriegsgott (Ranke–Graves 1986, S. 84). Aber die "Teilhabe Athenes an
der väterlichen Macht hat einen hohen Preis: den Verzicht auf die
Erfüllung als Frau (vgl. Vogt 1987, S. 256). Wenn sich Athene mit dem
Blut der Medusa dem Sohn anbietet und ihre weiblich–triebhafte Seite
in den Vordergrund rückt, ist die Darstellung ihrer Lust doch von
Schuldgefühl und Strafe gekennzeichnet. Die Frau sieht sich zur Verleugnung und Abspaltung gezwungen, der Mann oder Liebhaber fühlt
sich von einer Kastration bedroht.

Dabei wird die Gefahr, der Asklepios im ödipalen Konflikt ausgesetzt
ist, nicht nur an die Interaktion mit dem Vater gebunden erlebt, sondern sie wird durch ein besonderes Verhalten der Mutter koloriert. Der
ansonsten so streitbaren Athene gelingt es in der Dreiecksinteraktion
nicht, ihre Triebbedürfnisse auch in der Konfliktsituation zwischen Ha-
des/Zeus und Asklepios zu vertreten. Aus der Perspektive des Sohnes
verhält sie sich selbst zurückweisend, verbietend und bestrafend. Mit
ihrer fleischlichen Lust im "Unreinen" läßt Athene die Bestrafung des

Asklepios gewähren, die zugleich auch eine erneute Bestrafung ihrer eigenen Person als Frau, ihrer eigenen Triebhaftigkeit ist.

Der ödipale Wunsch und die phantasierte Bestrafung kehrt in der Auseinandersetzung um Leben und Tod wieder, wobei im Kult letzterer insgesamt abgespalten und die Angst vor einer Kastration bzw. Nieder - lage gegenüber dem väterlichen Tod verdrängt ist. Der Kampf, den Asklepios entfacht, als er das Gorgonenblut annimmt und verwendet, ist genau genommen ein Ringen um das Leben und gegen den Tod. Die Vereinigung mit der Mutter ist lebenspendend, oder besser, sie ist "belebend". Die Mutter ist als die ehemals Gebärende und Nährende die Verkörperung des Lebens selbst. Der Kampf um das Leben ist ein Kampf um die Mutter.

In diesem Ringen um die erste Frau seines Daseins kämpft As - klepios als Sohn gegen den Tod. Als der mit zeugenden Kräften aus - gestattete Sohn mit der Mutter sich vereinigt, um Leben zu schaffen, fühlt sich Hades, der mächtige Bruder des Zeus, um die Totenseelen geprellt. Er sieht seinen Machtbereich bedroht. Die Vernichtung durch den Vater Zeus folgt auf dem Fuße. Die vom Sohn als tödlich phantasierte Kastrationsdrohung wird wahr.

Der Blitztod aber bedeutet, so schreibt Rohde, nicht nur die "Strafe eines Frevels" (Rohde 1974, Bd. I, S. 321), sondern er "heiligt in man - chen Sagen den Getroffenen" (ebd. S. 320). In der vorliegenden Mythe wird mit der Todesart zweierlei ausgedrückt. Zum einen wird Asklepios unmißverständlich in seine Schranken verweisen. Er hat die Gesetze des Vaters zu akzeptieren. Die Macht über Leben und Tod ist und bleibt nicht das Metier des Arztes. Zum anderen drückt Zeus aber gleichzeitig seine Versöhnung aus und legt den Grundstein zur Figur des "'Zeus Asklepios'" (Kerényi 1975, S. 19). Er nimmt Asklepios als einen Sohn an, den er achtet. Der Vater "Zeus läßt ihn unsterblich fortleben" und setzt ihn "im Sternenbilde des Ophiuchos" unter den Himmel (Rohde 1974, Bd. I, S. 322). Dort ist er zu sehen und zu bewundern, "wie er eine heilende Schlange hält" (Ranke – Graves 1986, S. 156). Indem der Sohn sich der väterlichen Zurechtweisung unterwirft und sein Ansinnen aufgibt, wird er vom Vater akzeptiert.

Psychoanalytisch betrachtet geht mit der Versöhnung von seiten des Vaters eine Abwehrformation, eine Kompromißbildung von Asklepios einher. Asklepios kümmert sich fortan, anstatt sich in dem hier als völlig aussichtslos beschriebenen ödipalen Verlangen zu verzehren, um eine der Tätigkeiten, für die der Vater bekannt ist. In der Ausübung des Heilens, in der Übernahme des väterlichen Berufs, liegt sowohl die Triebabwehr als auch die punktuelle Triebbefriedigung von passiven und aktiven Liebeswünschen an den Vater, vom aggressiven Wunsch nach Überwindung der väterlichen Macht und von libidinösen Regungen in Richtung der das Leben repräsentierenden Mutter.

Während seiner Heiltätigkeit hält Asklepios die gewünschte Paar – bindung zur Mutter auch auf genital – sexueller Ebene aufrecht. Be – trachtet man bildhafte Darstellungen des Asklepios, fällt auf, daß mit ihm immer wieder Hygieia als seine Begleiterin dargestellt ist. Obwohl aber die ikonographischen Darstellungen die Frau als Gattin auszuwei – sen scheinen, gilt Hygieia allgemein als Asklepios' Tochter, die aus der Ehe mit Epione hervorgegangen ist (vgl. Paulys Real. 1949, S. 445). Der latente Inhalt dieser Verwirrung, die als das Ergebnis einer se – kundären Verarbeitung eines "Traumwunsches" verstanden werden kann, läßt sich erahnen, wenn man erfährt, daß der Name Hygieia direkt zu Athene führt. Die Göttin "trug auch den Beinamen Hygieia und war in dieser Eigenschaft mit ... Asklepios verbunden" (Kerényi 1984, S. 102). Als Schutzgöttin des apollinischen Terrains im Heilkult war sie den als heilige Tiere wiedergeborenen Arzthelden verbunden, deren gemeinsa – mer Name "Asklepios" war: "Der tote Heros war sowohl ihr Sohn als auch ihr Liebhaber" (Ranke – Graves 1986, S. 157). So kann es kaum verwundern, daß die "offizielle" Gattin des Asklepios, Epione, nur sehr selten auftaucht. Bemerkenswerterweise bedeutet der Name Epione "zu allen Zeiten 'Meineid'" (kl. Pauly 1967, S. 320). Berücksichtigt man, daß "später [Hygieia] als ... [Asklepios'] göttliche Gefährtin ... dargestellt wird" (Kerényi 1975, S. 62), so drängt sich die Vermutung auf, daß die Heirat mit Epione ein Meineid ist, d.h. daß Epione nie als seine Frau gegolten hat. Oder die Verbindung zu Epione besagt, daß Asklepios Verbindung zu seiner häufig dargestellten Gefährtin Hygieia ein Meineid ist: Hygieia, die wie eine Gattin dargestellt wird, ist seine Mutter oder seine Tochter. Das vorgespiegelte Heiratsgelübde ist ein Meineid.

Als Kompromiß am Ausgang des ödipalen Konfliktes, der durch einen zürnenden, aggressiven Vater und einer mächtigen, am Sohn in – teressierten, aber sich selbst bestrafenden Mutter geprägt ist, wird eine Beziehung des Asklepios zu seiner Tochter als Begleiterin phantasiert, die den Namen der Mutter trägt. Die Frau, von der er sich als Sohn immer auch etwas abhängig sieht und ihm daher in ihrem Begehren als mächtig erscheint, ist durch die drohende Rivalität mit dem Vater und der mütterlichen Ambivalenz für Asklepios gefährlich. Den Ausweg bietet eine weniger mächtig erscheinende Frau, die nichts Überwälti – gendes an sich hat.

Hygieia ist eine solche Frau, die mit ihrem Namen auf die Mutter verweist, aber als Tochter ungefährlich ist. Mit ihr kann Asklepios die genitale Beziehung eingehen, die mit Athene verboten ist. Mit der Einführung Hygieias als Tochter ist Asklepios' Werben weit genug ver – schoben, um die Konkurrenz mit dem Vater zu vermeiden.

Es kommt aber auch zu der für den Ausgang des ödipalen Konflikts so typischen Identifikation mit dem Vater als Aggressor. Als Heilgott wirkt Asklepios in Epidauros direkt neben dem väterlichen Tempel. In Eintracht existieren sie nun nebeneinander, der Ältere als der Größere und der Jüngere als der eigentlich Heilende und über eine gewisse Zeit als der Bedeutendere. Deutlich schimmert der homosexuelle Aspekt durch.

Mit der Mutter als Verkörperung des Lebens verbindet sich die kollektive Erfahrung von der Begrenztheit der menschlichen Existenz mit dem Tabu, keinen Bund fürs Leben mit der Mutter eingehen zu dürfen. So wie die belebende Verbindung zur Mutter nur von begrenzter Dauer ist, ist auch das Leben nicht unbegrenzt. Und so wie die Einigkeit mit der Mutter durch den Vater (Zeus) aufgelöst wird, wird das Leben durch den Tod und seinen Machtanspruch (Hades) begrenzt. Die Unerbittlichkeit des Naturgesetzes wird mit der Gnaden – losigkeit der sozialen Kontrolle eines Tabus verquickt. So wird eine natürliche Gegebenheit, die während des Lebens nur an anderen er – fahrbar ist, mit dem Erleben des eigenen Schicksals verbunden. Da dieses Schicksal gesellschaftlichen Bedingungen unterliegt, wird der Umgang mit dem Tod ebenfalls sozialisiert. Der Mythos enthält die "Warnung", sich weder gegen den Tod noch gegen die gesellschaftliche und familiale Ordnung zu stellen, die eine väterliche ist. Indem die griechische Ethnie ihre eigenen Normen quasi internalisiert hat, er – träumt sie sich eine wohlwollend nährende Behandlung der Kranken, hat aber große Angst vor einem Kampf gegen den Tod, der mit dem ödipalen Drama verbunden ist.

Eingreifender Arzt heute

Handelt der Arzt als Asklepiade, versöhnt er den Patienten mittels des symbolischen Nährens mit der gesellschaftlich – väterlichen Zerstö – rung und dem mütterlichen Tod, die sich in der menschlichen Vergänglichkeit begegnen. Der Diätetiker wandelt die zerstörerische, verletzende Kraft des Apollon in eine heilende. In der Anbindung an die "Philosophie" eines Chiron macht der Arzt den Patienten mit der "Welt des ewigen Hinsiechens" (Kerényi 1975, S. 99) vertraut. So wird in der Arzt – Patient – Interaktion nicht versucht, die Sterblichkeit zu besiegen, was dem Kampf gegen den väterlichen Tod gleichkäme. Ganz im Gegensatz dazu führt der Arzt den mit dem gütigen Vater As – klepios verbundenen Patienten ebenso wie sich selbst heim in das Reich der Mutter (Phoibe/Koronis, Hekate), d.h. zurück in den Uterus.

Im modernen Krankenhaus jedoch sieht sich das medizinische und pflegerische Personal immer wieder außerstande, einem Patienten auch nur sein nahes Ende mitzuteilen, geschweige denn ausführlich darüber zu sprechen. Die Aufhebung der Desymbolisation menschlicher Sterb – lichkeit und des Todes würde der naturwissenschaftlichen Ideologie von der Beherrschbarkeit des Untersuchungsgegenstandes, d.h. des men – schlichen Körpers zuwiderlaufen. Der gesellschaftlich formulierte Herr – schaftsanspruch kommt dem subjektiven Verlangen nach omnipotenten Beziehungsobjekten entgegen. Viele Patienten sind bestrebt, die durch einen Regressionsdruck aktualisierten unbewußten Wünsche und In – teraktionsformen als Heilserwartungen idealisierend auf "die Medizin" zu übertragen.

Die Verleugnung der unausweichlichen Sterblichkeit macht sich beim Krankenhauspersonal in einem Kampf gegen den Tod bemerkbar. Selbst bei Schwerstkranken wird mit dem Tode gerungen, als könnte tatsäch – lich etwas gewonnen werden. Was erstritten wird, ist jedoch nur ein Teilsieg der Illusion über die Vernunft, der Illusion von der Natur – beherrschung durch die Wissenschaft.

Der mythologische Ausdruck für diesen Kampf ist Asklepios' Wie – dererwecken von Toten, für das er selbst bestraft wird. Der psychody – namische Aspekt der Auseinandersetzung verweist auf die ödipale Thematik. Aus dem Thema "Der Körper braucht ..." ist das Thema "Einer wird gewinnen" geworden.

In der rivalisierenden Aktion ist der Tod nicht mehr die nährende Mutter sondern der Vater, dem ein Herrschaftsbereich streitig gemacht wird. Dabei ist der Patient zu einem schlichten Zankapfel geworden, der nur noch insofern einen Wert hat, als daß die Verfügungsgewalt über ihn den "Sieger" festlegt.

In dem Rivalitätskampf mit dem Tod ist der Patient nicht mehr das Objekt versorgender Bemühungen, sondern er ist zum Machtsymbol und unbewußt zum Symbol des Penis geworden, der dem Arzt entrissen zu werden droht. Wenn der Mediziner gegen den Tod kämpft, wirbt er gleichzeitig um die Gesundheit, die auf griechisch Hygieia heißt. Soll der Kranke dem Bann des Todes entrissen werden, wird eine lebenschaffende Kraft benötigt. So nehmen die Behandlungsmittel in der Interaktion nicht mehr die Bedeutung einer Muttermilch an, sondern sie werden zu dem Blut der Medusa, der lebenspendenden sexuellen Anziehungskraft der Mutter Athene. Der griechische Arzt strebt im Kampf gegen den Tod eine Liaison mit Athene Hygieia an. In der Vereinigung der Liebenden wird der Patient (Penis) mit der Gesundheit (Mutter) zusammengeführt.

Doch die Begierde des Asklepiaden muß unvermeidbar eine Angst vor Kastration als Zeichen der Bestrafung durch den Vater auslösen, welche ihre Realisation symbolhaft findet, wenn eines Tages der Patient dem Arzt vom "Schnitter" entrissen wird.

Durch die patriarchale Ordnung wird aber auch die Mutter zur bedrohlichen Figur. Athene Hygieia erhält ihre heilenden Kräfte durch die Mistel, dem abgeschnittenen Phallus der Eiche (vgl. Ranke – Graves 1986, S. 157). Indem sich die Frau die männliche Kraft aneignet, nimmt auch sie Züge des Vaters als Rivale an. Die Kastrationsdrohung geht nun auch von der Geliebten aus. In der Rolle der Mächtigen verliert Athene ihre weiblichen Züge und damit auch ihr offen sexuelles Interesse an dem Sohn. Mit dem Rückzug der "Gesundheit" geht dem Sohn nicht nur das begehrte Liebesobjekt, sondern gleichzeitig ein wichtiger Schutz gegen die väterliche Aggression verloren, der in dem mütterlichen Begehren und in ihrer Solidarität mit dem Sohn liegt.

Ist ein Patient zum Tode bestimmt, obwohl der Arzt sich für die Genesung "stark gemacht" und "gekämpft" hat, gerät er affektiv an seine eigene Grenze anstatt an die eines Naturphänomens (Begrenztheit des Lebens). An diesem Punkt droht dem Mediziner gleichzeitig ein Verlassenwerden durch die Mutter und die Kastration durch den Vater.

Die Dynmaik behält meines Erachtens auch dann ihre Gültigkeit, wenn das Bemühen um die illusionäre Macht über Leben und Tod in die realitätsgerechtere Form eines Engagierens für die Wiederherstellung von Gesundheit gegossen wird, wobei die Entscheidung über Aufnahme und Abbruch des Engagements an die "Schulmedizin" und deren institutionell stabilisierten Maximen bzw. an den Chefarzt delegiert wird.

Die Institution Krankenhaus bietet den männlichen Ärzten die Möglichkeit an, die ödipale Dreieckssituation in einem Kompromiß abzuwehren, der bereits im Kult des Asklepios auszumachen ist. Jener Gott wählt in seinem Begehren stellvertretend für die Mutter Hygieia die Tochter Hygieia zur Partnerin und schließt somit die Konkurrenz mit dem Vater aus. Für die kollektive Formation steht institutionell die Krankenschwester bereit, die, wie es die Ironie des Schicksals will, für die Hygiene zuständig ist. Obwohl sie gegenüber den Patienten in einer mütterlichen Rolle agiert und obwohl die Schwester dem Arzt helfend und unterstützend zur Seite steht (Zutragen von Informationen, Abnehmen von medizinischen Aufgaben), gerät sie in eine untergeordnete Position. Die liebenswerte Mutterfigur wird durch eine Degradation zur Tochter und findet sich in einer Rolle wieder, in der sie von dem Arzt abhängig ist wie ein Mädchen von ihrem Vater. "In der Person des Arztes", schreibt Jürgens – Becker, "suchen die Schwestern Halt. Er soll ihnen Sicherheit für den täglichen Umgang mit dem Patienten vermitteln. Spielt der Arzt diese Rolle, scheint das zur Angstreduktion bei den Schwestern beizutragen" (Jürgens – Becker 1987, S. 16).

Die Krankenschwester ist aber nicht nur Mutter und Tochter, sondern wie Hygieia auch die Begleiterin des Arztes, der nun in die "Rolle des traditionellen Familienvaters bzw. Ehemannes" gelangt (ebd.). Zwischen dem Mediziner und der Krankenschwester besteht zumindest auf der Ebene der Phantasie eine Verbindung auf genital – sexueller Ebene. In heutigen Arztromanen werden die jungen Ärzte und die hübschen Krankenschwestern als sexuell aktiv und stark aneinander interessiert phantasiert, wobei die klischeehafte Liaison auch in der Realität vielfach anzutreffen ist.

Da der gefundene Kompromiß nicht vollkommen befriedigend sein kann, setzt sich der Kampf gegen den Rivalen fort, wobei sich innerhalb des Krankenhauses der Tod als Übertragungsfolie geradezu anbietet. Um seinem gesellschaftlichen Auftrag gerecht zu werden, um als richtiger Arzt zu gelten, muß der Mediziner gegen den Tod ankämpfen.

Andernfalls wäre sein Ich, in das eine entsprechende Rollenrepräsentanz eingearbeitet ist, bedroht. Die Konstruktion der Arzt – Rolle bzw. ihre Ideologie ist geeignet, ödipale Phantasien zu provozieren.

Doch der ödipale Konflikt soll, so ist sicherlich die unbewußte Phantasie von Patienten wie Mitarbeitern gleichermaßen, anders als gewohnt ausgehen. Der Wunsch dürfte sein, die Mutter Gesundheit schlage sich ebenso wie ihre kompromißhafte Ersatzfigur auf die Seite des Arztes und der Tod werde besiegt. Die Menschen würden somit unsterblich und der Arzt zum Gott.

Aber ein solcher Wunsch kann sich nicht als dynamisch bewußte, kollektive Phantasie durchsetzen. Zu heftig steht sie im Widerspruch zur christlichen Religion und zur realen Alltagserfahrung. Die bewußtseins – fähige kompromißhafte Phantasie besagt daher eher, daß Arzt und Schwester gemeinsam gegen den Tod kämpfen, dieser dann zwar ob – siegt, was bei beiden Trauer auslöst, der Arzt aber nicht seine Stärke verliert, d.h. nicht kastriert wird und beide beieinander bleiben.

Wird jedoch im Wiederholungszwang die alte Interaktionsform neu belebt, werden in der Regel alle Facetten der alten Szene aktualisiert. Da eine normale, "realitätstüchtige" Mutter irgendwann mit dem eigenen Rückzug vom Sohn in den ödipalen Konflikt aktiv versagend eingreift, provoziert der gruppendynamische "Aktionsführer" (vgl. Schindler 1960/61, S. 384) unbewußt die Trennung von Mutter und Sohn. In seiner Angst, die die Mutterimago repräsentierende Krankenschwester würde ihm nicht genügend beistehen (d.h. in das Tochter – Vater – Verhältnis übertragen, sie würde ihm nicht genügend zur Hand gehen), reagiert mancher Arzt so aggressiv, daß die Schwestern in einem offe – nen oder stillen Protest tatsächlich die Zusammenarbeit immer wieder aufkündigen.

V. ANSATZ EINER ENTKOLONISIERUNG

Perspektive

Zum Ende der vorgelegten Studie möchte ich es nicht versäumen, einen Ausblick auf eine mögliche Praxis der Veränderung des Lebens in der Institution Krankenhaus zu geben. Dabei sollte man sich stets vor Augen halten, daß es weniger um die Zukunftsvisionen eines Außenstehenden geht als vielmehr um die Interessenfindung und Inter – essendurchsetzung der Mitarbeiter und Patienten der konkreten Klinik, der einzelnen Abteilung oder der Krankenstation. Meine Aufgabe kann nur sein, wenige Ziele negativ zu formulieren und Einschätzungen für eine verändernde Praxis abzugeben mit der Intention, einer kritischen Auseinandersetzung der Insider dienlich zu sein.

Die verändernde Praxis möchte ich in Anlehnung an ethnologische Erfahrungen als den Prozeß einer Entkolonisierung der Menschen im Krankenhaus betrachten, einer Rücknahme fremdbestimmter "Koloni – sierung" (vgl. Bosse 1980, 1981). Wenn die Menschen zwar ihre eigene Geschichte machen, diese aber nicht aus freien Stücken vollziehen, läuft manche gesellschaftliche Entwicklung sozusagen über das Subjekt hin – weg. In einer fortgeschrittenen "Phase der Vergesellschaftung unter ka – pitalistischen Bedingungen" werden "in zunehmendem Maße ... die un – mittelbaren Lebenszusammenhänge der Individuen durch die Verge – sellschaftung von ihrer traditionellen Herkunft getrennt und dem Ver – wertungsinteresse des Kapitals fungibel gemacht" (Leithäuser/Volmerg 1981, S. 11). Es kommt zu der Subsumption der Subjektivität unter das Kapital, die Bosse bezogen auf die "dritte Welt" die '"innere Koloni – sierung"' nennt (Bosse 1980, S. 280). Diese gilt es zu bearbeiten, soll ein Fortschritt im Krankenhaus entsprechend meines Ansatzes erfolgen.

In der Sprache des Ethnologen läßt sich formulieren: "Nur in der Auseinandersetzung mit dem Erbe kolonialer Unterwerfung", die immer eine Unterwerfung unter die Prinzipien der Kapitalverwertung bedeutet, und die sich äußert in "den Verheißungen, den individuellen sozialen Aufstieg zu schaffen, während ringsherum die ehemaligen Bezugsgrup – pen sozial deklassiert werden", d.h. in den Visionen des strebsamen Kleinbürgertums, nur in einer Bearbeitung dieser unterwerfenden Ver – strickung "gewinnen Gesellschaften, Subgesellschaften oder Individuen

Anschluß an ihre kollektive Lebensgeschichte und gelangen zu einer Gegenperspektive zur Modernisierung" im Sinne der herrschenden Ordnung (ebd.).

Von großer Bedeutung auch für das Krankenhaus ist die Verflechtung der Entwicklungschancen einer kämpfenden Arbeiterklasse im weitesten Sinne mit ihrer sozialisatorischen Praxis, worauf Leithäuser (1981b) mit Sartre hinweist. Das "der Klasse gemeinsame Interesse ... [ist] die praktische Negation eines Schicksals, das ... erlitten wird" (Sartre 1967, S. 330). "Der Arbeiter wird sich [aber] nur dann von seinem Schicksal befreien, wenn die ganze menschliche Vielheit sich für immer in Gruppenpraxis verwandelt. Seine einzige Zukunft liegt ... in den menschlichen Beziehungen, insofern sie in der Einheit einer Gruppe ... entstehen" (ebd. S. 331). Im Rahmen einer Entkolonisierung gilt es, eine Gruppenpraxis voranzubringen, "die die Auflösung des bestehenden praktisch – inerten Feldes, einer als Schicksal erfahrenen, die Lebens – und Arbeitssituationen nicht ändernden, entfremdeten Praxis bewirkt" (Leithäuser 1981b, S. 114).

Doch in einer festgefügten Institution wie dem Krankenhaus, sind die objektiven Verhältnisse mit dem Alltagshandeln und dem Alltagsbewußtsein so umfassend verflochten, daß es wenig Spielraum für globale Ansätze einer Reflexion des Bestehenden gibt. Die Plausibilitätsstrukturen sind in sich gefestigt und ein enormer Produktionsdruck macht es den Insidern schwer, Fragen zu stellen. Allzuschnell und allzusehr wird gefürchtet, daß mit zweifelnden Mitarbeitern das große Leid der Patienten nicht zu bewältigen sei. Ein kritischer Ansatz gilt daher bei Insidern in der Regel zunächst als "unrealistisch".

Methoden einer Veränderung

Wie kann man nun eine Entkolonialisierung im Krankenhaus voranbringen? Zunächst scheinen sich Konzepte der Organisationsentwicklung anzubieten, nach denen von der Organisation als systemisches Ganzes oder von einzelnen Arbeitsgruppen ausgehend Konfliktfelder aufgespürt und bearbeitet werden sollen. Die gängigen Techniken der meist für die gewerbliche Wirtschaft erarbeiteten Verfahren sind unter anderem spezielle Planungsgruppen bzw. – zirkel und Konfrontationssitzungen, in denen die erkennbaren Konflikte ausgetragen werden. Zu diesem Zweck werden auch eine Reihe gruppendynamischer Spiele eingesetzt, die eine Katalysatorfunktion für unterschwellige Dissonanzen in der Arbeits – gruppe haben. Jedoch werden in der Regel nicht die subjektiven und objektiven Verursachungen analysiert und durchgearbeitet, sondern auf einer Oberflächenebene des Bewußtseins in einer Weise verfahren, die sich mit folgenden Stichworten plakativ beschreiben läßt: Klärung der Standpunkte und Vorwürfe – Ausloten der organisatorischen Möglich – keiten einer Veränderung – Aufforderung zur Verhaltens – und Ein – stellungsänderung – Drängen auf ein "Abfinden" mit den neuen Rah – menbedingungen.

Trotz vielfältigem Bemühen, zumindest in der Theorie der Organisa – tionsentwicklung emanzipatorische "Unternhmensphilosophien" zu ent – werfen, schleichen sich bereits in die Konzeptualisierung Gütekriterien ideologischer Natur ein: Ganz im Sinne einer pragmatischen Orientie – rung wird eine Veränderung als erfolgreich erachtet, wenn sich die Mitarbeiter weniger streiten, die Arbeit ohne viel Reibung erledigt wird oder sich alle Beteiligten irgendwie besser fühlen. Jede Art der Simplifizierung wird rasch als "Praxisnähe" definiert und überall ge – lobpreist, wo eine kritische Analyse ins Stocken gerät oder unerwünscht ist.

Für die Organisationen der psychosozialen und gesundheitlichen Versorgung sind relativ unabhängig von der Organisationsentwicklung unterstützende, modifizierende und lehrende Verfahren entstanden, die sich auf den interpersonalen Bereich konzentrieren. Neben Balintgrup – pen, die die Psychodynamik des Patienten vor einem psychoanalytischen Hintergrund erschließen und zu erschließen lehren, so wie sie sich in der Arzt – Patient – Beziehung manifestiert, und neben verschiedensten Weiterbildungen und Kriseninterventionen ist vor allem die Supervison zu nennen, die auch unter dem Begriff der Praxisberatung firmiert. Hier wird die eigene Tätigkeit reflektiert mit einer Orientierung auf die Entwicklung von Fähigkeiten und Bereitschaften zum kritischen und konstruktiven Handeln mit Menschen im Beruf, wobei besonderes Au – genmerk auf die Beziehungen zu Klienten und Kollegen gerichtet wird (vgl. Gaertner/ Wittenberger 1979, S. 22). Dabei wird die "Gefühlsar – beit", von der in Kap. 4.2. die Rede ist, offiziell zu einem Bestandteil der Arbeit und des Dienstvertrages gemacht. Das "Verkraften" der er – lebten Schicksale ist nicht mehr reine Privatsache (vgl. Müller 1979, S. 146). Doch muß die Gefahr berücksichtigt werden, daß die supervisorische Aufarbeitung der Konflikte und Belastungen zur bloßen Vermittlung von "Sozialtechniken" verkommen kann.

In einer psychoanalytisch orientierten Supervision kommen den so – genannten Spiegelphänomenen eine besondere Bedeutung zu. Durch Übertragung und Gegenübertragung bzw. in dem Agieren mittels historischer Interaktionsformen spiegelt sich eine unbewußte Dynamik in den Beziehungen des "Hier und Jetzt" wider. Bei der Erläuteruung der Interviewmethode habe ich schon einmal das Phänomen erläutert. In der Supervision einer Arbeitsgruppe spiegelt sich auf einer interperso – nalen Ebene "in den Interaktionen der Teammitglieder die Beziehung des Patienten [über den gerade gesprochen wird] zu seiner Umwelt" (vgl. Hegenscheid – Renartz 1986, S. 208), während auf einer inter – gruppalen Ebene in der Supervisionsgruppe das Gesamtthema des Grundkonfliktes manifest wird, das die Patienten in die Krankenhausinteraktion einbringen (vgl. ebd. S. 203). Gleichzeitig gibt die Auswahl und die gewünschte Art der Bearbeitung von vorgebrach – ten "Fallproblemen" auch Auskunft über die konflikthafte Dynamik in – nerhalb der Arbeitsgruppe (vgl. ebd. S. 207f). Daher wäre eine stereo – typisierte Betrachtungsweise nach der "Formel 'alles ist der Patient' ... ein Rückfall in die Ein – Personen – Psychologie" (Rosin/Baur – Morlok 1984, S. 134).

Sind Supervisor und Supervisanden bemüht, ähnlich wie in einer Balintgruppe "Sinn und Bedeutung ... aus der Dynamik der Beziehung zu erschließen" (Rosin/Baur – Morlok 1984, S. 132), wird das Aufzeigen der Spiegelphänomene zu einem Teil einer sozialisatorischen Praxis. Auch wenn in aller Regel das "Übertragungs – Gegenübertragungsge – schehen nicht für eine Deutung der unbewußten Prozesse" des Supervisanden verwendet wird (ebd. S. 133), ist die Subjektivität des Mitarbeiters in prägender Weise tangiert. Für die Balint – Arbeit läßt sich der sozialisatorische Prozeß in der Sprache des Klinikers so aus – drücken: "Die Wandlung der Persönlichkeit in der Balint – Gruppe ist eine Psychotherapie (für den Patienten) *am* Arzt, nicht des Arztes" (ebd. S. 134).

Bedarf im Krankenhaus

Indem ich nun zum Krankenhaus zurückkehre, will ich festhalten, daß für das Bemühen um eine Entkolonisierung nur solche Strategien der Organisationsentwicklung und Supervision als Anregung dienlich sein können, die zumindest in ihrer Gesamtheit bestimmten Kriterien genü – gen.

Ein Konzept für Allgemeinkrankenhäuser muß

a) sehr variabel sein,
- um sich auf die spezifische Situation des Krankenhauses einzustellen und
- um auch bei heftigen Blockierungen während des Prozesses weiter – arbeiten zu können;

b) eine hohe Kompetenz im interaktiven Bereich ausweisen, weil
- die "Werkstücke" Menschen sind,
- die Produktion über weite Strecken über zwischenmenschliche Kontakte erfolgt und
- die Konfrontation mit Krankheit, Leiden und Tod besondere kol – lektive Formen der psychosozialen Verarbeitung etablieren läßt;

c) eine sorgfältige Analyse im organisatorischen und institutionellen Bereich im Hinblick auf systemische Verflechtungen gewährleisten, weil
- die Strukturen in vielen Krankenhäusern besonders rigide festge – schrieben sind und gleichzeitig
- erst eine weitreichende Strukturbearbeitung eine dauerhafte Ver – besserung der Situation von Patienten und Personal erwarten läßt;

d) bereits während des Prozesses der Veränderung einen hohen Grad an Selbstbestimmung von Arbeitsgruppen auch auf unteren Ebenen der Hierarchie garantieren;

e) psychoanalytisch fundiert sein, um die Bedeutung der unbewußten Dynamik der Institution, ihre Mythen und Rituale erfassen und ei – ner Bearbeitung zugänglich machen zu können.

Arbeit an Ritualen

Die konkrete Konzeptualisierung einer entkolonialisierenden Praxis ist immer nur für ein einzelnes Krankenhaus mit seinen Besonderheiten sinnvoll, so daß ich auf die Präsentation eines allgemeinen Modells verzichten möchte. Stattdessen will ich mich in der Fortführung der Grundgedanken dieser Studie der Bedeutsamkeit einer Auseinanderset – zung mit Ritualen im Veränderungsprozeß widmen.

Kaum bedarf es der gesonderten Erwähnung, daß ein Schwerpunkt der Bearbeitung auf der unbewußten Dynamik der Arbeitsorganisation liegt, wenn man sich mit Ritualen beschäftigt, die die längst beschrie – bene Bedeutung für die Produktion und die Psychodynamik der Insider haben und die als strukturierende Katalysatoren für Phantasien und Alltagstheorien wirken. Zentral in das Geflecht der Verhältnisse ver – woben, kann ein Ritual nicht einfach "abgeschafft" werden, selbst wenn die Akteure dies wünschen.

In einem langfristig angelegten Bemühen gilt es, die bestehenden und die neu entstehenden Rituale als solche in ihrer standardisierenden Dramaturgie und ihrer metaphysischen Sanktionierung zu erkennen und ihre Symbolisationen auszumachen. Während des gesamten Prozesses einer Entkolonisierung sollen und können die Rituale nicht pauschal negiert, aber einer kritischen Diskussion unterzogen und zur Disposition gestellt werden. Dabei muß die vielschichtige Bedeutsamkeit des kon – kreten Rituals sowohl kognitiv als auch affektiv erfahrbar werden.

Mit Blick auf die klinische Psychoanalyse kann das Ritual mit einem Symptom verglichen werden, das erst nach einem Durcharbeitungsprozeß Änderungen zeigt. Ein Ritual ist nach meiner Auffassung in der emanzipativen Praxis stets als eine kollektiv bedeutsame und im analy – tischen Prozeß aufschlußreiche Kompromißbildung zu werten. Sofern diese in einem Zusammenhang mit einem kollektiven "Leidensdruck" steht, bedarf sie einer ebenso behutsamen wie beharrlichen Bearbeitung. Die Zielsetzung einer Arbeit an Ritualen kann wie bei dem Entko – lonisierungsprozeß allgemein nur negativ formuliert werden als die Rücknahme von kollektiver Unbewußtheit und die Reduzierung von institutionellen Regeln und subjektiven Selbstbeschränkungen, die die entfremdenden Verhältnisse perpetuieren. Ein Ergebnis oder besser Zwischenergebnis kann in der Veränderung bestehender oder der Eta – blierung neuer Rituale liegen.

Organisationsplanung

Die Arbeit an Ritualen bedarf nach meinem Dafürhalten einer par-
allelen Entwicklung auf der Ebene einer Organisationsplanung und der
einer die Subjektivität in den Mittelpunkt stellenden Supervision. Im
erstgenannten Sektor halte ich es für ratsam, in der Aufbau- und
Ablauforganisation Ausweichmöglichkeiten zu schaffen für veränderte
Formen der kollektiven Bewältigung des Arbeitsauftrags (der im ver-
stärkten Maße die psychosozialen Bedürfnisse der Patienten
berücksichtigt) und der mit der Sozietät in Konflikt tretenden eigenen
Interessen und Bedürfnissen.

Wenn eine Gruppe von Mitarbeitern etwa zu der Überzeugung gelangt, daß das aseptische Drama verändert werden müsse, um sowohl
die Krankenhausinfektionen mit einem mehr durch Vernunft gesteuerten
Handeln besser reduzieren als auch die soziale Kontrolle in ihrer
Rigidität zurücknehmen zu können, darf nicht angenommen werden, daß
dadurch allein die Substanz des Rituals veränderbar ist. Die sexuellen
und aggressiven Regungen, die in dem Drama als "Symptom" abgewehrt
und doch befriedigt werden, drängen trotz aller Macht des Logos nach
Erfüllung. Rasch würden institutionelle Hindernisse gegen die
Veränderung wirksam. Zumindest einzelne Mitarbeiter würden sich erfolgreich bemühen, die Kontrolle zwar vielleicht in einem anderen
Gewand, im Kern aber doch in der gewohnten Weise mit ähnlicher
unbewußter Dynamik aufrecht zu erhalten.

Das System der veränderungswürdigen Kontrolle kann hingegen
leichter modifiziert werden, wenn durch Maßnahmen der
Organisationsplanung etwa die Rigidität der formalen Organisationsstruktur vermindert wird. In einige Verwaltungsvorschriften können
größere Handlungs- und Entscheidungsspielräume für die Mitarbeiter
"vor Ort" eingebaut werden und vieles andere mehr. So würde die
Sprachlosigkeit im Bereich der Strukturierung des eigenen Alltags ihre
"offizielle Notwendigkeit" verlieren. Das Argument "So muß es aber
gemacht werden", kann in seiner Bedeutung einer Zurückweisung von
Thematisierungsversuchen erkannt werden.

In der Folge ist es denkbar, daß sich die Mitarbeiter verstärkt auf
die Suche nach geeigneten Freiräumen für ihre Bedürfnisse machen.
Dabei wäre auf der Ebene der Organisationsplanung von den Insidern
beispielsweise in den Tagesablauf gezielt Leerlaufzeiten einzuplanen.

Dort kann sich ein neues Ritual bilden, welches die bisher im aseptischen Drama gebundenen Bedürfnisse in eine zufriedenstellendere Kompromißbildung einbindet.

Daneben kann eine geeignete Organisationsplanung helfen, der Explosivkraft, die in der heutigen rituellen Praxis mehr oder weniger notdürftig absorbiert wird, ihre zerstörerische Tendenz zu nehmen. In diesem Sinne können allein schon durch eine punktuelle Reorganisation viele Anlässe für die Entwicklung von Aggressionen eliminiert werden. Beispielsweise kann mittels einer geeigneten Stellenbeschreibung dem einzelnen ein klar umgrenzter Kompetenzbereich zugesprochen werden, in dem es nicht mehr zu willkürlichen Anweisungen durch Vorgesetzte kommt. Durch die Kompetenz- und Aufgabenfestlegung wird der Regressionsdruck vermindert, der in der Folge zur subjektiv angstvollen, aggressiven und sehnsüchtigen Überhöhung des Weisungsbefugten führt. Eine Modifikation etwa des Erscheinungsrituals ist nun eher möglich.

Aseptisches Drama

In Supervisionsgruppen ist nach meiner Auffassung die subjektive Bedeutung der Rituale zu thematisieren. Dabei wird die Aufmerksamkeit "über die Grenze zwischen bewußt und unbewußt und jene zwischen bewußter und nicht wahrgenommener sozialer Realität" hinaus auf Rollen und Klasseninteressen gerichtet, wie es Parin für die Bearbeitung von Rollenidentifikationen empfiehlt (Parin 1983a, S. 106). Dabei ist es in einer Supervision ebenso wie in einer Psychoanalyse unerläßlich, permanent eine "Atmosphäre gesellschaftskritischer Offenheit" (ebd. S. 50) herzustellen.

Zu der Auseinandersetzung mit Rollen innerhalb des Rituals ist anzumerken, daß "der unbewußten Rollenidentifikation ... am Beginn und am Ende von Analysen" "eine besondere Bedeutung" zukommt (ebd. S. 107). Doch empfiehlt Parin, die eigentliche Arbeit an der Rollenidentifikation erst zu beginnen, wenn durch einen ausgedehnten psychoanalytischen Durcharbeitungsprozeß "die Bereitschaft zu regredieren geringer geworden ist" (ebd. S. 46). Da in der Supervision die angeratene Vorarbeit nicht geleistet werden kann, erhält die anfängliche Beachtung der vorbewußten Aspekte der Identifikation eine zentrale Bedeutung.

In der supervisorischen Auseinandersetzung mit dem aseptischen Drama ist angezeigt, den Umgang mit Aggression und Sexualität im Stationsalltag bzw. ihre Tabuisierung zu thematisieren, zu bearbeiten und somit einer Modifikation zugänglich zu machen. Auch wenn die aktuellen Konflikte in ihrer konkreten Ausformung durch die alltägliche Praxis in der Klinik mitbestimmt ist, sollte der Supervisor auf die Pro – blemfelder vorbereitet sein, die dem Leser inzwischen vertraut sind. Dann finden die Insider in einer analytischen Beratung Unterstützung

– bei der Erweiterung des Thema – Horizont – Schemas,

hier: das bisher auf Krankheitserreger orientiert;

– bei dem Abbau von Thematisierungsbarrieren,

hier: etwa gegen Aggression und Wissenschaftshörigkeit;

– bei dem Erkennen und Reflektieren der Alltagstheorie,

hier: der Sicherheitstheorie etc.;

– bei der Bewußtmachung der unbewußten kollektiven Phantasien,

hier: von Befreiung und Ansteckung;

– bei der Klärung der durch das Ritual berücksichtigten Wünsche im Mitarbeiter – Mitarbeiter – Verhältnis,

hier: nach Versorgung, Schutz vor Angriffen oder Führung im Dik – kicht der Dynamik des massiven Leidens in den Verhältnissen der Produktion;

– bei der Klärung der Triebbedürfnisse im Patientenkontakt und ihre kanalisierte Teilbefriedigung im Ritual,

hier: z.B. die Aggression im Putzmittelgebrauch und die Erotik in der reinigenden Berührung; und

– bei der Bearbeitung der ökonomischen Bedeutung der Handlungs – und Erlebnismuster,

hier: insbesondere der verkehrsformgerechten Formalisierung.

Zu der Form der Behandlung von Konflikten seien noch zwei Er – wägungen angemerkt. Bei der Beschäftigung mit Wünschen und Tabus sollte der Supervisor meines Erachtens um eine lebensgeschichtliche Aufarbeitung bemüht sein, die die berufliche Historie betrifft, die pri – märe Sozialisation aber nur in Form von Verweisen anspricht. Am Ende eines für jeden Supervisanden überschaubaren Zeitabschnitts halte ich die Entwicklung konkreter, rasch umsetzbarer Gruppenpraktiken für ratsam, die später eine bewußte, durch Vernunft steuerbare Institutionalisierung erfahren können. Dabei darf die neuerliche Fest –

schreibung nicht wieder aus dem Prozeß einer permanenten Reflexion herausfallen.

Erscheinungsritual

Bei der Beschäftigung mit dem Erscheinungsritual muß der Supervisor vorbereitet sein auf die thematisierende Bearbeitung
- der Alltagstheorie des "Wissens und Könnens", die eine spezifische
  Sinnhaftigkeit des alltäglichen Handelns stiftet;
- der subjektiven Bedeutsamkeit des Thema – Horizont – Schemas einer
  "Weisheit der letzten Entscheidung", z.b. in der Verleugnung von
  Ohnmacht;
- der objektiv – institutionellen Bedeutsamkeit des Schemas, z.B. in einem Autoritarismus;
- der Orientierung auf die sogenannten wissenschaftlichen Erkenntnisse;
- der Begrenzungen des Thema – Horizont – Schemas im Hinblick auf
  das mangelnde Wahrnehmen der Begrenztheit medizinischen Wirkens
  und die Wichtigkeit von Nachbardisziplinen;
- der Bedeutsamkeit der eigenen Vergänglichkeit und Begrenztheit, d.h.
  der Größenphantasien bezogen auf die eigene Person;
- des Wunsches nach einer omnipotenten Elternfigur, die führt und
  schützt;
- der Projektions – und Identifikationsprozesse in der Mitarbeiter –
  Patient – Beziehung, die sich z.B. ausdrücken in der Dominanz der
  Phantasie, der Patient wolle die totale Versorgung oder der Phantasie, der Patient sei im Begriff, den Mitarbeiter aufzufressen;
- der institutionellen Abwehr der Konfrontation mit Leiden etwa mittels Geschäftigkeit oder Überhöhung der Arzt – Figur;
- des narzißtischen Gewinns durch die Erhöhung von seiten der Patienten und Mitarbeiter;
- der Kränkungen und Erniedrigungen durch das Zuarbeiten;
- des Regressionsdrucks durch das "Lernen" an und Agieren im Sinne
  von einer als allgemeingültig erklärten Auffassung des Vorgesetzten
  und der Schulmedizin;
- der identifikatorischen Teilhabe an der Kraft dessen, dem zugear-
  beitet wird, wobei die Partizipation einer Identifikation mit einer
  übermächtigen Elternfigur entspricht;

- der masochistischen Wendung der Aggression gegen die eigene Person;
- der Abfuhr von Aggression gegen den Vorgesetzten in einer hohen
Leistungsanforderung oder einer Forderung nach überväterlichem
Schutz durch "Absolution";
- der Isolation in der "eigenverantwortlichen" Entscheidung;
- der Einsamkeit in der Solidarität zerstörenden hierarchischen Trennung von Menschen mit prinzipiell gleichen Basisinteressen;
- der Abhängigkeit des "Verantwortungsträgers" vom nachgeordneten
Personal; und
- der Gesellschaftsrelevanz in der Durchgängigkeit des Erlebens der
Herrschaftsbestimmtheit von Interaktionen.

Kaffeetrinken

Zum Abschluß möchte ich noch einige Gedanken zur Arbeit an Ritualen festhalten, die sich auf komplexe Handlungsstandards bezieht,
welche eine andere Qualität haben, als wir sie vom aseptischen Drama
und dem Erscheinungsritual gewohnt sind. Als Beispiel wähle ich das
"Kaffeetrinken". Es bezeichnet auf Krankenstationen eine verbreitete
Gewohnheit oder einen Handlungsstandard, der zumindest in einzelnen
Fällen sicherlich alle Charakteristika eines Rituals aufweist.

Die Gewohnheit kommt immer wieder zur Sprache, wenn ich mit
Insidern zusammentreffe. Meine Gesprächspartner ärgern sich darüber,
daß jeweils die Mitarbeiter, denen sie vorgesetzt sind, in einem nicht
vertretbaren Maße untätig zusammensitzen würden.

Die alltägliche Praxisfigur ist in ihrer Wichtigkeit im Gefüge einer
Klinik von einem Außenstehenden auf den ersten Blick häufig nicht
erkennbar. Das Ritual muß aber als ein bedeutsamer Bestandteil einer
Gegenkultur verstanden werden. Zur Erläuterung will ich eine Beobachtung aus einer uns fremden Kultur nennen.

Bosse beschreibt die Gesellschaft der Tzotzil und Tzeltal im
mexikanischen Hochland. "Beide Gesellschaften beweisen sich als Ge-
genkulturen zur kapitalistischen Bourgeoisie Mexikos, indem sie zwar
durch Saisonarbeit auf Kaffeeplantagen der Ladinos sich in die
kapitalistische Produktionsweise integrieren, sich aber gleichzeitig wieder
entziehen: Sie verzichten auf eine im begrenzten Maße mögliche Ak-

kumulation des gesparten Kapitals (Surplus), indem sie durch Neuschaffung einer Institution (aufwendige Feste) dieses Kapital systematisch vernichten, jeden Surplus also dazu benutzen, eine egalitäre Indio – Kommunität am Leben zu erhalten" (Bosse 1984a, S. 20).

Solche kollektiven Gegenbewegungen trifft immer wieder das herabsetzende Vorurteil, es handele sich um den Ausdruck eines Fata – lismus (vgl. ebd. S. 18f). Mit einer gewissen Parallelität trifft Menschen in unserer Kultur, die das Prinzip der Akkumulation nicht verinnerlicht haben und ihr erspartes Geld und gewonnene freie Zeit nicht in den "Aufbau" oder die "Sicherung" ihrer Zukunft investieren, Vorwürfe wie jenes, sie seien arm an Verantwortungsgefühl.

Wenn sich z.B. Krankenschwestern und – pfleger ihre Arbeit beson – ders rationell eingeteilt oder schnell gearbeitet haben, wird von den Vorgesetzten (in der Rolle eines Kapitalvertreters) erwartet, daß sie die gesparte Zeit bzw. Arbeitskraft einsetzen, um weitere Aufgaben zu er – ledigen. Das Produktionsmittel sei zur Steigerung der Produktionsrate in den Produktionsprozeß zu investieren und nicht für ein Vergnügen zu verschwenden. Die Pflegekraft habe sich die Ziele des Betriebs zu ei – gen zu machen und im Interesse des "Hauses" zusätzliche Tätigkeiten zu verrichten, welche sich bei der knappen Personalausstattung allemal finden lassen.

Im Gegensatz zu einem Handeln entsprechend den Produktionsbe – dingungen wird im "Kaffeetrinken" ein inhaltlich bestimmtes Interakti – onsmuster mit personalen Beziehungsdefinitionen gepflegt und prokla – miert. Die im offiziellen Krankenhausbetrieb unberücksichtigt gebliebe – nen Bedürfnisse nach oraler Versorgung können durch die Gruppe als Solidargemeinschaft symbolhaft befriedigt werden. Eine sehnsüchtige Orientierung auf einen "großen" Weisungsbefugten (Arzt, Oberin o.ä.) wird tendentiell hinfällig.

An diesem Ritual zu arbeiten heißt, an der vorhandenen Kraft und dem längst eingeschlagenen Weg zu einer Entkolonisierung anzusetzen. Auch wenn die Auseinandersetzung mit dem "Kaffeetrinken" nur zu einer Veränderung im kleinen führen kann, trifft sie doch einen neuralgischen Punkt. Trotzdem muß man sich der überall lauernden Gefahr auch hier bewußt sein, daß am Ende die Widerständigkeit in einen – reibungslosen Produktionsprozeß integriert und das innovative Moment der Interessenwahrung der Mitarbeiter entzogen ist.

Zwei Weisen des Umgangs mit dem Ritual will ich nennen. Einmal kann im Rahmen von themenzentrierten Gruppen das "Kaffeetrinken" einer Exemplifikation dienen, anhand welcher aufgezeigt wird,

– daß es kollektive Bedürfnisse nach inhaltlich und personal bestimmter Beziehung gibt,

– daß diese kollektiv ausgedrückt und verwirklicht werden,

– daß die Akteure auf unteren Ebenen der Hierarchie selbst einen Handlungsstandard oder ein Ritual etablieren können,

– daß es ein inoffizielles Leben gibt, welches die "Kultur" des Betriebs prägt und

– daß ein praktiziertes Gegenleben sowohl Freude und Entspannung als auch Solidarität stiftet.

Wenn am Ende ein Bewußtsein bezüglich der fünf Punkte entwickelt ist, kann sich als Folge im Alltag eine gruppale Interaktion etablieren, die auch im offiziellen Leben in der Institution die subjektiven Inter – essen der Mitarbeiter und letztendlich auch die der Patienten prokla – mierend und rekapitulierend symbolisiert.

Ein anderes Mal stoßen die Teilnehmer einer Supervision selbst auf das Ritual. Möglicherweise entwickelt sich nach einer analytischen Auseinandersetzung allmählich der Wunsch nach einer öffentlichen In – tegration des "Kaffeetrinkens" in die Ablauforganisation einer Kranken – station. Dabei wird sich das Ritual schon im Reflexionprozeß modifi – zieren.

Die Integration erfolgt im Zusammenwirken mit Gruppen, die auf der Ebene der Organisationsplanung arbeiten. Vielleicht wird die an – fallende Arbeit so organisiert, daß mehrere Mitarbeiter wie oben an – geregt gleichzeitig Leerlaufzeiten haben. Am Ende könnte die Freude am gemeinsamen "Kaffeetrinken" den Mitarbeitern als "Stimmungs – barometer" für das Klima auf der Krankenstation dienlich sein.

LITERATUR

Allgemeiner Patienten – Verband (apv) Marburg/Lahn (Hg.): "Ärztefeh – ler – pfuschen und vertuschen" Frankfurt/M. 1986

Althaus, D.:"Zur Psychopathologie des Alltagslebens am Arbeitsplatz" Frankfurt/M. 1979

Ammon, G.: "Zur Psychodynamik des Suizidgeschehens" in: Dynamische Psychiatrie, Heft 1, 1974

Andriessen, H.: "Pastorale Supervision", München 1978

Argelander, H.: "Das Erstinterview in der Psychotherapie"; Darmstadt 1970

ders.: "Ein Versuch der Neuformulierung des primären Narziβmus" in: Psyche 5/1971

ders.: "Gruppenprozesse. Wege zur Anwendung der Psychoanalyse in Behandlung, Lehre und Forschung" Reinbeck bei Hamburg 1972a

ders.: "Der Flieger"; Frankfurt/M. 1972b

ders.: "Über psychoanalytische Kompetenz" in: Psyche 12/1974

ders.: "Die kognitive Organisation des psychischen Geschehens" Stuttgart 1979

Ärztekammer Nordrhein (Hg.):"Berufsordnung für die nordrheinischen Ärzte vom 30.04.1977. Stand März 1988" Düsseldorf 1988

Balint, M.: "Der Arzt, sein Patient und die Krankheit" Stuttgart 1965

Battegay, R.: "Narziβmus und Objektbeziehungen"; Bern 1977

Bauriedl, Th.: "Symptome einer kranken Gesellschaft und Möglichkeiten der Gesundung. Zur Psychoanalyse von gesellschaftlichen Veränderungsprozessen"; in: Texte zur Theorie und Praxis der Psychoanalyse, Heft 1, 1987 (a)

Beckhard, R.: "Die Konfrontationssitzung" in: Bennis, W.G. u.a.: "Än – derung des Sozialverhaltens" Stuttgart 1975

Berger, H.: "Untersuchungsmethode und soziale Wirklichkeit" Frank – furt/M. 1974

Berger, P. L.; Luckmann, Th.: "Die gesellschaftliche Konstruktion von Wirklichkeit. Eine Theorie der Wissenssoziologie" Frank – furt/M. 1982

Berna – Simons, L.: "Narziβ zwischen Uterus und Phallus"; in: Psycho – analytisches Seminar Zürich (Hg.): "Die neuen Narziβmus – theorien: Zurück ins Paradies?" Frankfurt/M. 1981

Bion, W. R. "Erfahrungen in Gruppen und andere Schriften" Stuttgart 1971

Blaue, M.: "Praxisberatung (Supervision) in Abgrenzung zur analytisch orientierten Psychotherapie" in: Deutscher Verein für öffent – liche und private Fürsoge (Hg.): "Arbeiteshilfen Heft 6 – Praxisberatung (Supervision) in Abgrenzung zur analytisch orientierten Psychotherapie", Frankfurt 1975

Bliesner, Th.: "Die Visite – ein verhinderter Dialog" Tübingen 1982

Blüchel, K.: "Die weißen Magier. Das Milliardengeschäft mit der Krankheit" Gütersloh 1974

Blumer, H.: "Der methodische Standort des Symbolischen Interaktio – nismus" in: Arbeitsgruppe Bielefelder Soziologen (Hg.) "Alltagswissen, Interaktion, gesellschaftliche Wirklichkeit 1 + 2" Opladen 1981

Böhm, J.: "Organisationsentwicklung in der öffentlichen Verwaltung" (Diss.), Konstanz 1982

Bohleber, W.; Leuzinger, M.: "Narziβmus und Adoleszenz. Kritische Bemerkungen zum 'Neuen Sozialisationstypus'"; in: Psycho – analytisches Seminar Zürich (Hg.): "Die neuen Narziβmus – theorien: Zurück ins Paradies?" Frankfurt/M. 1981

Bosse, H.:"Innere Kolonisierung und antikolonialer Kampf. Zur ethno – hermeneutischen Interpretation von Autobiographien und zur Problematik selbstbestimmter Entwicklung" in: Grohs, G.; Schwertfeger J.; Strohm, Th. (Hg.) "Kulturelle Identität im Wandel" Stuttgart 1980

ders.:   "Zur Kolonisierung der inneren Natur" in: Schülein, J. A. u. a. (Hg.) "Politische Psychologie. Entwürfe zu einer histo – risch – materialistischen Theorie des Subjekts" Frankfurt/M. 1981

ders.:   "Diebe, Lügner, Faulenzer" Frankfurt/M. 1984a

ders.:   "Zur Ethno – Hermeneutik von Modernisierungskrisen und selbstbestimmten Bildungsprozessen" in: Schöfthaler, T.; Goldschmidt, D. "Soziale Struktur und Vernunft" Frank – furt/M. 1984b

ders.:   Krauss, W.: "Erfahrungen mit Jugendlichen in Papua – Neu – guinea – Die Gruppenanalyse als Methode, gesellschaftliche Veränderungen zu verstehen" in: psychosozial 23 "Der Spie – gel des Fremden" Reinbeck bei Hamburg 1984

Boyer, L. B.: "Die Psychoanalyse in der Ethnologie" in: Psyche 8/1980

Brügelmann, J.: "Der Blick des Arztes auf die Krankheit im Alltag 1779 – 1850"; Diss. Köln 1982

Bundesminister für Arbeit und Sozialordnung (Hg.) Infas – Studie "Zur Humanität im Krankenhaus" Materialband Anhang 1; Bonn – Bad Godesberg 1980

Burisch, M.: "Das Burnout – Syndrom" in: Deutsche Krankenpflege – Zeitschrift Heft 10, 1987

Calzaferri, F.; Geisshüsler, K.: "Organisationsentwicklung im Kranken – haus" in: Organisationsentwicklung, 1983, Heft 1

Caruso, I. A.: "Narziβmus und Sozialisation" Stuttgart 1976

Corwin, R. G.: "Krankenschwestern im Rollenkonflikt" in: Luckmann, Th.; Sprondel, W. M.: "Berufssoziologie" Köln 1972

Cremerius, J.: "Kohuts Behandlungstechnik. Eine kritische Analyse"; in: Psychoanalytisches Seminar Zürich (Hg.): "Die neuen Nar – ziβmustheorien: Zurück ins Paradies?" Frankfurt/M. 1981

Dahmer, II.: "Psychoanalyse als Gesellschaftstheorie" in: Psyche 11/1975

Deichmann, Ch.; Fürstenau, P.: "Über einige Besonderheiten psycho – analytisch – sozialwissenschaftlicher Beratungs – und Fortbil – dungsarbeit" in: Gruppendynamik – Forschung und Praxis 1976

dies.:   "Das Modell des berufsbezogenen gruppendynamischen Lernmediums"; in: "Die Psychologie des 20. Jahrhunderts, Bd VIII, Zürich 1979

Devereux, G."Normal und anormal" (1970) Frankfurt/M. 1982

ders.:   "Angst und Methode in den Verhaltenswissenschaften" (1967) Frankfurt/M. 1984

ders.:   "Ethnopsychoanalyse: Die komplementaristische Methode in den Wissenschaften vom Menschen" (1940 – 1975) Frank – furt/M. 1978

Douglas, M.:"Ritual, Tabu und Körpersymbolik" Frankfurt/M. 1986

Duden Bd. 5:"Das Fremdwörterbuch" Mannheim 1974

Duden Bd. 7:"Das Herkunftswörterbuch" Mannheim 1963

Durkheim, E.:"Die elementaren Formen des religiösen Lebens" Frank – furt/M. 1981

Ebel, M.: "Supervision, ein mißbrauchbares Kontrollinstrument" in: Gesamthohschule Kassel (Hg.): "Beiträge zur Supervision", Kassel Nov. 1982

Eckstein, B.: "Eine gruppendynamische Lehrveranstaltung für Mediziner höherer Semester" in: Gruppenpsychotherapie und Gruppendynamik, 5, 1971

Edelstein, L.: "Peri aeron und die Sammlung der hippokratischen Schriften" Berlin 1931

Eisler, K.R.: "Todestrieb, Ambivalenz, Narzißmus" München 1980

Engelhardt, K.; Wirth, A.; Kindermann, L.: "Kranke im Krankenhaus" Stuttgart 1973

Erdheim, M.: "Prestige und Kulturwandel. Eine Studie zum Verhältnis subjektiver und objektiver Faktoren des kulturellen Wandels zur Klassengesellschaft bei den Azteken" Wiesbaden 1972

ders.: "Die gesellschaftliche Produktion von Unbewußtheit" Frankfurt/M. 1984

ders.: "Das Verenden einer Institution" in: Psyche 12/ 1986

Erdheim, M.; Nadig, M.: "Größenphantasien und sozialer Tod", in: Kursbuch Nr. 58, Berlin 1979

Erzigkeit, H; Geier, E.; Münch, A.: Roth, J.: "Selbsterfahrung in der Gruppe als Fortbildungsmöglichkeit in Institutionen"; in: Gruppendynamik – Zeitschrift für angewandte Sozialwissenschaft 11/1980

Fatzer, G.: "Teamsupervision als Organisationsentwicklung" in: Gruppendynamik – Zeitschrift für angewandte Sozialwissenschaft 1986, Heft 1

Fengler, Ch. u. Th.: "Alltag in der Anstalt" Rehburg – Loccum 1984

Fenichel, O.: "Psychoanalytische Neurosenlehre" Bd. I; Frankfurt/M. 1983a

ders.: "Psychoanalytische Neurosenlehre" Bd. II; Frankfurt/M. 1983b

ders.: "Psychoanalytische Neurosenlehre" Bd. III; Frankfurt/M. 1983c

ders.: "Über Trophäe und Triumph" (1939), in: ders.: "aufsätze" Bd II; Frankfurt/M. 1985

v. Ferber, Ch. u. L. "Der kranke Mensch in der Gesellschaft" Reinbeck bei Hamburg 1978

Fetscher, R.: "Das Selbst, das Es und das Unbewußte" in: Psyche 3/1985

Feuling, M.: "Zur Psychoanalyse (in) der Institution. Ein Modell psychoanalytisher Supervisionsarbeit und einige Gedanken über das Prinzip der 'gesprengten Institution'" in: Wissenschaftliches Zentrum für Psychoanalyse, Psychotherapie und psychosoziale Forschung der Gesamthochschule Kassel (Hg.): " freud und leid. die psychoanalyse im sozialen feld" Kassel 1988

Finger, U.D.: "Gruppenprozesse und subjektive Strukturbildung" in: Gruppenpsychotherapie und Gruppendynamik Nr. 13, 1978

Finzen, A.: "Arzt, Patient und Gesellschaft" Stuttgart 1969

Foucault, M.: "Überwachen und Strafen" Frankfurt/M. 1981

ders.: "Die Geburt der Klinik" Frankfurt/M. 1985

Foulkes, S. H. "Gruppenanalytische Psychotherapie" München 1974

Freud, A.:"Das Ich und die Abwehrmechanismen" München 1982

Freud, S.:"Zur Psychopathologie des Alltagslebens" (1904), Gesammelte Werke Bd IV 1955

ders.: "Der Dichter und das Phantasieren" (1908), in: G.W. Bd VII 1966a

ders.: "Der Familienroman der Neurotiker" (1909) in: G.W. Bd VII, 1966b ders.: "Das Medusenhaupt" (1922), Gesammelte Werke Bd. XVII, 1966c

ders.: "Die Traumdeutung" (1900) Studienausgabe Bd II 1973

ders.: "Zur Einführung des Narziβmus" (1914) Studienausgabe Bd. III, Frankfurt/M. 1978a

ders.: "Das Ich und das Es" (1923) Studienausgabe Bd. III, Frankfurt/M. 1978b

ders.: "Das ökonomische Problem des Masochismus" (1924) Studienausgabe Bd. III Frankfurt 1978c

ders.: "Vorlesungen zur Einführung in die Psychoanalyse" (1915 – 17) Studienausgabe Bd. I 1980a

ders.: "Die 'kulturelle' Sexualmoral und die moderne Nervosität" (1908) Studienausgabe Bd. IX, Frankfurt 1980b

ders.: "Totem und Tabu" (1912 – 13) Studienausgabe Bd. IX, Frankfurt/M. 1980c

ders.: "Massenpsychologie und Ich – Analyse" (1921) Studienausgabe Bd. IX, Frankfurt/M. 1980d

ders.: "Die Zukunft einer Illusion" (1927) Studienausgabe Bd. IX, Frankfurt/M. 1980e

ders.: "Das Unbehagen in der Kultur" (1930) Studienausgabe Bd. IX, Frankfurt/M. 1980f

ders.: "Warum Krieg?" (1932) Studienausgabe Bd. IX, Frankfurt/M. 1980g

ders.: "Der Mann Moses und die monotheistische Religion" (1939) Studienausgabe Bd. IX, Frankfurt/M. 1980h

ders.: "Neue Folge der Vorlesungen zur Einführung in die Psychoanalyse" (1932) Studienausgabe Bd. I 1980i

Freyberger, H.: "Krisensituation in der Krankenpflege: Beziehungen zwischen Pflegepersonal, Patienten und Ärzten" in: Schwitajewski, H.; Rohde, J. J. (Hg.): "Lehren und Lernen in der Krankenpflege" München/Berlin/Wien 1972

Fuchs, W.: "Biographische Forschung" Opladen 1984

Fürstenau, P.: "Institutionsberatung" in: Gruppendynamik – Forschung und Praxis 1970

ders.: "Ichpsychologie und Anpassungsproblem. Eine Auseinandersetzung mit Heinz Hartmann" in: ders. "Zur Theorie psychoanalytischer Praxis: psychoanalytisch – sozialwissenschaftliche Studien" Stuttgart 1979a

ders.: "Zur Psychoanalyse der Schule als Institution" in: ders.: "Zur Theorie psychoanalytischer Praxis: psychoanalytisch – sozialwissenschaftliche Studien" Stuttgart 1979b

Gaertner, A., Wittenberger, G.: "Supervision und der institutionelle Diskurs" in: Akademie für Jugendfragen Münster (Hg.): "Supervision im Spannungsfeld zwischen Person und Institution" Freiburg 1979

Glasl, Fr., de la Houssaye, L. (Hg.): "Organisationsentwicklung", Bern/Stuttgart 1975

Gluckman, M.: "Les Rites de Passsage" in: ders. (Hg.): "Essays on the Ritual of social Relations" Manchester 1962

Gnädiger, H.: "Der Supervisor als Therapeut" in: Supervision Heft 3, 1983

Goethe, F.: "Faust. Der Tragödie zweiter Teil" Stuttgart 1986

Goffman, E.: "Asyle. Über die soziale Situation psychiatrischer Patienten und anderer Insassen" Frankfurt/M. 1973

ders.: "Interaktionsrituale. Über Verhalten in direkter Kommunikation" Frankfurt/M. 1975

Gordon, Th.: "Managerkonferenz. Effektives Führungstraining" Reinbeck
  b. Hamburg 1982
Gottschall, D.: "Management total. Fallstudie St. – Willehad – Hospital"
  in: Management – Wissen, 1985, Heft 8
Graf, F.: "Griechische Mythologie" München 1985
Greenson, R. R. "Technik und Praxis der Psychoanalyse" Stuttgart 1975
Grinberg, L.; Langer, M.; Rodrigue, E.: "Psychoanalytische
  Gruppentherapie" herausgegeben von Kemper, W. W. Mün –
  chen 1972
Grosz, P.; Parin, P.: "Anpassungsmechanismen – ergänzende Gedanken
  und klinische Beiträge" in: Acta paedopsychiatrica 45; 1979
Handwörterbuch des deutschen Aberglaubens, Stichwort: weiß; Leip –
  zig/Berlin 1928
Hartmann, H.: "Ich – Psychologie und Anpassungsproblem" in: Psyche
  2/1960
Hegenscheidt – Renarzt, M.: "Spiegelphänomene in einer an Balint ori –
  entierten Supervision des Therapeutenteams einer Suchtklinik"
  in: Gruppenpsychotherapie und Gruppendynamik 1986
Heide, G.: "Probleme bedürfnisorientierter Gesundheitsversorgung im
  ländlichen Ghana – zum Spannungsverhältnis zwischen afri –
  kanisch – traditioneller und westlich – moderner Gesundheits –
  versorgung" Wuppertal 1984 (unveröffentlichte Arbeit)
Heigl, F., Heigl – Evers, A.: "Gruppenpsychotherapie: interaktionell –
  tiefenpsychologisch fundiert (analytisch orientiert) – psycho –
  analytisch" in: Gruppenpsychotherapie und Gruppendynamik
  1973
dies.: "Zur tiefenpsychologisch fundierten oder analytisch orien –
  tierten Gruppenpsychotherapie des Göttinger Modells" in:
  Gruppenpsychotherapie und Gruppendynamik 1975
dies.: "Zum Konzept der unbewußten Phantasie in der
  psychoanalytischen Gruppentherapie des Göttinger Modells"
  in: Gruppenpsychotherapie und Gruppendynamik 1976
dies.: "Die psychoanalytischen Kompromißbildungen als Umschalt –
  stellen innerseelischer und zwischenmenschlicher Beziehungen"
  in: Gruppenpsychotherapie und Gruppendynamik 1979
Heigel – Evers, A.: "Die Gruppe als Medium im Unterricht und in der
  Psychotherapie"; in: Gruppenpsychotherapie und Gruppendy –
  namik 8, 1974
dies.: "Die Stufentechnik der Supervision – eine Methode zum
  Erlernen der psychoanalytischen Beobachtungs – und
  Schlußbildungsmethode im Rahmen der angewandten Psy –
  choanalyse"; in: Gruppenpsychotherapie und Gruppendynamik
  9, 1975
Heigl – Evers, A., Heigl, F.: "Die themenzentrierte interaktionelle Me –
  thode (Ruth C. Cohn) – Erfahrungen, Überlegungen,
  Modifikationen"; in: Gruppenpsychotherapie und Gruppendy –
  namik 7, 1973
Heigl – Evers, A., Hering, A.: "Die Spiegelung einer Patientengruppe
  durch eine Therapeuten – Kontrollgruppe"; in: Gruppenpsy –
  chotherapie und Gruppendynamik 4, 1970
Die Heilige Schrift des Alten und Neuen Testamentes; übersetzt von V.
  Hamp, M. Stenzel, J. Kürzinger; Aschaffenburg 1957
Heinsohn, G.: "Privates Eigentum, patriarchale Momogamie und geld –
  wirtschaftliche Produktion – eine sozialtheoretische Rekon –
  struktion zur Antike", Diss., Bremen 1982
Helle, H. J.: "Verstehende Soziologie und Theorie der Symbolischen
  Interaktion" Stuttgart 1977

Henseler, H.: "Narziβtische Krisen. Zur Psychodynamik des Selbstmordes" Reinbek bei Hamburg 1980

Hoffmann, K. F.: "Christliche Ärzte" Regensburg 1950

Höflich, J. R.: "Kommunikation im Krankenhaus. Aspekte zwischen – menschlicher Beziehungen im pflegerischen Bereich" Augsburg 1984

Holder, A.; Dare, Ch.: "Narziβmus, Selbstwertgefühl und Objektbezie – hungen" in: Psyche 9/1982

Homer: "Ilias" übersetzt von Stolberg, F. L. Graf zu; Leipzig 1879

Horn, K.; Beier, Ch.; Wolf, M.: "Krankheit, Konflikt und soziale Kon – trolle. Eine empirische Untersuchung subjektiver Sinnstruktu – ren" Opladen 1983

Horn, K.; Beier, Ch.; Kraft – Krumm, D.: "Gesundheitsverhalten und Krankheitsgewinn. Zur Logik von Widerständen gegen ge – sundheitliche Aufklärung" Opladen 1984

Huber, J.: "Zur Identitätsbildung von Individuen und Kollektiven" in: Bornemann, E. u. a. (Hg.) "Soziale Identität und Gruppen – dynamik" Klagenfurt 1978

Hürter, O.: "Interventionen in Organisationen"; in: Gruppenpsychothe – rapie und Gruppendynamik 12, 1977

Jacoby, R.: "Soziale Amnesie. Eine Kritik der konformistischen Psycho – logie von Adler bis Laing" Frankfurt /M. 1978

Jones, E.: "Rationalisierung im Alltagsleben"; in: Psyche 29, 1975

Juchli, L.: "Krankenpflege. Praxis und Theorie der Gesundheitsförderung und Pflege Kranker" Stuttgart 1983

Junghannβ, U.: "Mikrobiologische und hygienische Untersuchungen von Krankenhauswäschereien und Krankenhauswäsche", Diss., Gieβen 1981

Jürgens – Becker, A.: "Die Situation der Krankenschwester. Eine Be – trachtung aus psychodynamischer Sicht", Diss.; Deutsche Krankenpflege – Zeitschrift – Beilage, Stuttgart 1987

Kaupen – Haas, H.: "Stabilität und Wandel ärztlicher Autorität" Stuttgart 1969

Kerènyi, K.: "Der göttliche Arzt" Darmstadt 1975

ders.: "Dionysos. Urbild des unzerstörbaren Lebens", München/Wien 1976

ders.: "Die Mythologie der Griechen Bd.I: Die Götter – und Menschheitsgeschichten" München 1984

ders.: "Die Mythologie der Griechen Bd.II: Die Heroen – Ge – schichten" München 1986

Kernberg, O. F.: "Borderline – Störungen und pathologischer Narziβmus" Frankfurt/M. 1978

Knoll, A.: "Über die strukturelle und qualitative Unterschiedlichkeit von Supervision"; in: Gesamthochschule Kassel (Hg.): Beiträge zur Supervision, Kassel, Nov. 1982

Knuf, J.; Schmitz, H. W.: "Ritualisierte Kommunikation und Sozial – struktur" Hamburg 1980

Koch, U.: "Teamentwicklung im Unternehmen", Frankfurt/M. 1983

Kohut, H.: "Die Zukunft der Psychoanalyse" Frankfurt/M. 1975

ders.: "Narziβmus" Frankfurt/M. 1983

ders.: "Die Heilung des Selbst" Frankfurt 1979

Krankenhaus – Beratungsinstitut Zürich AG: "Zeitgemäβe Management – struktur am Beispiel eines freigemeinnützigen Krankenhauses", Informationsbroschüre, 1984

Krüger – Zeul, M.: "Gegenübertragung – ein Stiefkind der Psychoana – lyse" in: Lohmann, H. – M. (Hg.): "Das Unbehagen in der Psychoanalyse" Ffm 1983

Lain Entralgo, P.: "Heilkunde in geschichtlicher Entscheidung" Salzburg, keine Jahresangabe
Laplanche, J.; Pontalis, J. – B.: "Das Vokabular der Psychoanalyse" Frankfurt/M. 1986
Lauer, W.: "Das therapeutische Team im Krankenhaus" Freiburg i. Br. 1977
Leithäuser, Th.: "Vergesellschaftung und Sozialisation des Bewußtseins" in: Leithäuser u. a. "Entwurf einer Empirie des Alltagsbe – wußtseins" Frankfurt/M. 1981a
ders.: "Praxis, Wiederholung und Zeiterfahrung" in: Schülein u. a. "Politische Psychologie – Entwürfe zu einer historisch – ma – terialistischen Theorie des Subjekts" Frankfurt/M. 1981b
Leithäuser, Th.; Volmerg, B.: "Anleitung zur empirischen Hermeneutik. Psychoanalytische Textinterpretation als sozialwissenschaftliches Verfahren" Frankfurt/M. 1979
dies.: "Die Entwicklung einer empirischen Forschungsperspektive aus der Theorie des Alltagsbewußtseins" in: Leithäuser u. a. "Entwurf einer Empirie des Alltagsbewußtseins" Frankfurt/M. 1981
dies.; Volmerg, U.: "Politisches Bewußtsein als Untersuchungsfeld interpretativer Sozialforschung" Bremen 1982
dies.: "Kriegsängste und Sicherheitsbedürfnisse" Frankfurt/M. 1983
Leuschner, G.: "Beratungsmodelle in der Gruppensupervision", in: Hans Schwalbach (Hg.): Supervision – ein berufsbezogener Lern – prozeß, Wiesbaden 1977
Levi – Strauss, C.: "Traurige Tropen" (1955) Köln 1982
ders.: "Mythos und Bedeutung. 5 Radiovorträge" (1977), Frankfurt 1980
Lorenzer, A.: "Über den Gegenstand der Psychoanalyse oder: Sprache und Interaktion" Frankfurt/M. 1973
ders.: "Die Wahrheit der psychoanalytischen Erkenntnis" Frank – furt/M. 1976
ders.: "Zur Begründung einer materialistischen Sozialisationstheorie" Frankfurt/M. 1977a
ders.: "Sprachspiel und Interaktionsformen" Frankfurt 1977b
ders.: "'... gab mir ein Gott zu sagen, was ich leide' – Emanzipa – tion und Methode" in: Psyche 12/1986
ders.: "Aggression als notwendiger Kampf" in: Brede, K. u. a. (Hg.): "Befreiung zum Widerstand" Frankfurt/M. 1987
Luban – Plozza, B.; Knaak, L.: "Der Arzt als Arznei" Köln 1979
Maraldo, J. C.: "Der hermeneutische Zirkel" Freiburg/München 1970
Marx, K.: "Der achtzehnte Brumaire des Louis Bonaparte" Frankfurt/M. 1971
ders.: "Lohnarbeit und Kapital" Berlin/DDR 1972
ders.: "Resultate des unmittelbaren Produktionsprozesses" Frank – furt/M. 1974
ders.: "Thesen über Feuerbach" MEW Bd. 3, Berlin/DDR 1983
ders.: "Zur Kritik der politischen Ökonomie" MEW Bd. 13, Ber – lin/DDR 1985a
ders.: "Einleitung zur Kritik der politischen Ökonomie" aus dem handschriflichen Nachlaß; MEW Bd. 13, Berlin/DDR 1985b
ders.: "Ökonomisch – philosophische Manuskripte aus dem Jahre 1844" MEW Bd. 40, Berlin/DDR 1985c
ders.: "Das Kapital. Erster Band" MEW Bd. 23, Berlin/ DDR 1986
ders.; Engels, Fr. "Manifest der kommunistischen Partei" Berlin 1975
dies.: "Die deutsche Ideologie" MEW Bd. 3, Berlin/DDR 1983

Melas, E. (Hg.): "Tempel und Stätten der Götter Griechenlands" Köln 1977
Mentzos, St.: "Interpersonale und institutionalisierte Abwehr" Frank – furt/M. 1976
Menzies, I.E.P.: "A Case – Study in the Functioning of Social Systems as a Defence against Anxiety: A Report on a Study of the Nursing Service of a General Hospital" in: Human Relations 2/1960
Merton, R.K.: "Social Theory and Social Structure" London 1968
Mitscherlich, A.: "Psychoanalyse und Aggression großer Gruppen" in: Psyche 6/7 / 1971
ders.: "Massenpsychologie ohne Ressentiment" Frankfurt/ M. 1972
ders.: "Auf dem Weg zur vaterlosen Gesellschaft" München 1973
ders.: "Massenpsychologie und Ich – Analyse – Ein Lebensalter später" in: Psyche 6/1977
Mitscherlich, M.: "Die friedfertige Frau. Eine psychoanalytische Unter – suchung zur Aggression der Geschlechter" Frankfurt/M. 1987
Mollenhauer, K.: "Theorien zum Erziehungsprozeß" München 1972
ders.; Brumlik, M.; Wudke, H. "Die Familienerziehung" München 1975
Moser, H.: "Methoden der Aktionsforschung" München 1977
Müller, B.: "Jugendarbeit, Lohnarbeit, Gefühlsarbeit" in: Brockmann, D. u. a. (Hg.) "Jahrbuch der Sozialarbeit 3" Reinbeck bei Hamburg 1979
Münkler, H.:"Mythos und Politik – 'Aischylos', 'Orestie' und Wagners 'Ring'" in: Leviathan Heft 4, Opladen 1987
Müri, W. (Hg.): "Der Arzt im Altertum. Griechische und lateinische Quellenstücke von Hippokrates bis Galen" München 1986
Nadig, M.: "Zur ethnopsychoanalytischen Erarbeitung des kulturellen Raums der Frau" in: Psyche 40, 1986
Nadig, M; Erdheim, M.: "Die Zerstörung der wissenschaftlichen Erfah – rung durch das akademische Milieu – Ethnopsychoanalytische Überlegungen zur Aggressivität in der Wissenschaft" in: psy – chosozial 23 "Der Spiegel des Fremden" Reinbeck bei Ham – burg 1984
Negt, O.; Kluge, A.: "Öffentlichkeit und Erfahrung. Zur Organisations – analyse von bürgerlicher und proletarischer Öffentlichkeit" Frankfurt/M. 1972
Niederhellmann, A.: "Arzt und Heilkunde in der frühmittelalterlichen Leges" Berlin 1983
Ohlmeier, D., Sandner, D.: "Selbsterfahrung und Schulung psychosozialer Kompetenz in psychoanalytischen Gruppen" in: Die Psychologie des 20. Jahrhunderts, Bd. VIII, Zürich 1979
Olivier, Ch.: "Jokastes Kinder. Die Psyche der Frau im Schatten der Mutter" Düsseldorf 1987
Opp, K. – D.: "Methodologie der Sozialwissenschaften" Reinbeck bei Hamburg 1976
Oppolzer, A. A.: "Entfremdung und Industriearbeit: Die Kategorie der Entfremdung bei Karl Marx" Köln 1974
Otto, W. F.:"Die Manen oder von den Urformen des Totenglaubens" Berlin 1923
Ottomeyer, K.: "Soziales Verhalten und Ökonomie im Kapitalismus" Gaiganz 1974
Overbeck, G.: "Krankheit als Anpassung" Frankfurt/M. 1984
Palazzoli, M.S. u.a.: "Hinter den Kulissen der Organisation" Stuttgart 1984
Parin, P.: Buchbesprechung zu H. E. Richter "Flüchten oder Standhal – ten" in: Psyche 6/1977

ders.:   '"Befreit Grönland vom Packeis'. Zur Züricher Unruhe 1980"
           in: Psyche 11/1980
ders.:   "Erfahrungen mit der Psychoanalyse bei der Erfassung
           gesellschaftlicher Wirklichkeit" Wien 1981
ders.:   "Der Widerspruch im Subjekt. Ethnopsychoanalytische Studien"
           Frankfurt/M. 1983a
ders.:   "Angst der Mächtigen vor öffentlicher Trauer" in: Psyche
           1/1983b
ders.:   "Anpassung oder Widerstand" in: Psyche 38, 1984
ders.:   '"The Mark of Oppression'. Ethnopsychoanalytische Studie
           über Juden und Homosexuelle in einer relativ permissiven
           Kultur" in: Psyche 3/1985
ders.:   "Das Ende der endlichen Analyse" in: ders.; Parin – Mathéy,
           G.: "Subjekt im Widerspruch" Frankfurt 1986a
ders.:   "Die Verflüchtigung des Sexuellen" in: ders.; Parin – Mattéy,
           G.: "Subjekt im Widerspruch" Frankfurt 1986b
ders.:   "Die äußeren und inneren Verhältnisse" in: ders.; Parin –
           Mathéy, G.: "Subjekt im Widerspruch", Frankfurt 1986c
ders.:   "Die Mystifizierung von AIDS" in: ders.; Parin – Mattèy, G.:
           "Subjekt im Widerspruch" Frankfurt 1986d
ders.:   "Abstinenz?" in: Brede, K. u.a. (Hg.): "Befreiung zum
           Widerstand" Ffm 1987
ders.; Parin – Mattèy, G.: "Medicozentrismus" in: dies.: "Subjekt im Wi –
           derspruch" Frankfurt 1986
ders.; Morgenthaler, F.; Parin – Matthey, G.: "Die Weißen denken zu
           viel" München 1967
dies.:   "Fürchte deinen Nächsten wie dich selbst" Frankfurt 1978
Parsons, T.:"Struktur und Funktion der modernen Medizin, eine sozio –
           logische Analyse" in: König, R.; Tönnesmann, M. "Probleme
           der Medizin – Soziologie" Köln/Opladen 1970
Passet, P.:"Gedanken zur Narzißmuskritik: Die Gefahr, das Kind mit
           dem Bade auszuschütten" in: Psychoanalytisches Seminar Zü –
           rich (Hg.): "Die neuen Narzißmustheorien: Zurück ins Para –
           dies?" Frankfurt/M. 1981
Der kleine Pauly. Lexikon der Antike; Ziegler, K, Sontheimer, W.
           (Hg.):
           Bd. I, Stichworte: Aphrodite, Apollon, Ariadne, Asklepios,
           Athena, Chiron; Stuttgart 1964
           Bd. II, Stichworte: Dionysos, Eleusinia, Eleusis, Epione,
           Erichthonios, Hekate, Hygieia; Stuttgart 1967
           Bd. III, Stichworte: Machaon, Mysterien; Stuttgart 1969
           Bd. IV, Stichwort: Podaleiros; Stuttgart 1972
           Bd. V, Stichwort: Telesphoros; Stuttgart 1975
Paulys Realencyclopädie der classischen Altertumswissenschaft Bd.
           XVIII, 3, Stichwort: Panakeia; Stuttgart 1949
Pausanias: "Beschreibung Griechenlands" Bd. I, Buch II u. VII; Mün –
           chen 1979
Petersen, P.: "Gruppendnamik und Krankenpflege" in: Schwitajewski, H.,
           Rohde, J.J. (Hg.): "Lehren und Lernen in der Krankenpflege"
           München/Berlin/Wien 1972
Pfeffer, M. E."Einrichtungen der sozialen Sicherung in der griechischen
           und römischen Antike unter besonderrer Berücksichtigung der
           Sicherung bei Krankheit" Berlin 1969
Pflanz, M.: "Institutionelle Probleme der Situation des Pflegepersonals"
           in: Schwitajewski, H., Rohde, J.J. (Hg.): "Lehren und Lernen
           in der Krankenpflege" München/Berlin/Wien 1972

Popper, K. R.: "Die Logik der Sozialwissenschaften" in: Adorno, Th. W.
u. a.: "Der Positivismusstreit in der deutschen Soziologie"
Darmstadt/Neuwied 1979
Prochazka, R.: "Dimensionen der Einstellung von Krankenschwestern zu
ihren Patienten" (Diss.) Hamburg 1978
Ranke – Graves, R. von: "Griechische Mythologie. Quellen und Deutung"
Reinbeck b. Hamburg 1986
Raspe, H. – H.: "Aufklärung und Information im Krankenhaus" Göttingen
1983
Reclams Lexikon der antiken Mythologie. Von E. Tripp; Stuttgart 1974
Rehn, G.: "Modelle der Organisationsentwicklung" Bern 1979
Reicke, S.: "Das deutsche Spital und sein Recht im Mittelalter" Bd. I u.
II, Amsterdam 1970
Richter, H. E.: "Eltern – Kind – Neurose" Stuttgart 1963
ders.:   "Lernziel Solidarität" Reinbeck bei Hamburg 1976a
ders.:   "Flüchten oder Standhalten" Reinbeck bei Hamburg 1976b
ders.:   "Der Gotteskomplex" Reinbeck bei Hamburg 1986
Ridder, R.: "Patient im Krankenhaus: personenbezogener Dienst auf
Station" Bd. I: "Die Trauer des Leibes" Stuttgart 1980a
ders.:   Bd. II: "Die Teilung der Arbeit" Stuttgart 1980b
Riedel, M.: "Verstehen oder Erklären?: Zur Theorie und Geschichte der
hermeneutischen Wissenschaft" Stuttgart 1978
Rohde, E.: "Psyche. Seelencult und Unsterblichkeitsglaube der Griechen"
Bd. I und II, Darmstadt 1974
Rohde, J. J.:"Probleme des Arztberufes im Krankenhaus" in: Mitscher –
lich, A. u. a. (Hg.) "Der kranke Mensch in der modernen
Gesellschaft" Köln 1972
ders.:   "Soziologie des Krankenhauses" Stuttgart 1974
Rosin, U., Baur – Morlok, J.: "Zur Sozialisation von Psychiatern in Bal –
int – Gruppen, die von einem Psychoanalytiker geleitet wer –
den" in: Gruppenpsychotherapie und Gruppendynamik 1984
Rothschild, B.: "Der neue Narzißmus – Theorie oder Ideologie?" in:
Psychoanalytisches Seminar Zürich (Hg.): "Die neuen Nar –
zißmustheorien: Zurück ins Paradies?" Frankfurt/M. 1981
Salis, Th. von: "Zur Restauration in der Psychoanalyse. Denkversuche
zur Entstehung und Bedeutung der neuen Psychologie des
Selbst" in: Psychoanalytisches Seminar Zürich (Hg.): "Die
neuen Narzißmustheorien: Zurück ins Paradies?" Frankfurt
/M. 1981
Sandler, J.; Nagera, H.: "Einige Aspekte der Metapsychologie der
Phantasie" in: Psyche 20, 1966
Sartre, P.: "Kritik der dialektischen Vernunft" Reinbek bei Hamburg
1967
Schindler, R.: "Über den wechselseitigen Einfluß von Gesprächsinhalt,
Gruppenposition und Ich – Gestalt in der analytischen Grup –
penpsychotherapie" in: Psyche 14, 1960/61
ders.:   "Dynamische Prozesse in der Gruppenpsychotherapie" in:
Gruppenpsychotherapie und – dynamik 2, 1968
ders.:   "Das Verhältnis von Soziometrie und Rangordnungsdynamik"
in: Gruppenpsychotherapie und – dynamik 3, 1969
Schipperges, H.: "Medizinische Dienste im Wandel" Baden – Baden 1975
ders.:   "Der Arzt von morgen. von der Heiltechnik zur Heilkunde"
Berlin 1982
ders.:   "Homo patiens. Zur Geschichte des kranken Menschen"
München 1985

Schleusener, B.: "Umgang mit Übertragung und Widerstand in der Praxisberatung (Supervision)" in: Deutscher Verein für pirvate und öffentliche Fürsorge (Hg.): "Arbeitshilfen Heft 6 – Praxisberatung (Supervision) in Abgrenzung zur analytisch orientierten Psychotherapie" Frankfurt/M. 1975

Schmidbauer, W.: "Die hilflosen Helfer. Über die seelische Problematik der helfenden Berufe" Reinbeck bei Hamburg 1978

ders.: "Die Ohnmacht des Helden. Unser alltäglicher Narziβmus" Reinbeck bei Hamburg 1981

ders.: "Helfen als Beruf. Die Ware Nächstenliebe" Reinbeck bei Hamburg 1983

ders.: "Helden und Superhelden" in: Wirth, H.–J. (Hg.): "Helden", psychosozial Nr. 31, 1987

Schmödel, D.:"Ergebnisse von Interaktionsforschungen im medizin–soziologischen und sozialmedizinischen Bereich" in: Blohmke, M.: "Sozialpsychologische Beiträge zur Sozialmedizin" Stuttgart 1973

Schneider, G.: "Paβ auf, daβ dir die Phantasien nicht durcheinander geraten. Über die Kosten eines Traumberufs" in: Kursbuch Nr. 58, Berlin 1979

Schwanold, B.; Anderson, S.; Sachsse, U.: "Erst Feuer und Flamme – dann ausgebrannt. Probleme in der täglichen Arbeit mit psychiatrischen Patienten – Erfahrungen aus fallzentrierten Team–Supervisionen in einem psychiatrischen Landeskrankenhaus" in: Deutsche Krankenpflege–Zeitschrift Heft 10, 1987

Schweidtmann, W.: "Psychosoziale Probleme im Krankenhaus" München, Berlin, Wien 1976

Seidl, E.; Walter; I.:"Angst oder Information im Krankenhaus. Interaktionsprobleme zwischen Patienten, Ärzten und Pflegepersonal" Wien/München/Bern 1979

Siegers, F.M.J.: "Praxisberatung" in: ders. (Hg.): "Praxisberatung in der Diskussion" Freiburg 1974

Siegrist, J.: "Arbeit und Interaktion im Krankenhaus" Stuttgart 1978

Slater, Ph. E.: "Mikrokosmos. Eine Studie über Gruppendynamik" Frankfurt/M. 1978

Stahl, Ch.: "Erfahrungen mit verschiedenen methodischen Ansätzen der Gruppensupervision" in: Blätter der Wohlfahrtspflege 11/1981

Stegeren, W.F., van: "Gruppenpraxisberatung" in: Siegers, F.M.J. (Hg.): "Praxisberatung in der Diskussion" Freiburg 1974

Steinmann, H.; Heinrich, M.; Schreyögg, G.: "Theorie und Praxis selbsteuernder Arbeitsgruppen" Köln 1976

Sticker, A.:"Die Entstehung der neuzeitlichen Krankenpflege" Stuttgart 1960

Stimmer, F.: "Narzismus. Zur Psychogenese und Soziogenese narziβtischen Verhaltens" Berlin 1987

Strecker, I. A.: "Methodische Probleme der ethno–soziologischen Beobachtung und Beschreibung" (Diss.) Göttingen 1969

Strzyz, K.:"Sozialisation und Narziβmus" Wiesbaden 1987

Thiemann, E.:"Hellenistische Vatergottheiten" Münster 1959

Thomä, H.:"Auf dem Weg zum Selbst" in: Psyche 3/1980

Thumm, W.:"Die Bedeutung der Persönlichkeitsstruktur für die Beziehung in der Supervision" in: Sozialpädagogik Bd. 22, 1980

Treurniet, N.: "Psychoanalyse und Selbstpsychologie. Eine metapsychologische Studie mit Fallbeispiel" in: Psyche 10/1985

Valk, J.:   "Der Narziβmus in der psychoanalytischen Theorie: historische Betrachtung und Kritik" in: Psychoanalytisches Seminar Zürich (Hg.): "Die neuen Narziβmustheorien: zurück ins Paradies?" Frankfurt/M. 1981

Vinnai, G.: "Sozialpsychologie der Arbeiterklasse. Identitätszerstörung im Erziehungsprozeβ" Reinbeck bei Hamburg 1973

ders.:   "Identitätszerstörung im kapitalistischen Produktionsprozeβ" in: Bornemann, E. u. a. "Soziale Identität und Gruppendynamik" Klagenfurt 1978

Vogt, R.:   "Psychoanalyse zwischen Mythos und Aufklärung oder Das Rätsel der Sphinx" Frankfurt/M. 1986

ders.:   "Die Angst des Helden" in: Brede, K. u. a. (Hg.): "Befreiung zum Widerstand" Frankfurt/M. 1987

Volmerg, B; Senghaas – Knobloch, E.; Leithäuser, Th. "Erlebnisper – spektiven und Humanisierungsbarrieren im Industriebetrieb" Frankfurt/M. 1985

dies.:   "Betriebliche Lebenswelt. Eine Sozialpsychologie industrieller Arbeitsverhältnisse" Opladen 1986

Volmerg, U.: "Identität und Arbeitserfahrung. Eine theoretische Kon – zeption zu einer Sozialpsychologie der Arbeit" Frankfurt/M. 1978

Vogt, R.:   "Der Mythos. Versuch einer begrifflichen Annäherung" in: Psyche 9/1985

Wahl, H.: "Narziβtmus?" Stuttgart 1985

Wangh, M.: "Narziβmus in unserer Zeit. Einige psychoanaltytisch – so – ziologische Überlegungen zu seiner Genese" in: Psyche 1/1983

Weidmann, R: "Macht doch euren Mist alleine. Zur psychosozialen Förderung von Mitarbeitern in Krankenhäusern" in: Kran – kenpflege 3/1989

Werlen, I.: "Ritual und Sprache" Tübingen 1984

Wieringa, C.: "Supervision in ihren unterschiedlichen Entwicklungspha – sen" in: Akademie für Jugendfragen Münster (Hg.): "Supervision im Spannungsfeld zwischen Person und Institu – tion" Freiburg 1979

Wirth, H. – J.: "Die Sehnsucht nach Vollkommenheit. Zur Psychoanalyse der Heldenverehrung" in: ders. (Hg.): "Helden", psychosozial Nr. 31, 1987

Witzel, A.: "Verfahren der qualitativen Sozialforschung" Frankfurt/M. 1982

Wolters, P.: "Darstellungen des Asklepios" in: Mitteilungen des Kaiser – lichen Deutschen Archäologischen Instituts, Abt. Athen, Nr. 17; Berlin 1892

Zepf, S.: "Narziβmus, Trieb und die Produktion von Subjektivität" Berlin/Heidelberg 1985

Zepf, S.; Nitzschke, B.: "Einige kritische Anmerkungen zum Narziβ – mus – Konzept von Otto Kernberg" in: Psyche 10/1985

Ziegler, J.: "Die Lebenden und der Tod" Darmstadt/Neuwied 1977

Ziehe, Th.: "Pubertät und Narziβmus" Ffm/Köln 1975

Zinker, H.: "Die Wiedereinsetzung des Subjekts: Von der psychoanaly – tischen Ethnologie zur Ethnopsychoanalyse" in: "Ethnologie als Sozialwissenschaft" – Kölner Zeitschrift für Soziologie und Sozialpsychologie, Sonderheft 26/1984; Opladen 1984